中国国际经济交流中心“一带一路”系列研究（中）

“一带一路”：愿景与行动

——“一带一路”视角下的重点领域与路径

中国国际经济交流中心“一带一路”课题组　著

中国经济出版社
CHINA ECONOMIC PUBLISHING HOUSE
北　京

图书在版编目（CIP）数据

"一带一路"：愿景与行动／中国国际经济交流中心"一带一路"课题组著．
—北京：中国经济出版社，2019.3
ISBN 978-7-5136-5402-9
Ⅰ.①一… Ⅱ.①中… Ⅲ.①"一带一路"—国际合作—研究 Ⅳ.①F125
中国版本图书馆 CIP 数据核字（2018）第 236304 号

责任编辑　严　莉
责任印制　巢新强
封面设计　任燕飞

出版发行　中国经济出版社
印 刷 者　北京九州迅驰传媒文化有限公司
经 销 者　各地新华书店
开　　本　710mm×1000mm　1/16
印　　张　26
字　　数　346 千字
版　　次　2019 年 3 月第 1 版
印　　次　2019 年 3 月第 1 次
定　　价　78.00 元
广告经营许可证　京西工商广字第 8179 号

中国经济出版社 **网址** www.economyph.com **社址** 北京市西城区百万庄北街 3 号 **邮编** 100037
本版图书如存在印装质量问题，请与本社发行中心联系调换（联系电话：010-68330607）

课题组

课题总顾问　曾培炎

课 题 指 导　王春正　张晓强　魏建国

课 题 组 长　陈文玲　王　战

课题组成员

中国国际经济交流中心

陈文玲　徐占忱　任海平　张茉楠　李　锋　徐长春

曾少军（2016）　王冠群（2017）　颜少君（2015—2017）

梅冠群（2016—2017）　田　栋（2017）

上海社会科学院

郁鸿胜　权　衡　刘　鸣　盛九元　张广婷　张鹏飞

李　娜　张　岩　崔荣伟　吴泽林　尤安山　倪　外

注：除标明年份的外，其他均为2014—2017年课题组成员；上海社会科学院参与年份为2016—2017年。

前　言

2013年9月和10月，习近平主席在哈萨克斯坦和印度尼西亚分别提出建设“丝绸之路经济带”和“21世纪海上丝绸之路”。“一带一路”通过对历史上古丝绸之路形成的文化价值符号赋能，激活了更多国家的发展潜能，点燃了更多人民群众追求幸福的憧憬，得到了越来越多国家、国际组织和国际社会的响应，共同推动“一带一路”从理念转化为行动，从愿景转化为现实，从倡议转化为全球公共产品。

“一带一路”倡议提出五年来，中国政府主动采取了一系列重大国家行动，与参与国共同努力，推动“一带一路”建设不断走深走实。中国政府成立推动“一带一路”建设工作领导小组并在国家发改委设立专事机构。2014年12月中国政府成立了丝路基金，2015年3月中国国家发展改革委、外交部和商务部联合发布《推动共建丝绸之路经济带和21世纪海上丝绸之路的愿景与行动》，2015年12月中国倡议成立了亚洲基础设施投资银行，2017年5月在北京召开了首届“一带一路”国际合作高峰论坛。在相关国家积极参与下，中国推动把“一带一路”建设纳入澜沧江—湄公河合作机制、中国—东盟“10+1”合作机制、中国—中东欧“16+1”合作机制、中国—阿拉伯国家合作论坛、中非合作论坛、中国—海合会合作组织、上海合作组织、金砖国家、博鳌亚洲论坛等重要议题。在国内则推进“一带一路”与京津冀协同发展、长江经济带发展、粤港澳大湾区建设等国家战略对接。2018年8月27日习近平主席亲自主持召开了“一带一路”建设五周年座谈会，提出

“一带一路”建设要高质量发展，推进由“大写意”阶段向“工笔画”阶段迈进。

在全球化浩浩荡荡大潮中，“一带一路”顺应、引领时代潮流，超越了传统的西方经济学和由冷战思维形成的全球价值观和发展观，与参与国携手建设“一带一路”，是中国的外交新境界的重要体现，中国成为第一个不依靠战争，不依靠殖民，不依靠不平等的国际贸易、国际金融和经济体系而成功地实现和平崛起的大国，中国主动提出并与参与国共享发展经验和机遇，以惠及更多的国家和地区，成为中国作为负责任大国给全球提供的最大公共产品，体现了大国胸襟、大国责任和大国担当精神。

中国国际经济交流中心（CCIEE）自成立以来，把服务于国家重大战略决策作为全部工作的核心和重中之重，是国内最早开展“一带一路”研究的智库之一。2012 年国经中心曾培炎理事长提出《关于设立亚洲基础设施投融资机构的建议》并上报中央，得到中央领导同志的重要批示。2013 年 10 月习近平主席在亚太经合组织（APEC）第 21 次领导人非正式会议（印度尼西亚）期间，正式发出了共建亚洲基础设施投资银行（AIIB）的倡议，2015 年 12 月亚投行正式成立。

五年来，习近平主席在国内外多个重要场合就共建“一带一路”发表讲话，这些讲话思想深邃，内涵丰富，我们要认真学习领会习近平主席系列重要讲话精神。“一带一路”的核心理念是共建人类命运共同体，目标宗旨是实现开放包容发展，基本原则是共商共建共享，运作机制是市场配置资源，载体路径是拓展互联互通。

共建“一带一路”根植于历史，但面向未来；源于中国，但属于世界。“一带一路”已成为当今世界规模最大的合作平台，参与“一带一路”建设加快了各国发展进程，改善了沿线国家民生需求，开辟了互利共赢新前景。共建“一带一路”顺应了全球治理体系变革的内在要求，彰显了同舟共济、权责共担的“人类命运共同体”意识，为完善全球治理体系变革提供了新思路新方案。国经中心将在习近平新时代中国特色社会主义思想指导下，与国内外智库同行一道，深入交流合作，为推动“一带一路”建设走深走实、行稳致远不断贡献智慧和力量。

中国国际经济交流中心“一带一路”课题组

2018 年 8 月

目　录

总报告

携手推动“一带一路”建设 共同创造更加美好的愿景

2013年9月和10月，习近平主席在出访哈萨克斯坦和印度尼西亚时分别提出建设“丝绸之路经济带”和“21世纪海上丝绸之路”的重大倡议。这是一个伟大的世纪性构想，也是中国为世界提供的共促人类繁荣发展的东方智慧。“一带一路”丝绸之路的历史符号，再一次唤醒了沿线国家和地区对我国文化价值观和国家道义观的认同，唤醒了各国携手发展追求自身繁荣的内在冲动，在开放、发展、和平、合作、共赢、交融的世界新格局下，又赋予古丝绸之路携手构建21世纪人类新文明的时代内涵。3年来，“一带一路”建设在携手探索中前进、在共同建设中完善、在合作发展中成长，正如习近平同志2016年8月17日在推进“一带一路”建设工作座谈会上所指出的，“‘一带一路’建设从无到有、由点及面，进度和成果超出预期”。站在新的历史起点上，我们需要进一步深化认识，从更长远的历史发展周期和历史长河演化来看“一带一路”的重大价值，要进一步明确“一带一路”建设是一个伟大的设想和一项复杂的系统工程，是一项需要长期持续努力才能达到目标的持久行动，需要在推进中冲破种种误区、误解和误判，唤醒更多参与国携手推动的热情和行动，为建立人类命运共同体而不懈努力。

一、把对"一带一路"的认识上升到一个新高度，从更长远的历史发展周期和历史长河的演化看"一带一路"的重大意义

（一）"一带一路"倡议是塑造沿线国家平等、互助、互信大格局的重大举措，将开启新的全球化征程

人类的实践发展史也是人类探索全球互联互通的文明史，在互联互通的道路上，中国曾经创造了举世瞩目的辉煌，古代"丝绸之路"因此得名。但是近代以来，现代全球化使得西方逐渐成为世界体系的中心，托马斯·弗里德曼（Thomas L. Friedman）于2005年出版的《世界是平的》一书指出，以1492年哥伦布发现新大陆为标志的第一次世界地理大发现拉开了现代全球化的序幕，1492—1825年被认为是现代全球化的第一个阶段，或全球化的1.0时代。这是人类历史上第一次完成西方到东方的航行，开创了东西方之间新的、直接的海上通道，使得各国从彼此隔绝、自我封闭的状态中解放出来，世界也从遥不可及的庞大尺度，变成了中等尺度，从此拉开了欧洲列强在亚洲和非洲殖民扩张的序幕，随之发生的商业革命意外发现了市场和贸易的力量，使西方开始走向世界体系的中心。正如地缘政治学的创始人哈尔福德·麦金德爵士所言："哥伦布地理大发现的最大历史意义在于将地球翻转过来，令我们看到了包含欧洲、亚洲、非洲以及南北美洲在内的陆半球。"此后，全球化经历了以英国和英镑为标志的全球化2.0时代与以美国和美元为标志的全球化3.0时代。

那么未来历史又会如何演变呢？我们认为，以政策沟通、设施联通、贸易畅通、资金融通、民心相通等五通为核心内容的"一带一路"建设，会把世界市场扩大到各大陆贫困的腹地，从而形成世界经济新的增长点，所产生的对世界经济尤其是内陆地区经济的促进和牵引作用，

将不亚于第一次地理发现后海运对促进世界经济增长曾经所起的作用。从这个意义上说，我们认为，“一带一路”建设是塑造沿线国家平等、互助、互信大格局的重大举措，它将开启新的全球化征程，即全球化4.0时代。与注重开发陌生疆土和殖民扩张的第一次世界地理大发现不同，“一带一路”建设是要通过一种更加主动的智慧设计，依托基础设施的互联互通，把欧亚大陆的存量资源全面盘活，依托各国战略、规划和重大项目对接形成顶层设计，把分散、断裂和割裂的资源、生产、服务和消费连接起来，打造沿线国家平等、共享的供应链和价值链，使现有资源和要素在商流、物流、信息流、资金流和人员流动的全球化大流通中实现增殖。在西方主导全球政治经济治理体系和规则500年之后，“一带一路”建设的推进，为许多后殖民地国家和地区提供平等机会参与全球治理并在国际市场上自主销售本国产品的新机遇，这是对旧有全球化的一次大扬弃，将会推动世界从行政隔离走向互联，从民族分割走向合作，形成了整体大于部分之和的全球化社会和全球人类新文明。

（二）“一带一路”建设是完善基础设施，重构全球产业链、供应链和价值链的新革命，将有利于塑造全球互联互通的版图

美国全球战略家帕拉格·康纳在其出版的《超级版图》一书中指出，21世纪最重要的公共品是基础设施，互联互通已经取代分割成为全球组织新的范式。我们认为，更为重要的是，互联互通基础设施与互联网革命的结合，导致了世界经济形态、经济表征与产业链接方式发生颠覆性变化。世界经济的两种基本形态，实体经济和虚拟经济链接成一体，已经形成新的实体经济形态，世界经济呈现出网络状态，制造业不再是在原来的一条生产线、一个工厂或者某几个工厂的叠加完成制造过程，而是通过产业链的链接、价值链的链接、服务链的链接以及信息链的链接，形成新的产业布局和产业体系。而它之所以能成为一个链，也是因为在现代流通中，信息作为一种要素禀赋进入流通，成为流通中最大的变量，若干的制造业企业变成一种链状的存在，出现不同国家产业链的组合、不同区域服务链的组合、覆盖全球的信息链的组合。与此同时，大型基础设施互联互通带来的全球供应链和价值链革命，超越了自然和政治地理边界，发挥实际效用的功能连接网络线将取代名义上的政治国境线，全球基础设施系统最终会变得像人体的血液循环系统那样，有动脉和静脉，有毛细血管和细胞，支撑起全球化的经济体系①。正如世界曾经从垂直整合的帝国体系走向扁平的独立民族国家体系，未来世界将逐步进入全球供应链和价值链主导下的互联互通全球网络文明体系。在这样的体系和布局中，全球供应链和价值链上联通的重要性将远远超过传统地图上的国界线，超级城市、超级合作区、超级通道、超级合作园区和超级平台的重要性将超过某一国家的重要性。

历史实践证明，互联互通、融入全球价值链和供应链是一个国家或地区经济从数十亿美元规模跃升到数万亿美元规模的必由之路，也是实现人类整体可持续发展之路。世界需要更多的基础设施、更庞大广阔的价值链和供应链，来服务于快速增长的人口、商品、货物、数据和资金流动。融入全球价值链和供应链，是各国自身经济增长和国家之间贸易增长的必要条件，融入全球供应链和价值链的程度和人口结构、资本市场、劳动效率和技术水平一样是全球经济发展的源泉，并将逐步改写全球经济贸易版图，一国更好的互联互通条件将使得该国在国际竞争中占据主动。

中国提出的“一带一路”倡议东牵活力四射的亚太经济圈，西系发达的欧洲经济圈并连带北美经济圈，沿线涵盖了中亚、西亚、中东、东南亚、南亚、北非、东非等超过60个国家，并辐射东亚以及西欧。但欧亚大陆各区域发展不平衡、联系不紧密，交通基础设施或者不连不通，或者连而不通，或者通而不畅，这已成为制约欧亚大陆合作和实现全球连通的重要障碍，以基础设施互联通为抓手的“一带一路”建设，

① 帕拉格·康纳．超级版图[M].北京：中信出版社，2016.

将大大改善中国和这些地区以及全球的连接程度，从冷战、“凉战思维”，非此即彼的“零和博弈”到更多的国家和地区参与共商共建共享的开放合作，一场布局全球基础设施引发的全球、产业链、供应链和价值链革命已经开启，互联互通的世界超级网络版图将会形成。

（三）“一带一路”建设会引发全球财富结构、产业结构和地区结构的重构，将塑造和提升现代流通竞争力

人类历史经历了三次全球化浪潮，全球化促进了各个国家和地区的联系不断深化和加强，给发达国家和地区带来了繁荣与发展，但这是建立在不平等国际治理体系和规则下的全球化，是只有一部分人和国家才能享有的全球化繁荣，造成了南北失衡、贫富失衡和产业结构的失衡。在殖民帝国秩序下全球化 1.0 时代，殖民国家以极低的成本甚至零成本从拉美、非洲和亚洲攫取了大量的资源运往欧美，各大洲都依附于这种大国势力范围主导的全球殖民体系；全球化的 2.0 时代和 3.0 时代强化了发达国家提供市场、广大发展中国家提供廉价资源和劳动力的生产消费流通体系，国际经济关系的不平等性质更加突出，加剧了南北失衡和产业结构失衡，广大发展中国家和地区面临边缘化的危险。

随着全球多极化和多元化的规模和强度前所未有地扩大和加深，国家和地区之间的交流交往不断拓展，我们已经迎来了一个全球化大流通时代，具有国际化、社会化、信息化、流程化、混沌化和共享化的现代流通，将逐步成为涵盖全球生产、交易和销售后循环流通的经济运行方式，并随之引发整个全球的产业革命。未来的全球化将不再是美国或者某个单一国家的全球化，全球化大流通把所有国家的资源、生产、消费等全部纳入全球化现代流通这个大体系和大平台中，为这些国家平等参与和共享全球化提供了发展机遇。与此同时，在全球化大流通时代，世界各国综合国力的竞争焦点将是现代流通能力的竞争，主要表现在全球供应链和价值链上生产、金融、技术、知识和人才流动的博弈，主要体现为在全球范围内商流、物流、信息流、资金流和人员流动的便利化、

快捷化、共享化和顺畅化，即在全球范围的现代流通能力。中国提出携手共建“一带一路”的重大倡议，适应了全球化大流通的发展趋势，为大部分都处于工业化初中级阶段的沿线国家平等参与共建共享全球化提供了机遇，当前中国东南沿海的制造业正在扩大同越南、泰国、马来西亚、菲律宾、印度尼西亚、印度、柬埔寨、老挝、缅甸等周边国家的合作。随着商品、服务、信息、资本、技术和人才在所有沿线国家之间的共享、流动和重新组合，全球财富结构、产业结构和地区结构也将重构。同时，通过现代流通能力的打造和提升，将会出现若干个商流、物流、信息流、资金流和人员流动的聚散中心和现代流通中心，逐步形成国际化、社会化、信息化、混沌化和多维立体的大流通格局，进而通过互动和联动，形成相关各国共同发展的布局。

（四）“一带一路”建设是对传统地缘政治理论的一种突破与创新，将重构新型处理国际和地缘政治经济关系的新视野

地缘理念，是伴随着人类实践发展史同时发生的，也是人类改造世界、发现利用各种资源的初始环节和关键环节。在漫长的人类历史中，人类对时空的认知理念随着渔猎文明、农业文明、工业文明和生态文明社会文化的次第演进不断发生变化，但是战略目标不同、动机不同、认知视角和认知成果等不同造成认知理念的话语体系不同。造成西方地缘政治学历经百余年来的发展演变，形成了系统、权威的古典地缘政治理论，提供了一整套有关地缘政治的思维模式和认识论框架，如德国康德的“欧洲中心论”、美国马汉的“海权论”、布尔津斯基的“大棋局”论等等，这些从总体上来看都是一些打造强权霸权的理论，并逐步演变为政治地缘和军事地缘学说理论。

应当说，古丝绸之路是中国与彼时世界最早的跨国地缘经济认知活动，曾影响到世界文明发展的历史进程。如今，“一带一路”建设从古典形态演化为现代形态，成为新时期经济全球化、区域经济一体化发展最重要、最有效的实现方式。从批判地缘政治学的角度来看，“一带一路”倡议最突出的意义在于赋予了古丝绸之路新的时代内涵，以“和平合作、开放包容、互学互鉴、互利共赢”为特征的“丝绸之路精神”，将有助于推进当前国际社会的合作和促进欧亚非大陆各国的经济发展，使“一带一路”成为欧亚经济发展的纽带和巨大的地缘经济发展传送带，成为世界经济发展的传送带。从关税同盟到自由贸易区，从单一货物贸易到服务贸易以及贸易投资合作，从双边合作到多边合作以及相互连接形成网络格局，经济全球化、区域经济一体化是地缘经济发展的最高阶段，“一带一路”倡议是其最有效的实现方式，其涉及的不只是人们通常所认为的促进欧亚非大陆之间的互联互通，更重要的是有助于实现世界各文化、文明之间的和平共处与协同共进。“一带一路”期待的是“不同文明之间的砥砺和相互发明，能够产生更具宽容精神的共同进化，这比单极世界展示的世界图景更加丰富多彩、更有效率，同时也更加和平”。就此而言，“一带一路”倡议将不同文化与文明和国家的地缘政治想象视为平等的，它们共存于同一个时空之中，非西方国家及其文化并非必然要朝西方的方向进化。“一带一路”是开放合作的产物，而不是传统的地缘政治经济工具，更不能用过时的冷战思维去看待，是对传统地缘政治理论的一种突破与创新。“一带一路”地缘理念把欧亚大陆视为一个整体，构建了一种不同国家可以共同发展、不同文化与文明可以求同存异的地缘政治想象，从而超越了主要由近代西方国家构建的现代地缘政治经济理论学说，超越了西方世界在面对域外世界的文化与文明等方面的差异时，要么进行征服、要么坚持同化的既有路径，必将会重构世界地缘政治经济格局。

（五）“一带一路”倡议是搭建各国和全球公民共享的“百花园”，将重塑有利于人类可持续发展的新理念、新秩序和新规则

互联互通是当今和未来全球社会的基础，是推动给世界朝着更加复杂的全球体系演变的重要力量，同时也引发了人类的认知革命，使得全球维度成为一种新的思考基准线。在这样的体系下，各国经济会更加融

合，网络世界与现实世界的结合更加紧密，全球人口流动性更大，纯粹的民族越来越难以实现，全球公民新概念、全球通行证、新的道德规范和价值观，全球性融合的人类新文明开始出现，全球秩序也不再是一个自上而下支配或控制的某种体系，而是需要一个满足人类共商、共建、共享的理念、认知和价值观的平等、平行网络结构，不断增长的参与者在网络中相互依存。

全球经历了两次世界大战，第二次世界大战结束后，以美国为首的西方国家建立了西方主导的价值观和西方话语权主导的国际秩序。当前国际治理体系和大国关系正在发生深刻变化，国际关系从整体上看，已经从过去的局部战争和对抗性博弈向共同协调与合作性博弈转变，全球性融合的人类新文明会激发更多群体和更多国家，以全球公民的身份站在人类道义制高点来重构公平、公正、合理的全球新秩序和新规则。随着新兴市场和发展中经济体的群体性崛起，在国际秩序重构过程中，中国提出的“一带一路”反映了沿线国家“促合作、谋发展”的最大利益诉求，突出了和平发展、合作共赢这一时代主题，主动与沿线国家进行开放式合作，主动去寻找和放大与不同国家和地区群体的重叠认识和重叠价值，以共同认知、共同理念和共同行动创造人类共同的思想财富和物质财富，将为发展中国家之间合作提供新模式、树立新标杆，将深刻影响全球化进程，形成一套有别于西方国家主导、有利于人类可持续发展的新理念、新秩序和新规则，将有利于沿线国家携手共同打造政治互信、经济融合、文化包容的利益共同体、命运共同体和责任共同体，携手共建更加和平、美好、公平、公正、开放、包容，令更多人民感到幸福的21世纪人类新文明，使“一带一路”建设成为更多国家和地区共享的“百花园”。

二、“一带一路”是一个伟大的构想和系统工程，是一项需要共同努力和长期持续努力才能达到目标的持久行动

“一带一路”倡议是一个伟大的构想，也是一项长期复杂的系统工程，不能急功近利，急于求成，搞“面子工程”，应聚焦陆上丝绸之路、海上丝绸之路、空中丝绸之路、网上丝绸之路和文化丝绸之路等多种形式的丝绸之路，把中国和更多国家和地区连接起来，携手打造一批重要节点城市、产业园区、跨区域自贸区网络、跨境合作区、经济通道或走廊、若干平台经济等。积跬步，可以至千里；积小流，可以成江海。只要我们一步一步把“一带一路”建设向前推进，并且持之以恒，吸引更多国家参与共同行动，就一定能够实现“一带一路”的愿景。

（一）“一带一路”以“五通”为核心内容，共建国际化、社会化、信息化、共享化的更有效率和效益的“大流通”体系

建设“一带一路”符合沿线各国的内在要求，从近期来看，是走出世界经济低迷的光明之路。从远期来看，是实现全球共同发展、共同富裕之路。“五通”是“一带一路”倡议的核心内容，要坚持共商、共建、共享原则，以基础设施互联互通为抓手和突破口，促进“一带一路”沿线国家商流、物流、信息流、资金流和人员流动更加顺畅和更加高效，共建国际化、社会化、信息化、共享化的“大流通”体系，使古老的“丝绸之路”延伸至现代版的国际“大合唱”，成为各国共享的“百花园”。

1. 政策沟通

加强“一带一路”沿线国家的政策沟通，目的是形成相向而行、趋向一致的战略、决策、政策和规则，构建沿线国家多层次政府间经济发展战略、宏观经济政策、重大规划项目对接的机制，为更多国家和地区跨国界的国际化大流通创造一个透明的、可预见的外部市场环境，各

个国家的流通能够在政策趋向一致的情况下，使商流、物流、信息流、资本流和人力资本流通更加顺畅。

在“一带一路”建设推进过程中，我国致力于同相关国家的发展战略对接，截至2016年6月30日，已有100多个国家和组织参与到“一带一路”倡议之中，已有34个国家和国际组织与中国签署了共建“一带一路”政府间合作协议，如“一带一路”与俄罗斯“欧亚联盟”、蒙古国“草原之路”、哈萨克斯坦“光明之路”、印度“季风计划”、英国“北方增长计划”等对接；中国同56个国家和区域合作组织发表了对接“一带一路”倡议的联合声明，同有关国家依情况建立联委会、混委会、协委会、指导委员会、管理委员会等多样化的双边机制。在“一带一路”沿线国家，中国与11个国家签署了自贸区协定，与56个国家签署了双边投资协定，同20多个国际组织开展国际产能合作。

展望未来，一是我们愿逐步建立健全与沿线各国的规划对接机制。对参与“一带一路”较为积极、合作意愿较强的国家展开双方或多方共同关注的发展议题的对话。沿线国家可以分类进行规划对接，全面推进、做实做细政府间合作，尽快形成双边或多边可接纳、互动互补、可操作性强的“一带一路”规划对接机制。双方或多方可共同成立“一带一路”建设合作规划编制小组，共同研究双方合作的主要方向和内容。二是愿加快建立健全重大项目对接机制。沿线国家可在规划对接的基础上，共同制定“一带一路”建设的实施方案、行动路线图，明确双方政府及相关部门的职责，并推动签署合作备忘录和协议，确定双方合作的领域、项目、投资主体等内容，尽早建设一批能够取得成效的典型合作项目，并对其他沿线国家产生示范效应。

2. 设施联通

基础设施互联互通是建设“一带一路”的基础性工程，在历史上，任何一个国家和地区，创造性的连接都会使区域经济联系产生巨变。推动沿线各国加强基础设施建设规划、技术标准体系对接，共同推进交通、能源、信息等国际骨干通道建设，通过基础设施互联互通打造供应链，实现欧亚大陆资源、生产、服务、消费的连接，形成一体化区域市场和全球大流通网络，从而为彼此合作创造更好的条件。

目前，“一带一路”基础设施互联互通建设已经取得了重要进展。在经济通道建设方面，中、蒙、俄三方已就建设经济走廊达成共识，正抓紧编制规划纲要；中巴经济走廊起步早、进展快，已实质性启动一批重大项目建设；新亚欧大陆桥经济走廊、孟中印缅经济走廊的建设也在稳步向前推进。物流大通道建设方面，仅 2015 年一年中欧国际班列就开行 815 列，是 2014 年的 2.7 倍，班列已到达沿线国家 7 个，常态化运输机制开始形成；一批高速公路建设正在推进，匈塞铁路、雅万高铁陆续开工，中老、中泰等泛亚铁路网开始启动；与此同时，海上互联互通蓄势待发。

从长远发展来看，对“一带一路”设施连通的战略方向、通道选择、建设重点等内容，各参与国可以共同进行统筹设计，为以物流为主体的国际化、社会化、共享化现代大流通体系打下坚实的基础。

一是总体设计“一带一路”重大倡议的发展方向。我们研究认为，目前阶段“丝绸之路经济带”可沿 3 个方向共同推进：第一个是从我国西北、东北经中亚、俄罗斯至欧洲；第二个是从我国西北经中亚、西亚至地中海；第三个是从我国西南经东南亚和南亚至印度洋，这三大方向将我国与中亚、西亚、东南亚和南亚连为一体。“21 世纪海上丝绸之路”可沿两大方向推进：一条是从我国沿海港口过南海，经马六甲海峡至印度洋，并进一步延伸至东非和欧洲；另一条是从我国沿海港口过南海，经印度尼西亚抵达太平洋。这两大线路可将太平洋、我国南海、印度洋、地中海以及大西洋连接在一起，形成新的全球链接体系和架构。此外，我们还将拓展“空中丝绸之路”，开启“网上丝绸之路”。

二是欢迎更多国家携手共建“一带一路”重大倡议的经济通道。

根据上述建设方向，“一带一路”可稳步推进新亚欧大陆桥、中国—中亚—西亚、中蒙俄、中巴、孟中印缅、中国—中南半岛六大经济走廊，未来建议延伸拓展建设东北亚国际通道、中国—非洲通道、中国—美洲通道、北极航线等四大通道。其中，中巴、孟中印缅、中国—中南半岛这三大通道将“一带”与“一路”联通起来，使二者成为不可分割、紧密联系的整体。从与国内对接来看，一方面，“一带”可与我国长江经济带战略、京津冀协同发展战略及五大港口群对接，打通欧亚内陆地区通往太平洋的东西向通路；另一方面，也可形成我国西部地区经中巴通道、孟中印缅和中国—中南半岛通道进入印度洋的南北向通路，使我国西部内陆地区成为对外开放的新前沿。

三是建设包括“硬联通”与“软联通”的立体化通道。“一带一路”基础设施互联互通不是传统意义上单纯的修路搭桥，它包括“硬联通”和“软联通”两方面含义。“硬联通”既包括通过公路、铁路、港口、机场等关键通道、节点和重点工程，畅通交通瓶颈，构建连通内外、安全畅通的综合交通运输网络，也包括油气运输管道、输电网络建设等，形成安全稳定的能源供应通道。“软联通”主要指信息的互联互通，通过推进跨境光缆和通信干线网络建设，提高国际通信互联互通水平。“软硬”兼施，建成以物流化、信息化为先导的跨区域、次区域的大流通格局，从而把活跃的东亚经济圈、发达的欧洲经济圈和中间地带更多具有发展潜力的国家结成携手发展的“利益共同体”。

3. 贸易畅通

国际贸易是世界经济增长的重要引擎，在全球化的今天，任何一个国家的生产都是全球产业链、供应链、价值链和服务链在产业转移中的重新组合，国际贸易流量和流向发生了很大的变化。与此同时，世界经济仍然处于深度调整阶段，经济全球化进程受阻，贸易保护主义抬头。在此背景下，我们提出“一带一路”的重大倡议，推行贸易自由化和便利化，就是要突破各种形式的贸易保护主义和贸易壁垒，降低贸易和流通成本。而贸易畅通实质上就是建立与之相适应的流通规则，使流通中的国际交易和交换打破以前以国家为主的传统流通规则；就是要创新流通方式，降低与沿线国家的贸易成本，提高流通速度和效率。

“一带一路”沿线国家大多处于工业化、城市化的重要阶段，“一带一路”倡议实施以来，沿线国家与中国的贸易联系变革越来越紧密，区域贸易和投资增长迅猛。据统计，2013 年 6 月到 2016 年 6 月，我国与“一带一路”沿线国家货物贸易额为 3.1 万亿美元，占我国对外贸易总额的 26%。我国对“一带一路”相关国家的累计投资达 511 亿美元，占同期对外直接投资总额的 12%，与沿线国家签订承包合同累计金额达 2790 亿美元。在“一带一路”沿线 18 个国家建设有 52 个经贸合作区，累计完成投资 156 亿美元。沿线各国都在努力提升贸易投资便利化水平，探讨各种类型的自贸区或一体化进程。目前，中国是世界第 2 大经济体、第 1 制造业大国和第 1 大贸易体，是全球 120 多个国家的第 1 大贸易伙伴、70 多个国家的第 2 大贸易伙伴，中国出口市场份额继续扩大，2015 年出口占国际市场份额升至 13.8%，中国在国际市场的影响力进一步增强。贸易畅通是“一带一路”建设的重要任务，我们的目标是要真正形成代表各国共同利益的流通规则和国际贸易规则体系，这就要求：

一是培育新的贸易增长点。要以沿线国家基础设施互联互通为契机，积极推动中国和沿线各国在大型成套设备和建材产品等方面的合作。扩大同俄罗斯、中东、中亚、西亚油气资源，中亚、东南亚、俄罗斯、蒙古国矿产资源的对外合作，为沿线各国经济发展提供能源资源保障。要努力消除农产品贸易壁垒和政策障碍，加强各国检验检疫合作，扩大沿线各国与中亚、东盟、中东欧等地区的农产品贸易规模。要发挥中国、欧洲各国在高科技产品方面的比较优势，加强同沿线国家的相互合作。要顺应产业转移规律和趋势，扩大中国、欧洲等同东南亚、南亚等地区的合作，打造沿线更加紧密的产业链和供应链。

二是创新贸易方式。要把对外贸易和投资有机结合起来，将沿线国家的产品进口需求转化为在其境内的投资，并进一步带动投资国设备、材料、技术、标准的出口。可在中亚、东南亚、南亚、西亚及俄罗斯、蒙古国等国建设一批经济贸易合作区，发展加工贸易。要积极发展服务贸易，既包括运输、旅游、商贸等传统服务贸易，又包括通信、金融、教育等现代服务贸易。要创新贸易业态，鼓励沿线国家发展跨境电子商务、国际营销、服务外包等现代贸易方式，通过创新现代贸易方式在未来全球贸易竞争中占据制高点，并主导贸易流通规则的制定。

三是打造若干个重要贸易合作平台。中国—东盟自贸区是“21 世纪海上丝绸之路”的重要支点，要全面提升中国—东盟自贸区质量和标准，打造中国—东盟自贸区升级版，力争 2020 年双方贸易额达到 1 万亿美元。南亚区域合作联盟是世界上重要的区域合作组织之一，也是全球一支重要的经济力量，要以建设中巴经济走廊和孟中印缅经济走廊为重要切入点，加强中国—南亚区域合作联盟建设。要推动中国—海合会全面自由贸易协定谈判进程，尽快签署全面自由贸易协定，进一步加强主要能源供需方的紧密联系。要重点推动中国欧盟投资协定谈判进程，尽快启动中国—欧盟自贸区谈判，争取到 2020 年双方贸易额达到 1 万亿美元。

4. 资金融通

资金融通是推进“一带一路”建设的重要支撑。当前，全球资金流通的规则以及规则制定权和主导权都掌握在以美国为首的发达国家手里，是发达国家主导的国际经济治理体系的重要组成部分。如美国主导世界银行，欧盟主导国际货币基金组织，日本主导亚洲开发银行，而这显然已不适应全球经济发展和资金流通的需要，国际资本流通秩序亟待改革，以解决全球货币流通问题，促使更多的国家和地区能够通过资本、货币的流通实现共同受益，为更多国家和地区创造资金和资本顺畅流通和使用的环境。

为了推进资本融通，为“一带一路”建设提供重要支撑。中国倡导亚投行、金砖国家银行，筹备上合组织金融机构，逐步形成顺应世界经济格局的金融新规则，构建支持更大范围开放的金融体系。从目前的进展来看，亚洲基础设施投资银行2016年初开业运营并于6月25日批准了首批4个项目总计5.09亿美元的贷款。金砖国家新开发银行于2016年4月21日公布了总额为8.11亿美元的首批贷款项目。截至2016年6月，国家开发银行已建立涉及超过60个国家、总量超过900个项目的“一带一路”的项目储备库；中国进出口银行内有贷款余额的“一带一路”项目1000多个，项目分布于49个沿线国家，新签约“一带一路”国家项目500多个。同时，“一带一路”建设带动了人民币国际化进程，中国在7个“一带一路”沿线国家设立了人民币业务清算行，经常项下跨境人民币结算金额超过2.63万亿元。此外，沿线国家还积极探讨建立或扩充各类双多边合作基金，金融合作正在迅速展开，为重点项目建设提供了强有力支持，金融支撑机制开始发挥作用。“一带一路”建设投资量大、项目结构复杂、参与主体繁多，这需要在金融方面有所创新，在资金的运作方式上要区别于传统的投融资模式，构建起多层次、多元化、多主体且风险可控的“一带一路”投融资框架和金融合作体系。

一是发挥好多边金融机构的重要作用。一方面，要加强中国—东盟海上合作基金、上海合作组织发展基金、中阿共同投资基金、中国—中东欧投资合作基金等既有多边金融机构的重要作用。另一方面，要打造“一带一路”建设的新型投融资平台。目前，亚洲基础设施投资银行、丝路基金、金砖国家新开发银行等新型金融机构已经成立并开始发挥作用，中国—东盟银行联合体、上合组织银行联合体务实合作正在逐步深化。通过这些多边的、开放的金融机构的重要作用，将会形成沿线新型投融资格局，为“一带一路”基础设施建设、资源开发、产业合作提供资金支持。

二是创新“一带一路”金融合作方式。要推动“一带一路”沿线国家债券市场的开放和发展，支持沿线国家政府和信用等级较高的企业及金融机构发行融资债券，鼓励沿线国家共同发行“丝路债券”，支持各国到沿线的其他国家发行债券。率先推动与“一带一路”沿线国家和地区实现货币互换和货币直兑，逐步实现各主要国家货币直接交易和兑换。可考虑在沿线具备条件的国家和地区增加人民币离岸中心或结算中心的数量，加快形成人民币离岸中心网络体系，增加“一带一路”沿线国家经贸结算的货币选择。

三是构建金融风险防范体系。加强沿线国家金融监管当局的沟通协调，扩大信息共享范围，推动签署双边或多边金融监管合作谅解备忘录，逐步在区域内建立高效监管协调机制。完善风险应对和危机处置制度安排，构建区域性金融风险预警系统，形成应对跨境风险和危机处置的交流合作机制。加快信用评级机构发展，加强征信管理部门、征信机构和评级机构之间的跨境合作。支持沿线国家共建政策性担保机制，设立政策性担保基金，为各国企业提供对外投资贸易融资担保。

5. 民心相通

“随风潜入夜，润物细无声。”民心相通是沿线各个国家合作的民意基础，是开展经贸合作的前提，有利于为现代流通创造更好的社会环境，使所在国民众认同和响应。因此，民心相通是“一带一路”的灵魂，唯有增强各方的文化认同感，建设情感共同体，才能形成命运、利益和责任共同体，从而弱化异域文化的阻力，将“一带一路”建设推向深化。

“一带一路”倡议提出以来，中国与沿线国家的人文交流更加密切。我国与沿线大部分国家都签署了政府间文化交流合作协定及执行计划，高层交往密切，民间交流频繁，合作内容丰富，与不少沿线国家都互办过文化年、艺术节、电影周和旅游推介活动等，在不同国家多次举办了以“丝绸之路”为主题的文化交流与合作项目，设立了丝绸之路中国政府奖学金，与沿线国家互办文化年、艺术节，实施“丝绸之路影视桥工程”和“丝路书香工程”，“一带一路”人文合作取得了积极成果，丝绸之路联合申遗取得成功，海上丝绸之路联合申遗业已启动。但是相比经济合作，人文交流合作还是相对滞后，未来，我们需要进一步加强与沿线国家的人文交流合作，利用、完善和拓展人文交流机制，加强与沿线国家的多轨道、多渠道交流，把“一带一路”建设成为世界文明对话与交流创新的平台，逐步形成共同的价值取向和文化认同，进而汇聚形成推动人类进步的和平观、义利观、历史观、发展观，为开展全方位合作奠定民意基础。

“痛则不通，通则不痛”，政策沟通、设施联通、货物畅通、资本融通、民心沟通等，实际上强调的都是一个“通”字。政策沟通为流通创造环境，设施互联互通是推进现代流通进程的前提，货物畅通是重塑流通规则的博弈，资金和资本融通是国际货币流通规制的渐进式改革，民心相通是现代流通的社会基础，世界竞争的焦点越来越集中到现代流通能力竞争上，国家战略核心越来越集中在提升现代流通能力上，这是我们推进“一带一路”建设的重点，也是未来的发展方向，唯有如此，我们才能在未来全球现代流通能力和规则的竞争中立于不败之地。

（二）面向更加开阔的未来，可以通过拓展多种形式的丝绸之路，把中国与更多国家和地区连接起来

“一带一路”具有深远意义和现实意义，不可能一蹴而就，要把握重点方向，探索多样化的连接亚欧非经贸和人文交流路径，聚焦搭建陆上丝绸之路、海上丝绸之路、空中丝绸之路、网上丝绸之路和文化丝绸之路等多种新丝绸之路的发展模式，统筹整体布局，形成相互支撑、协同配合的大系统，打造中国与更多国家和地区连接起来的陆、海、空、网上和文化交流通道，推动欧亚大陆经济一体化和全球化进程，重塑欧亚乃至全球经济地理与战略空间，在造福更大群体的实践中，不断

提升我国在国际事务中的发言权和影响力，提高参与国人民的福祉。

1. 建设陆上丝绸之路

我国西部、西南和北部等沿边一些地区曾是我国和欧亚大陆经济发展的边缘地带，“一带一路”建设给沿边地区带来了发展的历史性机遇，使之成为新一轮开放的前沿和具备后发优势的新高地。通过基础设施的互联互通，从中国延绵2.2万千米长的边境线出发，穿过广袤土地连接起来的现代陆上丝绸之路，可以发挥边境地区和支点城市的特殊区位优势，随着“一带一路”建设的推进，成为跨区域和跨国界的经济、文化辐射中心和现代流通中心，焕发出新的生机活力。

传统的陆上丝绸之路，起自中国古代都城长安（今西安），经中亚国家阿富汗、伊朗、伊拉克、叙利亚等而达地中海，以罗马为终点，全长6440千米。这条以丝绸为代表性货物的商路被认为是连接亚欧大陆的古代东西方文明的交汇之路。而“一带一路”倡议下的陆上丝绸之路则不限于此，强调黄色国土连接的向北、向南、向北的开放，三个方向并重，整体推进：一是从我国西北、东北经中亚、俄罗斯至欧洲（波罗的海）；二是从我国西北经中亚、西亚（波斯湾）至地中海；三是从我国西南经东南亚和从我国西北经南亚至印度洋，这三大方向将我国与中亚、西亚和南亚连为一体。在陆上丝绸之路这三个方向上将依托陆上国际战略大通道，尤其是互联互通的公路和铁路网络构架，实现商流、物流、信息流、资金流和人员的自由、便利和快捷流通。

一是以内陆港建设为重点，拓展高铁和铁路国际运输通道。近年来，从中国内陆到欧洲的铁路运输日益变得繁忙，西行的国际物流大通道雏形渐成。自2011年重庆开行“渝新欧”国际班列后，成都、郑州、武汉、西安、长沙、义乌、苏州、营口等地先后效仿开通欧洲货运班列，进入2015年，连云港—阿拉木图、武威—阿拉木图、新疆（奎屯）—格鲁吉亚等通往中亚的班列又纷纷开行。据统计，到目前为止中欧班列已经累计开运2000列。中国由西向东，已经建成直达欧洲的

3 条国际大通道，分别是西线经新疆阿拉山口（霍尔果斯）口岸出境，中线从我国华北地区经内蒙古的二连浩特出境，东线从我国东南部沿海地区经满洲里或绥芬河出境。今后，我国将会同沿线国家重点推进渝新欧、汉新欧、义新欧等中欧铁路国际运输通道建设，加快推进中缅、中老泰、中越、中蒙俄等国际道路运输通道建设和陆水联运通道建设，搭建沟通境内外、连接东中西的运输通道。

二是实施面向全球的高铁建设，构建高铁网络体系。

根据国务院常务会议通过的《中长期铁路网规划》，我国将在“十三五时期”构建更加发达的高速铁路网，在原有“四纵四横”主干架的基础上，形成以“八纵八横”主通道为骨架、区域连接线衔接、城际铁路为补充、面向全球的高速铁路网络体系。从目前来看，国内“八纵八横”规划已经进入实施阶段，正在打造以沿海、京沪等“八纵”通道和陆桥、沿江等“八横”通道为主干，城际铁路为补充的高速铁路网，实现相邻大中城市间 1 ~4 小时交通圈、城市群内 0.5 ~2 小时交通圈。从全球来看，我国在以“一带一路”为依托，推进我国与周边区域、亚欧区域互联互通，设想未来可构筑面向全球的高铁网大通道，重点是：

——泛亚高铁：从昆明出发，将连接欧洲和东南亚，途经土耳其、伊朗、巴基斯坦、印度、孟加拉国、缅甸、泰国，然后分别进入中国云南，以及经马来西亚进入新加坡。

——中亚高铁：与“陆上丝绸之路”重合，起点是乌鲁木齐，取道吉尔吉斯斯坦、乌兹别克斯坦、伊朗、土耳其等中亚国家，经过伊朗，再到土耳其，最后抵达德国。

——欧亚高铁：从伦敦出发，经巴黎、柏林、华沙、基辅，过莫斯科后分成两支，一支入哈萨克斯坦，另一支遥指远东的哈巴罗夫斯克，之后进入中国境内的满洲里。

——西伯利亚高铁：即俄跨西伯利亚铁路和贝—阿（贝加尔—阿

穆尔）铁路节点。此外，还有中国、巴西、秘鲁三国合作开发连接大西洋和太平洋的两洋高铁，以及与美合作试图连接全球的环球高铁等。如是，将通过高铁网形成中国连通世界的重要通道。

三是以重点口岸群建设为节点，建设公路运输大通道。从地理方位上看，中国沿边省市大部分地区，正处在欧亚增长极交汇区域的核心地带，与“一带一路”相交相汇，边境口岸与周边国家对接相连，成为“一带一路”上的增长节点。在漫长的边境线上，中国与周边国家的陆路边境线长达22800千米，与14个国家和地区的领土接壤，共有公路口岸64个，陆路口岸从广西防城港市的东兴市开始，按顺时针方向，从东南经过越南、老挝，东北至辽宁丹东。中国南方广西东兴口岸是进出境旅客总人数最多的国际陆路口岸，北方内蒙古满洲里口岸是进出口货物总量最多的国际陆路口岸，尤其是以新欧亚大陆桥为主要通道的内陆口岸是未来布局的重点。

总体来看，我国陆上丝绸之路建设已初见成效，一些标志性项目如中老铁路、中泰铁路、中俄和中亚油气管线等已经落地，展望未来，以中蒙俄、新欧亚大陆桥、中国—中亚—西亚、中巴、孟中印缅、中国—中南半岛六大国际经济合作走廊和国内“八纵八横”高铁交通网络体系为骨架的陆上丝绸之路，把欧亚大陆国家通过陆上国际大通道建设串联了起来，成为中国新时期对外开放和走向世界最大的硬互联互通基础设施。

2. 建设“21世纪海上丝绸之路”

数千年以来，海洋运输都是国际贸易的基石，直至今日海洋运输仍承担着全球90%的货物贸易运输。海运物流也是我国对外贸易物流的主要形式，中国原油进口的90%、铁矿石进口的97%、铜矿石进口的92%、煤炭进口的92%均通过海运实现。在“一带一路”建设过程中，海上丝绸之路有着非常重要的地位，是蓝色国土向东向南向开放，在南向路线上，从我国东部沿海港口出发，经南海再过马六甲海峡，穿过印度洋，经红海、苏伊士运河到达地中海，延伸至北非、欧洲；在东向路线上，从我国北部湾各港口出发，延伸到隔海相邻的越南、马来西亚、新加坡、印度尼西亚抵达太平洋。海上丝绸之路穿越了南海、马六甲海峡、印度洋、太平洋、红海、苏伊士运河和地中海，旨在倡导新时代的航海新秩序，通过港口物流、港口经济、海洋资源开发等合作，共同打造沿海国家和地区发达的经济走廊，形成中国全球化战略新布局，也是中国与海上毗邻国家、相望国家及具备海洋通道的更远国家交融交流的友谊之路。

一是开辟拓展连通国内外的重要海上航线。海上通道是指大量物流经船舶运输通过的海域，是连接世界主要经济资源中心的通道，也是大多数海上航线的必经之地和诸多利益的交汇之处，在经济与安全方面具有重大的战略价值。因此，海上丝绸之路的重点是各种连通国内外的近洋航线和远洋航线建设。近洋航线是指我国沿海各港口到南海周边国家重点港口的航线，具体包括中国—越南，中国—菲律宾，中国—新加坡、马来西亚，中国—泰国、柬埔寨，中国—印度尼西亚，中国—北加里曼丹等6条航线；远洋航线涉及中国各港口到孟加拉湾、阿拉伯海、波斯湾、红海、地中海等沿岸重点港口的航线，具体是以上海、大连、秦皇岛、广州、湛江、天津、青岛等港口为起点，形成面向东、西、南、北全方位的海洋国际运输大通道。具体而言，东行航线是由中国沿海各港口东行，经日本横渡太平洋抵达美国、加拿大和拉美各国。西行航线是由中国沿海各港南行，至新加坡折向西行，穿越马六甲海峡进入印度洋，出苏伊士运河，过地中海，进入大西洋；或绕南非的好望角，进入大西洋，沿途可达南亚、西亚、非洲、欧洲一些国家或地区的港口。南行航线是由中国沿海各港南行，通往大洋洲、东南亚等地。北行航线是由中国沿海各港北行，可到朝鲜和俄罗斯远东海参崴等港口。

二是以国内外重点港口群建设为节点，建设国际海洋运输大通道。港口是重要的物流节点，是内陆地区承接国际资本、沿海产业向内地转移以及通向国际市场的直通大门，是建设“一带一路”的先行领域和重要基础。因此，布局“一带一路”国际枢纽港及国内港口群建设意义重大。目前，我国已初步形成渤海湾、长三角、珠三角、东南沿海、西南沿海等5个规模化、集约化、现代化的港口群，中国五大港口群与沙特阿拉伯的达曼港、柬埔寨的西哈努克港、印度尼西亚的比通港、缅甸的皎漂港、巴基斯坦的瓜达尔港、马来西亚的关丹港和皇京港、斯里兰卡的汉班托塔港和科伦坡港、也门的亚丁港、沙特阿拉伯的吉达港、埃及的塞得港和吉布提港、希腊的比雷埃夫斯港等“海上丝绸之路”沿线港口的合作计划正在筹划中。未来，应加强海上通道支点城市建设，尤其是要加强“一带一路”沿线重要港口城市物流能力建设，打造具有综合流通组织能力的枢纽港和经济要素聚散中心。

三是依托国际经济通道推动海陆统筹，构建多向开放的新局面。新亚欧大陆桥通道是横跨亚欧两大洲、连接太平洋和大西洋，实现海—陆—海统一运输的一条国际大通道，随着新亚欧大陆桥建设的推进，我国东部各主要沿海城市都与亚欧大陆桥形成了连通，这些城市又与韩日、东南亚等国家与地区通过海上航线相连，形成了多条新亚欧大陆桥通道的延伸线。与此同时，我国中西部的乌鲁木齐、西安、武汉、重庆、南宁、郑州等城市经阿拉山口、霍尔果斯等口岸与新亚欧大陆桥通道相连接，这样新亚欧大陆桥就在更大范围内实现了海陆统筹，将带动国家腹地的整体开发和各级转运枢纽的建设。中巴经济走廊、孟中印缅经济走廊和中国—中南半岛既是陆上通道，也是海上通道，它们从北到南贯通中国及亚洲内陆与印度洋，将“丝绸之路经济带”与“21世纪海上丝绸之路”联结起来，使得“一带一路”成为一个覆盖从太平洋到印度洋，向西直通地中海，形成从亚洲内陆特别是中亚地区贯通印度洋的巨大网络。三条海陆统筹通道能否顺利建设，关系着亚洲内陆能否直通海洋，关系亚洲内陆、东南亚和南亚能否实现产业振兴，进一步融入国际经济合作。

3. 拓展并连接空中丝绸之路

“一带一路”建设已经由倡议发展为实际行动，打造“空中丝绸之路”推动沿线各国的航空业合作，是“一带一路”基础设施互通的重要内容，将推动“一带一路”从陆海统筹向天空拓展。“一带一路”沿线国家是中国国际航空客货运输的重要联系区域之一。目前，中国与“一带一路”沿线国家的货运联系广度和强度均要远低于客运。且相比陆路、海洋通道建设而言，空中丝绸之路的主要任务是连接，把若干由各国分别建设的枢纽港支线连接起来，使存量资源变为增量资源，对于推动“一带一路”沿线国家经贸往来、人员交流具有极为重要的作用。因此，应在“一带一路”的框架下，统筹设计国际、国内航空网络布局，打造“空中丝绸之路”，并使其与“陆上丝绸之路”和“海上丝绸之路”共同构成“一带一路”建设的支撑。

一是优化国际航线结构，打造“空中丝绸之路”大通道。“一带一路”区域内，目前在建或者拟建的通用航空机场或起降点有近 400 个，通用航空产业园近 70 个，已经与 118 个国家（地区）签署双边航空运输协定，但这些依然不能满足我国与“一带一路”沿线国家经贸人文往来的交流。今后，需要重点配合“一带一路”倡议的战略规划，加密国内至东南亚、欧洲、非洲的直飞航线，重点打造以“沪兰大通道”为主干的“空中丝绸之路”，丰富和扩大亚太航路航线网络，积极与沿线各国加强沟通协商，确定民航基础建设的关键通道和重点工程。

二是培育空中丝绸之路的重要节点。对于我国广大不沿边、不靠海、不临江的内陆地区而言，通过航空网络实现与沿线国家和地区的互联互通是最为便捷的方式。目前我国郑州、重庆等内陆城市已经依托空中丝绸之路在航空港、国际陆港、中欧国际班列等硬基础设施和快速通关、各类海关特殊监管区域、国家一类口岸和现代物流园区等软基础设施方面取得重大进展，“东中西海陆空”联运枢纽基本形成。因此，要加强我国郑州、西安、昆明、银川、成都、重庆等内陆重要城市与沿线重要节点城市航空的互联互通建设。与此同时，要继续加强我国北京、上海、香港、乌鲁木齐等现有国际航空枢纽建设，打造西安、乌鲁木齐、南宁、昆明、厦门等区域门户枢纽，加大中小机场建设力度，扩大其对沿线国家的覆盖能力，形成一批“空中丝绸之路”的重要节点。

三是加快“海陆空”国际多式联运网络体系建设。作为国际多式联运的主要形式，海陆联运具有价格低，运输方便、灵活、稳定等特点。在国内、国际货物运输量急剧增长的今天，公路、铁路、水路、码头、港口等交通设施的完善，可以为中国中西部内陆地区与沿海地区、中国与中西亚和东盟等沿路沿线国家提供游客与货物通过、到发、换乘与换装等作业服务。因此，在“一带一路”建设中，海陆空联运的建设与立体化交通网络已成为连接国内与海外，拓展城市发展空间及辐射范围的重要一环。应逐步完善多通道、多选择方式的海陆空联运网络。继续扩大新亚欧大陆桥覆盖范围至我国沿海五大港口群，尽快开通沿线各重要城市间的航线航班，建设全新的空中欧亚大陆桥；将广州作为“海上丝绸之路”的航空母港，进一步拓展东南亚、泛太平洋地区航空市场；将郑州、西安、重庆、乌鲁木齐作为中国西部同中亚地区航空一体化网络建设的重要支点，进而拓展我国经中亚至西亚、东欧的航空市场；以郑州、重庆、昆明为基地，形成面向南亚、东南亚、泛印度洋地区的航线运力网络。

4. 加快开启网上丝绸之路

网上丝绸之路是指通过跨境电子商务网络平台和跨境电子商务产业交易链的建设，实现各国的跨境自由贸易的网上通道。互联网技术创新带来了全球贸易模式的深刻变化，跨境电子商务作为一种新型贸易方式将带动贸易模式创新和市场规则重塑，在全球贸易中的作用也将日益突出。未来20年，跨境电子商务有望成为服务于全球20亿名消费者、创造1亿个全球就业机会，帮助全球上千万家中小企业走向国际市场的“第五大经济体”，将推动形成全球网络经济体共同体，推动全球经贸规则变革，形成新的全球化治理体系，推动世界经济均衡普惠发展，打破美国 TTP 和 TTIP 对我国的围堵。能否抓住跨境电子商务即将形成 E 国际贸易发展的重大战略机遇，是关系到在更为激烈的全球市场竞争中，我国能否通过提高现代流通能力塑造核心竞争力的重大问题。因此，下一步需要下大力气建设“网上丝绸之路”。

一是重视和推动 E 国际贸易发展。互联网革命产生了下一代国际贸易业态，跨境电子商务必将转向下一代贸易方式，即 E 国际贸易，它与一般贸易、加工贸易、小额边境贸易和采购贸易一样都是一种贸易形式，尽管 E 国际贸易还处于发展初期，但未来将会成为主要贸易方式，成为下一代贸易方式的主体和主流，其由互联网和物联网为支撑，天然打破了原有的国界阻隔、行政干预和垄断，必将重塑未来全球贸易格局。

二是加强“软联通”建设，打造“网上丝绸之路”通道。“一带一路”基础设施互联互通不仅是传统意义上公路、铁路、港口、机场等“硬联通”建设，还包括信息的互联互通等“软联通”建设，这主要是通过推进跨境光缆和通信干线网络建设，提高国际通信互联互通水平，加强跨境电子商务平台在沿线国家的推广、应用和使用。当前，我国跨境电子商务发展已经处于向 E 国际贸易发展趋势中的全球领先水平，要紧紧抓住 E 国际贸易形成并加快发展的历史机遇，打造与沿线国家共生共荣的跨境电子贸易平台，促进我国产业结构升级，提升我国中小企业的国际贸易的竞争力和品牌影响力，并最终使我国在全球价值链竞争中立于不败之地。

三是利用大数据、云计算、物联网以及电子数据交换（EDI）技术构建跨境电子商务电子监管体系建设。2016 年 1 月 15 日，国务院印发《关于同意在天津等 12 个城市设立跨境电子商务综合试验区的批复》，同意在天津市、上海市、重庆市、合肥市、郑州市、广州市、成都市、大连市、宁波市、青岛市、深圳市、苏州市等 12 个城市设立跨境电子商务综合试验区。当前我国跨境电子商务发展受制于国内传统监管体系，国内国际标准体系差异，国际税收、通关、结汇也都存在现实障碍，阻碍了跨境电子商务的发展。因此，应该进一步改革不适合跨境电子商务发展的体制机制障碍以及贸易管理方式，进行合作新模式的探索、境外经济贸易合作检索，发现投资合作新方式。建立涵盖多种与货柜港相关服务窗口的现代化港口网站，为航运业提供一站式电子商贸平台。推行数码贸易运输网络系统，加强同业间的信息交流。借助物流中心和保税港区，合理搭建电子商务平台，建立一些专门服务于“一带一路”的跨境保税仓，建成一个辐射亚欧，并最终通达全球的跨境供应链物流网络体系，创新理念和思维，依托现代信息技术和大数据建立，健全适宜跨境电子商务转向 E 国际贸易的电子监管体系、税收监管方式、电子通关系统和金融支持政策等。

5. 建设文化丝绸之路

“一带一路”不仅是经济之路，也是一条众多民族相处、多种宗教交织、不同文明交融的文化之路。文化丝绸之路是“一带一路”的灵魂，能为人类不同文明之间交流、共存与共同发展提供新平台，将为“一带一路”建设推进创造更好的民意基础、文化基础和社会环境，增强各方的文化认同感，有利于建设情感共同体，命运、利益和责任共同体，从而弱化异域文化的阻力，将“一带一路”建设推向深化。

古丝绸之路是商贸之路，更是东西方不同文明之间的交流之路，它将中国的华夏文明、印度的印度河文明、西亚的两河文明、中亚文明、古埃及的尼罗河文明、希腊文明、罗马文明等古代几大文明圈连接起来，使经济和文化硬软实力交相融会，浑然一体。贸易与文明的包容发展是中国文化的传统，体现了文明发展规律、社会发展规律和商业运行规律的重要内涵和前提。“一带一路”沿用古丝绸之路的历史符号，立足于相关国家多元文明的群体性复兴，倡导各国通过文化交流、文明互鉴，实现和睦、和谐、和平的多元化发展，通过提升文化的相互开放水平，推动不同文明交流，形成更具宽容精神的取向，汇聚和释放文化促进发展的强大正能量，将推动形成人类进步的和平观、义利观、历史观、发展观和价值观。因此，我们应共同建设文化丝绸之路，充分发掘沿线国家深厚的文化底蕴，继承和弘扬“丝绸之路”这一具有广泛亲和力和深刻感召力的文化符号，推动各种文明交流交融、互学互鉴，使文明之花成为增进人民友谊的桥梁、推动人类进步的纽带、维护世界和平的润滑剂。目前，中国基本上和沿线所有国家都签订了政府间文化合作协定，为国家之间文化交流奠定了基础。我国设立了丝绸之路中国政府奖学金，与沿线国家互办文化年、艺术节，实施“丝绸之路影视桥工程”和“丝路书香工程”，“一带一路”人文合作取得了积极成果，丝绸之路联合申遗取得成功，海上丝绸之路联合申遗业已启动。但是如果我们把经济合作与文化交流比作人的两条腿，那么显然我们在经济合作这条腿上用力多，文化这条腿上用力不够，脚步深浅不一。这就需要我们从理念上做工作，加强战略谋划，建设文化丝绸之路，促进民心相通。

一是密切“一带一路”沿线国家的人文交流合作。“一带一路”倡议不仅要强调经济交流、安全促进，更要突出文化融合、促进民心相通，要把“一带一路”建设成为世界文明对话与交流创新的平台。“一带一路”建设的着眼点是要立足于各相关国家多元文明的群体性复兴，通过提升文化的相互开放水平，推动不同文明交流碰撞，形成更具宽容精神的共同文化和永恒价值，汇聚和释放文化促进发展的强大正能量，形成共同的价值取向和文化认同，进而汇聚形成推动人类进步的和平观、义利观、历史观、发展观。

二是塑造“一带一路”人文交流的崭新格局。一方面，要利用好现有的人文交流机制，如完善我国与上合组织、东盟、阿拉伯国家联盟、中东欧地区等建立的人文合作委员会、文化联委会机制，并进一步丰富现有机制框架下的人文合作内容。另一方面，要进一步创新中外文化交流方式，如建立文化年、艺术节、电影周、旅游周、研讨会、表演会等各类文化交流机制，搭建多层次的文化交流平台。此外，还要发挥好沿线国家华人、华侨、华商和留学生的纽带作用，形成由华人、华侨、华商和留学生组成的各国文化交流、中转和传播网络。

三是加强沿线国家智库的交流与合作。智库是国家软实力和话语权的重要组成部分，对政府决策、企业发展、社会舆论与公共知识传播具有深刻影响。加强“一带一路”沿线国家的智库交流，有利于将“智库外交”打造成为沿线国家交流与合作的第二轨道，为“一带一路”建设提供真知灼见，增进和推进政府、民间对“一带一路”倡议的理解和交流，为开展全方位合作奠定民意基础。

（三）按照战略规划既定的目标，周密组织，精准发力，与沿线国家和地区携手共建“一带一路”

“一带一路”建设是一项复杂的系统工程，按照“一带一路”倡议，应加强统筹和整体谋划，积极稳妥推进。“一带一路”建设的近期目标是在3～5年内，夯实基础，打开局面，这个目标已经基本实现，“一带一路”实施3年来进度和成果都已超乎预期。中期目标是用10年左右的时间，重点在国际经济合作走廊等经济通道上取得突破和实质性进展，初步形成以周边为基础、面向更大范围的高标准自由贸易区网络，在国际事务中的话语权和影响力显著提高。远期目标是建立面向亚非欧大陆和链接三大洋（太平洋、大西洋、印度洋）均衡的共享的共同发展布局，依托一批城市、园区、自贸区、通道和平台，实现资源、生产、服务和消费的便利顺畅连接，实现商流、物流、信息流、资金流和人流在这些节点上的聚合与分离，从而使全球供应链顺畅链接，在激烈的国际竞争中占据制高点，在全球治理体系和体制机制重建进程中占据主动。

1. 重要节点城市

城市是人类最长久和最稳定的社会组织节点，是超越时光的全球化存在。21世纪的城市是人类最具深度的基础设施，也是最显著的人类文明成果，早期的村落逐渐变成了城镇，然后又变成中等城市、大城市、超级城市和城市群落。据研究，到2030年，全球超过70%的人口都会居住在城市。随着人口、财富和人才向全球最重要的超级城市聚合，超级城市的影响力会不断增强，超级城市而不是民族国家成为人类社会的基本组织形态。“一带一路”旨在提高沿线国家的资源配置，保障资本和贸易的自由流通。随着“一带一路”建设推进下中国与欧亚各国铁路、公路、机场、港口等硬的交通基础设施建设加快，移动通信网络、互联网、物联网、电子商务平台、政府间电子监管体系的健全完善，城市的流通功能和节点作用日益凸显，一大批处于交通要道和具有广阔通达范围，具有良好基础设施，供应链网络发达，能够承载大规模商流、物流、资金流、信息流和人流的超级城市将会大批出现，迅速崛起的超级城市和城市群落非常可能会使得世界成为一个“非国家化的世界”。现阶段，我们需要全面规划，统筹协调，有序推进，在“一带一路”沿线国家建设一批超级城市和城市群落，使我国在未来以城市和城市群落为主体的全球供应链竞争中占据制高点。

（1）建设一批以全球城市为核心的世界级城市群

未来世界级城市群之间的竞争将成为国家之间竞争的主要载体。世界级城市群以一个以上的全球特大城市为核心，由至少3个以上的大城市为构成单元，依托其强大商流、物流、信息流、资金流和人流的集聚能力成为经济全球化的核心和控制塔，因此，加快“一带一路”建设需要加快建设一批以全球城市为核心的世界级城市群，以便在未来的竞争中立于不败之地。

目前，我国已经进入了城市型社会，城市形态正在由原来的单体城市向城市群落发展，截至2015年，中国已形成长三角城市群、珠三角城市群、京津冀城市群、中原城市群、长江中游城市群、哈长城市群、成渝城市群、辽中南城市群、山东半岛城市群、海峡西岸城市群、关中城市群共 11 个国家级城市群和 13 个区域性城市群。展望未来，我们需要：一是建立完善 3 个世界级超级城市群落，具体分别是打造以北京为世界城市的京津冀协同发展世界超级城市圈，以粤港澳合作、融合、共生、重组形成的粤港澳珠三角的世界级城市圈和以上海为世界城市的长江三角洲世界级城市圈。二是加快国家级和区域性城市群落建设，积极推进中原城市群、长江中游城市群、哈长城市群、成渝城市群、辽中南城市群、山东半岛城市群、海峡西岸城市群、关中城市群建设，形成世界超级城市圈—国家城市群落—区域性城市群—小城镇的国内城市群落体系。三是加快推进 3 个世界级超级城市群与国际上其他大城市群及其国内区域性城市群的内外链接，打造面向全球的城市群网络体系，以便商流、物流、信息流、资金流和人员在全球范围内流通的便利化、高效化和顺畅化。

（2）打造一批陆上通道支点城市

今日，成功的经济发展布局必须包括能够吸纳人口以及推动社会现代化的具有战略性功能的城市布局，特定城市如重要立体交通枢纽城市、重要通道城市、重要人口集聚城市、重要现代流通中心城市、经济特区已经被证明是国家实现跨区域连接与发展的重要载体。因此，应着重以六大合作经济走廊为骨架，在拓展新的合作经济走廊或经济通道的同时，规划建设一批陆上通道支点城市，以实现中国与全球的无缝连接，促进全球大流通体系的形成。

在亚欧大陆桥通道上，可以重点发挥乌鲁木齐、郑州、西安、武汉、重庆、南宁、连云港、兰州、昆明、成都、二连浩特、满洲里等内陆城市与国外俄罗斯莫斯科、布列斯特、华沙，德国柏林，荷兰鹿特丹等“新欧亚大陆桥经济走廊”的重要战略节点城市的连接；在中蒙俄通道上，要把天津、大连打造成为蒙俄的重要出海口，连接乌兰巴托直至莫斯科的大通道；在中巴通道上，要将喀什打造成为我国西部地区重要的产业集聚区、物流集散地和中转地以及对外开放的桥头堡，形成连接伊斯兰堡、拉合尔、海德拉巴、卡拉奇及瓜达尔等城市的大通道；在孟中印缅通道上，要强化昆明区域中心城市的重要地位，打通昆明、瑞丽至缅甸曼德勒、密支那、仰光、皎漂等城市的大通道；在中国—中南半岛通道上，着重发挥南宁、昆明在该通道中的核心作用，打通至河内、万象、曼谷、金边、胡志明市、吉隆坡、新加坡的公路、铁路，形成畅通的经济通路；在中国—中亚—西亚战略通道上，要着重发挥通道两端的乌鲁木齐和土耳其安卡拉、伊斯坦布尔两大区域核心城市的重要作用，使其成为撬动走廊两端的重要支点，提升沿途阿拉木图、塔什干、杜尚别、撒马尔罕、阿什哈巴德、德黑兰、安卡拉、伊斯坦布尔等重要支点城市的互联互通水平，形成贸易带、产业带和经济带。

（3）打造一批海上通道支点城市

人类进入海洋文明时代以来，主要港口与港口密切相连成为全球大宗商品和现代物流流通的主要通道，全球互联互通的供应链基础设施在不经意间实现了商流、物流、信息流、资金流和人员流动的同步快速转化。从古至今，港口城市之间的竞争都非常激烈，这就需要加强和维护港口城市的基础设施建设，提升其互联互通的水平。

目前，我国已初步形成渤海湾、长三角、珠三角、东南沿海、西南沿海等5个规模化、集约化、现代化的港口群。未来，我们要加强“一带一路”沿线重要港口城市软硬基础设施建设，重点加强上海、天津、宁波—舟山、广州、深圳、湛江、汕头、青岛、烟台、大连、福州、厦门、泉州、海口、三亚等15个沿海港口支点城市建设，全面提升我国渤海湾、长三角、珠三角、东南沿海、西南沿海等五大港口群与新加坡、吉大、科伦坡、雅加达、瓜达尔、伊斯坦布尔、雅典、马赛、鹿特丹、阿姆斯特丹等港口城市的互联互通水平，使支点城市成为具有综合流通组织能力的枢纽和经济要素集聚中心。

（4）打造一批空港枢纽支点城市

当一座城市积累了密集的经济、行政、商贸、物流、金融等特区与机构，当一座城市成为商流、物流、信息流、资金流和人员流动的聚散中心，那么无论这座城市在什么地位都处于供应链控制的中心。因此，空港支点城市规划也将通过对国家的重塑来提升其全球互联互通的效率。

目前，我国已拥有北京、上海、广州、香港、乌鲁木齐等国际航空枢纽和郑州、西安、昆明、银川、成都、重庆等内陆区域航空枢纽。未来，需要利用和巩固好现有的国际航空枢纽，着重以推动贸易投资制度创新、贸易投资方式创新、实现贸易投资便利化入手，进一步发挥现有重要空港城市的支点作用，逐步形成辐射周边，面向全球的珠三角超级城市群、京津冀超级城市群、长三角超级城市群；加强我国郑州、武汉、苏州、义乌、长沙、合肥、兰州、东莞、西安、昆明、银川、成都、重庆等内陆重要城市与沿线重要节点城市航空的互联互通建设，破除这些潜力支点城市的制度瓶颈，释放空中丝绸之路连接的潜力；同时加强优势支点城市、潜力支点城市与中小机场的连接，打造一批空中丝绸之路的新支点城市。

（5）打造一批重点口岸支点城市

“供应链会自动调整以追随流动逻辑，它总是会寻求到达目的地的最有效的路径。”口岸不仅是连接国内外市场的重要节点和窗口，是经贸往来的重要桥梁，也是开放合作的重要资源和平台。因此，支持支点城市口岸建设和布局，是“一带一路”建设的应有之义和必由之路。

重点口岸支点城市布局和建设是“一带一路”建设的重点领域，从国内来看，目前主要有：一是重庆，重庆是构建“丝绸之路经济带”的重要战略支点、“21 世纪海上丝绸之路”的产业腹地，是“一带一路”国际通道的重要途经地。二是郑州，定位为“中欧国际通道，开放性、国际性陆港”。三是满洲里，满洲里是中蒙俄草原丝绸之路的重要通道，“丝绸之路经济带”的重要节点城市。四是阿拉山口、霍尔果斯、喀什，它们是我国向西开放的重要支点，是我国通向中亚、中欧国际大陆桥的主要通道。五是二连浩特，二连浩特是我国出境接俄罗斯、蒙古国、巴基斯坦等国家至欧洲的重要边境支点城市。

加强口岸支点城市建设，应根据货物流量和“一带一路”国家（地区）产业合作、投资合作、贸易合作的需要，增加不同功能的国家一类、二类口岸，形成支撑发展的口岸体系。要以科学规划为指导，以提升经贸合作为重点，以高效便利为优先，打造连接国内外市场的新节点和新窗口，形成“大通道、大通关、大产业、大物流”的发展格局。

2. 重要经济通道

重要经济通道是“一带一路”建设的重要抓手。近期要与相关国家共同确定规划实施一批交通基础设施重点项目，远期基本建成以6个经济合作走廊为框架的6条战略大通道，在欧亚大陆构建一个交通大十字，即从波罗的海到太平洋、从中亚到印度洋和波斯湾的交通运输走廊。同时，从长远来看，除六大通道外，东北亚战略大通道、中国—非洲战略通道、中国—美洲战略通道和北极航线通道等也很有发展前景，要提前布局谋划，规划建设第三大欧亚大陆桥、东北亚战略大通道、中国—非洲战略通道、中国—美洲战略通道和北极航线通道，建成我国面向全球的全方位对外交通运输网络体系。通过战略大通道的建设，打造全球供应链和价值链，实现商流、物流、资金流、信息流和人员流动的便利化和高效化。

（1）中蒙俄通道

中蒙俄通道自天津、大连经蒙古国、俄罗斯抵达波罗的海沿岸，它把中国倡议的“一带一路”同蒙古国的“草原之路”倡议、俄罗斯正在推进的欧亚经济联盟有机结合起来，是中国东北方向对外开放的重要经济通道，其成功的关键在于环渤海经济圈和蒙古国、俄罗斯远东经济发展之间的互联互通。中蒙俄通道要着重推进三方面建设：一是中国华北京津冀—内蒙古二连浩特—蒙古国乌兰巴托—俄罗斯乌兰乌德，最终可到波罗的海沿岸；二是俄罗斯赤塔—中国内蒙古满洲里—哈尔滨—绥芬河—俄罗斯符拉迪沃斯托克，这一通道将黑龙江省与欧洲联系起来，同时黑龙江省也在太平洋确立了出海口。东北地区的大连—沈阳—长春—哈尔滨高铁与该通道无缝对接，与首都北京形成高速运输通道；三是蒙古国乌兰巴托—乔巴山—霍特—中国内蒙古阿尔山—吉林白城—长春—珲春—俄罗斯扎鲁比诺港。该通道一方面能够使我国华北和东北地区形成对外开放新市场，实现对蒙俄开放与京津冀协同发展战略、东北老工业基地振兴战略对接，另一方面又能打造我国资源进口的新通道，使我国经济发展对能源资源的需求和蒙俄要素禀赋实现优势互补。

（2）亚欧大陆桥通道

亚欧大陆桥通道是亚欧海陆运输最为便捷、最为经济的运输通道，也是新兴的亚欧间国际过境集装箱运输陆上通道，主要是依托亚欧大陆桥、新亚欧大陆桥两条铁路所形成的横跨欧亚大陆的物流大动脉，也是连通太平洋和大西洋的陆上物流大动脉。亚欧大陆桥通道可以拓展多个方向和多条通道：一是依托原亚欧大陆桥或西伯利亚大陆桥的战略通道，起自俄罗斯东部的符拉迪沃斯托克，横穿西伯利亚至莫斯科，再至欧洲。二是依托新亚欧大陆桥的经济通道，该通道起自我国的连云港，途经哈萨克斯坦、俄罗斯、白俄罗斯、波兰等国，直达欧洲。目前，以新亚欧大陆桥铁路和中欧班列为依托，新亚欧大陆桥通道建设进展也较快，中欧班列打出了品牌，累计开行超过 2000 列。三是开发建设东起以深圳为代表的广东沿海港口群，由昆明经缅甸、孟加拉国、印度、巴基斯坦、伊朗，从土耳其进入欧洲的第三亚欧大陆桥，把我国长江中下游地区铁路网，中南半岛铁路网、南亚次大陆铁路网、西亚铁路网、欧洲铁路网全部纳入其中。根据我国交通运输部“十三五”规划的重点任务，将抓住交通基础设施的关键通道、关键节点和重点工程，逐步形成内畅外联的国际运输大通道。按照优先打通缺失路段、畅通瓶颈路段的思路，重点推进渝新欧、汉新欧、义新欧等中欧铁路国际运输通道建设，因此，未来乌鲁木齐、西安、武汉、重庆、南宁、郑州等内陆港，都将是“新欧亚大陆桥经济走廊”的重要战略节点，并成为连接中亚、欧洲及广大腹地地区的重要通道。

（3）中巴经济走廊

中巴经济走廊北起我国新疆喀什，通过红其拉甫口岸进入巴基斯坦，经巴基斯坦的伊斯兰堡、拉合尔，至印度洋的瓜达尔港，该通道向东可延伸至我国内陆地区和沿海地区，向西可进入伊朗、伊拉克和土耳其，向南可进入印度洋并与“海上丝绸之路”对接，成为我国向西开放、巴基斯坦向东开放的战略大通道。该通道一方面有利于中国西北特别是新疆对外开放，另一方面，该通道不仅是贸易通道，也是能源通道。目前，中、巴两国已签署共同推进“一带一路”的合作协议，亚投行首个投融资项目已落户巴基斯坦，中巴通道建设呈现出良好发展势头。双方正在积极推进喀喇昆仑公路、加达尼和塔尔能源项目、瓜达尔港口运营、卡拉奇—拉合尔高速公路等项目，加快建设中巴经济走廊，真正形成中巴交通大动脉，推进我国与中亚、南亚、中东地区的进一步连通。

（4）中国—中亚—西亚通道

中国—中亚—西亚通道与新亚欧大陆桥通道重叠，是指在新亚欧大陆桥从阿拉山口—霍尔果斯越出中国国境后，出现的一条从哈萨克斯坦到乌兹别克斯坦、吉尔吉斯斯坦、塔吉克斯坦、土库曼斯坦、伊朗、伊拉克、土耳其的新通道。这一通道可能有两个方向：一个方向是从我国霍尔果斯、阿拉山口等口岸出境后至哈萨克斯坦，再由哈萨克斯坦南下至土库曼斯坦、伊朗，再向西至土耳其；另一个方向是由我国喀什通往吉尔吉斯斯坦，进乌兹别克斯坦，即中吉乌铁路，再南下伊朗并至土耳其。目前，中国同塔吉克斯坦、哈萨克斯坦、吉尔吉斯斯坦先后签署共建丝绸之路经济带双边合作协议，随着合作的深入，中国—中亚—西亚经济走廊将不断延伸到伊朗、伊拉克、沙特阿拉伯、土耳其等西亚北非地区众多国家，成为另一条打通欧、亚、非三大洲的经济走廊。

（5）孟中印缅经济走廊

孟中印缅经济走廊是中国与南亚和印度洋地区连通的一条大动脉，

自我国昆明，向西经缅甸、印度东北部、孟加拉国至加尔各答，一边可通过云南辐射我国内陆广大地区和中南半岛地区，另一边可辐射印度腹地地区，联通南亚、东亚、东南亚三大经济板块，并进而向西北与中巴经济走廊对接，延伸经巴基斯坦、伊朗、土耳其进入欧洲，形成第三欧亚大陆桥。同中巴经济走廊一样，孟中印缅经济走廊处于陆上和海上丝绸之路中间的连接部分，不仅将中、印两个大市场紧密联系在一起，还将链接泛亚铁路东、中、西线，加速中国西南地区与东南亚、南亚地区经济一体化，尤其是对中国西南地区的国土开发将产生极为重要的影响。目前，孟中印缅通道建设正在逐步由构想转向设计和实施建设阶段，依托昆明至瑞丽辐射缅甸皎漂、昆明至腾冲辐射缅甸密支那这两条国际大通道、两大经济走廊，与印度的雷多、孟加拉吉大港连接；重建中缅印史迪威公路，打通孟中印缅国际大通道北线，启动密支那至班哨公路前期工作，规划建设保山—腾冲猴桥—缅甸密支那—缅印边境班哨口岸铁路；加快中缅陆水联运大通道、中缅伊洛瓦底江陆水联运通道；推进澜沧江—湄公河航道整治，建设跨境内河运输通道；加快云南作为中国通往东南亚、南亚国际大通道的综合枢纽建设，使之真正成为中国西南开放的桥头堡。

（6）中国—中南半岛经济走廊

中国—中南半岛经济走廊起自我国的广东、广西、云南等省，南下贯穿越南、老挝、柬埔寨、泰国和马来西亚等中南半岛五国，直抵新加坡，而新加坡的马六甲海峡是我国与欧洲、中东、南亚、非洲的远洋贸易物流必经之地。从发展空间上看，我国西南沿边地区与中南半岛接壤，是中国面向中南半岛全面开放和加强双边经贸合作的主要区域，作为中国与中南半岛国家经济往来的前沿，未来应加强构建 3 个梯度的经济发展布局。一是以西南沿边地区为主构建沿边经济带，重点发展边贸经济、跨境经济合作区、跨境合作园区、口岸经济、大型物流园区等；二是以州（市）行政区域构建经济开发区和工业园区，主要发展进口原料加工、地方特色工业生产、承接东部转移产业；三是以省（区）为依托构建东部沿海以及国内其他省、区的对接区，对接广东、湖南、江西、四川、重庆、贵州等省（市、区）。目前中国—中南半岛通道建设正在推进，中老铁路、中泰铁路、雅万铁路也已启动，未来要重点打通从南宁、昆明至新加坡的横贯中南半岛的陆路大通道，形成中国与东南亚互联互通的战略通路。

此外，从长远来看，除六大通道外，东北亚战略大通道、中国—非洲战略通道、中国—美洲战略通道和北极航线通道等也很有发展前景，要提前布局谋划，打造全球供应链和价值链，实现中国同沿线国家共同发展、共同提升效率的全球交通运输网络体系。

（1）东北亚国际大通道

建议与东北亚国家共同建设这一经济走廊。我国东北地区与日、韩两国隔海相望，与俄、蒙、朝三国陆路相连，因此，应全力推进由中国（主要是东北与内蒙古东部地区）、日本、韩国、朝鲜、蒙古国、俄罗斯（主要为远东与西伯利亚地区）6 个国家组成的东北亚地区出海大通道。在路径上，可以选取以珲春为中心，依托图们江国际合作示范区，面向朝俄、环日本海经济圈桥头堡；以丹东为中心，依托辽宁沿海经济带面向朝韩日，打造环黄渤海经济圈桥头堡；以满洲里为中心，依托腹地面向蒙俄，形成内陆经济协作圈，进而形成环中国东北地区、俄罗斯远东地区和朝鲜半岛的“东北亚国际大通道”。同时加强“一带一路”与韩国“欧亚倡议”、中日韩自贸区和“大图们倡议”等多双边机制的通道对接，拓展东北亚海上经济通道。

（2）中国—非洲通道

中国—非洲战略通道也是“一带一路”建设可延伸拓展的大通道。中国—非洲通道主要有 3 条：一是中国东北亚、西亚、中亚经土耳其延伸至北非的通道。土耳其地处欧亚大陆的结合部，地理上的这种特殊性，使其成为合璧东西、贯通南北之地，也必将成为资源、生产、服务、消费的重要节点，经土耳其连接我国通道可延伸北非等众多国家，成为一条通往欧、亚、非三大洲的经济走廊。二是我国至东非和中非的陆海联运通道。这条通道主要是指首先由我国通过马六甲—印度洋的海上通道连通我国和东非，然后通过打通非洲内陆陆上通道实现我国与中非的连接。三是我国至西非的海上通道。具体包括两条线路，一条经直布罗陀海峡进入地中海，并通过苏伊士运河进入红海，而后经印度洋和马六甲海峡抵达我国东部地区，另一条从西非向南经好望角、印度洋和马六甲海峡与我国相连，两条通道距离相近，均可以成为“21 世纪海上丝绸之路”的重要支线。

（3）中国—美洲通道

中国—美洲通道虽然是远期我国与相关国家共同进行“一带一路”建设可拓展的重大国际通道，但在具备条件时也可以顺势而为。中国至美洲通道主要有 4 个方向：一是从中国东海岸至北美西海岸航线，二是从中国至中美洲航线，三是中国至南美洲东海岸的航线，四是中国经巴拿马运河至北美洲和南美洲西海岸航线。如更多国家和地区响应中国倡导并推进的“一带一路”建设，扩容至整个太平洋和大西洋地区，将会使更多的国家受益。

（4）北极航线

北极地区是各国都关注的公共地带，发展北极航线也可以作为“一带一路”远期要延伸扩容的通道。北极航线具体包括西北航道、东北航道以及穿极航线，北极航线的开通将分流目前使用较多的巴拿马运河与苏伊士运河的部分流量，进而影响海上运输格局，大大减少包括中国在内的东亚地区与美洲和欧洲的海运距离，国际贸易海运成本将大幅减少。由于北极地区能源资源十分丰富，北极航线的开通将给我国和更多国家发展的战略资源采购地提供新的选择。

3. 园区和合作区

当前，我国与“一带一路”沿线经济体通过园区合作在推进产业合作方面已取得较大成绩，境外合作区作为重要的对外投资创新方式，已经成为推动“一带一路”建设的新契机。

目前，我国共有境外合作园区 119 家，分布在各大洲的 50 个国家和地区，其中有 78 家位于“一带一路”上，占全部境外园区数量的 65.5%。此外，还有 25 个国家希望与我国合作建设经贸合作区。建设境外经贸合作区符合我国和“一带一路”沿线国家两方面诉求，应立足沿线国家市场和资源分布情况，充分发挥自己的优势，积极参与境外产业集聚区、经贸合作区、工业园区、经济特区等合作园区建设，营造基础设施相对完善、法律政策配套的具有集聚和辐射效应的良好区域投资环境，引导国内企业集群式“走出去”，重点是建设一批油气、火电、水电、核电及矿产项目，建设一批跨境工业开发区、产业园区和农业示范园区。具体而言：

一是在俄罗斯远东及西伯利亚地区、蒙古国共同布局资源加工利用型园区和农林产品加工园区，以开发丰富的森林资源、矿产油气资源和农业资源条件。二是在中亚地区共同布局原材料工业园区、资源加工利用型园区和生产加工型园区，以推进能源资源开发和就地销售。三是在东南亚特别是中南半岛国家共同布局生产加工型园区和农业产业型园区，以利用成本低廉的劳动力、相对较好的投资环境、相对丰富的农业资源。四是在南亚地区共同布局临港生产加工型园区，以利用较好的港口建设和运营条件，开发成本相对低廉的劳动力。五是在中东欧共同布局装备制造和商贸物流型园区，以充分利用地区区位优势，积极推动我国与欧美地区的商贸合作。六是在西欧国家探讨建立科技研发园区，以科技合作为重点，采用高科技孵化器模式，积极利用和引进欧洲先进的技术，推动产业合作。

4. 自贸区网络体系

通过发展和建设与沿线国家的自贸区网络体系，消除投资和贸易壁垒，使沿线国家合作更加紧密、往来更加便利、利益更加融合，这既是推进“一带一路”建设的重要路径，也是“一带一路”倡议的应有之义。我国要继续实施自由贸易区战略，在“一带一路”自贸区网络体系建设中发挥重要的引导和带动作用。

一是加快推进与“一带一路”沿线国家设立双边或多边自贸区。我国与“一带一路”贸易关联度高的国家建立双边或多边自由贸易区，既是对“一带一路”的实化，也是对建立新型合作关系、实现贸易畅通和资金融通的深化。应升级现有的自贸区，把我国已签署的14个，涉及22个国家和地区的自贸协定升级为自贸区。要加快与重要国家的自贸区安排，如与美国尽快达成BIT，并启动BITT谈判；加快与俄罗斯进行自贸区谈判。要加快中国和东盟自贸区的升级版建设，重启中国—海合会自贸区谈判，积极推进与巴基斯坦自贸区第二阶段谈判，加快和斯里兰卡、挪威、加勒比地区、马尔代夫、格鲁吉亚、新加坡的自贸区谈判，积极推动与俄白哈关税同盟、欧盟、印度以及其他沿线国家和次区域发展自由贸易关系。应加速区域全面经济伙伴关系（RCEP）建设和亚太自贸区建设，将RCEP作为推动亚太自贸区（FTAAP）的一条重要路径。应加快推进金砖国家自贸区谈判，推动形成沿线自贸区互认对接，重构贸易全球化新标准。

二是复制推广我国自贸区试点经验。当前我国已经在上海、天津、厦门和广州南沙、深圳前海、珠海横琴实行自由贸易试验区战略，探索实行准入前国民待遇加负面清单的管理模式。当前必须对这些试点的有益经验和存在的问题进行总结，并向其他沿海、沿边以及内陆地区推广，以自贸区试点带动我国全局对外开放水平的提升。

三是发展“定向贸易试验区”。探索在国内一些条件并不十分成熟的地区，利用各省不断积累的地缘关系和贸易往来紧密度优势，创新性建设定向自贸区。例如，广西、云南可以建立面向东盟的自由贸易试验区，新疆面向中亚、西亚，黑龙江面向俄罗斯，辽宁、吉林面向日韩，宁夏面向伊斯兰国家，内蒙古面向蒙古国，未来可逐步拓展定向范围，这对于我国形成国际化的自由贸易区布局大有裨益。

四是把与周边国家设立的跨境经济合作区等升级为自贸区。现在我国已形成一批沿边境的特区和跨境经济合作区，对这些地方，凡是具备条件的，都可以变成两个国家对等的自由贸易区。这对于推动以中国为主导的其他多边和区域次区域合作伙伴关系的建立，及实施新的周边战略均具有重大意义。

五是加快推进与中国的第一大贸易伙伴和第二大贸易伙伴启动双边自贸区谈判。中国是世界上第一大贸易体，是 120 多个国家和地区的第一大贸易伙伴，是 70 多个国家和地区的第二大贸易伙伴，因此我们要加快和第一大、第二大贸易伙伴的双边 FTA 谈判，具备条件的可以三边、多边，这样的话以我国第一贸易体的优势，以我国平等待人、开放的态度，构建无数个平台，然后组合成大的平台，就可以冲破某些国家对我国的封锁、围堵和排斥，真正建成以周边为基础形成面向全球的自由贸易区网络体系。

5. 重大合作平台

“一带一路”建设是国内区域经济一体化和国际区域经济合作并存和互动的新型平台，也是沿线国家开放包容、合作共赢和文明互信的平台，因此，要加强“一带一路”建设与现有的多边合作平台和机制的对接，进一步探索建立新平台，扩大双边合作机制，促进各种要素在沿线国家和全球范围内的高效、顺畅流通。

一是建立“一带一路”倡议与现有多边合作机制和平台的对接。具体包括亚太经合组织（APEC）、上海合作组织（SCO）、亚信会议（CICA）、中国—东盟“10＋1”、亚欧会议（ASEM）、大湄公河次区域（GMS）经济合作、中亚区域经济合作（CAREC）、亚洲合作对话（ACD）、中阿合作论坛、中国—海合会战略对话、博鳌亚洲论坛等。继续发挥沿线各国区域、次区域相关国际论坛、展会，包括博鳌亚洲论坛、中国—东盟博览会、中国—亚欧博览会、欧亚经济论坛、中国国际投资贸易洽谈会，以及中国—南亚博览会、中国—阿拉伯博览会、中国西部国际博览会、中国—俄罗斯博览会、前海合作论坛等平台的建设性作用。在这些多边合作平台和机制中，中国都是发起国、主导国或重要参与国，应实现“一带一路”与这些多边机制平台的有效对接，发挥更加积极重要的建设性作用。

二是可继续完善现有“一带一路”机制平台，或发起建立新的双边和多边合作机制和平台。上海合作组织可以成为“一带一路”建设的主导平台，未来可考虑把印度、巴基斯坦和蒙古国吸收到上合组织中来，逐步扩大上合组织的经济内涵。中国—东盟自由贸易区升级版和中阿合作论坛可以打造成“一带一路”的重要载体，也可以考虑扩大金砖合作机制，把土耳其、印度尼西亚等一些新兴经济体拉入金砖国家合作中，使金砖合作成为推动“一带一路”建设的另一个重要机制。

三是进一步完善和扩大双边合作机制。“一带一路”沿线国家经济发展水平参差不齐、政治环境迥异、利益诉求不同、各国之间关系错综复杂，在加强多边合作的同时，还应加快建立健全双边的合作机制，提升双边合作水平。应根据沿线各国的具体情况，分类施策，重点突破，对不同国家采取不同的合作方式，增强针对性和可行性。对重点国别、优先领域和关键项目，要集中力量突破，形成示范带动效应。

三、突破思维定式，务实推动，为推动构建人类命运共同体而不懈努力

“一带一路”是互尊互信之路、合作共赢之路、文明互鉴之路，也是一条和平之路、友谊之路、共同发展之路。“一带一路”建设源于中国属于世界，谋求共同发展，要为中国和共同发展提供动力，要为世界发展创造机遇。“一带一路”建设推进3年来取得了一些成果，也发现了一些问题，面临诸多风险和挑战，而且这些风险和挑战还将长期持续存在，因此，需要突破思维定式，冲破种种误区、误判和误解，全面

深刻理解和准确把握“一带一路”的理论内涵，务实推动全球结构性改革和国际治理体系重构，为世界经济可持续发展提供新的动力源，推动构建人类命运共同体。

（一）突破思维定式，冲破种种认识误区、误判和误解，明确提出重构人类命运共同体和书写21世纪人类新文明

“一带一路”建设是一项长期、复杂的系统工程，既涉及纷繁复杂的国际风险因素，也面临国内各种不同的挑战，需要统一思想，全面深刻理解和准确把握“一带一路”的深刻内涵，把“一带一路”建设当成一场持久战，站在时代前沿，明确提出“一带一路”建设的共同目标是重构人类命运共同体和书写21世纪人类新文明。

一是要全面深刻理解和准确把握“一带一路”的深刻内涵。习近平主席提出“一带一路”的重大合作倡议，沿用了古丝绸之路的历史符号，再一次唤醒了沿线各国对经贸文化交流的认同，在开放、发展、和平、共赢、交融的世界新格局下，又赋予古丝绸之路崭新的时代内涵。当前国际社会和国内学者对“一带一路”还存在一些误解、误判和认识上的误区，对此我们一定要高度重视，科学把握“一带一路”建设中的机遇和风险，正确宣传和引导国际舆论，切实推进思想统一。中国提出“一带一路”旨在同沿线各国分享中国的发展机遇，实现共同繁荣。正如习近平同志在多个场合中强调的，中国对外开放，不是要一家唱独角戏，而是要欢迎各方共同参与；不是要谋求势力范围，而是要支持各国共同发展；不是要营造自己的后花园，而是要建设各国共享的百花园。中国倡导的新机制、新倡议，不是为了另起炉灶，更不是为了针对谁，而是对现有国际机制的有益补充和完善。

二是要把“一带一路”建设当成一场持久战。“一带一路”是中国提出的伟大倡议，是一个至少需要30～50年才能逐步实现的伟大愿景，中国与世界共享繁荣发展的战略宏图，也是一场充满挑战与风险的漫长征途。中国作为“一带一路”的倡导者、建设者、引领者和推动者，对其中的艰难险阻一定要有深刻的认识，在思想和行动上做好充分的准备。“一带一路”涉及不同发展水平、不同文化背景的数十个国家，几十亿人口，其中的复杂性、艰巨性不言而喻，要准确评估各种风险挑战，制定具有可操作性的应对方案，不能急于求成，要有“积跬步至千里”的定力。下一步，要聚焦政策沟通、设施联通、贸易畅通、资金融通、民心相通，聚焦互联互通尤其是“软”联通构建互利合作网络、多元合作平台和机制，共同携手打造互利共赢的“利益共同体”和共同发展繁荣的“命运共同体”，共同书写21世纪人类新文明。

（二）全面统筹，形成推进“一带一路”的共同行动

推进“一带一路”建设，必须搞好全面统筹协调。坚持陆海空网统筹，坚持内外统筹，加强央地统筹，加强政企统筹，在统筹协调中善于化干戈为玉帛，从上到下，从内到外形成一体化行动，在规划对接、重大项目对接、宏观经济政策协调、民心沟通等方面拿出短期、中期和长期的一揽子战略。

一是坚持陆海空网全面统筹。“一带一路”是我国当前和今后相当长时期内对外开放和对外合作的总规划，是一项整体布局：“一带”强调我国向西通达中亚、西亚和欧洲的陆上合作，是黄色国土连接的西向开放；“一路”强调我国向东向南通达东南亚、南亚地中海地区的海上合作，是蓝色国土面向的东向和南向开放。在“一带一路”的框架下，还有空中丝绸之路、网上丝绸之路和文化丝绸之路，空中丝绸之路强调针对我国广大不沿边、不靠海、不临江的内陆地区可以通过各国航空业合作，推动“一带一路”从陆海统筹向天空拓展。网上丝绸之路是指通过跨境电子商务网络平台和跨境电子商务产业交易链的建设，实现各国网上跨境自由贸易的网上通道。文化丝绸之路是要推动沿线国家各种文明交流交融、互学互鉴，使文明之花成为增进人民友谊的桥梁、推动人类进步的纽带、维护世界和平的润滑剂。因此，需要协同发展、相互支撑，相得益彰，逐渐构建中国走向世界的陆海空网国际大通道，更快

地实现互联互通。

二是坚持内外统筹。要统筹国内、国际两个大局，利用好国际、国内两个市场、两种资源、两类规则，市场和资源双向开放，对内、对外同步推进，发展更高层次的开放型经济。“一带一路”建设的连接重点在国外，但发展根基在国内。一方面，我们要以“一带一路”倡议为统领，逐步将中国沿海战略、沿边战略和区域发展战略融入这一大战略之中。另一方面，要推进“一带一路”建设与沿线国家发展规划的对接，既为中国发展提供动力，又为世界发展创造机遇。我们要统筹“走出去”和“走进来”，通过双向开放实现更好的利益融合。

三是加强政企统筹。要进一步明确政府与市场、政府与企业的关系，坚持各国政府共同推动、以企业为主体的市场化运作，实现政企良好互动。政府是“一带一路”建设的倡导者、推动者，要主要做好企业的服务保障工作，同时加强对企业境外投资行为的有效引导和合理管控；企业是对外经济合作的市场载体，是“一带一路”建设的实施主体，是“一带一路”建设的主角。企业要把自身发展主动融入国家战略中，努力提高企业竞争力，打造世界一流企业。

四是加强央地统筹。“一带一路”是中央政府和地方各级政府共同努力的有机体系，如何充分发挥中央引领全局和地方各级政府突出特色的优势，是“一带一路”建设的重要课题。在中央层面，要着重加强共同认知的工作和战略沟通，形成对接的战略协议和框架；相关部委要在规划对接、重大项目对接、宏观经济政策协调、民心沟通方面要拿出短期、中期和长期一揽子战略；地方各级政府应该自觉定位在国家整体发展总体布局中的角色，把推进“一带一路”建设自觉纳入地方整体发展之中，把区域发展与国家整体发展布局相结合，不断拓展央地合作的新空间。要建立“一带一路”协同机制，明确中央、相关部委、省市地方政府职责和分工，在形成一体化行动的同时把工作落到实处。

（三）务实推动，为世界经济复苏和我国经济可持续发展寻求新的增长引擎和动力源

当前世界经济正处于新旧思维碰撞、新旧动力转换、新旧力量对比的动荡期、转型期、变革期和调整期，世界经济增长新机制、新动能尚未形成。“一带一路”建设将蓬勃发展的亚洲经济圈与欧洲经济圈连接起来，并逐步拓展“朋友圈”，将激发巨大的经济潜力和市场需求，打造世界经济发展新引擎。“一带一路”沿线国家虽然国情不同、发展阶段不同、面临的现实挑战不同，但推动经济增长的愿望相同，应对危机挑战的利益相同，实现共同发展的憧憬相同。这就需要我们：

一是加强与沿线国家的战略、规划与项目对接。形成相向而行、趋向一致的战略、决策、政策和规则，需要加强“一带一路”沿线国家的政策沟通、战略对接与规划对接。具体是要加强与俄罗斯提出的“大欧亚伙伴关系计划”、蒙古国提出的“草原之路”计划、波兰提出的“琥珀之路”、印度提出的“季风计划”、印度尼西亚的“全球海上支点”战略、欧盟的“容克计划”、韩国倡导的“欧亚计划”，以及与塞尔维亚、波兰、乌兹别克斯坦等国的战略对接，建立与沿线各国多层次政府间经济发展战略、宏观经济政策、重大项目对接的机制，为沿线国家相互开放创造更好的外部环境，朝着一个共同逐步形成的统一共建共享的目标“齐步走”，结成更为巩固的“命运共同体”。

二是提高“一带一路”硬联通和软联通的水平。应把“软联通”作为推进“一带一路”的先手棋，作为推进“一带一路”的加速器，着力推动建立“一带一路”沿线国家大通关机制，建设网上丝绸之路和文化丝绸之路，发挥软硬联通带来的辐射效应和带动作用，帮助发展中国家和中小企业深入参与全球价值链，重构区域内的供应链和价值链，推动商流、物流、信息流、资金流和人流跨区域和地区的便利化、高效化和共享化、国际化大流通体系和平台的形成，提升我国的现代流通能力。把“硬”联通作为持续推进的共同行动，抓好交通等基础设

施的关键通道，关键的结点和重点工程，逐步形成网络，提高陆海空通达畅通水平，夯实国际化大流通的基础条件。

三是建立和完善“一带一路”双多边合作机制与平台。一方面要充分利用、完善、整合和对接现有的多边合作机制与平台，实现“一带一路”与上海合作组织、东盟、RCEP、APEC、中日韩自贸区等多边合作机制的对接，吸引更多的国家和地区支持参与“一带一路”建设；要进一步完善和扩大双边合作机制，探索编制“一带一路”建设合作规划，推动签署合作备忘录和协议，明确双方合作的领域、项目、投资主体等内容，尽早建设一批取得积极成效的合作典型项目，并形成示范效应；推动沿线地区建立国际产能合作机制，可结合“一带一路”基础设施建设需求，引导中国钢铁、水泥、电解铝、玻璃等行业企业，到资源富集、市场需求大的沿线国家建设生产基地，形成产能互补。另一方面，推动中国、欧洲、俄罗斯等国家和地区在高端装备制造、高技术产业等领域开展合作，提升科技水平；推动能源资源富集地区与沿线其他地区开展能源资源开发利用合作。通过一揽子合作，重构沿线产业价值链和供应链，形成沿线国家新型产业合作关系，打造“一带一路”全球产业链的“黄金带”。

四是构建“一带一路”沿线自贸区体系。通过推进沿线自由贸易区网络体系建设，消除投资和贸易壁垒，使沿线国家合作更加紧密、往来更加便利、利益更加融合，这既是推进“一带一路”建设的重要手段，也是“一带一路”倡议的应有之义。因此，首先要加快推进与“一带一路”沿线国家设立自贸区，要以周边为主，围绕“一带一路”的沿线国家构建自贸区网络体系。其次，复制推广我国上海、广东、天津和福建等自贸区的试点经验，实行准入前国民待遇加负面清单的管理模式。再次，要建立沿线新型经济特区，可探索选择设立若干沿边经济特区和内陆先进制造业特区，打造对外开放的桥头堡、经济发展的增长极和开发开放的示范区。最后，以跨境产业园区、跨境经济合作区为平台推动国内、国际连接点和联动区域建设，加快推进边境开发开放试验区建设。此外，我们还要加快与美欧双边投资协定谈判，构建面向全球的自贸区网络体系。

五是建设“一带一路”大数据库。随着“一带一路”的研究与建设的深入发展，大数据对于“一带一路”的重要性日益突显。要加快建设“一带一路”大数据库，跟进对沿线国家和地区政治、经济、文化、安全、舆论等具体问题和细节的研究。要加快建立“一带一路”大数据联盟，以大数据为抓手，为“一带一路”注入可操作、可凝聚、能引领的方向，形成出钱的基金会—出思想的科学家—出成果的大数据基础设施等各方联动大格局，让大数据成为“一带一路”建设的一个引擎，让大数据成为各国共建“一带一路”的和平使者，让大数据科学之光普照“一带一路”的现在和未来。可依托“一带一路”大数据综合服务门户网站和“一带一路”大数据中心，整合国内外数据资源和平台，打造面向政府和社会的“一带一路”大据库，为“一带一路”沿线国家和地区提供多元化、个性化、可视化的大数据产品和服务，大幅提升“一带一路”大数据的决策支持能力和社会综合服务水平。

六是切实推进金融合作和创新。要有序推进人民币国际化，扩大沿线国家双边本币互换、结算的范围和规模，构建稳定的货币体系。完善开发性金融与商业金融相结合的投融资支持体系，提高资金使用效率。要加快构建“一带一路”跨区域金融信用体系，减少信用风险，消除投资和贸易壁垒，使沿线国家合作更加紧密、往来更加便利、利益更加融合。要加强金融监管合作，推动签署双边金融监管合作谅解备忘录，完善风险应对和危机处置制度安排，构建区域性金融风险预警系统，形成应对跨境金融风险和地区金融危机处置的交流合作机制。

七是建立健全“一带一路”的安全保障机制。“一带一路”建设的安全保障工作涉及面广、不可预测性强，应对难度大，存在较为显著的安全风险。因此，需要建立和完善“一带一路”国家海外安全体系、公共安全保障体系、区域安全合作体系和市场化安全服务体系，建立双边为主、多边为辅的政府间交流机制，建立健全安全保障工作机制，完善安全风险评估、监测预警、应急处置，细化工作方案，确保有关部署和举措落实到每个部门、每个项目执行单位和企业。

总之，要务实推动“一带一路”建设，着重抓好重点项目，以软硬基础设施互联互通为突破口，建立我国与沿线国家的战略、规划和项目对接，建立和完善多双边合作机制和平台，着重推动建立服务“一带一路”建设贸易投资、金融、合作、安全等保障体系，发挥对推进“一带一路”建设的示范效应，为世界经济开出一剂标本兼治、综合施策的药方，让世界经济走上强劲、可持续、平衡、包容增长之路。

（四）改革创新，创造新一轮全球化新供给

推进“一带一路”建设要加强全球结构性改革和创新，创造新一轮全球化的公共品新供给，构建全球治理新规则和新秩序。

一是推动贸易和投资领域的结构性改革，实现强劲、可持续和平衡增长。要发挥结构性改革在促进贸易和投资开放以及促进创新增长方面的关键作用。维护以世界贸易组织为核心、以规则为基础，透明、非歧视、开放和包容的多边贸易体制；反对贸易保护主义；加强与沿线国家的贸易投资合作，逐步建立贸易投资新机制。

二是提高全球公共品的有效供给。要加快“一带一路”建设，为全球融合性新文明体系提供新的公共品供给，探索有利于商流、物流、信息流、资金流和人员流动的无障碍流通的公共品有效供给，使全人类在全球价值链的重构中共享发展成果。

三是加快推进全球治理体系的变革。当前全球治理体系仍由美国等发达国家主导，但“一带一路”建设为我国参与和塑造区域治理新体系，并推动国际秩序和全球治理体系更加公正和合理提供了机遇。因此，应使更多国家和地区把“一带一路”建设作为重要契机，探索建立更加公平、公正的全球贸易规则；探索建立更加高效的全球金融治理

秩序，探索建立科学的全球公地，海洋、空间、网络等公地秩序，从而推动全球治理体系朝更加公平、公正、合理的方向发展。

（五）引导国际舆论，正向发挥智库的独特作用

要加大“一带一路”倡议的宣传力度，宣传“一带一路”是互利共赢之路，有利于促进我国形成全方位的对外开放新格局，有利于推动沿途国家和地区经济发展、民生改善，努力营造共建共享“一带一路”良好的国内外舆论环境。

一是要积极宣传“一带一路”建设的实实在在的成果，构建系统的对外宣介体系。首先，应强化与相关国家共同确立战略对接、规划对接、项目对接的建议或方案，为各国决策提供参考，提高国家之间的合作水平，在此基础上逐步建立“一带一路”沿线国家之间的官方文化交流体系，研究制定“一带一路”沿线国家政府文化交流的中长期战略规划，为中国与沿线国家开展文化交流与合作提供法律保障。其次，要通过举办“一带一路”国家论坛、创办“一带一路”智库论坛等方式，打造既具中国特色又具世界性的宣传和话语体系，强化共同认知，统一外宣口径，树立“源于中国而属于世界”的创新理念和概念，打造“贡献中国智慧，提出中国方案，体现中国作用”的话语体系。最后，建立与“一带一路”沿线国家之间的民间文化交流体系和扶持体系，促进不同国家文化的交流与合作。

二是发挥智库的独特正向作用。构建“一带一路”智库智力支持体系，打造“智库外交”，把其建设成为“一带一路”沿线国家交流与合作的第二轨道。当前国内很多研究机构、智库研究人员形成了“一带一路”研究的热潮，但出现了不少重复研究和低水平研究，建议国家主管部门按照国家高端智库试点、高校智库和重点研究机构的研究基础和专长，形成有分工、有合作的整体研究优势，为国家提供可操作的方案和议题。同时，要鼓励与“一带一路”沿线国家智库开展合作研究，创新智库合作模式，加强智库之间的合作与交流。建立“一带一

路”沿线国家智库定期交流机制，支持智库之间开展联合研究、合作举办论坛，充分利用智库资源，使智库的研究成果得到更广泛的传播，形成智库智力支撑体系。

三是构建华侨、华人、华商支文化推广体系。华侨、华人、华商在“一带一路”建设中具有独特优势，是不可忽视的重要力量。要发挥“一带一路”沿线国家华人、华侨、华商的纽带作用，形成由华人、华侨、华商组成的中华文化落地、中转和传播的文化体系，让中华文化在“一带一路”沿线国家落地生根，为推动“一带一路”建设打下良好的人脉基础，为我国发展创造一个良好的外部环境。

（执笔人：陈文玲，中国国际经济交流中心总经济师、执行局副主任、学术委员会副主任，国务院研究室原司长，研究员、博士生导师；颜少君，中国国际经济交流中心副处长、副研究员。课题完成时间：2016 年 12 月 31 日）

B&R

第一章

“一带一路”取得的积极进展超出预期

一、倡议与规划对接——旨在推进双赢、多赢、共赢

“一带一路”沿线各国要实现梦相通、心相连，首先要做到的是手相牵。3 年多来中国领导人利用多个机会和场合，与各国领导人、各界人士广泛交流沟通，努力增信释疑，倡导、介绍中国的和平发展理念，商谈合作共赢发展的构想，“一带一路”越来越得到国际社会的认同、理解、支持。习近平主席提出“五通”，“政策沟通”处在第一的位置上。中国积极推进与沿线国家签署合作备忘录或合作规划。目前世界已有 100 多个国家和国际组织参与到“一带一路”的建设中，中国已与 56 个国家和区域合作组织发表了对接“一带一路”倡议的联合声明，同有关国家依情况建立联委会、混委会、协委会、指导委员会、管理委员会等多样化的双边机制。

“一带一路”与俄罗斯“欧亚经济联盟”、东盟“互联互通总体规划”、蒙古国“发展之路”、哈萨克斯坦“光明之路”、土耳其“中间走廊”、越南“两廊一圈”、英国“英格兰北方经济中心”、波兰“琥珀之路”等有关国家规划的对接在不断推进之中，中蒙俄经济走廊建设规划纲要，哈萨克斯坦、白俄罗斯、捷克与中国对接合作文件均编制完成并签署。目前已有几十个国家和中国政府研究共同推进本国经济社会发展规划与“一带一路”对接。

印度尼西亚是“21 世纪海上丝绸之路”的首倡之地。2013 年 10 月习近平主席访问印度尼西亚，提出了建设“21 世纪海上丝绸之路”的倡议。同年，中国—印尼关系升格为全面战略伙伴关系。2014 年 10

月，总统佐科提出了建设“海洋强国计划”，大力发展“海上高速公路”，将印度尼西亚打造成“全球海上支点”和“全球文明枢纽”，表示“我们要努力使印度尼西亚再次成为一个海洋国家，大洋、海域和海湾是我国文明的未来”。印度尼西亚政府提出，打造“世界海洋轴心”与“一带一路”完全可以相辅相成、互为补充，近年中国、印度尼西亚双方在铁路、水坝、电力、桥梁、工业园区等领域合作亮点频出，为受困于基础设施和工业化水平落后的印度尼西亚带来了实实在在的好处，未来在“一带一路”倡议和“全球海洋支点”战略框架下的合作，将为开拓两国各领域合作带来广阔的前景。

2014 年 11 月，哈萨克斯坦总统纳扎尔巴耶夫提出“光明之路——通向未来之路”新经济计划，未来 3 年内投资 90 亿美元对哈国内交通和物流基础设施大规模投资，目的是利用其优越的地理位置，使其成为连接中国、欧洲、中东的交通和物流枢纽，打造全球经济走廊。2015 年 8 月 31 日，中、哈两国签署了《中哈关于全面战略伙伴关系新阶段的联合宣言》，标志着“光明之路”和“一带一路”正式开始合作。

蒙古国是“一带一路”辐射范围中的重要国家，对中国“一带一路”倡议积极响应，提出了“草原之路”倡议，总投资约 500 亿美元，建设包括连接中俄的 997 千米高速公路、1100 千米电气化铁路和扩展跨蒙古国铁路以及天然气和石油管道等。蒙古国政府认为“一带一路”和“草原之路”两项国家发展战略紧密相连，对其经济发展至关重要。特别是为解决铁路互通，蒙古国已通过决议在中蒙两国边界新铁路中使用与中国相同的轨道标准。

印度提出了本国“季风计划”与“一带一路”对接的倡议，“一带一路”与“季风计划”“香料之路”“棉花之路”等倡议或计划在结构上和本质上互补、互利和共赢，在亚洲和平发展的新思路下，中印可以运用东方智慧将两个内涵和功能具有相似性的概念进行有效对接。

此外，“一带一路”与欧盟“容克计划”、英国“英格兰北方经济中心”、波兰“琥珀之路”、澳大利亚北部大开发等都在积极落实战略对接。

“一带一路”在与国际组织、区域、次区域各层级合作方面取得了积极成果。“一带一路”倡议与联合国当前工作和未来发展方向高度契合，与联合国所倡导的多边主义精神高度契合，与联合国会员国的共同利益高度契合。2016 年 3 月，联合国安理会第 2274 号决议纳入“一带一路”倡议内容。2016 年 12 月，第 71 届联合国大会协商一致通过关于阿富汗问题第 A/71/9 号决议，赞同“一带一路”倡议载入联大决议，表明“一带一路”倡议得到广大会员国的认可和支持，正转化为国际共识。上海合作组织（SCO）、中国—中东欧“16 + 1”合作机制、中国—东盟“10 + 1”、亚太经合组织（APEC）、博鳌亚洲论坛（BFA）、亚欧会议（ASEM）、亚洲合作对话（ACD）、亚信会议（CICA）、中非合作论坛（FOCAC）、中阿合作论坛（CASCF）、大湄公河次区域经济合作（GNS）、中亚区域经济合作（CAREC）、澜沧江—湄公河合作机制（LMCM）、中国—海合会战略对话等多边合作机制中，“一带一路”倡议都是重要的议题。

二、“一带一路”把中国和广大亚欧国家更紧密地连接起来

“一带一路”建设以中国国内重要城市、通道和口岸为起点，正在形成连通沿线国家的六大国际经济合作走廊。中蒙俄经济走廊、第二亚欧大陆桥、中国—中亚西亚经济走廊、中国—中南半岛经济走廊、中巴经济走廊、孟中印缅经济走廊“六大经济走廊”像打开的一面折扇，形成了“一带一路”的空间连通布局。

中国与周边国家在两国沿边地区建立了一批跨境合作平台，目前中国在靠近越南的广西东兴，在靠近老挝的云南勐腊（磨憨）、靠近缅甸的瑞丽，在毗邻内蒙古的二连浩特，在靠近俄罗斯的满洲里均设立了沿边重点开发开放试验区，中俄在黑龙江黑河、绥芬河，中缅在云南临沧、畹町，中哈在新疆伊宁、博乐、塔城、吉木乃等设有边境经济合作

区 17 个，另有已建设和在建跨境经济合作区 12 个。

建立双多边自贸区是推进“一带一路”经济合作的重要方面。在“一带一路”沿线国家，中国同 11 个国家签署了自贸区协定，与 56 个国家签署了双边投资协定。目前中国—东盟自贸区升级《议定书》生效实施，《区域全面经济伙伴关系协定》（RCEP）、中国—新加坡自贸区升级、中国—格鲁吉亚自贸协定、中国—马尔代夫自贸区、中国—海合会自贸区、中国—以色列自贸区谈判等在稳步推进中。

亚欧大陆自然地理环境多样，丝绸等之所以成为重要贸易品是因为其质轻价高，在当时的交通条件下，这些奢侈品的流通大多是通过分程贸易实现的。今天驰行于中国和欧洲各国多点间的“中欧班列”，已成为亚欧大陆上全程化贸易大通道。中欧班列具有安全快捷、绿色环保、受自然环境影响小等综合优势，已成为国际物流中陆路运输的主要方式。自 2011 年重庆率先开行第一条直达欧洲的集装箱国际铁路联运班列以来，中国已有 30 多个城市开通了通往欧洲的班列，2016 年 6 月 8 日，中国实施了统一各地班列的行动，“渝新欧”“汉新欧”“郑新欧”“义新欧”等全部退出舞台，中国铁路正式启用中欧班列的统一品牌。目前中欧班列已覆盖中国境内 3/4 地区，连接境外 20 个国家的 108 个城市。中欧班列已开通运行近 4000 列，带给亚欧各国间的不仅是时空距离的缩短和物流的便捷，也打开了中国与中亚、欧洲更多国家互通有无和全面交流的新窗口和新平台，中欧班列成为亚欧经济发展的“金路银桥”。

航空方面，2015 年中国民航进行了航班线路调整，增加了直飞“一带一路”沿线国家的航班数量，为中国与各国间民众商务、旅游、留学等提供便利。目前全国 31 个省（市、自治区）都结合自身实际情况，制定了落实“一带一路”的实施意见，完成了与国家总体方案的对接。

中国与“一带一路”国家的贸易额持续增长。2016 年中国与“一带一路"沿线国家的进出口额为6.3万亿元人民币，其中出口3.8万亿元，进口2.4万亿元。目前中国与塔吉克斯坦、波兰、沙特阿拉伯等国已签署《关于加强"网上丝绸之路"建设合作谅解备忘录》，以陆上、海上丝绸之路为基础，空中丝绸之路、网上丝绸之路也在快速形成和发展之中。

三、国际产能合作、各类园区和重大项目合作方兴未艾

《愿景与行动》对中国与沿线国家传统优势产业合作、新兴产业合作、跨境园区建设等提出了明确设想和努力方向，推进国际产能合作成为目前大多数国家参与"一带一路"建设的优先领域。

"一带一路"国际产能合作、跨境园区和重大项目不断取得新进展。中国已与30多个国家开展了机制化的产能合作，和40多个国家和国际组织签署了合作协议，各类双多边产业合作基金规模超过1000亿美元。中国与法国、德国、韩国、英国、西班牙等国就开展"一带一路"沿线第三方市场达成重要共识。中国对"一带一路"沿线国家投资累计超过500亿美元，在"一带一路"沿线20个国家建设了56个境外合作区，累计投资185.5亿美元，入区企业1082家，总产值506.9亿美元，上缴东道国税费11亿美元，为当地创造就业岗位18万个。

目前中国在俄罗斯、巴基斯坦、越南、印度尼西亚、泰国、柬埔寨、匈牙利、埃及等国都建有工业园区、经贸园区以及经济特区等多类合作园区。中国广西钦州与马来西亚彭亨州建设的中马钦州产业园和马中关丹产业园顺利开园，"两国双园"成为新时期国际经济贸易合作新模式。

在国际产能合作方面，2015年5月16日，中国政府出台了《关于推进国际产能合作和装备制造合作的指导意见》，明确了钢铁、有色金属、建材、铁路、电力、化工等12大产业合作重点领域。通过国家层面直接与对象国商谈，带动了中国钢铁、电解铝、水泥、平板玻璃等优

势产能走到更需要的国家去，实现了广大亚欧各国在铁路、电力、通信等方面技术标准逐渐对接，加快了有关国家基础设施的建设步伐，整体推进了参与合作国家的工业化进程。

哈萨克斯坦是中国对外产能合作的重点国家，中哈产能合作第一批产能合作早期收获项目 25 个，约 230 亿美元；第二批项目 42 个，总额约 300 亿美元。中哈产能合作对中国优势产能进入国际市场形成了良好的示范效应。2015 年 10 月，中国中标印度尼西亚雅加达至万隆高速铁路项目，“雅万高铁”项目是中国从技术标准、装备制造到勘察设计、工程施工和运营管理全方位“走出去”的第一个项目。计划修建的昆明开往缅甸、越南、老挝通往新加坡的高铁项目正在推进之中。2014 年底，中国与泰国签署《中泰铁路合作谅解备忘录》，合作建设泰国首条标准轨铁路，使用中国技术、标准和装备建设。2015 年 12 月，中老铁路开工，按计划于 2020 年建成通车。

2016 年 10 月 5 日，亚的斯亚贝巴—吉布提铁路（以下简称亚吉铁路）正式开通，这是一条从埃塞俄比亚首都通向吉布提港的现代电气化铁路，也是东非地区首条电气化铁路。亚吉铁路全长 752.7 千米，设计时速 120 千米，总投资 40 亿美元，是一条中国提供融资在非洲建设的第一个集技术标准、设备、融资、施工、监理、运营管理于一体的全流程“中国元素”的铁路项目，被媒体誉为“新时期的坦赞铁路”。亚吉铁路是中国铁路“走出去”的重大突破，是“一带一路”的一项标志性成果。

海上丝绸之路方面，2016 年 8 月，中国中远集团以 3.685 亿欧元获得希腊比雷埃夫斯港 1 号码头经营权及整个比港主要所有权的 66.7% 股权，目前中希比港项目成为双方交往言必称之的项目。截至 2016 年 7 月，“一带一路”沿线双多边产能合作规模超过 1000 亿美元，中国对“一带一路”相关国家投资累计达 511 亿美元，与沿线国家签订承包合同累计金额达 2790 亿美元。专家指出，“一带一路”作为一个共赢的倡议和机制，将会变成世界区域版图的第二次地理大发现。

四、亚洲基础设施投资银行——共商、共建、共享的“大合唱”

基础设施互联互通是“一带一路”的重要主攻方向，“一带一路”沿线国家长期以来基础设施投资严重不足，融资缺口巨大。亚洲国家绝大多数为发展中国家，金融体系发展普遍滞后，市场、信用、规则和制度不健全，且基础设施建设投资大、周期长、风险高，中国倡导成立亚洲基础设施投资银行可谓正逢其时。

2013 年 10 月 2 日，习近平主席发起倡议筹建亚投行，重点支持亚洲基础设施建设，得到了来自亚洲、欧洲、大洋洲、非洲和南美洲，政治、经济、文化背景和发展水平不同国家的积极响应。57 个国家共同作为创始成员国，其中，包括联合国安理会常任理事国 5 个国家中的中、英、法、俄四国，21 个 OECD 成员国，14 个 G20 成员方，世界前 10 个经济体中的 8 个，“金砖五国”和所有上海合作组织成员国，体现了广泛的代表性、认同度和公信力。2017 年 3 月 23 日，亚投行宣布正式批准包括阿富汗、亚美尼亚、比利时、加拿大、匈牙利、埃塞俄比亚、爱尔兰、秘鲁、苏丹、委内瑞拉在内的 13 个新成员的加入申请。亚投行已达到了 70 个成员，成为仅次于世界银行的全球第 2 大多边金融开发机构。

作为首个亚洲发展中国家共同发起主导，发达国家、发展中国家和新兴经济体广泛参与的多边开发金融机构，亚投行体现了行为主体多元、开放包容、求同存异、合作共赢的原则和理念。亚投行坚持“开放的区域主义”，其成员国和受惠国是开放的，今后会有更多的国家和经济体参与其中。亚投行以合作金融为切入点，具有更广覆盖范围和更强包容性的区域金融合作机制。中国坚持“共享型互惠”原则，希望能够带动、促成更多周边国家与中国共享发展长期利益。亚投行是中国面向国际社会提供的重要全球性公共产品，将创造可观的市场需求，推动亚太地区基础设施建设，加快经济发展迟滞国家的工业化步伐，为全球经济复苏和增长提供新动力。中国没有强制其他国家接受中国的标准，不附加政治和经济条件，在相互尊重的基础上共商、共建、共赢，亚投行开创了南南、南北合作的新局面。

亚投行是政府间多边开发金融机构，但并不是发展援助机构，而是兼顾“投资”和“发展”双重目标，业务定位于准商业性，采取商业银行运作方式，实现政府信用与市场化、商业化运作的有机结合。亚投行股权和投票权分配及决策机制，借鉴了现有多边金融机构的实践方法，又考虑了中小成员国的基础设施投融资需求。

2015 年 12 月 25 日，亚投行正式成立，法定资本 1000 亿美元。2016 年亚投行放贷计划是 12 亿美元，实际放贷已超过 17 亿美元。6 月 25 日，亚投行批准首批 4 个项目总计 5.09 亿美元贷款，涉及孟加拉国电力分布系统升级及扩建项目，印度尼西亚的国家贫民区升级改造项目，塔吉克斯坦的杜尚别—乌兹别克坦边境公路改造项目，巴基斯坦的绍尔果德—哈内瓦尔段国家高速公路 M－4 项目等。2016 年 9 月至年末，亚投行又对巴基斯坦水站项目、缅甸电站建设，以及跨安纳托利亚天然气管道（连接阿塞拜疆与欧洲）建设等项目融资。

在上述亚投行融资项目中，除少数项目（如孟加拉国的电力项目）外，大多项目都有其他多边机构共同融资。亚投行将在现有 APEC 互联互通、东盟互联互通、泛亚铁路网、大湄公河互联互通的基础上，充分发挥参与方比较优势和各自特有的资源优势，特别是欧盟、中东国家的融资能力，中国、德国、韩国等制造能力和工程建设能力，创造出集成性全球优势资源和优势力量，打通亚洲互联互通的关键节点，推进原来相对孤立网络的联合，并连接到更为广阔的亚欧交通网络中去，最终形成欧亚海陆交通网络体系。随着亚投行新举措的落地，给“一带一路”倡议提供了更具透明性、可操作性和多方参与性的机制化平台，有力推进了“一带一路”建设的实施进程。

2017 年 1 月 14 日，美国《福布斯》网站发表题为《中国的亚洲基础设施投资银行的第一年进展如何》（作者为纽约州立大学副教授萨拉·许）的文章，对亚投行成立一周年评价时指出，“批评人士担心它会被用来促进中国的国家利益同时降低环境和人权标准。令人欣慰的是，这种事情并没有发生”。“亚投行在本质上也并没有表现出对中国政治与经济利益的偏袒，没有强迫投资地区允许中国企业直接投资或获取自然资源。这与称中国在非洲‘充满帝国主义味道’的基础设施建设投资、‘无视人权和环境问题’等说法大不相同”。

丝路基金、应急储备安排等也是中国为推动“一带一路”建设而创建的机制性安排。丝路基金成立于 2014 年 12 月 29 日，是由中国出资依照市场化、国际化、专业化原则成立的中长期开发投资基金，注册资本金为 615.25 亿元人民币，重点在“一带一路”沿线寻找投资机会并提供融资服务，丝路基金已宣布支持三峡集团在巴基斯坦等南亚国家投资建设水电站等清洁能源、中国化工集团并购意大利倍耐力轮胎等投资。截至 2017 年 5 月，丝路基金已投资达 40 亿美元。中国同中东欧“16 + 1”金融控股公司正式成立。

国内政策性金融机构和国内商业银行全力跟进。截至 2016 年 6 月 30 日，国家开发银行已建立超过 60 个国家总量超过 900 个项目的“一带一路”项目库。中国进出口银行有贷款余额的“一带一路”项目 1000 多个，涉及沿线 49 个国家公路、铁路、港口、工业园区等十几个领域。目前包括中国主要商业银行在内的 9 家中资银行在“一带一路”沿线的 24 个国家设立了 56 家一级分支机构。

五、“一带一路”文明交流互鉴程度不断加深

丝绸之路经济带不仅是一条经济带，更是一条众多民族共处、多种宗教交织、不同文明交融的文化带。中华文明、印度文明、阿拉伯文明和欧洲文明形成了丝绸之路的 4 个极点，本土为基、多元并尊的交往模

式，既保持了沿线不同文明体系的个性，又在不同文明内部创造了新的文化元素、生发出新的力量。正是不同文明体系之间相互接触、相互依托，互不压制、互不取代，彼此尊重、彼此借鉴，才使得人类不同文明在并立中会通、在呼应中共荣，它实现了世界几大宗教和代表性文化圈的交流、沟通，形成了存异并弘的文化生态和多姿多彩的文化胜景。

2014年6月22日，中国与哈萨克斯坦、吉尔吉斯斯坦跨国申报的“丝绸之路：长安—天山廊道路网”入选《世界遗产名录》，这是一个空间跨度约5000千米、申报区面积42680公顷，遗产区和缓冲区总面积达234464公顷的广域人类文明交往的历史足迹。丝绸之路是商贸之路、外交之路、传教之路、军旅之路、漫游之路、迁徙之路，更是东西方不同文明之间融合、交流和对话之路。丝绸之路推动了不同宗教、不同文明体系下人们的精神交流和情感沟通。以古丝绸之路重点节点中国新疆吐鲁番为例，这里遗存下来的文字有24种之多，曾经扮演重要角色的宗教则有7种，不同文明间相互激发相互学习，相互从对方文明中汲取丰富的文化养分，才使得人类文明得以繁荣发展。

近年来，文明对话会、海外中国文化中心、丝绸之路国际论坛或博览会等以“一带一路”为主题的人文交流活动进行得如火如荼，扩大了不同文明间的相互了解，增进了相互间的友谊，为拓展和深化合作提供了更为广阔的平台。目前中国政府每年向相关国家提供1万个政府奖学金项目，已与沿线国家签署了60多个教育合作协议，在37个国家的70多个城市举办各类文化活动近300场，先后举办19次“国家年”活动，设立了25个海外中国文化中心，累计签署41个文化合作谅解备忘录。中国在新疆乌鲁木齐和福建泉州举办了“丝绸之路经济带国际研讨会”和“21世纪海上丝绸之路国际研讨会”，中国与沿线国家的文化交流取得可喜进展。

旅游是民间往来的重要方面，目前已有包括海南、新疆、宁夏等20多个省区与“一带一路”沿线国家合作发展旅游合作项目，中国与沿线国家旅游合作方兴未艾，中国同相关国家互办各类“旅游年”9次，举办旅游活动周等各类推广宣传活动130多次。国家旅游局预计，“十三五”时期，中国将为“一带一路”沿线国家输送1.5亿人次游客，同时将吸引沿线国家的8500万人次来华旅游，拉动旅游消费约1100亿美元。

中国与“一带一路”相关国家间的科技合作日趋紧密。目前中国与“一带一路”沿线国家签署科技方面的合作谅解备忘录达60余项，涉及航天、能源、生态等多个领域。按照中国“十三五”规划，中国还将建立与“一带一路”有关的智慧园区、联合实验室、国际技术转移中心、产业合作中心、新产品孵化中心等科技合作机构38个。卫生医疗方面，中国与东盟、阿盟、中东欧等地区和国家政府卫生机构与医学教育和研究部门开展医疗人才培养、公共卫生服务和传统医药等方面的合作，已签订国家级协议20多项。

人才培养方面，中国每年向沿线国家提供1万个政府奖学金名额，一些地方政府也推出了如“丝绸之路专项奖学金”等项目。中国还举办了“中国—东盟教育周”等教育合作与对外援助合作平台30余个。中国建立了“亚非杰出青年科学家来华工作计划”等9项青年人才培养计划，开展“筑梦丝路”——欧亚青年领导人研修交流活动，东盟青年干部培训班已成功举办，首届“上海合作组织青年交流营”启动实施。

“一带一路”沿线国家语言涵盖世界全部十大语系，官方语言有53种之多，有新加坡、菲律宾等12个国家采用两种或两种以上作为官方语言，且大多数语言属于非通用语种。中国正着手在主要外国语大学和民族地区高校加强非通用语言和复合型语言人才培养，在陆续推动面向有关国家语言培育和培训的同时，推动有关农业、卫生（包括中医）、法律、艺术等专门的培训项目和语言培训相结合，使多样化的交流和培训成为“一带一路”各国民心相通的重要纽带。

（执笔人：徐占忱，中国国际经济交流中心研究员。完稿时间：2016年3月）

B&R

第二章

“一带一路”沿线国家国别研究

一、“一带一路”沿线“支点国家”的内涵

关于“支点国家”（Pivotal State），目前还没有一个标准的定义，最早是由英国地理学家Sir Halford Mackinger在19世纪末提出，他认为支点国家不仅能够影响一个地区的命运，更能影响国际稳定。Robert S. Chase等（1996）认为“支点国家”具备影响地区和国际稳定的能力，一旦这些国家发生崩溃就会影响到周边国家，包括难民、瘟疫等问题。BMI（2012）认为“支点国家”是指具备中等能力、其国家政策等的转变都会对地区或全球产生深远和长期影响的国家。周方银（2014）认为，对于中国来说，战略“支点国家”是与中国有着长期稳定、高度可预期的战略合作关系的国家，双方之间不是简单的、基于实用目的的、纯粹功利的合作关系，而是具有高度政治共识和政策默契，能够经历外部冲击和国际环境变幻、能够承受一定国际压力考验的战略合作关系。

历史上，美国曾经根据自身战略需要，通过和战略“支点国家”发展良好的关系，以达到自己在全球范围内的军事、政治和经济等的战略目的。美国军事意义上的战略“支点国家”，如日本和菲律宾。两国是美国“二战”之后在亚太的重要军事同盟，冷战后，美国以这两个国家为自己在亚太的战略支点，遏制中国的崛起。美国意识形态上的战略支点国家，如印度。其民主制度被美国作为样板在发展中国家推广，并辐射到整个印度洋地区。美国经济合作中战略“支点国家”，如英国。“二战”后，美国利用自己和英国的良好关系来推行“马歇尔计

划”，在欧洲经济复苏的同时，使本国的经济得到了高速发展。

与美国相比，我国的“一带一路”倡议旨在促进经济要素有序自由流动、资源高效配置和市场深度融合，推动沿线各国实现经济政策协调，开展更大范围、更高水平、更深层次的区域合作，共同打造开放、包容、均衡、普惠的区域经济合作架构。因此，“一带一路”沿线的“支点国家”一定是以经济合作为唯一目的，是我国和整个沿线地区合作的切入点和桥梁。

根据前面的文献论述，“一带一路”的倡议以及我国打造“一带一路”沿线“支点国家”的实际需要，本研究把“一带一路”沿线的“支点国家”定义为那些和我国具有紧密的战略经贸合作关系，经济发展能级相对区域内其他国家较高，对其周边区域的辐射带动作用较为突出，地理位置优越，政局稳定，资源集聚、配置、培育能力较强，并且具有一定国际地位和影响力的国家。为了便于分析，本研究把“一带一路”沿线在地理上划分为东南亚、南亚、中亚和东亚、中东、中东欧和独联体等地区。

二、打造“一带一路”沿线“支点国家”的现实意义

第一，相对“一带一路”广阔的腹地，资金的稀缺性需要选取“支点国家”作为重点合作对象。根据《愿景与行动》，“一带一路”建设是以基础设施建设为先导。由于基础设施建设需要大量资金，并且资金回报周期比较长，无法在短时间内实现收益再进行投资，使得资金成为“一带一路”建设中最稀缺的资源。根据亚洲开发银行预测，未来10年，仅亚洲基础设施投资就需要8万亿美元，相当于每年需要新增8000亿美元的投资，而亚开行在2013年仅提供了210亿美元的贷款；刚刚成立的亚洲基础设施投资银行和金砖银行的资本规模，都仅为1000亿美元等，远远不能满足“一带一路”沿线基础设施建设资金需求。为此，我们需要选择区域战略“支点国家”，对其重点项目进行

投资。

第二，"一带一路"沿线经济发展不平衡，需要"支点国家"发挥辐射、引领和示范作用。根据世界银行的数据，从经济总量上来看，"一带一路"沿线66个国家，经济总量低于5000亿美元的有57个，最富的国家是最穷的国家的5800倍。从人均GDP来看，低于1万美元的国家有31个，卡塔尔是阿富汗的160倍。因此，"一带一路"建设需要选择"支点国家"，通过对"支点国家"的重点投资，通过其辐射、引领和示范作用，来带动整个区域经济的发展。尤其是有些国家对"一带一路"倡议存有疑虑的时候，"支点国家"通过"一带一路"倡议所取得的实实在在的利益，应该比任何解释和宣传更有说服力。

第三，"支点国家"是我国和"一带一路"沿线区域进行合作的切入点和桥梁。合作需要彼此的互信，目前我国和"一带一路"沿线的所有国家还没有达到完全互信的地步，我们可以通过与战略"支点国家"已经建立的信任，以及"支点国家"的区域影响力和区域经贸关系，使其成为区域合作的切入点和桥梁。例如我国可以和战略"支点国家"对区域内非战略"支点国家"进行联合投资，通过战略"支点国家"密切的区域经贸联系来弥补我国相对弱的区域影响力，降低有些国家存在违约的可能性。

总之，"支点国家"是我国推进"一带一路"建设的切入点，通过与"支点国家"保持好合作关系，发挥其桥梁、辐射、示范作用，并且通过"支点国家"之间的横向联系，使其形成保障整个"一带一路"建设顺利推进的"安全网"：一是在整体布局上确保统筹兼顾、有序有效、有所为而有所不为的原则。如果顾及沿线60多个国家，不仅会因为这些国家在政治、经济、社会、文化上的不均衡造成诸多误解，最重要的是在实施过程中，财力上无法支持，方法上缺乏方向和重点，推进中也会遇到更多的碰撞和冲突。因此，在实施初期和各方条件受限的前提下，需要审时度势，决定取舍，选择一批重要的沿线国家首先开展合作，坚定“有所为”的发展要义。二是实践推进中搭建了辐射引领、互利共赢的新型合作网络节点。通过与“一带一路”重要国家间的多层次合作，有利于集聚和高效利用全球要素资源，有力支撑起这些国家间的经贸联通和经济共荣，有助于促进“一带一路”重要国家间通过网络互动而相互整合，塑造成功典范，促使其在所覆盖和延伸的区域内呈现网络状辐射和连接其他国家，最终形成新型“南南合作”的发展潜力和空间拓展网络，其中关键节点国家功不可没。三是在发展潜力上实现了由“节节开花”递归至“全面开花”的动态性过程。随着“一带一路”倡议在重要国家间逐渐做出成绩，各项合作项目稳步有序推进，能级国家或相关城市的带动作用不断增强，继续推广扩散至更多的潜力国家，最终带动相关国家成功崛起和发展。不仅有效避免了因“一哄而上”和无序竞争造成的资源浪费，还保障了“一带一路”倡议有条不紊地展开，在经济收益上也做到了以最小的成本发挥出最大的辐射带动效应。

三、“一带一路”沿线国家经济表现与分析①

（一）经济表现指标体系的构建

基于上文的选择原则，我们构建“一带一路”沿线国家的评价指标体系。把沿线国家和我国的经贸关系、自身的经济实力、自身的区域影响力作为一级指标，再选取二级指标，采取熵值赋权法，分区域进行综合排名打分，然后综合考虑一些非经济的和不能量化的因素，如战略“支点国家”的地理位置、是否签订双边投资协定以及与我国文化差异性等方面的因素。指标体系如下：

第一，与我国经贸合作关系方面，主要选择指标为这些国家对我国

① 参考权衡、张鹏飞、苏宁等撰写的上海社会科学院研究报告《一带一路城市发展报告》部分成果。

的贸易依存度、我国对其直接投资占我国对区域内其他国家直接投资的比重、和我国建交的时间。第二，自身经济实力，包括经济规模、人口数量和科技水平。其中经济规模主要有国内生产总值、人均国内生产总值、经济增长速度；科技水平主要指高科技产品出口占制成品出口比重。第三，沿线国家的区域经济影响力，主要包括经济开放程度、区域贸易内占比、FDI/GDP。

表 2-1 “一带一路”沿线国家经济表现指标体系

一级指标	二级指标	数据来源
与我国经贸关系	对我国的贸易依存度	ITC 数据库
	我国对其直接投资占我国对区域内其他国家直接投资的比重	《我国对外直接投资报告 2015》
	建交时间	外交部网站
自身经济实力	GDP	世界银行数据库
	人均 GDP	世界银行数据库
	经济增长速度	世界银行数据库
	人口总量	世界银行数据库
	高科技产品出口占制成品出口比重	世界银行数据库
自身区域影响力	政局稳定性	世界银行数据库
	经济开放程度	ITC 数据库
	区域贸易依存度	ITC 数据库
	FDI/GDP	联合国数据库

（二）经济表现的实证结果与分析

按照所选指标体系，本研究采取权重确定方法的熵值赋权法。对“一带一路”沿线国家的经济表现进行实证分析。主要是根据指标变异程度来确定指标的权重，避免了人为因素的差异，更具有客观性，具有很高的再现性和可信度（具体见附件一）。由此可得“一带一路”沿线国家的经济表现结果。

1. 东南亚地区沿线国家的经济表现与分析

表 2-2 “一带一路”东南亚地区指数化排名

国家	和我国的经贸关系		自身的经济实力		自身的区域影响力		综合得分	
	得分	排名	得分	排名	得分	排名	得分	排名
新加坡	0.0464	1	0.1136	1	0.1485	1	0.3085	1
印度尼西亚	0.0218	2	0.0871	2	0.0233	6	0.1322	2
马来西亚	0.0094	8	0.0495	4	0.0373	2	0.0962	3
泰国	0.0119	7	0.0420	6	0.0328	4	0.0867	4
文莱	0.0012	10	0.0646	3	0.0188	7	0.0846	5
越南	0.0153	6	0.0350	7	0.0297	5	0.0801	6
菲律宾	0.0071	9	0.0483	5	0.0076	9	0.0630	7
柬埔寨	0.0172	4	0.0060	10	0.0342	3	0.0574	8
老挝	0.0206	3	0.0092	9	0.0150	8	0.0449	9
缅甸	0.0159	5	0.0150	8	0.0036	11	0.0344	10
东帝汶	0.0008	11	0.0058	11	0.0054	10	0.0120	11

排名前3的国家分别为新加坡、印度尼西亚和马来西亚，其中新加坡无论是与我国的经贸关系，还是区域影响力以及自身经济实力都位居第1位。印度尼西亚和马来西亚相比，尽管其经济开放程度比较低，区域影响力远远弱于马来西亚，甚至弱于越南，但是其自身经济实力，以及和我国的经贸关系都排名第2。

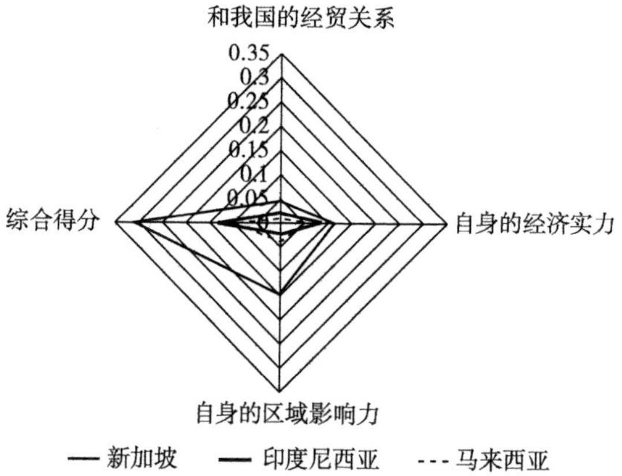

图 2-1 新加坡、印度尼西亚和马来西亚各项指标的雷达图

排名靠后的3国分别是老挝、缅甸和东帝汶。3个国家的人均GDP都为1000多美元，经济水平比较低，其中缅甸政局的稳定性是整个东南亚中最差的；老挝政局相对稳定，经济开放程度对我国的贸易依存度最高。

排名居中的国家，包括泰国、文莱、越南、菲律宾和柬埔寨。其中泰国对我国贸易的依存度（14%）略低于平均水平（15.2%）、经济体量和创新能力均高于区域平均水平，但是政局不太稳定（-0.91）；文莱人均GDP极高，仅次于新加坡，但是经济增长率（-2.3%）却为负，并且和我国的经贸联系（排名第10）不是很密切；越南的经济开放程度高（1.6），对我国的贸易依存度（20%）均高于平均水平，同时其区域内贸易程度依存度（7.8%）低于区域平均水平（9.1%）；菲律宾的出口制成品中高科技产品的占比（49%）非常高，但是其区域贸易依存度（4.7%）和经济开放程度（45%）低于区域平均水平；柬埔寨的对外开放程度（177%）、对我国的贸易依存度（26.3%）以及经济增长速度（7.1%）都相对较高。

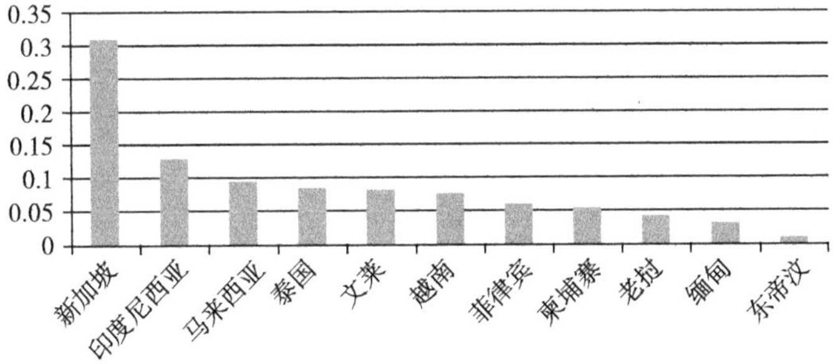

图2-2 “一带一路”东南亚地区国家综合得分排序

基于上面的排名分析，在东南亚国家中，综合经济表现力由高到低的国家：首先是新加坡和印度尼西亚；其次是马来西亚、泰国和文莱；再次是越南、菲律宾、柬埔寨和老挝；最后是缅甸和东帝汶。

表2-3 “一带一路”东南亚地区沿线国家经济表现的实证结果

序列		原因分析													
		与我国的经贸关系			自身的经济实力			自身的区域影响力			政局稳定程度			是否是全面战略伙伴关系国家	是否处于经贸节点位置①
	战略“支点国家”	强	中	弱	强	中	弱	强	中	弱	强	中	弱		
首先	新加坡	√			√			√			√				√
	印度尼西亚	√			√				√				√	√	√
其次	马来西亚			√	√			√			√			√	√
	泰国		√			√		√					√	√	√
	柬埔寨	√					√	√				√		√	√
居中	越南		√			√			√			√		√	√
	文莱			√	√				√		√				√
	菲律宾			√		√				√			√		√
	老挝	√					√			√		√		√	
末尾	缅甸		√			√				√			√	√	√
	东帝汶			√			√			√		√			

2. 南亚地区沿线国家的经济表现与分析

表2-4 “一带一路”南亚地区指数化排名

国家	和我国的经贸关系		自身的经济实力		自身的区域影响力		综合得分	
	得分	排名	得分	排名	得分	排名	得分	排名
印度	0.0508	2	0.3644	1	0.059	2	0.47	1
马尔代夫	0.0039	7	0.0430	3	0.095	1	0.14	2
巴基斯坦	0.0571	1	0.0561	2	0.014	7	0.13	3

① 以大型的港口、码头、铁路和公路枢纽为判断依据。

续表

国家	和我国的经贸关系		自身的经济实力		自身的区域影响力		综合得分	
	得分	排名	得分	排名	得分	排名	得分	排名
斯里兰卡	0.0119	4	0.0386	4	0.031	4	0.08	4
孟加拉国	0.0056	6	0.0319	5	0.024	5	0.06	5
不丹	0.0001	8	0.0138	6	0.035	3	0.05	6
尼泊尔	0.0081	5	0.0086	7	0.019	6	0.04	7
阿富汗	0.0136	3	0.0040	8	0.011	8	0.03	8

排名前3的国家是印度、马尔代夫和巴基斯坦，其中印度的经济实力排名第1，包括人口（13亿）和GDP总量（2万亿美元）都远远超过区域内的其他国家；其区域影响力因为经常发生暴力事件导致政治稳定性比较低，但是其经济开放程度却非常高；印度对我国的贸易依存度高于区域平均水平。相比于印度，马尔代夫和我国的经贸关系非常弱（排名第7），但是人均GDP（7635美元）是整个南亚地区最高的，还有政治稳定程度（0.88）和FDI/GDP（81%）都非常高，使得区域影响力排名第1。巴基斯坦和我国的经贸关系位居第1位（其中对我国贸易依存度为16%，为南亚最高），经济实力居于第2位，但是由于“塔利班”的存在，政局极其不稳，加上区域内贸易占比（7%）低于南亚平均水平（12.5%），使得区域影响力非常低（详见表2-4）。

其他5国的分析，斯里兰卡各项指标排名居中，其中区域内贸易依存度（13.8%）高于平均水平。孟加拉国对我国的贸易依存度（6%）非常低，而且其政局（-0.88）也不是很稳定。不丹是唯一一个没有和我国建交的国家，因此和我国的经贸联系非常低，但是政局稳定程度（1.0）和经济开放程度（78%）却是最高的。尼泊尔的人均GDP（702美元）略高于阿富汗（634美元），经济实力（排名第7）和区域贸易依存度（9%）都比较低。阿富汗和我国的经贸关系比较强（排名第3），但因为连年战乱，加上生存条件恶劣，其他各项指标排名都非常靠后。

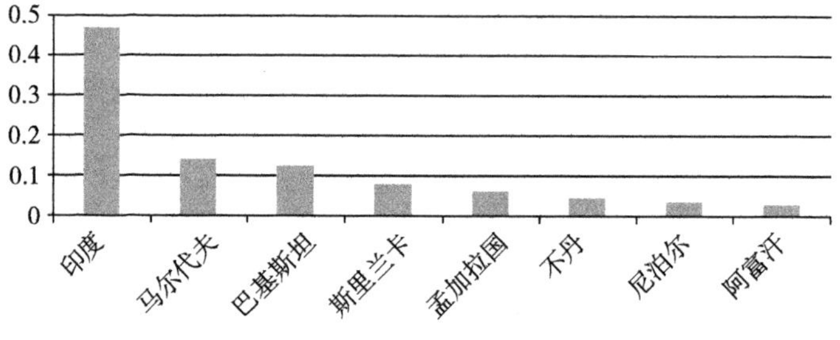

图2-3　“一带一路”南亚地区国家综合得分排序

同样，我们根据南亚国家的综合得分，“一带一路”南亚地区的沿线国家综合经济表现如下：首先是印度和巴基斯坦，尽管印度和我国存在领土争端，且政局不是很稳定，但是在整个南亚的经济影响力和经济实力，以及与我国的经贸关系都足以使我们必须把印度作为南亚地区的重要国家。巴基斯坦一直和我国保持着紧密的经贸往来，尽管因为“塔利班”的存在，使其政局极不稳定，但是中巴两国友好的经贸关系是南亚其他国家所不能代替的。其次是马尔代夫和斯里兰卡，第一，相比于印度，我国和这两个国家没有利益冲突。第二，马尔代夫和斯里兰卡的地理位置险要，都位于印度洋航线上，并且马尔代夫可以成为“支点国家”的样板国，因此，两国都是“一带一路”南亚区沿线中的重要国家。居中的是孟加拉国、阿富汗和不丹，其中阿富汗尽管政局不稳定，但是和我国的经贸关系密切；不丹尽管和我国没有建交，但是其政局稳定，经济开放程度高。末尾国是尼泊尔，位于中国和印度之间，经济体量小，作为“支点国家”的作用不大。

表 2－5　“一带一路”南亚地区沿线国家经济表现的实证结果

序列		原因分析														
		与我国的经贸关系			自身的经济实力			自身的区域影响力			政局稳定程度			是否是全面战略伙伴关系国家	是否处于经贸节点位置①
	战略“支点国家”	强	中	弱	强	中	弱	强	中	弱	强	中	弱		
首先	印度	√			√			√			√		√		√
	巴基斯坦	√			√					√			√	√	√
其次	马尔代夫			√	√			√			√				√
	斯里兰卡		√			√		√				√			√
居中	孟加拉国		√			√			√				√		√
	阿富汗	√							√				√		√
	不丹			√		√		√			√				
末尾	尼泊尔		√				√		√				√		

3. 中亚地区沿线国家的经济表现与分析

表 2－6　“一带一路”中亚地区指数化排名

国家	和我国的经贸关系		自身的经济实力		自身的区域影响力		综合得分	
	得分	排名	得分	排名	得分	排名	得分	排名
哈萨克斯坦	0. 141	1	0. 199	1	0. 084	2	0. 425	1
土库曼斯坦	0. 050	2	0. 080	3	0. 044	3	0. 174	2
乌兹别克斯坦	0. 007	5	0. 112	2	0. 036	4	0. 154	3
塔吉克斯坦	0. 038	3	0. 063	4	0. 033	5	0. 133	4
吉尔吉斯斯坦	0. 014	4	0. 003	5	0. 098	1	0. 114	5

① 以大型的港口、码头、铁路和公路枢纽为判断依据。

中亚居于亚洲的中心，是陆上“丝绸之路”的要地，是联通东亚和东欧的桥梁。根据上面指数的得分和排名，整个中亚国家和我国的贸易依存度（平均值32%）和经济开放程度（平均值47%）都较高，但是政局稳定性（平均值-0.31）不太高，人口数量较少（6000万）。其中，哈萨克斯坦在与我国的经贸关系、自身经济实力和区域影响力方面都居于第1位；相比于中亚其他国家，我国直接投资存量主要聚集在哈萨克斯坦（区域占比74%），哈萨克斯坦人均GDP（1.26万美元）也远高于中亚的其他国家。土库曼斯坦对我国的经贸依存度（58%）、经济增长速度（10%）是中亚国家中最高的，但是其区域内的贸易依存度（3%）远低于平均水平（20%）。乌兹别克斯坦人口数量（3120万）是中亚国家中最多的，自身经济实力居于第2位，但是和我国的经贸关系非常低（排名最后）。塔吉克斯坦对我国的贸易依存度（43%）仅次于土库曼斯坦，科技实力较强（高科技产品占比41.8%），但是政局不稳定（-0.68），区域内贸易程度非常低（10%）。吉尔吉斯斯坦是最早加入世界贸易组织的中亚国家，其经济开放程度最高（1.04），是最具有影响力的中亚国家，但是因为经济体量非常小，使得综合得分最后。

基于以上分析，中亚地区沿线国家的综合经济力排名如下：首先为哈萨克斯坦，无论是经济体量还是其他方面，对整个中亚来说，都是其他国家所无法替代的。其次是土库曼斯坦、乌兹别克斯坦、吉尔吉斯斯坦和塔吉克斯坦，其中尽管土库曼斯坦没有加入上合组织，但是相对较高的政局稳定性、人均GDP和对我国的贸易依存度，都无法不重视土库曼斯坦；乌兹别克斯坦的经济实力居于第2，同时是整个区域内贸易依存度最高的国家；吉尔吉斯斯坦和我国接壤，是中亚最早加入世界贸易组织的国家，贸易开放度很高；塔吉克斯坦也和我国接壤，对我国的贸易依存度非常高。

表 2－7　“一带一路”南亚地区沿线国家经济表现的实证结果

序列		原因分析													
		与我国的经贸关系			自身的经济实力			自身的区域影响力			政局稳定程度			是否是全面战略伙伴关系国家	是否处于经贸节点位置①
	战略“支点国家”	强	中	弱	强	中	弱	强	中	弱	强	中	弱		
首先	哈萨克斯坦	√			√			√				√		√	√
其次	土库曼斯坦		√			√			√			√			√
	乌兹别克斯坦		√			√			√				√	√	√
	吉尔吉斯斯坦			√			√	√					√		√
	塔吉克斯坦		√				√			√			√		√

4. 中东地区沿线国家的经济表现与分析

表 2－8　“一带一路”中东地区指数化排名

国家	和我国的经贸关系		自身的经济实力		自身的区域影响力		综合得分	
	得分	排名	得分	排名	得分	排名	得分	排名
阿拉伯联合酋长国	0.036	2	0.035	6	0.062	1	0.134	1
伊朗	0.064	1	0.044	2	0.017	9	0.125	2
沙特阿拉伯	0.031	3	0.043	5	0.029	2	0.102	3
土耳其	0.017	7	0.051	1	0.026	5	0.095	4
埃及	0.020	5	0.043	4	0.015	11	0.078	5
卡塔尔	0.006	13	0.044	3	0.019	8	0.069	6
伊拉克	0.019	6	0.023	8	0.009	13	0.050	7

① 以大型的港口、码头、铁路和公路枢纽为判断依据。

续表

国家	和我国的经贸关系		自身的经济实力		自身的区域影响力		综合得分	
	得分	排名	得分	排名	得分	排名	得分	排名
阿曼	0.013	9	0.013	11	0.023	7	0.050	8
科威特	0.012	10	0.020	9	0.015	10	0.047	9
以色列	0.003	14	0.031	7	0.012	12	0.046	10
黎巴嫩	0.007	11	0.008	14	0.029	3	0.044	11
约旦	0.007	12	0.008	15	0.027	4	0.041	12
巴林	0.001	16	0.014	10	0.026	6	0.040	13
也门	0.023	4	0.012	12	0.002	16	0.037	14
叙利亚	0.013	8	0.010	13	0.007	14	0.030	15
巴勒斯坦	0.002	15	0.003	16	0.006	15	0.012	16

中东地区是亚、非、欧三大洲的汇合点和交通枢纽，由此向东可通往印度洋和南亚、东南亚各国，向西进入地中海，向西南可达非洲各国，向西北则与东、西欧各国相通，包括埃及所控制的苏伊士运河等交通要道。外加整个中东是目前世界石油储藏量最大的区域，另外还有许多稀有矿产，是陆上和海上“丝绸之路”的战略要地。从整体上看，因为和我国是非邻近国家，整个中东国家和我国的贸易依存度不高（平均值16%）；加上战乱不断，政局稳定性比较差（平均值为-1）；但是又因为该地区盛产石油，平均人均GDP（17495.85美元）比较高（见本章附件二）。

根据指数得分和排名，排名前5的是阿拉伯联合酋长国、伊朗、沙特阿拉伯、土耳其和埃及。其中阿拉伯联合酋长国综合排名位于首位，其中我国在阿拉伯联合酋长国相对于中东其他国家高的FDI存量使得其与我国的经贸关系排名第2，阿拉伯联合酋长国高的对外开放程度（1.02）和政局稳定程度（0.81）使得其在区域影响力方面都居于第1位。伊朗得益于和我国密切的经贸联系使得其综合排名第2，其中伊朗对我国贸易依存度和FDI存量是中东地区最高的（分别是41%和31%）；庞大的人口规模（7911万人）和GDP总量（4250亿美元），使得其经济实力位居中东地区第 2 位，但是由于伊朗相对较低的对外开放程度（19%），加上政局不稳（-0.9），使得其区域影响力（排名第9）比较低。沙特阿拉伯因为盛产石油和外向型经济，其整体实力（第3）包括区域影响力（第2）、和我国的经贸关系（第3）、自身的经济实力（第5）都比较靠前和均匀。土耳其由于是中东地区人口（仅次于伊朗）最多的国家之一，GDP 总量最大的国家，使得其经济实力位居区域第1，但是其政局不稳，使得区域影响力仅为第 5 名。埃及作为北非的重要国家，综合排名第5，由于政局不稳（-1.58），使得其区域影响力排名很靠后（第11 位）。

排名后 5 的国家是巴勒斯坦、叙利亚、也门、巴林和约旦。提到巴勒斯坦，大家熟悉的肯定是巴勒斯坦和以色列的冲突，这使其成为整个中东地区最不稳定的国家（-2.9），和也门成为整个中东最穷的两个国家，人均 GDP 只有 1695 美元，也门 1408 美元，这使其无论是 FDI 存量还是经贸合作方面都非常弱。叙利亚主要是国内政府和反政府武装冲突，使得政局也非常不稳定（-2.7），从而阻碍了其贸易和投资的发展。也门、巴林和约旦 3 个国家中：也门对我国的贸易依赖度较高（28%），巴林的经济开放程度相对较高（93.7%），约旦由于优越的地理位置，FDI 存量占 GDP 比重非常高（76%）。

排名居中的国家有卡塔尔、伊拉克、阿曼、科威特、以色列、黎巴嫩，其中，卡塔尔是中东人均 GDP 最高的国家，2015 年为 7.5 万美元，但是和我国的经贸联系不太紧密，并且经济不断下滑；伊拉克最大的问题还是政局不稳（-2.5）；阿曼政局比较稳定，FDI 存量占比以及和我国的经贸联系比较好；科威特也是政局稳定，高科技产品在制成品出口中占比较高，经济开放程度也相对较高；以色列虽然经济体量比较小，但是以色列闻名于世的是其商业头脑和科技实力，黎巴嫩由于临近叙利亚，受到叙利亚内战的影响，政局不稳（-1.7），经济开放程度（39%）也很低。

基于以上排名结果，中东地区沿线国家经济表现力排名如下：首先是沙特阿拉伯和伊朗，其中沙特阿拉伯无论是经济表现还是区域影响力，抑或是与我国的经贸关系，都很靠前；伊朗主要是和我国有紧密的经贸合作，有一定的合作基础，也应为排在前列的国家。其次是埃及、阿拉伯联合酋长国，尽管阿拉伯联合酋长国综合排名位居第1位，但是鉴于其地理位置相对非核心，自身经济实力比较弱，最终决定和埃及一起为次选国家，其中埃及是北非重要国家，加上其控制着苏伊士运河，是“一带一路”建设的战略要地。居中的是卡特尔和土耳其，卡特尔因为是全球最高的人均GDP国家，未来合作主要可能是在金融等方面，和土耳其一起作为中选国家，其中土耳其的经济总量和人口都比较庞大，但是其政局稳定性很差。末尾是黎巴嫩和约旦，选择原因主要是区域影响力比较靠前。

表2-9 “一带一路”中东地区沿线国家经济表现的实证结果

序列		原因分析													
		与我国的经贸关系			自身的经济实力			自身的区域影响力			政局稳定程度			是否是全面战略伙伴关系国家	是否处于经贸节点位置
	战略“支点国家”	强	中	弱	强	中	弱	强	中	弱	强	中	弱		
首先	伊朗	√			√				√				√	√	√
	沙特阿拉伯	√			√			√				√		√	√
其次	阿拉伯联合酋长国	√			√			√			√				
	埃及	√			√					√			√	√	√
居中	卡塔尔			√	√				√		√				
	土耳其		√		√			√					√		√
末尾	黎巴嫩			√			√	√					√		
	约旦			√			√	√				√			

5. 黑海经济合作区沿线国家的经济表现与分析

表 2－10 “一带一路”黑海经济合作区国家指数化排名

国家	和我国的经贸关系		自身的经济实力		自身的区域影响力		综合得分	
	得分	排名	得分	排名	得分	排名	得分	排名
俄罗斯	0.068	1	0.063	1	0.013	8	0.145	1
土耳其	0.013	2	0.036	2	0.014	5	0.063	2
保加利亚	0.011	4	0.013	6	0.023	1	0.047	3
罗马尼亚	0.012	3	0.016	5	0.014	4	0.042	4
格鲁吉亚	0.009	5	0.012	7	0.014	6	0.035	5
乌克兰	0.008	8	0.010	8	0.017	3	0.035	6
希腊	0.008	6	0.019	4	0.007	11	0.034	7
塞尔维亚	0.008	7	0.009	9	0.017	2	0.033	8
阿塞拜疆	0.001	10	0.020	3	0.008	9	0.029	9
亚美尼亚	0.005	9	0.008	10	0.008	10	0.021	10
摩尔多瓦	0.000	11	0.003	11	0.013	7	0.017	11

黑海经济合作组织以独联体国家为主，是东欧的重要经济合作组织。整个黑海经济合作区，除了俄罗斯和我国接壤，其他国家都和我国是非接触国家，并且很多都是内陆国家，加大了经贸往来的难度。因此，整体上，整个黑海经济合作区域国家对我国的贸易依存度非常低（平均值为 5.6%），其次是这些国家的经济实力不太强、政局也不太稳定等。根据表 2－10 的指数得分和排名，毫无悬念，俄罗斯综合排名位于首位，其中俄罗斯对我国的贸易依存度是整个黑海经济合作区中最高的（13%），其次是我国在俄罗斯的 FDI 存量占到整个黑海经济合作区的 80% 以上，还有俄罗斯的经济实力和人口数量都是区域内最多的，但是俄罗斯今年经济增速下降、经济开放程度低，也是需要我们正视的问题。

土耳其综合排名为第 2，和我国的经贸关系、自身经济实力相对于区域内其他国家来说都是比较强的，尽管土耳其的区域内贸易占比较高

（24%），但是低的经济开放程度和政局稳定性使得其区域影响力相对不高。保加利亚和罗马尼亚因为经济开放程度比较高和相对较好的政局稳定性，使得其区域影响力比较靠前，其次是它们和我国的经贸关系也相对比较强。

基于以上分析，黑海经济合作区沿线国家的综合经济表现排名如下：首先是俄罗斯，无论是经济体量还是其他方面，对整个中亚来说，都是其他国家所无法替代的。其次是土耳其。居中的是保加利亚和罗马尼亚。

表 2-11 “一带一路”中东地区沿线国家经济表现的实证结果

序列		原因分析													
		与我国的经贸关系			自身的经济实力			自身的区域影响力			政局稳定程度			是否是全面战略伙伴关系国家	是否处于经贸节点位置
	战略“支点国家”	强	中	弱	强	中	弱	强	中	弱	强	中	弱		
首先	俄罗斯	√			√					√			√	√	√
其次	土耳其	√			√				√				√		√
居中	保加利亚		√			√		√			√				
	罗马尼亚	√				√			√		√				

6. 中东欧地区沿线国家的经济表现与分析

表 2-12 “一带一路”中东欧地区沿线国家指数化排名

国家	和我国的经贸关系		自身的经济实力		自身的区域影响力		综合得分	
	得分	排名	得分	排名	得分	排名	得分	排名
荷兰	0.225	1	0.106	1	0.024	2	0.355	1
波兰	0.030	3	0.095	2	0.022	5	0.147	2
捷克	0.026	4	0.041	3	0.027	1	0.094	3

续表

国家	和我国的经贸关系		自身的经济实力		自身的区域影响力		综合得分	
	得分	排名	得分	排名	得分	排名	得分	排名
匈牙利	0.038	2	0.032	4	0.022	3	0.092	4
斯洛伐克	0.017	5	0.023	5	0.022	4	0.062	5
保加利亚	0.017	6	0.019	6	0.011	8	0.047	6
斯洛文尼亚	0.004	11	0.015	8	0.009	10	0.028	7
黑山	0.009	7	0.010	12	0.009	9	0.028	8
爱沙尼亚	0.006	8	0.010	13	0.013	6	0.028	9
克罗地亚	0.003	12	0.016	7	0.008	12	0.027	10
拉脱维亚	0.003	13	0.015	9	0.008	11	0.026	11
立陶宛	0.002	14	0.012	10	0.011	7	0.026	12
马其顿	0.006	9	0.011	11	0.006	13	0.022	13
波黑	0.005	10	0.009	14	0.004	14	0.018	14

中东欧地区占了整个欧洲的大部分地区，向西可辐射欧洲，是打通“丝绸之路经济带”西进欧洲的重要桥梁。整个中东欧地区国家，除了因为距离我国比较远使得和我国的经贸关系（贸易依存度平均值仅为0.045）比较低之外，经济实力（人均GDP平均值为1.44万美元）和区域稳定程度（平均值为0.614）与经济开放程度（平均值为1.14）都非常高。根据表2－12的指数得分和排名，其中荷兰综合排名位于首位，波兰和捷克紧随其后，它们的共同特点是自身经济实力和区域影响力都相对比较强。匈牙利和斯洛伐克的各项排名都比较适中。

根据上面的分析，中东欧地区沿线国家的综合竞争力排名如下：首先是荷兰，其次是波兰和捷克，居中的是匈牙利和斯洛伐克。

表 2－13　“一带一路”中东欧地区沿线国家经济表现的实证结果

序列		原因分析													
		与我国的经贸关系			自身的经济实力			自身的区域影响力			政局稳定程度			是否是全面战略伙伴关系国家	是否处于经贸节点位置
	战略“支点国家”	强	中	弱	强	中	弱	强	中	弱	强	中	弱		
首先	荷兰	√			√			√			√				√
其次	波兰	√			√				√		√				√
	捷克	√			√			√			√				√
居中	匈牙利	√			√			√				√			√
	斯洛伐克		√			√		√				√			√

7. 综合分析

（1）各区域横向比较分析

通过对分出的6大区域进行横向比较得出（见表2－14）：对我国贸易依存度高的区域主要是临近我国的国家，其中最高的是中亚地区，然后是中东地区、东南亚地区和南亚地区，最后是黑海经济合作区和中东欧及其他区。目前我国FDI流向主要是中亚和南亚区国家。人均GDP最高的区域主要是中东欧地区、东南亚和中东区。政局最稳定的区域是中东欧地区，最不稳定的是中东区。经济开放程度最高的区域是东南亚区和中东欧地区。区域内贸易程度比较高的是中亚区。

据此，鉴于“一带一路”不同区域不同经济发展状况，以及和我国不同的经贸关系等，我们可以得出整个“一带一路”建设需要区分对待，例如，中东区和东南亚区整体经济水平优于我国，则我们的合作方向就不仅仅是基础设施建设，更应该是产业区域和自贸区等产业合作为主；而中亚和南亚基础设施缺乏是经济发展程度比较低的主要原因，那么和它们的合作，就应该是以基础设施建设为主；整个中东区应该还是以能源合作为主。

表 2－14　各区横向比较

区域	对我国的贸易依存度	FDI/总 FDI	建交时间	GDP	人均 GDP	经济增长速度	人口数量	高端技术密集型制成品占总制成品的比重	政局稳定性	经济开放程度	区域贸易内贸易占比	支点国吸引外资能力
东南亚区	0.15	0.09	45.45	229.27	11656.92	4.97	56.77	20.47	0.00	1.05	0.09	0.62
南亚区	0.10	0.13	49.64	323.59	2413.88	5.15	218.01	1.41	-0.73	0.46	0.13	0.18
中亚区	0.32	0.20	24.00	69.02	5210.54	6.62	13.70	20.34	-0.31	0.47	0.20	0.38
中东区	0.16	0.06	41.25	219.09	17495.85	3.28	25.67	0.51	-1.00	0.52	0.06	0.35
黑海经济合作区	0.06	0.09	42.82	243.42	6719.07	0.36	30.25	0.25	-0.41	0.68	0.09	0.53
中东欧及其他区	0.05	0.07	39.71	134.13	14431.97	2.76	7.64	0.22	0.61	1.15	0.07	0.67

（2）我国和“一带一路”沿线国家的经济竞争力比较分析

根据前面排名筛选的结果，结合世界经济论坛发布的《2015—2016全球竞争力报告》中的竞争力数据，我们所选出来的战略“支点国家”的国家竞争力也是有很大的差别，其中新加坡、荷兰和沙特阿拉伯的竞争力优于我国，而巴基斯坦和伊朗的国家竞争力又明显弱于我国。其中新加坡无论是基础设施建设还是金融系统，或是创新都优于我国；荷兰和俄罗斯在高等教育方面优于我国；我国在市场规模、劳动力效率和宏观经济环境等方面具备相对优势。

因此，即使是经济表现力名列前茅的国家，未来合作方向也需要差别化对待，不仅是基础设施建设，更应该利用这些国家所具有的相对优势，如金融和交通优势等，共同推进区域内其他地区产业发展和基础设施建设。

表 2－15　中国和“战略支点国家”首选国的竞争力情况

战略支点首选国家	排名得分	综合竞争力	基本需求				效率提升						创新和完备性	
			法律和行政结构	基础设施	宏观经济环境	卫生和基础教育	高等教育和培训	市场效率	劳动力市场效率	金融市场发展	技术	市场规模	商业环境完备性	创新
新加坡	排名	2	2	2	12	2	1	1	2	2	5	35	18	9
	得分	5.7	6	6.5	6.2	6.7	6.2	5.7	5.7	5.6	6.2	4.8	5.1	5.2
印度尼西亚	排名	37	55	62	33	80	65	55	115	49	85	10	36	30
	得分	4.5	4.1	4.2	5.5	5.6	4.5	4.4	3.7	4.2	3.5	5.7	4.3	3.9
印度	排名	55	60	81	91	84	90	91	103	53	120	3	52	42
	得分	4.3	4.1	3.7	4.4	5.5	3.9	4.2	3.9	4.1	2.7	6.7	4.2	3.6
巴基斯坦	排名	126	119	117	128	127	124	116	132	99	113	28	86	89
	得分	3.4	3.3	2.7	3.5	4	2.8	3.9	3.3	3.5	2.9	5	3.7	3.1
哈萨克斯坦	排名	42	50	58	25	93	60	49	18	91	61	46	79	72
	得分	4.5	4.2	4.2	5.7	5.4	4.5	4.5	4.9	3.6	4.2	4.5	3.8	3.3
伊朗	排名	74	94	63	66	47	69	109	138	134	99	19	110	990
	得分	4.1	3.6	4.2	4.8	6	4.3	4	3.2	2.8	3.2	5.2	3.5	3.1
沙特阿拉伯	排名	25	24	30	4	49	49	29	60	41	42	17	29	34
	得分	5.1	5.1	5.1	6.6	6	4.7	4.7	4.3	4.3	4.7	5.4	4.5	3.8
俄罗斯	排名	45	100	35	40	56	38	92	50	95	60	6	80	68
	得分	4.4	3.5	4.8	5.3	5.9	5	4.2	4.4	3.5	4.2	5.9	3.8	3.3
中国	排名	28	51	39	8	44	68	58	37	54	74	1	38	31
	得分	4.9	4.1	4.7	6.5	6.1	4.3	4.4	4.5	4.1	3.7	7	4.3	3.9

资料来源：根据世界经济论坛发布的《2015—2016 全球竞争力报告》数据整理而成。

四、“一带一路”沿线“支点国家”筛选

（一）“支点国家”的筛选原则

根据上文对“一带一路”沿线“支点国家”的定义，作为我国

“一带一路”沿线的战略“支点国家”，首先，必须和我国具有紧密的经贸合作关系，如与我国建立全面战略伙伴关系的国家。全面战略伙伴关系是建立在平等、合作、互利、依存的基础上，彼此之间进行宽领域、广范围的友好合作，在政策上能够相互协调、相互配合、相互支持。当下全球化发展曲折，全球问题日益突出，在“一带一路”建设过程中，必定需要国家间秉承着“命运共同体、利益共同体和责任共同体”的原则，形成合力来解决和应对相关问题。全面战略合作伙伴关系具有重要的“安全网”和“助推器”功能，为双方在中长期合作提供共同规划和设计的空间，为“一带一路”倡议的顺利实施提供基础性保障。两国在开展经济合作中已经具有一定的彼此互信的基础，只有这样，“支点国家”才能发挥桥梁作用。其次，“支点国家”必须具备一定的经济发展能级和区域影响力，如区域性国际组织总部所在地。区域性国际组织的成员一般是特定区域的国家，在历史、文化、语言、经济利益方面具有共同诉求，其总部不仅具有维持和平与解决争端的功能，并具有促进和调整区域内社会、经济及其他领域进行广泛合作的功能，总部所在地通常具有较高的国际化水平和对外开放水平，在“一带一路”倡议实施过程中，不仅有利于与中方建立协商沟通的桥梁和推动经贸投融资项目的落地，更有利于“一带一路”的示范效应对区域组织成员国的辐射和释放。只有区域经济大国，才能对区域发展起到辐射和带动作用。再次，战略“支点国家”必须具有区位优势，且具有良好的经济增长潜力。这类国家一方面是区域经贸往来的节点，如一些发展能级较高的城市、港口等。另一方面起到“增长极”的支撑作用，具有对内、对外高效配置经济要素、释放巨大经济活力和深化产能合作的功能，而且这些高增长国家的发展需求和潜力也会为周边区域的发展提供贸易、投资、科技创新、就业等方面的发展动力和增量空间，具有发挥与周边国家间的经济互动功能，有利于形成经贸、产业的连接网络。最后，战略“支点国家”必须拥有一个相对稳定的政局，能够和我国保持长久的合作关系，并符合我国的外交战略，即“大国是关键、周边是首要、发展中国家是基础、多边是重要舞台”。

（二）“支点国家”的筛选标准

根据上文关于“一带一路”沿线国家综合经济表现和评价以及筛选原则，我们确定了“一带一路”支点国家的筛选标准，即以“全面战略伙伴关系+”为主线，以区域国际组织总部所在地和经济成长性较好为补充，优选一批“一带一路”支点国家。具体来看，一是与我国建立全面战略伙伴关系的国家，具有密切的合作伙伴关系。二是区域性国际组织总部所在地，在区域上具有国际地缘战略地位。三是当下及未来具有良好的增长潜力，是最具活力和潜力的合作对象。这3个优势条件确保这些国家在“一带一路”沿线具有“网络骨干”的作用，我国可以优先推动与这些国家开展产能合作和投融资项目的落地等相关战略合作。这样，便于率先形成一批区域分工、优势互补、互利共赢、共创繁荣的“一带一路”合作国家，在发展成熟之后，再逐步扩展增加更多的国家。

（三）“支点国家”的筛选结果与分析

1. “支点国家”的筛选结果

首先，是与我国建立全面战略伙伴关系的国家。根据官方公布的与我国建立战略伙伴关系的联合声明，本书选取了俄罗斯、巴基斯坦、越南、泰国、缅甸、柬埔寨、老挝、马来西亚、印度尼西亚、蒙古国、委内瑞拉、阿尔及利亚、白俄罗斯、哈萨克斯坦、埃及、沙特阿拉伯、伊朗、塞尔维亚、乌兹别克斯坦等19个战略伙伴关系国（见表2-16）。

表2-16 全面战略伙伴关系国家一览

国家	关系类型	签订时间	合作方向
俄罗斯	全面战略协作伙伴关系	2011年	加快推进高铁等交通基础设施建设、能源、矿产、林业、加工制造业和服务业等领域的重大项目的合作

续表

国家	关系类型	签订时间	合作方向
巴基斯坦	全天候战略合作伙伴关系	2015 年	以中巴经济走廊为引领，以瓜达尔港、能源、交通基础设施和产业合作为重点；在开发利用海洋资源、开展海洋科研、保护环境等方面进行深入合作
越南	全面战略合作伙伴关系	2008 年	深化在农业、科技、教育、文化、体育、旅游、卫生、金融等领域的交流合作
泰国		2012 年	双方加强航运、高速铁路、旅游、农业、科技、海洋和环境领域的合作
缅甸		2011 年	开展教育、文化、科技、卫生、农业、旅游等各领域的友好合作
柬埔寨		2010 年	重点加强农业、基础设施、能源、电信、水利等领域的合作
老挝		2009 年	重点推进基础设施、农业、自然资源开发加工、能源、旅游、扶贫、通信和广播电视、中小企业、人力资源、水资源与环境等十大领域合作
马来西亚	全面战略伙伴关系	2013 年	推进钢铁、船舶、通信、电力、轨道交通等重点领域合作
印度尼西亚		2013 年	铁路、公路、港口、码头、机场等基础设施建设领域，在电力、光伏、钢铁、有色金属、造船、建材等产能领域开展交流和合作
蒙古国		2014 年	铁路、公路、口岸、铁矿、铜矿、锌铅矿、石油、电力、化工、汽车制造、轻工和房地产等基础设施和矿能资源项目合作
委内瑞拉		2014 年	深化在金融、投资、能源、矿产、农业、基础设施建设、通信、制造业、高科技等领域的合作
阿尔及利亚		2014 年	深化两国在经济、科技、军事、安全及航天技术等领域的合作
白俄罗斯		2013 年	加强基础设施建设、机械制造、建材、交通运输、通信、能源、化工、制药、生物科技、新材料、电子和微电子、矿产资源开发、企业现代化改造等领域的合作
哈萨克斯坦		2005 年	加强在高科技、技术密集型和节能领域展开合作，以及联合建设工业园区及其他项目合作
埃及		2014 年	积极推进在电力、太阳能和风能等新能源和可再生资源、铁路、公路和港口等基础设施、农业、制造业、银行、质检和航天卫星等领域的合作

续表

国家	关系类型	签订时间	合作方向
沙特阿拉伯	全面战略伙伴关系	2016 年	进一步深化基础设施领域合作，重点做好铁路、道路桥梁、通信、港口、能源等方面的互利项目
伊朗		2016 年	深化双方在经济、银行、相互投资、金融、矿产、交通、通信、航天、制造业、港口开发、铁路网络改造和建设、高铁、农业、水利、环保、粮食安全、防止荒漠化、海水淡化、和平利用核能及可再生能源等领域的合作
塞尔维亚		2016 年	加强两国能源和交通基础设施建设、产能合作、农业等领域的务实合作
乌兹别克斯坦		2016 年	在经贸、投资、能源、交通、农业、金融、科技领域深化互利合作

注：与我国建立伙伴关系的类别众多，按照合作紧密程度由高到低排序为：“全面战略协作伙伴关系”“全天候战略合作伙伴关系”“全面战略合作伙伴关系”“战略合作伙伴关系”“全方位战略伙伴关系”“全面战略伙伴关系”“战略伙伴关系”等伙伴关系，其中“全面”或“全方位”指的是合作领域多、范围广；“战略”指的是在双边或多边国际事务中，在重大国际和地区问题上有交集，关系重要，领域高端；“合作”指的是政策相互协调、相互配合、相互支持。另外还有不加战略修饰语的合作多指经济合作；“友好”指的是政治关系良好，如“全面合作伙伴关系”“全方位友好合作伙伴关系”“全面友好合作伙伴关系”“友好合作伙伴关系”“合作伙伴关系”以及“友好伙伴关系”等。

其次，是区域性国际组织总部所在地。本书选取了新加坡、菲律宾、科威特、白俄罗斯、埃及、印度尼西亚和沙特阿拉伯等 7 个国家（见表 2－17）。

表 2－17　区域性国际组织总部所在地

区域合作组织	总部所在地
亚太经合组织	新加坡
亚洲开发银行	菲律宾马尼拉
阿拉伯石油输出国组织	科威特城
独立国家联合体	白俄罗斯明斯克
阿拉伯国家联盟	埃及开罗

续表

区域合作组织	总部所在地
东南亚国家联盟	印度尼西亚雅加达
海湾阿拉伯国家合作委员会	沙特阿拉伯利雅得

最后，是目前及未来具有良好增长潜力的国家。本研究选取了近5年经济增长率均值在6%之上的国家，符合条件的有：土库曼斯坦、蒙古国、卡塔尔、缅甸、乌兹别克斯坦、老挝、印度、塔吉克斯坦、东帝汶、柬埔寨、斯里兰卡、伊拉克、不丹、阿富汗、新加坡、菲律宾、孟加拉国、哈萨克斯坦等18个国家（见表2－18）。

表2－18 经济增长性较好的国家

国家	GDP增长率（%）	排序
土库曼斯坦	11.10	1
蒙古国	11.09	2
卡塔尔	9.28	3
缅甸	8.37	4
乌兹别克斯坦	8.22	5
老挝	8.12	6
印度	7.23	7
塔吉克斯坦	7.10	8
东帝汶	7.00	9
柬埔寨	6.97	10
斯里兰卡	6.68	11
伊拉克	6.47	12
不丹	6.46	13
阿富汗	6.45	14
新加坡	6.44	15
菲律宾	6.23	16
孟加拉国	6.13	17
哈萨克斯坦	6.04	18

注：本研究挑选的主要是近5年内平均GDP增长率高于6%的国家。

据此，本研究以战略伙伴关系为基准，区域性国际组织总部所在地和经济增长潜力为条件，综合考虑，最终筛选出以下 12 个国家作为“一带一路”建设重要支点国家：东南亚的新加坡、印度尼西亚、菲律宾、缅甸、柬埔寨、老挝；中亚的乌兹别克斯坦、哈萨克斯坦；东亚的蒙古国；中东的沙特阿拉伯；独联体的俄罗斯、白俄罗斯。

总体上看，这些国家与我国具有密切的合作伙伴关系，在区域上具有国际地缘战略地位，经济上具有强劲的增长势头和增长潜力，是最具活力和潜力的合作对象，在“一带一路”建设中具有强有力的经济带动作用和外溢效应。另外，从全球竞争力指标来衡量（见附件三），各国综合排名基本上都在前 90 名，其他各分项指标如制度建设、基础设施、宏观经济环境、商品市场效率等的全球排名也较为靠前，说明从经济竞争力上考量，这些国家具有竞争力优势和成长潜力，具有促进生产力发展和社会繁荣方面的能力。由此可知，这些国家在“一带一路”沿线具有“网络骨干”的作用，我国可以优先推动与这些国家开展产能合作和投融资项目的落地等相关战略合作，引领和带动“一带一路”倡议的顺利实施。

2. 支点国家网络图构想

图 2－4 是根据所选出的支点国家绘制的支点国家网络图。从中可以更加清楚地看到，支点国家在整个“一带一路”建设中的桥梁、示范和辐射功能。整个“一带一路”建设应该以支点国家为首要合作对象，有些投资甚至不以追求利润最大化为唯一目标，这就需要政府进行投资，加强彼此间的经贸合作，增强彼此之间的互信，使得这些支点国家首选国成为我国融入沿线国家的重要桥梁和纽带。然后在支点国家首选国的基础上，通过与其合作，借助这些国家已经具备的区域影响力和经贸合作关系，不仅有助于减少沿线其他国家对“一带一路”倡议的误解，更有助于通过加强金融等方面的合作，形成一个进一步提升这些国家的区域影响力，反过来促进“一带一路”建设顺利进行的良性循环，最终形成“共建共享”的良好局面。

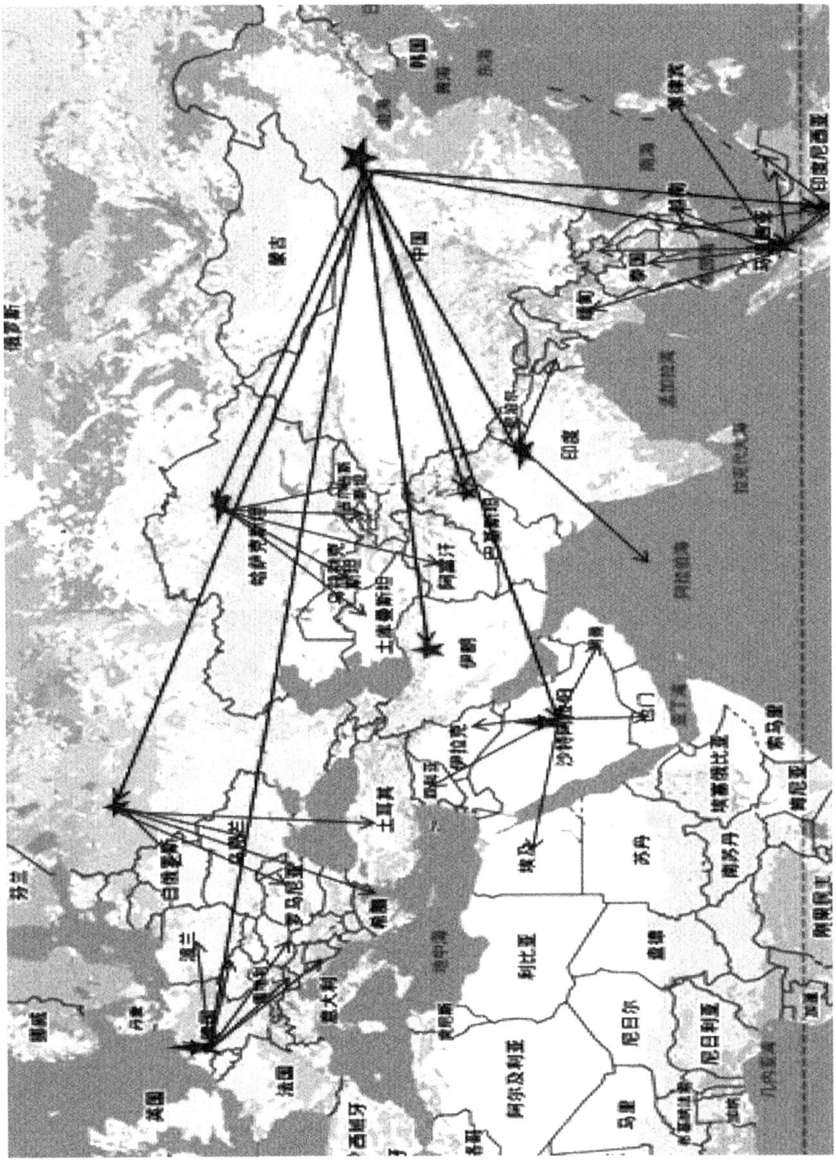

图2-4 “一带一路”建设重要支点国家构想的网状示意图

五、“一带一路”支点城市网络体系筛选

在选定“支点国家”之后需要对具体需要合作的城市和产业进行细化挑选，根据城市发展的产业结构和对接产业园区的规划，建立“一带一路”支点城市之间相互联系的合作网络体系，进一步落实《愿景与行动》的规划内容。

（一）“一带一路”支点城市网络体系建设的意义

从古丝绸之路到当下的“一带一路”，从空间范围和交流深度上都是一种超越，秉承着开放并包的合作精神，其中最重要的体现就是沿线国家间的互联互通，力求建立起经济融合、政治互信、文化包容的利益共同体、命运共同体和责任共同体。而沿线支点城市的串联与发展是破题的第一要义，因此如何建立起“一带一路”支点城市网络体系成为关键。首先，从总体上看，“一带一路”支点城市网络体系的研究和建立，不仅有利于增进城市间的交流与合作，更是推进“一带一路”倡议成功实施的保证，决定着未来的资源布局和推进规划，也是实现全面布局、陆海统筹、东西互济，避免“一哄而上”、资源浪费的首要保证。其次，从作用和功能上看，“一带一路”支点城市具有发挥沿线国家的增长引擎，对内对外政治经济的合作保障、未来发展潜力的新兴优势等重要责任和功能，不仅具有辐射带头作用，还具有“由点成线、由线到面”的串联作用。最后，从发展趋势上看，是一次面向全世界、开拓全球市场的重要载体，是打破由发达国家主导的单一化政治经济话语权的探索。从最终目标上看，研究“一带一路”支点城市的发展，形成沿线沿带支点城市串联辐射的网络化格局，为吸引全球更多城市加入，推动城市共同发展和繁荣，增进人民福祉，做出应有的贡献。

（二）“一带一路”支点城市网络体系构建的标准

依据“一带一路”沿线战略支点城市发展特征和功能，结合该城市在网络节点中的不同贡献，建立起依托以下 3 个维度的“一带一路”支点城市网络体系，并分别对三类城市群体进行竞争力测度。

一是提供产业发展功能的依托产业园区发展的城市群。“一带一路”沿线城市的政治、经济、文化、基础设施等存在巨大差异，而具有产城融合和经贸发展功能的产业园区是凸显沿线城市支点作用的重要载体，也是城市要素集聚功能和辐射功能最主要的体现，不仅能够带动所在城市优势产业的发展，利于培养东道国的产业集群，而且能够辐射带动周边城市以及沿线国家的经济发展；同时，产业互补合作也是“一带一路”建设的重要内容，是我国企业“走出去”的有效路径，在开展国家间产能合作和推动投资项目落地等方面具有重要贡献。因此，境外产业园区的发展是“一带一路”支点城市选择的重要前提，是产业发展和经贸合作的重要载体。根据“一带一路”国家所处的地理板块，本书首先在前文已筛选的“支点国家”的前提下，按照南亚、中亚、东南亚、西亚和北非、中东欧的顺序，构建了与中方开展产业合作区的 19 个支点城市群（见表 2－19）。

表 2－19 “一带一路”倡议支点国家产业合作园区情况

地区	国家	城市或州	产业园区	合作主要内容	园区合作企业
中亚和东亚	哈萨克斯坦	曼吉斯套州	哈萨克斯坦—中国工业园	实现中国企业在境外的生产加工、物流仓储、国际贸易等	乌鲁木齐市经济技术开发区驻区企业新疆三宝集团与开发区建设投资开发有限公司
	乌兹别克斯坦	吉扎克	吉扎克工业园区	太阳能热水器的生产	由中国杭州中乌电子仪表有限公司发起并主要投资的乌中合资太阳光热能源有限责任公司

续表

地区	国家	城市或州	产业园区	合作主要内容	园区合作企业
中亚和东亚	蒙古国	乌兰巴托	蒙古国轻工业园	计划初期以对主要产品初加工、深加工以及生产增值产品为主，对销往中国的初加工产品，将在综保区设立离岸公司，集成农牧业资源、加工、物流、金融和市场等资源	蒙古国新亚洲集团有限公司、中国轻工业对外经济技术合作公司
中亚和东亚	蒙古国	赛音山达州	赛音山达工业园区	园区将包括焦炭厂、铜冶炼厂、黄金加工厂、炼铁厂等一大批工业项目，重点项目包括洗煤、炼焦、炼钢、炼铜、炼油等矿产资源加工以及生产建筑材料等	包头钢铁（集团）有限责任公司
东南亚	新加坡	新加坡	中国—新加坡苏州工业园区	生物医药、纳米技术应用和云计算	园区50家重点科技型自主品牌企业、新增上市企业3家，累计达13家，“新三板”挂牌企业18家
东南亚	印度尼西亚	中苏拉威西省	青山工业园区	矿产资源	青山钢铁、广新集团、二十冶、中冶华天、阳光设计院等
东南亚	菲律宾	马尼拉	菲律宾经济园区	电子半导体、金属和金属冶炼、旅游业、通信技术	中国水利电力对外公司等
东南亚	缅甸	孟邦	皎丹工业园区	轻工、建材、电子、农业、服装、基建、林业、矿产等产业	约有10家公司已经开始在园内运营
东南亚	柬埔寨	西哈努克城	恒睿现代农业产业园区	纺织服装、机械电子、高新技术等	江苏太湖柬埔寨国际经济合作区投资有限公司

续表

地区	国家	城市或州	产业园区	合作主要内容	园区合作企业
东南亚	老挝	万象	塞色塔发展特区	能源化工、机械租赁、机械仓储等	中国农业龙头企业新希望集团，云南建工集团与昆明高新开发区管委会合作共建赛色塔开发区
			塔銮湖经济特区	商贸、文化、旅游、休闲、居住	中国上海万峰房地产有限公司
			磨丁经济特区	农业出口加工、文化中心和度假中心、旅游景区、商贸区、仓储及物流配送业	中国云南海诚实业集团
		波乔省	金三角经济特区	国际化加工贸易、特色生态农业、大金三角白金旅游业	金木棉国际（香港）有限公司
中东	沙特阿拉伯	利雅得	中沙工业园	以石油化工、天然气加工、建材、光伏等产业为主	首批入园的10家企业中，有4家企业来自宁夏，另外6家企业来自武汉、大连等地
独联体	俄罗斯	莫斯科	斯科尔科沃创新中心	太空和通信产品、创新型医疗设备、生物科技、清洁能源和新型LED灯等节能产品、核技术、信息技术	与中国同类园区如中关村、清华科技园等有科研生产方面的合作
		乌苏里斯克市	俄罗斯乌苏里斯克经贸合作区	轻工、机电、木业等	康吉国际投资有限公司
		托木斯克州、克麦罗沃州	俄罗斯中俄托木斯克木材工贸合作区	木材加工、销售，建筑材料销售服务等	中航林业有限公司
		俄罗斯滨海边疆区	中俄（滨海边疆区）农业产业合作区	农产品生产加工、仓储服务、农业生产配套等	黑龙江东宁华信经济贸易有限责任公司

续表

地区	国家	城市或州	产业园区	合作主要内容	园区合作企业
独联体	俄罗斯	俄罗斯犹太自治州、滨海边疆区	俄罗斯龙跃林业经贸合作区	森林采伐、木材初加工和精深加工等	黑龙江省牡丹江龙跃经贸有限公司
	白俄罗斯	明斯克	中国—白俄罗斯工业园	电子信息、生物医药、精细化工、高端制造、物流仓储等	中工国际工程股份有限公司、哈尔滨投资集团有限责任公司

二是提供后勤服务功能的依托政治、经济、金融深度发展的首都或类首都城市群。首先，“一带一路”中的首都城市一般是历史名城，不少城市承载着所属国的政治、经济、社会文化等发展的重要使命和首要地位，是国家政治和经济活动的中心城市以及中央政府所在地。其次，首都城市可以为“一带一路”沿线国家发展提供政治、经济、金融等各类综合服务，在调配金融资源、人才、科技、贸易流动等方面提供制度保障，对推动所属国资源合理配置、社会文化融合、经济贸易繁荣等起着独特作用，发挥着政治沟通、货币流通和民心相通的功能，是“一带一路”支点城市网络体系中不可缺少的构成部分。除双方有合作产业园区的首都城市外，本研究选取13个首都城市（见表2－20），由于部分城市虽然不是首都但却是经济和金融中心，发挥着重要的服务功能，本研究也将其纳入该类群体分析。

表2－20　“一带一路”重要支点国家的首都及重要城市

地区	国家	首都城市	城市竞争力
中亚和东亚	哈萨克斯坦	阿拉木图	0.282（316）
	乌兹别克斯坦	塔什干	0.246（394）
	蒙古国	乌兰巴托	—
东南亚	新加坡	新加坡	0.548（8）
	印度尼西亚	雅加达	0.324（207）
	菲律宾	马尼拉	—

续表

地区	国家	首都城市	城市竞争力
东南亚	缅甸	仰光	0. 229（454）
	老挝	万象	—
	柬埔寨	金边	0. 237（414）
中东	沙特阿拉伯	利雅得	0. 359（145）
独联体	俄罗斯	莫斯科	—
	白俄罗斯	明斯克	0. 271（345）

注：1. 拥有产业合作区的首都城市已纳入第一类产业合作区类城市群，故本表并未包含。2. 城市竞争力指标选自《全球城市竞争力报告（2011—2012）》，数值越大说明竞争力越强，其中括号内为城市排名。

三是提供战略保障功能的依托通道枢纽发展的港口城市群。“一带一路”的港口城市一般是交通枢纽，是各种交通工具转换的中心，大量货物的聚集地，是国际连接通道的重要支点，在地理位置上具有“十字路口”的功能。在区域经济发展中，港口城市对于整合各种生产要素，发展各种产业集群意义重大。它不仅是海运和陆运的交接点，还是综合物流服务中心和工业活动的重要基地，保障资本和贸易的自由流动。通常情况下，港口城市周边地区通常是加工工业发展的密集区。可见，“一带一路”的港口城市为道路联通、贸易畅通和产业发展提供重要的支撑和保障，有利于形成连接各个区域板块的交通运输网络，为各国经济发展和人员往来提供便利。因此，港口城市的保障功能主要体现在以港口为中心、港口城市为载体、综合运输体系为动脉、港口相关产业为依托，发挥重要的集聚效应和扩散效应，便利人流、物流、资金流和信息流的扩张。本研究选取了 9 个重要的港口城市（见表 2 - 21）。

表 2 - 21　“一带一路”重要支点国家的重要港口城市

国家	港口城市	港口优势
新加坡	新加坡	集装箱国际中转中心、国际集装箱管理和租赁中心、国际船舶燃料供应中心
印度尼西亚	雅加达	雅加达国际货柜码头

续表

国家	港口城市	港口优势
菲律宾	达沃	菲律宾南部棉兰老岛第一大港口和经济中心，全国蕉麻加工中心
缅甸	仰光	缅甸第一商港，世界主要的稻米输出港之一
柬埔寨	西哈努克	柬埔寨最大的海港和现代化商港、免税港，全国最大海港和外贸的出入门户
乌兹别克斯坦	撒马尔罕	丝绸之路上重要的枢纽城市，乌兹别克斯坦的文化中心、铁路和公路枢纽。工业以轧棉、丝织和食品加工为主
哈萨克斯坦	阿克套	国际贸易港，哈萨克斯坦唯一的国际海港，里海最现代化的港口和最主要的过境中转点，维持着哈与里海、黑海和地中海部分国家的联系
沙特阿拉伯	吉达	沙特第二大城市、第一大港，全国经济、金融、贸易中心和海、陆、空交通枢纽
俄罗斯	符拉迪沃斯托克	俄罗斯远东地区最大的商贸港，是俄罗斯滨海边疆区和远东地区重要的工业中心

注：本书的港口城市并不一定是拥有海港的城市，具有类似海港这种地理优势的重要枢纽城市也纳入港口城市群。

（三）“一带一路”支点城市筛选结果与分析

综合以上分析，按照提供产业发展功能、后勤服务保障功能、战略保障功能等定位，在前文确定的“支点国家”中挑选进一步深化合作的支点城市 29 个，建立支点城市网络体系。具体城市如下：

表 2－22　“一带一路”重要支点城市

地区	国家	城市或州
中亚和东亚	哈萨克斯坦	曼吉斯套、阿拉木图、阿克陶
	乌兹别克斯坦	吉扎克、塔什干、撒马尔罕
	蒙古国	乌兰巴托、赛音山达
东南亚	新加坡	新加坡
	印度尼西亚	中苏拉威西省、雅加达
	菲律宾	马尼拉、达沃
	缅甸	孟邦、仰光

续表

地区	国家	城市或州
东南亚	柬埔寨	西哈努克城、金边
	老挝	万象、波乔省
中东	沙特阿拉伯	利雅得、吉达
独联体	俄罗斯	莫斯科、符拉迪沃斯托克、乌苏里斯克市、托木斯克州、克麦罗沃州、俄罗斯滨海边疆区、犹太自治州
	白俄罗斯	明斯克

总体而言，依照产需结合、优势互补、互利共赢的原则，重点推进产业园区合作。目前，已在建设且已有合作内容和方向的工业园区有19个，可以此为跳板，进一步推广扩大。例如，在中亚地区，我国可先推进哈萨克斯坦和乌兹别克斯坦的“哈萨克斯坦—中国工业园”和“吉扎克工业园区”的建设，这些园区所在的州或市通常具有丰富的石油、天然气、矿产、煤炭等资源，但该地区加工工业和轻工业相对落后，工业基础极为薄弱，发展缓慢。企业在该地区发展空间宽广，加之先前已发展在前的工业园区作为保障，连接相应的生产加工、物流仓储、国际贸易等共同构成闭合产业链，具有降低风险，提高效率，首先做出成绩的作用。同理，蒙古国的“赛音山达工业园区”和“蒙古国轻工业园区”也具有相同的外溢效应，利于重点推进开发合作。同理，在东南亚地区，可与新加坡开展生物医药、纳米技术应用和云计算等高新技术的产业合作，力图通过外溢效应将高端技术引入我国。可兼顾新兴产业合作、高端市场开发以及矿产能源开发，将投资和贸易有机结合，以投资带动贸易发展，以投资带动工程、产业、企业和产品“走出去”。同时，还应当加强与具有服务保障功能的首都城市群和支点港口城市群之间的建设和交流，共同打造“一带一路”的服务便利化功能和支持经贸发展的交通网络体系，使不同城市的集聚效应、极化效应、辐射效应和联动效应达到最大化。虽然首都城市是一国的政治、经济、军事以及文化中心，但由于各国国情的巨大差异，对“一带一路”

倡议的认知不一，需要不断加强政治交流和文化交流，如各国领导层互访、艺术节和博览会的开展、学术交流以及媒体宣传等，通过各种多边机制的磋商交流，建立起友好互助的政治经济环境，为“一带一路”建设创造良好的服务环境。另外，加强沿线城市航空港、高速铁路、管道、信息化等基础设施建设，特别是关键通道、关键节点和重点工程建设，优先打通缺失路段，畅通瓶颈路段，实现国际通关、换装、多式联运的有机衔接，构建全方位、多层次、复合型的互联互通网络。

（执笔人：权衡，上海社会科学院世界经济所所长、研究员；张广婷，上海社会科学院世界经济所助理研究员、博士；张鹏飞，上海社会科学院世界经济所博士生。报告完成时间：2016年8月）

附件一 熵值赋权法的基本原理

熵值赋权法的基本理论：信息是系统有序程度的一个度量，而熵是系统无序程度的一个度量，信息的增加意味着熵的减少，信息和熵成反比。各个指标所反映的信息都具有特定的熵值和一定的效用价值。在评价中，可以运用信息熵来评价所获系统信息的有序程度及信息的效用值。

1. 原始数据矩阵

假设有 m 个评价对象和 n 个指标，其中 M = （M_1, M_2, …, M_m）；D = （D_1, D_2, …, D_n），被评价对象 M_i 对指标 D_j 的值记为 X_{ij}（i =1, 2, …, m; j=1, 2, …, n)，表示第 i 个对象的第 j 个指标的值。则原始数据矩阵为：

$$\begin{pmatrix} X_{11} & \cdots & X_{1n} \\ \vdots & \ddots & \vdots \\ X_{m1} & \cdots & X_{mn} \end{pmatrix}$$

2. 对原始指标进行无量纲化处理

越大越优型指标的处理方式：

$$V_{ij} = \frac{X_{ij} - min(X_j)}{\max(X_j) - min\ (X_j)}$$

越小越优型指标的处理方式：

$$V_{ij} = \frac{X_{ij} - max(X_j)}{\min(X_j) - max\ (X_j)}$$

3. 计算第 i 个评价对象、第 j 个指标的特征比重

记第 i 个评价对象、第 j 个指标的特征比重为 P_{ij}，则：

$$P_{ij} = \frac{V_{ij}}{\sum_{1}^{m} V_{ij}}$$

其中因为有 $0 \leqslant V_{ij} \leqslant 1$，所以有 $0 \leqslant P_{ij} \leqslant 1$

4. 计算第 j 项指标的熵值 E_j

$$E_j = \left(-\frac{1}{\ln(m)}\right)\sum_{1}^{m}(P_{ij} \times ln\,P_{ij})$$

5. 计算第 j 项指标的差异系数 D_j

$$D_j = 1 - E_j$$

D_j 越大，该指标提供的信息量越大，越应给予较大的指标权重

6. 确定各指标的熵权

$$W_j = \frac{D_j}{(\sum_{1}^{n} D_j)}$$

7. 分别计算各个评价对象的综合评价值

$$V_i = \sum_{1}^{n} W_j P_{ij}$$

附件二 “一带一路”沿线国家的经济数据

东南亚区

国家	对我国的贸易依存度（%）	中国对FDI/总FDI（%）	建交时间	GDP（10亿美元）	人均GDP（美元）	经济增长速度（%）	人口数量（百万）	高科技产品出口占比（%）	政局稳定性	经济开放程度	区域贸易内贸易占比（%）
印尼	13.62	14.26	66.00	888.54	3491.93	5.02	254.45	6.97	(0.37)	0.40	16.69
泰国	13.96	6.46	41.00	404.82	5977.38	0.87	67.73	20.43	(0.91)	1.13	17.06
马来西亚	14.35	3.75	42.00	338.10	11307.06	5.99	29.90	43.87	0.34	1.31	18.99
越南	19.65	6.01	66.00	186.20	2052.32	5.98	90.73	26.93	(0.00)	1.60	7.75
新加坡	12.36	43.32	26.00	307.86	56284.33	2.92	5.47	47.18	1.23	2.52	30.74
菲律宾	14.14	1.59	41.00	284.78	2872.51	6.13	99.14	49.00	(0.70)	0.45	4.71
缅甸	13.61	8.24	66.00	64.33	1203.84	8.50	53.44	0.00	(1.06)	0.18	1.05
老挝	30.32	9.43	55.00	12.00	1793.47	7.52	6.69	13.00	0.46	0.99	1.06
文莱	3.21	0.15	25.00	17.10	40979.64	(2.34)	0.42	7.76	1.27	0.82	0.49
柬埔寨	26.35	6.76	58.00	16.78	1094.58	7.07	15.33	0.19	(0.04)	1.77	1.40
东帝汶	5.95	0.03	14.00	1.42	1169.04	7.00	1.21	9.78	(0.22)	0.40	0.07
平均值	15.23	9.09	45.45	229.27	11656.92	4.97	56.77	20.47	(0.00)	1.05	9.09

南亚区

国家	对我国的贸易依存度（%）	中国对FDI/总FDI（%）	建交时间	GDP（10亿美元）	人均GDP（美元）	经济增长速度（%）	人口数量（百万）	高科技产品出口占比（%）	政局稳定性	经济开放程度	区域贸易内贸易占比（%）
印度	0.11	0.41	66.00	2048.52	1581.51	7.29	1310.00	8.59	(0.96)	0.32	50.03
巴基斯坦	0.16	0.45	65.00	243.63	1316.61	4.74	189.00	1.41	(2.44)	0.30	6.92
孟加拉国	0.06	0.02	41.00	172.89	1086.81	6.06	161.00	0.17	(0.88)	0.38	15.60
尼泊尔	0.11	0.02	61.00	19.77	701.68	5.38	28.51	0.17	(0.70)	0.43	9.13
不丹	0.02	0.00	0.10	1.96	2560.50	5.46	0.78	0.02	1.00	0.78	1.41
阿富汗	0.13	0.06	61.00	20.04	633.57	1.31	32.53	0.01	(2.46)	0.41	2.11
斯里兰卡	0.14	0.04	59.00	78.82	3794.89	4.46	20.88	0.91	(0.25)	0.37	13.86
马尔代夫	0.07	0.00	44.00	3.06	7635.48	6.48	0.41	0.01	0.88	0.67	0.94
平均值	0.10	0.13	49.64	323.59	2413.88	5.15	218.00	1.41	(0.73)	0.46	12.50

续表

国家	对我国的贸易依存度（%）	中国对FDI/总FDI（%）	建交时间	GDP（10亿美元）	人均GDP（美元）	经济增长速度（%）	人口数量（百万）	高科技产品出口占比（%）	政局稳定性	经济开放程度	区域贸易内贸易占比（%）
中亚区											
哈萨克斯坦	0.17	0.75	24	217.87	12601.62	4.40	17.51	36.70	0.05	0.28	50.00
乌兹别克斯坦	0.23	0.04	24	62.64	2036.69	8.10	31.19	13.00	(0.23)	0.25	28.47
土库曼斯坦	0.58	0.04	24	47.93	9031.51	10.30	5.37	4.95	0.08	0.31	3.04
塔吉克斯坦	0.44	0.07	24	9.24	1114.01	6.70	8.48	41.75	(0.68)	0.46	9.91
吉尔吉斯斯坦	0.19	0.10	24	7.40	1268.86	3.60	5.93	5.29	(0.78)	1.04	8.57
平均值	0.32	0.20	24	69.02	5210.54	6.62	13.70	20.34	(0.31)	0.47	20.00
中东区											
巴林	0.04	0.00	27	32.22	23395.75	2.93	1.38	0.39	(0.94)	0.94	0.04
埃及	0.15	0.06	60	330.78	3614.75	4.20	91.51	0.35	(1.58)	0.27	0.06
伊朗	0.41	0.31	45	425.33	5442.87	4.34	79.11	0.68	(0.91)	0.19	0.10
伊拉克	0.24	0.03	58	168.61	4629.08	2.10	36.42	0.87	(2.47)	0.50	0.03
以色列	0.09	0.01	24	296.08	35329.51	2.49	8.38	0.73	(0.99)	0.43	0.01
约旦	0.13	0.00	39	37.52	4940.05	2.38	7.59	0.54	(0.56)	0.74	0.03
科威特	0.13	0.03	45	112.81	28984.64	(0.40)	3.89	0.76	0.14	0.77	0.03
黎巴嫩	0.12	0.00	45	47.10	8050.75	1.51	5.85	0.43	(1.72)	0.39	0.01
阿曼	0.28	0.02	38	70.25	15645.08	3.50	4.49	0.52	0.66	0.87	0.05
巴勒斯坦	0.08	0.00	28	7.01	1695.60	5.33	5.10	0.10	(2.90)	0.12	0.02
卡塔尔	0.06	0.03	28	166.91	74667.20	3.58	2.24	0.74	1.00	0.66	0.04
沙特阿拉伯	0.14	0.18	26	646.00	20481.75	3.49	31.54	0.81	(0.24)	0.57	0.11
叙利亚	0.21	0.00	60	40.41	2079.99	5.70	18.50	0.23	(2.76)	0.12	0.03
土耳其	0.06	0.08	45	718.22	9130.03	3.98	78.67	0.15	(1.06)	0.49	0.13
阿联酋	0.13	0.21	32	370.29	40438.38	3.18	9.16	0.52	0.81	1.02	0.28
也门	0.28	0.05	60	35.95	1408.15	4.16	26.83	0.39	(2.53)	0.23	0.01
平均值	0.16	0.06	41	219.09	17495.85	3.28	25.67	0.51	-1.00	0.52	0.06

续表

国家	对我国的贸易依存度（%）	中国对FDI/总FDI（%）	建交时间	GDP（10亿美元）	人均GDP（美元）	经济增长速度（%）	人口数量（百万）	高科技产品出口占比（%）	政局稳定性	经济开放程度	区域贸易内贸易占比（%）
黑海经济合作区域											
亚美尼亚	0.07	0.00	24	10.56	3499.80	3.00	3.02	0.22	(0.21)	0.45	0.98
阿塞拜疆	0.02	0.01	24	53.05	5496.34	1.10	9.65	0.58	(0.50)	0.58	2.86
保加利亚	0.03	0.02	67	48.95	6819.87	2.97	7.18	0.25	0.08	1.12	9.12
格鲁吉亚	0.08	0.05	24	13.97	3795.97	2.77	3.68	0.36	(0.23)	0.71	2.19
希腊	0.05	0.01	44	195.21	18035.55	(0.23)	10.82	0.11	0.02	0.39	7.25
摩尔多瓦	0.02	0.00	24	6.55	1843.24	(0.50)	3.55	0.13	(0.10)	0.91	1.44
罗马尼亚	0.03	0.02	67	177.95	8972.92	3.74	19.83	0.13	0.08	0.73	9.40
俄罗斯	0.13	0.81	67	1326.02	9057.11	(3.73)	144.10	0.43	(0.84)	0.40	21.94
塞尔维亚	0.02	0.00	61	36.51	5143.95	0.73	7.10	0.18	0.18	0.86	3.24
土耳其	0.06	0.08	45	718.22	9130.03	3.98	78.67	0.15	(1.06)	0.49	24.41
乌克兰	0.10	0.01	24	90.62	2114.95	(9.90)	45.20	0.17	(1.93)	0.81	17.18
平均值	0.06	0.09	43	243.42	6719.07	0.36	30.25	0.25	(0.41)	0.68	9.09
中东欧其他区域											
波兰	0.06	0.06	67	474.78	12494.47	3.65	38.00	0.25	0.87	0.81	19.06
捷克	0.07	0.04	67	181.81	17231.28	4.20	10.55	0.26	0.97	1.61	18.80
斯洛伐克	0.05	0.02	67	86.58	15962.57	3.60	5.42	0.10	84.95	1.71	12.51
保加利亚	0.03	0.03	67	48.95	6819.87	2.97	7.18	0.25	0.08	1.12	2.40
匈牙利	0.04	0.10	67	120.69	12259.12	2.94	9.84	0.30	0.70	1.58	12.79
拉脱维亚	0.02	0.00	25	27.04	13664.94	1.89	1.98	0.37	0.55	0.94	3.38
立陶宛	0.02	0.00	25	41.24	14172.22	1.59	2.91	0.12	0.78	1.30	5.02
斯洛文尼亚	0.03	0.00	24	42.75	20713.07	2.88	2.06	0.06	73.79	1.23	3.56
爱沙尼亚	0.05	0.00	25	22.69	17295.36	1.07	1.31	0.11	0.76	1.31	2.08
克罗地亚	0.02	0.00	24	48.73	11535.83	1.64	4.22	0.26	0.60	0.69	3.45
马其顿	0.05	0.00	23	10.09	4852.66	3.67	2.08	0.29	0.25	1.08	0.54
波黑	0.05	0.00	21	16.00	4197.81	3.16	3.81	0.12	-0.06	0.88	1.23
黑山	0.09	0.00	10	3.99	6415.03	3.37	0.62	0.35	0.24	0.60	0.12
荷兰	0.05	0.74	44	752.55	44433.41	1.99	16.94	0.20	1.05	1.18	15.05
平均值	0.05	0.07	40	134.13	14431.97	2.76	7.64	0.22	11.82	1.15	7.14

附件三　“一带一路”沿线重要国家的综合竞争力指数

一级指标	二级指标	得分与排名	新加坡	印尼	菲律宾	老挝	柬埔寨	缅甸	乌兹别克斯坦	哈萨克斯坦	蒙古国	沙特阿拉伯	俄罗斯	白俄罗斯
综合竞争力		得分	5.7	4.5	4.4	4	3.9	3.3	—	4.5	4.2	5.1	4.4	—
		全球排名	2	37	47	83	90	131	—	42	70	25	45	—
基本需求	法律和行政架构	得分	6	4.1	3.8	3.9	3.3	2.9	—	4.2	3.9	5.1	3.5	—
		全球排名	2	55	77	71	111	133	—	50	70	24	100	—
	基础设施	得分	6.5	4.2	3.4	3.2	3.2	2.1	—	4.2	4	5.1	4.8	—
		全球排名	2	62	90	98	101	134	—	58	73	30	35	—
	宏观经济环境	得分	6.2	5.5	5.7	4.7	4.8	4.2	—	5.7	3.6	6.6	5.3	—
		全球排名	12	33	24	70	64	106	—	25	79	4	40	—
	卫生和基础教育	得分	6.7	5.6	5.5	5.4	5.4	4.6	—	5.4	6.2	6	5.9	—
		全球排名	2	80	86	90	87	113	—	93	33	49	56	—
效率提升	高等教育和培训	得分	6.2	4.5	4.5	3.2	2.8	2.5	—	4.5	4.6	4.7	5	—
		全球排名	1	65	63	112	123	134	—	60	54	49	38	—
	市场效率	得分	5.7	4.4	4.2	4.3	4.2	3.6	—	4.5	4.3	4.7	4.2	—
		全球排名	1	55	80	76	93	130	—	49	70	29	92	—
	劳动力市场效率	得分	5.7	3.7	4.1	4.5	4.5	4.2	—	4.9	4.2	4.3	4.4	—
		全球排名	2	115	82	44	38	73	—	18	74	60	50	—
	金融市场发展	得分	5.6	4.2	4.2	3.8	3.9	2.4	—	3.6	4.3	4.3	3.5	—
		全球排名	2	49	48	74	66	138	—	91	44	41	95	—
	技术	得分	6.2	3.5	3.9	2.8	3	2.2	—	4.2	4.3	4.7	4.2	—
		全球排名	5	85	68	119	105	138	—	61	55	42	60	—
	市场规模	得分	4.8	5.7	4.9	2.9	3.3	4.2	—	4.5	2.2	5.4	5.9	—
		全球排名	35	10	30	109	90	60	—	46	131	17	6	—

续表

一级指标	二级指标	得分与排名	新加坡	印尼	菲律宾	老挝	柬埔寨	缅甸	乌兹别克斯坦	哈萨克斯坦	蒙古国	沙特阿拉伯	俄罗斯	白俄罗斯
创新与完备性	商业环境完备性	得分	5. 1	4. 3	4. 3	3. 7	3. 4	2. 9	—	3. 8	3. 6	4. 5	3. 8	—
		全球排名	18	36	42	96	122	135	—	79	102	29	80	—
	创新	得分	5. 2	3. 9	3. 5	3	2. 7	2. 5	—	3. 3	3. 3	3. 8	3. 3	—
		全球排名	9	30	48	108	122	132	—	72	69	34	68	—

注:根据世界经济论坛发布的《2015—2016 全球竞争力报告》整理得到。

B&R

第三章

区域次区域

一、重点国家

根据我国提出的“一带一路”倡议，沿线地区主要包括中亚、东南亚、南亚、西亚、欧洲、东非等65个国家和地区，其中部分国家或地处重要交通枢纽，或是地区的“领头羊”，在“一带一路”建设中扮演着更加重要的角色，成为“一带一路”的重要支点国。推进“一带一路”必须要突出重点，调动这些国家的积极性，发挥好它们的关键作用。与此同时，作为一项全球性的倡议和开放的平台，“一带一路”也不仅仅局限于沿线的65个国家和地区，北美、南美、东北亚、大洋洲等地区的国家如有意愿也可以参与进来，未来随着“一带一路”影响力的增大、辐射区域的拓展，这些地区的重要国家也可以成为共建“一带一路”的主力军。

（一）中亚五国

中亚地处欧亚大陆的中心地带，是东亚、欧洲和中东地区的连接中枢，根据麦金德的理论，如果说整个欧亚大陆是一个“世界岛”，那么中亚地区就是这个“世界岛”的心脏，地理位置十分重要，区位优势也十分明显。与此同时，中亚地区能源资源极为丰富，是全球主要的能源供给市场之一。中亚一端连接东亚、一端连接欧洲，这两端均是全球经济聚集地，也是世界能源资源市场的主要需求方，因此中亚不仅是交通上连接欧亚大陆两端的中点站，也是经济上连接两端的重要枢纽。

中亚地区主要包括哈萨克斯坦、塔吉克斯坦、吉尔吉斯斯坦、乌兹别克斯坦、土库曼斯坦五国。这五国要素资源禀赋各有不同，经济结构也具有较大的差异性，但总体上均处于全球经济发展的中低端水平，特别是五国均没有出海口，通过其他国家出海也都不便利，难以融入全球大分工体系和全球价值链，因而具有相似的发展诉求。中国提出“一带一路”倡议后，中亚五国高度认可。一方面，“一带一路”将中亚地区作为重要的中转站和交通枢纽，体现了中亚地区的战略地位，“一带一路”将给中亚五国带来巨大的物流、金流、人流，推动中亚五国对外开放，将五国与周边国家和全球更紧密地连接起来；另一方面，中亚五国是“一带一路”新亚欧大陆桥经济走廊、中国—中亚—西亚经济走廊的重点建设区，可以将能源资源产品更好地供给中国和欧洲，更好地承接来自中国和欧洲的产业转移，推动本地区经济跨越式发展。哈萨克斯坦提出的“光明之路”战略、塔吉克斯坦提出的“能源交通粮食”三大兴国战略、土库曼斯坦提出的“强盛幸福时代”战略等与“一带一路”均有异曲同工之妙，可以与“一带一路”从顶层设计到区域产业规划，再到具体投资项目等各层面进行全方位对接，从而实现与“一带一路”沿线国家的协同发展、融合发展、共赢发展。

（二）俄罗斯

俄罗斯是“一带一路”沿线最重要的大国之一，其对于“一带一路”的态度和做法是决定“一带一路”倡议能否顺利实施的重要影响因素之一。我国提出“一带一路”倡议后，在开始的一段时期，俄罗斯还对“一带一路”持疑虑态度，认为“一带一路”可能会冲击“欧亚经济联盟”的作用，削弱俄罗斯在中亚地区的影响力。经过我国与俄罗斯在各个层面的深入沟通，目前俄罗斯已充分认识到“一带一路”共赢、共享、包容的本质特征，充分理解“一带一路”与“欧亚经济联盟”不但不冲突、不矛盾，而且能充分对接、互相促进，因而对“一带一路”的态度转为支持，并把促进俄罗斯经济发展的国家战略融合甚至嵌入进“一带一路”的框架中。如俄罗斯提出“欧亚伙伴关系计划”，试图以大中城市、石油和天然气生产和加工基地、新西伯利亚科学城等为依托，西伯利亚大铁路、石油和天然气运输管道为主干，吸引欧洲和亚洲国家参与，形成一系列高新技术产业集群，建成从欧洲大西洋经欧洲、西伯利亚到太平洋的经济发展带，并决定在远东地区建立14个经济特区，目标是在俄罗斯的亚洲部分形成现代科学工业区和欧亚货物运输通道，将“欧亚伙伴关系计划”作为开发西伯利亚和远东的重要抓手。而“一带一路”中的中蒙俄经济走廊完全可以与俄罗斯的“欧亚伙伴关系计划”及远东开发项目进行对接，可以有效整合中国企业在高铁、核电、轻型制造业等方面的技术优势，在劳动力方面的人力优势和俄罗斯在远东地区的资源优势，从而大幅带动从乌拉尔山脉至西太平洋沿岸整个北亚地区的经济发展，从而在未来将远东地区打造成联通欧亚大陆的经济桥梁和供给亚洲新兴市场的重要能源和资源基地。目前，中国已与俄罗斯签订了一系列战略合作协议，特别是未来20年能源合作的4000亿美元大单和东西线输油管道的实施，中俄东西天然气管道也正在谈判或建设中，这将使中俄经贸关系迈上新台阶，也将推动俄罗斯未来在“一带一路”中发挥更加积极而重要的作用。

（三）蒙古国

蒙古国地处中国和俄罗斯两个大国之间，是中俄两国经贸往来的重要战略通道，同时蒙古国矿产资源十分丰富，但没有出海口，因而十分希望与中俄两国加强互联互通，一方面能为蒙古国带来大量的过境物流需求，另一方面也可将矿产资源供给中国市场，并通过中国港口供给全球。2014年蒙古国提出实施“草原之路”计划，充分发挥作为欧亚桥梁的地理优势，通过运输贸易振兴本国经济，其实质与“一带一路”一脉相承。“草原之路”战略规划了5个庞大项目：连接中国和俄罗斯贯穿蒙古国的997千米高速公路，1100千米铁路电气化改造和复线建设，高压输电线路，及石油管道、天然气管道等，总投资约500亿美元。蒙古国政府期望该计划的实施能为本国带来更多投资并带动产业升级，提升本国的能源和矿产开采与加工能力。通过“草原之路”与“一带一路”的对接及中蒙俄经济走廊的建设，中国的基础设施建设技术和建设能力、俄罗斯的石油和天然气资源可以帮助蒙古国实现上述愿望，蒙古国也将成为“一带一路”的重要受益国。

（四）土耳其

近些年，土耳其正在迅速崛起，成为继中国、印度、俄罗斯、巴西、南非5个金砖国家之后又一个蓬勃发展的新兴经济体，在国际社会中享有“新钻国家”的美誉。近10年来，土耳其经济增长居世界前列，已成为全球增长最快的经济体之一。从地理上看，土耳其地处欧亚大陆的结合部，三面环海，北为黑海，西及西南为马尔马拉海和爱琴海，南为地中海，博斯普鲁斯海峡和达达尼尔海峡连接小亚细亚半岛和巴尔干半岛，是欧洲和亚洲的桥梁和交汇处。土耳其在地理上的这种特殊性，使其成为合璧东西、贯通南北之地，在中东、巴尔干地区、伊斯兰世界和国际事务中发挥着重大影响，起着举足轻重的作用。

目前，土耳其现有常规铁路线路约11000千米，电气化线路约2416千米。其中，96%为单线，只有446千米为复线，占4%。未来几年，土耳其将扩建铁路网达到26000千米，几乎相当于其现有铁路网12000千米的2倍，对高铁的需求量非常大。近期土耳其政府提出了“2023铁路战略”，该战略是土耳其重大的交通大战略，将会形成以安卡拉为中心联系14个省的高铁网络，形成贯通东西的交通走廊。《2023土耳其高铁远景规划》，也是“土耳其梦”的重要组成部分。根据规划，到土耳其2023年建国百年时，计划建造1万千米高铁、4000千米常铁，铁路总长25940千米，总投资450亿美元。

该战略具有十大目标：①到2023年土耳其将全面实现国有铁路部门自由化改革以及相应的管理体制改革。②到2023年土耳其将再建13000千米线路，达到25000千米的铁路总里程，其中3500千米是高速线路，8500千米是快速线路，1000千米是常规铁路线路。③完成4400

千米的线路现代化改造以及现有铁路设备的电气化改造升级。④大力发展国家铁路信号系统。⑤提高铁路货运率 10%，货运率 15%。⑥发展潜力较大的联通工厂、港口以及工业园区，联合联运的大型物流中心和基础设施。⑦大力发展城市轨道交通和轻轨系统。⑧完成铁路部门私有化与重组，成立铁路运输协会。⑨支持铁路产业研发、高新技术以及配套产业的发展。⑩推进包括远东、中亚、东南亚、中东、北非 5 条战略走向的国际铁路走廊建设。

从项目来看，土耳其“2023 战略”正在规划一系列长期的新建和扩建项目：①从土耳其东部卡尔斯省到西部埃迪尔内省长达 2000 千米的东西线高铁线。②创建从黑海经安纳托利亚高原东部直抵伊拉克边境，再连接叙利亚和伊朗的大陆桥。③安卡拉—科尼亚新建铁路，以后将延伸至地中海港口谢里夫克和梅尔辛，安卡拉—波拉特勒的部分线路和伊兹密尔之间将修建新的快速线。④安卡拉通往卡尔斯的东北线，将进行彻底整治和改、扩建。⑤伊斯坦布尔—巴士拉、伊斯坦布尔—卡尔斯—第比利斯—巴库、伊斯坦布尔—阿勒颇—麦加等运输走廊也正在建设中。

土耳其“2023 高铁战略”可以与“一带一路”进行规划对接和项目合作。土耳其对高铁的需求量非常大，但资金较为缺乏，中国“高铁”和中国“资本”进入土耳其都有非常大的空间，对土耳其也具有较大的吸引力，未来土耳其高速铁路网将为包括中国在内的“一带一路”沿线国家互联互通起到重要作用。

（五）巴基斯坦

巴基斯坦的自然资源并不丰富，但地理位置十分重要，是欧亚大陆的陆上“十字路口”，也是中国、印度、俄罗斯等几大势力的交汇处。对中国来说，巴基斯坦有着特殊价值：与其保持友好关系既有助于中国保护海上油路安全，也使建立“中巴经济走廊”、开辟通往印度洋的第二陆上通道成为可能，尤其是瓜达尔港。巴基斯坦是我国全天候战略合作伙伴，目前中巴经济走廊在“一带一路”六大经济走廊建设中走在前列，成为“一带一路”建设的旗舰项目，未来将建设北起新疆喀什、南至巴基斯坦瓜达尔港的长达3000千米的包括公路、铁路、油气、光缆在内的基础设施互联互通走廊以及联通东亚与印度洋和海湾地区的经济与贸易走廊。目前，中巴双方正大力推进喀喇昆仑公路升级改造、瓜达尔港等基础设施项目建设，积极探讨高速公路、轨道交通、经济园区、跨境光缆等领域的合作，推进一批水电、火电、太阳能、风电等能源项目，双方积极推动产业园区和产能合作，在亚洲基础设施投资银行、丝路基金等框架下开展合作，预计中巴经济走廊将成为“一带一路”建设的早期收获项目。

（六）印度

自20世纪90年代初实行经济改革后，印度经济逐渐实现平稳较快地发展。据世界银行统计，2015年印度GDP达到2.07万亿美元，排在世界第8位，不变价经济增速达到7.57%，是目前世界上经济增速最快的大型经济体。印度充分利用廉价劳动力和英语人口众多的独特禀赋，重点发展现代服务业，目前已成为世界第二大软件出口国和世界服务外包第一大国，被誉为“世界办公室”。莫迪政府执政后，印度内政外交方针均发生重大调整，正在从一个封闭保守、效率低下的旧印度逐步走向一个日益开放、市场机制更完善、经济活力更强的新印度，正在进入工业化、城镇化加速发展的新时期，将成为拉动全球经济增长的重要力量和世界地缘格局的重要一极。

印度在内政外交方面主要有3方面重大选择。

1. 推出“季风计划”

莫迪上台执政后推出“季风计划”，这是一项包括政治、经济、外交、军事、文化等多方面内涵的宏大的战略构想。“季风计划”全名为“海上航线与文化景观”，这原是印度文化部于2014年推出的对外文化合作项目，意图加强印度与东南亚国家的文化和宗教交流，2015 年 3 月莫迪出访塞舌尔、毛里求斯和斯里兰卡时将该计划升级，加入了与古印度洋航线国家政治、经济和军事合作的内容。尽管莫迪政府尚未提出关于“季风计划”的具体规划和设计方案，遭到印度国内各方的质疑和批评，认为该计划较为空洞模糊，没有实际内涵，但从战略布局上，“季风计划”为印度未来对外发展指明了新方向，目前主要形成了 2 大方向。一个是西线。2014 年印度拨出 8600 万美元，与伊朗合作共建伊朗恰巴哈尔港，对该港的航道和港口进行加深以接纳大型船舶。印度参与该港口建设有多方面意图：一是希望与伊朗加强能源方面的合作，印度石油高度依赖进口，石油对外依存度高达 80%，伊朗地理上与印度很近，且石油资源丰富，可以成为印度石油的重要供应国，且恰巴哈尔港在霍尔木兹海峡外围，一旦发生突发事件，霍尔木兹海峡被封锁，也不会影响恰巴哈尔港的原油运输。二是抗衡巴基斯坦的瓜达尔港，恰巴哈尔港和瓜达尔港相距仅 200 多千米，且两个港口都定位为中亚国家的主要贸易出海口。印度对中国援建巴基斯坦瓜达尔港抱有警惕心理，通过与伊朗共建恰巴哈尔港，从经济上与瓜达尔港争夺广大中亚地区的腹地资源，从战略上起到与瓜达尔港抗衡和平衡的作用，从而削弱瓜达尔港乃至中巴在中亚和中东地区的影响力。另一个是东线。20 世纪 90 年代苏联解体后，印度提出“向东看（Look East）”政策，认为印度要向东通过印度洋连通中南半岛地区。经过 20 多年发展，莫迪上台后，将“向东看”进一步升级成“向东行动（Act East）”，即“向东看 2.0 版”，推动印度与东盟进一步加强合作。甚至提出，印度要经过马六甲海峡，连接南海周边国家以及东北亚国家，从而进入西太平洋，与美国、中国、日本等国开展竞争与合作，意图为印度争取更大的发展空间。

2. 推行“莫迪经济学”，射出印度制造、基础设施建设、吸引外资“三支箭”

莫迪在执政印度前，曾担任 10 多年的古吉拉特邦首席部长，在古邦期间，莫迪大力发展工业、推进基础设施建设、推动行政审批制度改革，2002—2012年，古邦年均经济增速高达10%，创各邦之最，被誉为“印度的广东”。全球金融危机后，印度经济增速大幅放缓，民意对经济发展表现出强烈诉求，莫迪在大选时打出口号“印度将和古吉拉特邦一样”，得到了民众的高度认同。莫迪上台后，积极推进三方面经济战略：一是推行“印度制造（Made in India）”战略。2015年莫迪在独立日演讲中首次提出了“印度制造”战略，该战略将重点发展汽车制造、生物技术、纺织服装、医药保健、机械装备等25个产业，到2022年，将印度制造业占GDP的比重提高到25%，并新增1亿个就业岗位。同时要打造德里—孟买、清奈—班加罗尔、印度东海岸、阿姆利则—加尔各答、班加罗尔—孟买五大工业走廊，从而形成一个环绕印度的工业带和一批规模化的制造业产业集群。与此同时，莫迪政府还推出了“数字印度”计划，将投资700多亿卢比在21个邦打造100多个智慧城市，在五大工业走廊的每一条走廊上，都将打造6~8个基于智能城市原理开发的关键点，每个点的范围都将超过200千米，这一计划将显著提升印度的信息化和工业化水平。二是加强基础设施建设。印度基础设施十分薄弱，这是“印度制造”的重要约束条件。印度政府提出，未来要大力新建铁路、公路、机场及港口码头等，改善印度的基础设施水平。莫迪政府提出“金四边形公路发展计划”和“钻石四边形高速铁路网”，欲打造连接新德里、孟买、金奈、加尔各答4大城市的高标准公路网络和高速铁路网。印度还提出“萨珈尔玛拉计划”，要加强印度港口与内陆地区在交通上的畅通。此外，印度还致力于进一步完善电力设施，其国内曾多次发生大范围的停电事故，发电设施紧缺、输变电设施老化现象十分严重。但目前印度基础设施建设资金十分不足，财政赤字规模较大，民间投资进入基建领域的积极性不高，因此印度正致力于推行PPP模式，吸引民间资本和外国资本参与，如印度政府将外资在基础设施领域的利润税从原来的20%降到5%，以提高外资参与基建领域的积极性。三是通过制度改革吸引外国投资。印度从 20 世纪 90 年代初期启动经济改革，逐步突破不合理的制度束缚，但由于印度多党制的政治制度特点，改革进程推进得艰难而缓慢。莫迪政府上台后，大力推进投资审批制度改革。一方面实行外商投资的负面清单制度，除 6 个“战略性”部门外，其他行业都废除外商投资许可，实行“自动路线”审批。另一方面，在外商允许投资领域，外商直接投资的比例根据不同行业可逐步提高到 50%、74% 或 100%，同时也允许外资在股票市场和债券市场上进行投资。但外商来印投资还面临着传统的税收、劳动和土地三大难题，如各邦税制不统一且重复征税，解雇工人和土地征收十分困难等。针对这三大难题，莫迪推出了统一的商品服务税、修订《劳动法》和《学徒法》、提出新的土地征收法案等，但由于国大党的反对，这些新法案很难获得联邦院的批准，即使能够在联邦院获得通过，也还需各邦进一步批准，因此这三项改革推动将十分艰难。

3. 希望在各类双边和多边关系中为印度营造更好的发展环境

为了使自身经济发展获得良好的外部环境，印度奉行“务实灵活、独立自主”的外交政策，在双边上和各主要国家保持良好关系，深化全方位合作，多边上积极参与各类区域组织，希望发挥更大的作用。2006 年，时任外交部部长的慕克吉（现任总统）曾提出过著名的“三环外交”：第一环是要与邻国保持伙伴关系，第二环是要使印度的影响力从印度洋延伸到太平洋，第三环是要在全球舞台上发出印度的声音，体现印度的大国地位，“三环外交”是印度一直以来处理对外关系的指导思想。第一环除难以改善的印巴关系外，最重要的是中印关系。尽管中印深入合作还面临一些障碍，但印度希望与中国进一步密切联系，使两国关系总体平稳向上发展。第二环最重要的是印美、印日关系。2015 年 1 月，美印达成《美印亚太及印度洋联合战略愿景》，美国亚太战略正式升级为印太战略，印度成为美国重要的战略合作伙伴。印度一直是日本最大的对外援助国和重要对外投资贸易国，印度国内的一些重要投资项目、重大工程项目都可以见到日本的身影。印度与美日合作有多重目的，一方面有共同维护国家安全、平衡中国和巴基斯坦等国家势力的地缘政治考虑，另一方面也希望能利用美国、日本的资金和技术，帮助自己快速推进工业化进程。第三环主要是印度参与的各类区域和全球合作机制，在这方面印度总体上保持积极态度，愿意在各类机制中发挥重要作用，但同时也有自己的战略考虑，对一些合作机制表现出虚与委蛇的态度。印度对包括孟加拉国、巴基斯坦、斯里兰卡等 7 个南亚国家在内的南亚区域合作联盟（SARRC）十分积极，一方面希望在这一组织中发挥“领头羊”作用，但另一方面倡导构建“微型南盟”（Mini SARRC），希望将巴基斯坦从这一联盟中挤出去。印度对金砖国家合作机制十分重视，希望与金砖国家开展在科技、能源、金融等领域的合作。对中国提出的“一带一路”，目前印度尚没有官方回应，但针对“一带一路”的具体内容表现出灵活的态度。一方面，印度对中巴经济走廊表现出高度不满，但另一方面对亚投行、孟中印缅经济走廊、中印国际产能合作等较为积极。对于 TPP 和 RCEP，由于 TPP 的农产品贸易、关税规则、劳工条款、原产地规则以及仲裁机制等方面都超出了印度的承受范围，相对而言，印度更能接受 RCEP。

尽管目前印度仍是中低收入国家，但发展潜力巨大，这得益于印度有以下几方面优势：一是市场优势，印度是仅次于中国的世界第 2 人口大国，据联合国预计，到 2022 年印度人口很有可能超过中国，人口规模意味着市场规模，特别是随着印度人均收入水平的快速提高，需求市场规模将会快速扩大；二是劳动力优势，印度劳动力价格较低，特别是低技能劳动力价格十分低廉，且人口结构十分年轻，目前印度平均年龄仅有 26 岁，适龄劳动力占总人口比重较高，孕育着较大的增长潜力；三是经济增长的可持续优势，与我国长期依赖出口拉动的经济增长模式不同，印度经济增长的近 60% 主要靠内需拉动，具有较强的内生增长动力。目前印度已进入快速增长轨道，总体来看，未来印度经济仍将保持快速增长，据 IMF 预测，2016—2017 财年印度的经济增长率将会提高到 7.5% 左右，这一速度将会超过中国，成为“一带一路”沿线的重要经济体。未来双方应妥善处理政治分歧，拉紧经贸合作纽带，加强“一带一路”与“季风计划”的战略对接、规划对接、项目对接，稳步推进孟中印缅经济走廊建设，使印度成为“一带一路”的重要参与方。

（七）印度尼西亚

印度尼西亚曾是“亚洲四小虎”之一，20 世纪 60 年代末至今，印度尼西亚经济总体保持高速增长，近 20 年增长率一直保持在 5% ~ 6%。据世界银行预测，未来 10 年印度尼西亚实际 GDP 增长将会继续保持在 5.5% 左右，这主要得益于印度尼西亚有以下几方面的独特优势：①印度尼西亚作为全球海上交通“十字路口”，是承东启西、联通南北的重要枢纽，正逐渐成为全球商流、物流汇聚之地。②印度尼西亚具有巨大的人口红利，劳动力优势使之成为承接全球新一轮制造业转移的要地。印度尼西亚人口 2.58 亿，是世界第 4 人口大国，占东盟总人口的 41%，其中工作年龄人口（15 ~ 64 岁）1.73 亿，约占总人口的 67%，劳动力资源十分丰富。③随着经济发展和居民收入水平的提高，印度尼西亚将成为最具活力的市场大国之一。2015 年印度尼西亚经济总量 8618 亿美元，排世界第 16 位，已成为市场规模较大的国家。伴随着印度尼西亚人口增长和居民收入水平的提高，市场规模还将进一步扩大。高速推进的城镇化进程也将成为印度尼西亚市场扩张的重要驱动力，目前印度尼西亚城镇化率仅为 50% 左右，预计到 2025 年很有可能提高 15 个百分点，这就意味着还有近 4000 万人将要从农村迁移到城镇，这必然导致印度尼西亚内需的爆发式增长。④印度尼西亚资源能源储量丰富，煤炭资源储量约为 580 亿吨，石油储量约 1200 亿桶，天然气储量 123589 兆亿立方米，铜、锡、铝土矿等储量也很高，是全球重要的能源矿产富集区，可以长期支撑印度尼西亚经济的高速增长。

2014 年，印度尼西亚新总统佐科上台后，对国内发展战略与经济政策等进行全方位调整，主要提出4方面发展战略：①提出要打造中等强国，实现由区域性大国向全球性大国的转变。印度尼西亚一方面致力于发展经济，2015年人均GDP仅3370亿美元，仍是一个中低收入国家，但印度尼西亚希望未来进一步加速经济发展，提高居民生活水平，从经济规模上跻身世界十大强国之列，真正成为东南亚地区的“领头羊”和区域性大国。另一方面希望能成为和美、中、日等平起平坐的全球性大国，并以东盟“代言人”的身份与各大国开展平等外交。②印度尼西亚提出要打造“全球海洋支点”，希望将印度尼西亚打造成为世界海洋强国，重写古印度尼西亚海洋大国之辉煌。这一战略包括发展海洋文化、维护管理海洋资源、构建“海上高速公路”、发展海上外交、加强海上防卫5方面内涵。该战略融贯印度尼西亚历史文化、区位优势、现实需求和发展方向，已成为佐科政府的执政核心。③希望快速提升基础设施建设水平，形成东西互动、海陆相通的印度尼西亚经济大通道。佐科政府提出，要打通苏门答腊至东爪哇的东西向经济大动脉，真正形成海上“高速公路”，而基础设施薄弱是这一计划的瓶颈。根据印度尼西亚《2015—2019年“海上高速公路”建设规划》，未来印度尼西亚将建设24个大型海港、83个中型商业港口、1481个非商业港口以及约7000千米公路、3000千米铁路、15个机场。④借新一轮全球产业转移机遇，加快形成具有竞争力的产业体系。佐科政府提出，要大力实施以开发和利用海洋资源为重点的“印度尼西亚经济建设总计划”（MP3EI），提出要打造爪哇、苏门答腊、加里曼丹、苏拉威西、巴厘与努沙登加拉、巴布亚与马鲁古六大经济走廊，发展纺织、钢铁、汽车、天然气、矿业、海产品、棕榈油、石油化工、轻工服务、烟草十大产业。

印度尼西亚具有独特的优势和巨大的发展潜力，当前和今后一个时期，必将成为世界经济发展中一颗耀眼的新星，可以成为“一带一路”的重要支点国。“21世纪海上丝绸之路”在印度尼西亚国内得到积极认可，与印度尼西亚“全球海洋支点”战略高度契合，完全可以实现从战略到规划、再到项目的多层次对接，中国和印度尼西亚两国可以在基础设施建设、国际产能合作等方面加强互动。

（八）英国

英国对中国提出的“一带一路”倡议高度支持，应积极推进中英两国市场的对接，推进两国共同开发第三国市场。英国作为西方首个宣布加入亚投行的创始成员国，表现出参与“一带一路”建设的积极态度。为了促进本国经济平衡发展，英国提出“北部经济引擎”计划，希望该计划可以和“一带一路”进行对接，重振英国经济。2015 年 10 月，习近平主席对英国进行正式友好访问，与英国女王和首相进行了高级别、战略性的深入对话，推动中英双方共同开启中英战略伙伴关系的第二个黄金十年，对欣克利角核电站等一批重大项目达成合作协议，有力推动中英双方围绕“一带一路”开展更加深入的合作。2016 年 6 月，英国就是否留在欧盟举行全民公投，根据投票结果，英国意外“脱欧”，这为中英两国合作发展带来了一定的不确定性，特别是中英推进国际产能合作的标志性项目欣克利角核电站受阻，让社会各界对中英两国关系有所担心。经过两国的充分协商，欣克利角核电项目已重新启动，中广核、法国电力与英国政府签署最终投资协议。英国启动脱离欧盟程序如果实现，在发展战略选择上将更加具有自主性，在对外经贸往来方面将不仅仅依赖欧盟大市场，更需与中国等全球重要经济体发展关系，因此从长期来看英国脱离欧盟并不会对两国合作带来更多的影响，脱离欧盟后的英国可以在“一带一路”中发挥更加重要的作用。

（九）德国

德国是欧盟国家的“领头羊”，是“一带一路”倡议在欧洲的重要战略支点国。德国地处欧洲中西部，陆地上在东、西、南三面与 9 国接壤，是欧洲邻国最多的国家，北临北海和波罗的海，是连接亚欧大陆的经济大走廊，辐射力强。德国是高度发达的工业国家，经济体量大，发展水平高，市场容量大，在世界上有重要影响，在欧盟居于领导地位。德国认为“一带一路”为中德两国深化合作开启了机遇之窗，明确表示欢迎中国实施“一带一路”倡议，是发达国家中第 1 个公开支持“一带一路”的国家，也是继英国之后第 2 个要求加入亚投行的欧洲国家。中德在基础设施互联互通、贸易自由化、通关便利化以及国际产能合作、生态环保等方面合作潜力巨大。中德建立了全方位战略伙伴关系，中德两国合作有深厚的基础，目前我国“渝新欧”“郑新欧”等各类中欧快线均将德国作为终点站或重要中转站，中国一些地方与德国企业建立合作园区，未来中德两国可以继续在“一带一路”和“容克计划”的框架内深入合作，把中德共建“一带一路”作为推动两国乃至中欧深度合作的重要抓手。

（十）希腊

希腊地处欧洲东南部、巴尔干半岛南端，处在欧洲和亚洲的交汇地带，是连接欧、亚、非的战略要地，是进入东南欧和东地中海地区新兴市场的理想地点，是从南部、中东和远东到欧洲的门户，也是串联丝绸之路经济带构想的重要支点。希腊作为欧盟中较弱的发达国家之一，经济基础较薄弱，工业制造业较落后，是欧洲本轮债务危机最严重的国家，对中国资金渴求度高，因而对参与“一带一路”建设的意愿十分强烈，期待成为中欧贸易间的“桥头堡”。希腊拥有完善的海陆空交通网络，在海运业、船舶制造等领域具有突出优势，是我国进入欧盟大市场的重要跳板，也可以成为中欧物流大通道建设的重要节点。目前，希腊已将其最大港口比雷埃夫斯港 67% 的股份出售给中远集团，未来通过比雷埃夫斯港向北与匈塞铁路进行对接，可进一步将中东欧地区纳入比雷埃夫斯港的腹地范围，形成我国商品货物由希腊进入南欧和中东欧的经济通道，与新亚欧大陆桥走廊的横向战略大通道共同构成中欧“十字通道”格局。

（十一）捷克

捷克地处西欧和东欧的中心地带，是从中亚、中东、俄罗斯进入西欧的重要门户，是“一带一路”欧亚陆路通道的重要经过地，辐射范围广泛，区位优势十分明显。捷克工业历史悠久、实力较强，有着长期制造传统和熟练的劳动力，是理想的投资场所。捷克可以成为我国企业进入欧洲的一个重要跳板，一方面，捷克属于欧盟，享受与西欧国家同等的关税政策，另一方面，捷克的发展水平和德、法等西欧国家还有一定差距，企业经营成本相对较低，尚未攀升至产业链高端，能够给我国入欧企业提供适应的时间和空间，可以成为我国公司在欧洲重要的生产活动基地。目前，捷克对外国资本持开放态度，我国应与之密切对接，将中捷经贸合作提升到战略高度，使其成为在中东欧乃至整个欧洲地区落实“一带一路”的有力抓手。

自 2012 年在华沙建立中国—中东欧国家的“16 + 1”合作机制以来，中国—中东欧合作进入一个新的历史阶段。这一机制能够将“一带一路”倡议与中东欧国家的发展诉求有机结合起来，为中国与中东欧的合作共赢注入新动力。目前，中国与中东欧的合作还在中欧关系的框架下，务实的工作机制尚未形成，合作效果尚未完全显现。捷克作为中东欧地区重要经济体及与我国合作意愿较为强烈的国家，可以作为“16 + 1”合作机制建设的重要示范国，一方面通过与我国深入合作、互利共赢，为其他国家所借鉴，进一步凝聚发挥“16 + 1”作用的战略共识；另一方面也可由一国至多国、由多国至整个中东欧地区的推动“16 + 1”落地，形成务实机制。我国可充分发挥资金优势、产能优势，深入对接捷克经济发展战略，充分挖掘捷克的区位优势、市场优势、技术优势，开展全方位经贸投资合作，实现互利共赢。

（十二）波兰

波兰地处欧洲大陆的心脏地带，是东西欧的重要交汇点，是亚洲中部和东部地区进入西欧、北欧的重要通道，区位优势十分明显。1989年“东欧剧变”以来，波兰积极推进由计划经济向市场经济改革，通过投资贸易自由化、国有企业私有化、完善要素流通市场等手段，实现经济转型，使其迅速摆脱了20世纪90年代初高通货膨胀、高债务、高失业率的“三高”状态。波兰1995年加入WTO，1996年加入OECD，2004年加入欧盟，2007年加入《申根协定》，开放程度不断提升。改革与开放带来了经济的高速增长，1992年以来波兰经济一直保持正增长，2007年增长率一度高达7.2%。

全球金融危机和欧债危机对波兰经济产生了较大冲击，2009年其经济增速跌至2.6%，经过短暂恢复后，经济增速进一步下滑，并跌至谷底，达到1.3%。但横向比较来看，波兰的经济状况仍明显优于欧盟其他经济体，波兰是金融危机时期欧盟内唯一保持经济正增长的国家，被称为欧洲经济危机中的“绿岛”。2013年开始，波兰经济快速恢复。据波兰中央统计局数据，2015年波兰全年经济增速达到3.6%。

波兰总人口3800万人左右，具有较大的内需市场，内需是拉动波兰经济增长的主要动力。长期以来，消费占波兰经济总量的比重一直维持在80%左右，投资占比约为20%，而净出口对波兰经济增长的贡献率较低。因此，一些贸易伙伴特别是欧盟国家经济的大幅衰退并没有通过外贸渠道对波兰经济产生较大的影响，这也是波兰经济能够相对超脱于全球经济危机，并在欧盟经济的哀鸿遍野中保持“一枝独秀”的重要原因。据波兰发展部预测，2016年波兰消费将增长3%，投资将增长6%，二者将构成2016年波兰经济继续平稳较快增长的两大支柱。

目前波兰经济增长面临良好的外部环境，据IMF预测，2016年全球经济增长3.4%，2017年将增长3.6%，欧洲新兴经济体将继续以基本稳定的步伐保持增长。从波兰自身的情况来看，各项经济指标均表现良好，可以预计今年波兰经济仍将平稳较快发展。据波兰发展部发布的经济展望报告，2016年波兰经济增速预计为3.8%。据欧委会经济预测报告，2016 年和 2017 年波兰 GDP 增速将均为 3.5%。据波兰发展部预测，如果能够充分利用欧盟基金，2017 年波兰经济增长率有望超过 4%，在随后的几年可能会达到 5% 的水平。一些学者甚至提出，未来欧盟经济东有波兰、西有德国，它们将构成拉动欧盟经济发展的两个引擎。

中波经贸关系始于 1950 年，至今经历了 3 个发展阶段：1950—1989 年的政府协定贸易阶段，1990—2003 年的经贸合作转型和发展阶段，2004 年以来的中波友好合作伙伴关系框架下新的发展阶段。近年来，中波相互贸易总体保持平稳增长态势，目前波兰是中国在中东欧地区最大的贸易伙伴和欧盟内第 9 大贸易伙伴，同时中国也是波兰仅次于德国的第 2 大进口来源国和亚洲地区最大的贸易伙伴。共建境外合作区可以成为中波两国新一步深化合作的重要契合点。

波兰对“一带一路”十分积极，“一带一路”与波兰“2030 国家长期发展战略”十分契合，波兰总统表示，希望将波兰打造成“一带一路”的运输物流中心。目前，波兰已成为多条中欧班列的中转站，如蓉欧快铁从中国成都始发，终点在波兰第 2 大城市罗兹，“渝新欧”“郑欧”“汉新欧”等中欧班列都途经波兰，波兰城市华沙、罗兹、马拉舍维奇等都已服务于来自中国的货运班列。除了陆路运输，位于波兰北部的格但斯克深水港也可与“一带一路”进行对接，该港货运量在整个波罗的海地区位列第 2，波兰甚至希望格但斯克港能够取代荷兰鹿特丹、德国汉堡等港口的地位，走向欧洲之外更大的市场。除格但斯克外，波兰在波罗的海地区还有 33 个港口可以通往大西洋。下一步可以考虑将华沙、罗兹、格但斯克等重要陆港或海港打造成“一带一路”重要的商贸物流节点，在该地区设立经济园区、保税区、物资分拨中心等，并依托波罗的海港口形成海陆联运新通道，将波兰建设成“一带一路”重要的集疏运中心和贸易中心，并使波兰成为“一带”与“一路”在中东欧地区的对接点。

（十三）塞尔维亚

塞尔维亚地处东南欧巴尔干半岛，与克罗地亚、波黑、黑山、阿尔巴尼亚等国接壤，该地区是欧洲经济发展水平最低的地区。20 世纪 90 年代初开始，塞尔维亚相继经历了东欧剧变、南斯拉夫解体、十年国际制裁、波黑战争、科索沃战争、黑山独立等一系列重大事件，经济基础遭到严重破坏。但由于其不断推进政治经济改革，全球金融危机前，塞尔维亚迎来了一段经济繁荣期，2006 年经济增长率一度达到 6.3%，被誉为“巴尔干之虎”。全球金融危机和欧债危机后，塞尔维亚经济经历了 3 次大幅衰退：一是在 2009 年，受经济危机冲击，经济增速从 2008 年的 5.4% 迅速将至 -3.2%，降幅达 8 个百分点以上。二是在 2012 年，在经历了 2010—2011 年经济小幅回升后，受欧债危机影响，经济再次触底，经济增速降到 -1.02%。三是在 2014 年，塞尔维亚遭受 120 年不遇的洪水灾害，直接经济损失 8 亿多美元，与此同时，新政府上台后，推行国企私有化和提高退休年龄等改革，引发超过 100 次、参与人数超过 10 万人次的大罢工。在自然灾害与大罢工的双重作用下，塞尔维亚经济再次进入衰退，经济增速降至 -1.8%，工业产出下降 6.5%，成为“欧洲崛起”七国（保加利亚、匈牙利、克罗地亚、波兰、罗马尼亚、塞尔维亚、土耳其）中经济表现最差的国家之一。

塞尔维亚是中东欧地区第一个同中国建立战略伙伴关系的国家，中塞两国在各领域保持着良好的交流合作关系。特别是在贸易领域，双方合作紧密，双边贸易总额不断攀升。2006 年以来，中国就是塞尔维亚的第 5 大贸易伙伴和在亚洲的第 1 大贸易伙伴，前 4 大贸易伙伴分别是意大利、德国、俄罗斯和波黑。在双边贸易中，塞尔维亚常年处于贸易逆差地位，但近年塞对华出口逐渐增加，贸易逆差有一定的减小趋势。

塞尔维亚的地理优势十分明显，素有“欧洲十字路口”之称，从东西向来看，它是中东地区经土耳其到西欧的必经之路，从南北向来看，塞又可向南经希腊港口进入地中海，特别是匈塞铁路修通后，南北向通道将更加畅通。塞具有较大的辐射市场，其虽尚未加入世界贸易组织，但与欧盟、俄白哈关税同盟、土耳其等签有自贸协定，也是中欧自贸区成员，辐射人口可达近10亿。塞尔维亚与中国关系友好，有较好的合作基础，我国可将其作为推动“一带一路”倡议、撬动东南欧地区的重要支点国。塞尔维亚对“一带一路”也十分积极。一方面，塞具有强烈的经济发展诉求，中国庞大的市场是其所力争进入的。另一方面，塞常年夹在欧盟和俄罗斯中间，左右为难，从政治上也希望与中国走近，打开对外合作的新局面。当前，我国与中东欧国家合作主要在“16+1”的框架内，中东欧16国中，有一部分是欧盟成员国，另一部分是非欧盟成员国。塞尔维亚目前仍为非欧盟成员国，我国与塞密切合作可对其他非欧盟成员国发挥示范作用。

（十四）埃及

埃及地处亚、非、欧三大洲的交通要冲，扼有苏伊士运河航运要道，作为“一带一路”西端交汇地带的区位优势突出。埃及是中东、非洲人口最多的国家，发展空间大。同时埃及是中阿、中非合作论坛机制的重要成员，在中东、北非有重要影响，埃及的地位有助于协调和推动中国与中东北非国家的交流与合作。中埃经济互补性强，产能合作潜力大，埃及对共建“一带一路”的意愿强烈。依托苏伊士运河，埃及可以成为“一带一路”建设的重要战略支点国。目前，中埃两国已建立了政府间产能合作机制，签署了中埃产能合作框架协议，涉及交通、电力等重点领域的15个产能合作优先项目，未来两国可以在国际产能合作方面进一步加强合作。

（十五）美国

目前美国对“一带一路”总体持疑虑态度，认为“一带一路”是中国意图整合欧亚大陆并把美国排除在外的战略举措，是针对“亚太再平衡”“新丝绸之路经济带”以及TPP等提出的应对之策，因而并没有积极采取与中国合作共建“一带一路”的态度，反而对“一带一路”采取围堵和拆解的做法，如将军事力量向亚太地区集中布局，重新挑起东海、南海争端，拉拢日本、印度加入美国围堵中国的战略体系等等。美国的这一做法在于没有认识到“一带一路”开放包容、互利共赢的本质特征，片面地以传统地缘政治观和意识形态来看待中美关系以及中国提出的发展倡议。在亚洲基础设施投资银行成立之时，美国拒绝加入亚投行，并通过各种方式影响其盟友希望它们也不参与到亚投行中，但其最重要的盟国英国带头反对并率先加入，此后法国、德国、韩国、澳大利亚、加拿大等盟国均纷纷加入，成为亚投行的重要成员国。“一带一路”是开放的平台，是世界各国共同发展的重大倡议，当前“一带一路”建设尚处于起步阶段，该倡议包括沿线65个国家和地区，未来随着“一带一路”建设的深化，辐射范围也必然会向其他地区延伸和拓展，美国作为全世界最大的经济体，应该参与到“一带一路”的建设中来，“一带一路”作为全球性的发展倡议也不能没有美国的参与。未来我国应该加强与美国的沟通和对话，推动中美新型大国关系建设，使美国认识到中、美两个大国的冲突和对抗是不利于世界稳定和发展的，共建“一带一路”可以成为中、美两个大国合作的重要契合点，“一带一路”将会给两国乃至全球提供更多的发展机遇。

（十六）日本和韩国

目前按照古丝绸之路划分，“一带一路”沿线尚不包括日韩等东北亚国家，但日本是全球第3大经济体，韩国是全球重要的新兴工业化国家，未来随着“一带一路”建设的深化，两国应该加入“一带一路”体系中，成为重要成员和建设方。日韩两国对待“一带一路”的态度总体是积极的。日本认为自古以来日本就是“一带一路”的重要节点，甚至认为“一带一路”起始自日本，经过朝鲜半岛和中国到达欧洲地区。韩国也十分认可“一带一路”，认为可以与韩国提出的“欧亚倡议”相对接。日、韩两国均是出口导向型经济体，两国都希望搭上中国发展的经济快车，希望通过“一带一路”深化与沿线各国的经贸联系，获得更多的发展机遇。近期由于一些地缘政治问题，两国均难以融入“一带一路”倡议中来。随着日本执政集团右倾化趋势加强，中日钓鱼岛冲突问题愈演愈烈，韩国由于朝鲜核问题和美国萨德导弹部署问题，与中国的关系也呈现紧张态势。但必须认识到，这些问题都是短期的，是在美国“亚太再平衡”的战略背景下，是在钓鱼岛问题和朝核问题等长期搁置问题的重新激活下而产生的，这些问题和争议可以通过对话沟通的方式予以解决或搁置，中日韩深化合作才是未来发展的主流，正在稳步推进的中日韩自贸区、RCEP 建设都是“一带一路”倡议的重要内容，日韩未来应该成为“一带一路”的重要支点国。

（十七）巴西和阿根廷

自古以来，海上丝绸之路是不包括南美地区的，但“21 世纪海上丝绸之路”不同于传统的海上丝绸之路，凡是海上国际贸易航线能够达到的地方都应成为“一带一路”的沿线地区，其中也包括南美。目前由于中国与南美地区的贸易投资规模相对于北美、东南亚、欧洲、中东等地区来说仍然偏小，南美地区国家暂未被列入“一带一路”沿线国家之列，但随着南美地区经济的发展，在全球经济格局中的地位越来越重要，未来应该成为“一带一路”的重要参与方。南美地区参与“一带一路”的两大支点是巴西和阿根廷，这两个国家是全球重要的新兴工业化国家，是发展中国家的重要代表。尽管全球金融危机后，两国经济发展都受到了较大的影响，但其要素资源禀赋仍然突出，发展基础依然雄厚，发展潜力巨大，随着两国经济的发展，其在南美地区的经济整合能力会越来越强，将成为南美经济的“领头羊”，未来将会与以中国为代表的东亚经济板块在“一带一路”框架下有更多、更深层次的互动。

（十八）澳大利亚和新西兰

“21 世纪海上丝绸之路”有两大主要方向：一个方向是从东南亚地

区经马六甲进入印度洋，再经红海进入大西洋和地中海地区，另一个方向是从东南亚向南抵达澳大利亚和新西兰地区，进而跨越太平洋抵达南美地区。在“21世纪海上丝绸之路”的初期建设阶段，主要侧重于第一个方向，未来随着建设的深化，特别是中国和大洋洲地区、中国和南美洲地区的经贸往来更加频繁，第二大方向也会成为“21世纪海上丝绸之路”的建设重点。澳大利亚和新西兰是环太平洋地区的重要经济体，也是“21世纪海上丝绸之路”的重要节点和中转站，未来将成为“一带一路”建设的重要支点国。澳、新两国均高度认同“一带一路”，澳大利亚的“北部大开发”战略可以和“一带一路”深度对接，新西兰甚至专门出台“中国战略”，希望将本国发展与中国发展协调起来。当前中国和澳新两国的经贸往来日趋频繁，中澳和中新自贸区都已成功签订，包括澳新两国在内的RCEP协定也正在快速推进，未来两国将会在“一带一路”建设中发挥更加重要的作用。

二、产业园区

当前，我国与“一带一路”沿线经济体通过园区合作在推进产业合作方面已取得了较大成绩，境外合作区作为重要的对外投资创新方式，已经成为推动“一带一路”建设的新抓手。

（一）我国境外合作区总体情况

建设开发区、工业园区、经贸合作区是我国通过实践获得的一条重要成功经验，从深圳蛇口工业园区、苏州工业园区到目前遍及全国各地的各类园区，为我国经济发展提供了重要动力。当前我国正在把这条经验向全球复制，通过建设境外经贸合作区的形式推动我国企业“走出去”。目前，我国共有境外合作园区119家，广泛分布在各大洲的50个国家和地区。其中有78家位于“一带一路”上，占全部境外园区数量的65.5%。此外，还有25个国家希望与我国合作建设经贸合作区，这类园区达到36家，如表3-1所示。

表 3－1 我国境外经贸合作区数量及分布情况

		园区数量情况	
		园区数量（家）	园区数量占比（%）
全部园区		119	100.0
其中：“一带一路”园区	全部	78	65.5
	东南亚	34	28.6
	俄罗斯	23	19.3
	中东欧	6	5.0
	中亚	6	5.0
	南亚	7	5.9
外国有意向与我合建园区		36	—

建设境外经贸合作区符合我国和“一带一路”沿线国家两方面的诉求。从我国来看，合作区建设为我国企业“走出去”搭建了平台，能帮助企业实现“抱团出海”，增强企业的风险应对能力。目前，我国境外园区共吸引入园企业 2724 家，其中中资企业 2078 家，在“一带一路”上，我国境外园区共吸引入园企业 2415 家，占全部境外园区入园企业的 89%。“一带一路”沿线国家大多处在工业化进程的初期和中期，市场潜力巨大，吸引外资的意愿强烈。我国境外经贸合作区对于提升其经济发展水平、拉动就业可以发挥重要作用。因此，尽管当前境外合作区总体规模并不大，但未来其数量将会继续快速增长、类型会更加多样、分布会更加广泛，并将成为“一带一路”的重要建设力量。

我国要立足沿线国家市场和资源分布情况，充分发挥自己的优势，积极参与境外产业集聚区、经贸合作区、工业园区、经济特区等合作园区建设，营造基础设施相对完善、法律政策配套的具有集聚和辐射效应的良好区域投资环境，引导国内企业集群式“走出去”。面向未来，我国在“一带一路”沿线要继续因地制宜推进园区布局建设。一是在俄罗斯远东及西伯利亚地区、蒙古国重点布局资源加工利用型园区和农林产品加工园区，以开发丰富的森林资源、矿产油气资源和农业资源条件。二是在中亚地区重点布局原材料工业园区、资源加工利用型园区和生产加工型园区，以推进能源资源开发和就地销售。三是在东南亚特别是中南半岛国家重点布局生产加工型园区和农业产业型园区，以利用成本低廉的劳动力、相对较好的投资环境、相对丰富的农业资源。四是在南亚地区重点布局临港生产加工型园区，以利用较好的港口建设和运营条件，开发成本相对低廉的劳动力。五是在中东欧重点布局装备制造和商贸物流型园区，以充分利用地区区位优势，积极推动我国与欧美地区的商贸合作。六是在西欧国家探讨建立科技研发园区，以科技合作为重点，采用高科技孵化器模式，积极利用和引进欧洲先进的技术，推动产业合作。

（二）东南亚地区

1. 印度尼西亚

中国在印度尼西亚投资建设了较多的境外经贸合作区，其中最典型的是中国—印尼经贸合作区（Kawasan Industry Terpadu Indonesia China/KITIC）。中国—印尼经贸合作区项目于2007年11月初步成立，是目前我国在印度尼西亚的第一个国家级的经济合作园区。合作区由广西农垦集团有限责任公司承建，位于印度尼西亚首都雅加达东部37千米处贝卡西县境内的绿壤国际工业中心园区（Greenland International Industry Center）内，属于“园中园”。合作区规划用地总面积500公顷，分两期（2009—2012年为首期，2012年以后为第二期）进行开发建设。合作区整体规划结构为“两轴三组团”，沿2条西北至东南向的园区主干道发展轴，依次布局家用电器、机械制造、农产品加工等3个产业组团。合作区的产业定位主要为汽车装配、机械制造、家用电器、精细化工及新材料等产业类型。合作区所在的园区基础设施及配套服务设施齐全，已配有供水厂、污水处理厂、电信中心、15万伏特的国家变电站等基础设施。

2. 马来西亚

中国在马来西亚投资建设的园区中最典型的是马中关丹产业园区（Malaysia – China Kuantan Industrial Park）。马中关丹产业园区位于马来半岛东部彭亨州关丹市，属于马来西亚5大经济发展走廊之一的东海岸经济特区。马中关丹产业园区在2013年2月开园，双方签约项目总投资额约105亿林吉特（约合33.6亿美元），规划总面积8.18平方千米，园区功能区划初步分为生产加工区、科技研发区、商贸物流区、休闲旅游区和生活服务区。马中关丹产业园区所在的关丹地区拥有完善的海陆空交通网络，包括陆路的东西向通道，空运的关丹机场、科低机场，以及海运的关丹港等。此外，该园区市场容量广阔，通过与中国大陆、日本、新加坡、印度尼西亚、澳大利亚和巴基斯坦等多国签署的自由贸易协议和相关经济合作协议，覆盖总人口达35亿以上。

3. 泰国

中国在泰国投资建设的园区中最典型的是泰中罗勇工业园和泰国湖南工业园。

泰中罗勇工业园是由中国华立集团与泰国安美德集团在泰国合作开发的面向中国投资者的现代化工业区，位于泰国安美德城市工业园内。园区地处泰国东部海岸、靠近泰国首都曼谷和廉差邦深水港，总体规划面积12平方千米，包括一般工业区、保税区、物流仓储区和商业生活区，主要吸引汽配、机械、家电等中国企业入园设厂。泰中罗勇工业园于2006年3月开始开发建设，2006年8月被国家商务部认定为首批“境外经济贸易合作区”之一。

泰国湖南工业园位于泰国甲民武里工业园内，是湖南省首个境外工业园。2010年工业园首期开园，吸引10多家企业入驻，总投资10亿元人民币，主要涵盖化工和汽车配件两大类。

4. 越南

目前，中资企业在越南共投资建设了4个工业园区，即铃中出口加工区、龙江工业园、深圳—海防经贸合作区和仁会工业区 B 区，其中最重要的为铃中出口加工区和龙江工业园。

铃中出口加工区位于胡志明（西贡）市，该园区是中越合资经营开发的工业区项目，双方各占 50% 的股份。目前已实施三期项目，吸引了大批日本、韩国、马来西亚以及我国大陆、香港、台湾等地的企业入驻，是越南工业区建设的典范。

龙江工业园位于越南南部前江省新福县新立第一社，总体规划面积为 600 公顷，其中包括工业区 540 公顷和住宅服务区 60 公顷。该工业园为综合产业工业园，主导产业有电子、机械、轻工、建材、生物制药业、农林产品加工、橡胶、纸业、新材料、人造纤维等。

5. 柬埔寨

中国在柬埔寨投资规模最大的园区为西哈努克港经济特区（Sihanoukville Special Economic Zone，SSEZ）。截至 2014 年，柬埔寨政府已经正式批准 25 个经济特区，西哈努克省境内分布的特区最为集中，其中就包括中国江苏红豆集团与柬朴治安国际投资开发集团合资建立的西哈努克港经济特区。西港特区是中国企业“走出去”实现跨国发展的最佳投资贸易平台，是中国首批国家级境外经贸合作区之一，是首个签订双边政府协定的合作区，也是首个建立双边政府协调机制的合作区，得到了两国政府首脑及各级政府领导的关注与支持。

（三）中亚地区

1. 哈萨克斯坦

目前哈萨克斯坦境内设有 10 个经济特区，根据不同主导产业，可以分为工业生产型经济特区、服务性经济特区和技术运用型经济特区。工业生产型经济特区包括阿斯塔纳工业区、国家工业石化技术园经济特区、阿克套海港经济特区、奥恩图斯吉克经济特区、巴甫洛达尔经济特区、萨雷阿尔卡经济特区和塔拉兹化学园区。服务性经济特区包括霍尔果斯—东大门经济特区、布拉拜经济特区。技术运用型经济特区位于阿拉木图州。2014 年，中国政府宣布将在哈建设首个境外工业园——哈萨克斯坦中国工业园，中国工业园项目位于哈曼戈斯套州阿克套海港经济特区，园区规划面积 400 公顷，首期开发面积 100 公顷，由新疆三宝集团与新疆经济技术开发区建设投资开发有限公司合作开发。该园区当地政策环境较好，中国工业园所属的阿克陶海港经济特区享受哈国《经济特区法》保护，在特区内注册的企业在 2028 年之前享受免征企业所得税、财产税、土地税、进口关税；注册企业将商品销售至园区内并被完全消耗的，还可以免征该部分增值税。此外，经济特区内未设置当地和外籍员工的比例限制，如特区内的所有员工都可以为外国籍，但雇主雇佣每位外国籍员工时须获得许可。

2. 吉尔吉斯斯坦

吉尔吉斯斯坦境内共有 4 个自由经济区，其中初步成型且给地方经济发展带来一定促进作用的仅有比什凯克经济区，其余 3 个自由区存在管理不善、走私猖獗等问题，亟待整顿。据中国商务部公布的数据，目前入驻的外资企业有来自中国、土耳其、印度、伊朗、沙特阿拉伯等 23 个国家和地区的 80 余家企业。

3. 乌兹别克斯坦

中国在乌兹别克斯坦投资建设的园区主要有吉扎克工业园和鹏盛工业园等。

吉扎克工业园是根据 2012 年 6 月乌兹别克斯坦外经贸部和中国商务部签署的《中乌工业园项目备忘录》建立的，主要面向具有生产高附加值和竞争力产品的现代化高科技工业生产投资项目。

鹏盛工业园是中国在乌兹别克斯坦的最大民营投资项目和非资源领域的最大投资项目，其产值占锡尔河州 GDP 的 26%，在当地创造了 1000 多个就业岗位。2013 年，鹏盛工业园变为吉扎克工业园分园。瓷砖、制革、制鞋、手机、卫浴设备、阀门、外科医疗用线、饲料、肠衣加工等项目目前均已顺利投产或正在兴建，全部项目建成后工业园年产值将达1亿美元。

4. 塔吉克斯坦

塔吉克斯坦目前共有4个在建自由经济区，分别为“索格德”自由经济区，“喷赤”自由经济区、“伊什卡石姆”自由经济区和“丹加拉”自由经济区。据中国商务部统计，目前只有1家中国企业入驻4个自由经济区中的索格德自由经济区。

（四）中东欧地区

1. 匈牙利

目前中国在匈牙利投资建设的园区中最典型的是中欧商贸物流合作园区。中欧商贸物流合作园区（以下简称合作区）由山东帝豪国际投资有限公司在匈牙利投资建设，是山东省人民政府确认建立的境外经贸合作区。2011年6月25日，温家宝总理访问匈牙利期间与匈牙利总理欧尔班共同签署《中欧商贸物流园区合作框架协议书》，合作区的发展得到了两国政府的高度重视和支持。合作区中国商品交易展示中心和切佩尔港物流园选址匈牙利首都布达佩斯市十五区。布达佩斯是横跨欧盟与中东欧地区最大的商品集散地和东西方商贸物流交易分拨中心，交通十分方便，也是巴尔干地区通往欧洲腹地的必经之路。匈牙利8条主要高速公路，其中7条始于首都布达佩斯，都与欧洲公路网络连通，泛欧网络中的4条重要国际交通线从其境内通过。布达佩斯周边已建成物流圈，全国各交通要道附近建立有11个国家级物流区和13个国家级物流中心，产品可快速交付到欧洲各地。未来该合作区将致力于建成覆盖中国和欧洲的跨境商品销售网络和物流服务体系，实现境内外商贸及物流联动，力争成为中匈两国交流的经济纽带。

2. 白俄罗斯

中白产业园区是中国海外最大的工业园区。该项目于2012年6月5

日成立，是白俄罗斯的特殊经济区。2014 年 9 月，中国华为公司正式入驻该工业园，成为第 1 家入园企业，将在 2015—2022 年实施建立华为科研和实践开发项目。中白工业园将以先进制造业和现代服务业为支撑，如电子、精密化学、生物技术、机械制造及新材料领域等。

3. 乌克兰

乌克兰建有 11 个经济特区。近年，乌克兰正大力推动科技创新园区的建设。同时和中国正努力推进中国乌克兰农业合作园区项目建设。中乌农业合作园已列入两国农业合作备忘录，受到双方高层领导的重视。2012 年，中国进出口银行批准向乌克兰提供 30 亿美元农业贷款，两国建立了一个联合建设项目基金。

4. 波兰

目前波兰设有 14 个经济特区，在特区内投资可享受不同程度的补贴和税费减免等优惠政策。波兰凯尔采科技园区位于波兰东南部的凯尔采市，园区内尚没有中国企业入驻。为推动中波两国政府间的合作，2015 年 6 月，上海“肖邦河岸”产业园未来将引入 5000 家欧洲企业，同时在波兰建设“中国经济园区”，把 5000 家上海和中国其他地区的企业引入波兰及欧洲的腹地，共同搭建起“一带一路”的桥梁。

5. 捷克

根据中国商务部的统计，截至 2012 年底，捷克已建成 109 个工业园区，包括 6 个国家战略工业园，园区有 606 家企业入驻，入驻率达 70%。园区内投资者享受的优惠政策包括：《投资鼓励法》优惠政策、欧盟结构基金各项援助计划、工业园及当地政府的优惠措施及政府提供对建立工业园的补贴。2013 年，捷克共和国技术局与苏州工业园区就“捷克技术中国中心”（CTCC）落户苏州签署信息交流谅解备忘录，着力发展纳米、生物等领域科技交流和贸易。

（五）蒙俄地区

1. 俄罗斯

中国在俄罗斯建设的境外合作区中最典型的是乌苏里斯克经贸合作区和中俄托木斯克木材工贸合作区。

俄罗斯乌苏里斯克经济贸易合作区是2006年经国家商务部批准建设的首批境外经贸合作区之一，合作区计划引进60家国内企业，重点发展轻工、机电、木业等产业。规划总投资20亿元人民币，其中，基础设施及配套设施投资7亿元人民币。根据中国商务部统计，目前合作区实际投资1.66亿美元，入驻国内企业27家，主要集中在鞋业、服装业、家具、太阳能等行业。

中俄托木斯克木材工贸合作区是中俄两国政府批准的《中俄森林资源合作开发与利用总体规划》框架下，首个具有实质性推进的最大合作开发项目。目前合作区总投资已近4亿美元，主导产业为森林抚育采伐业、木材深加工业、商贸物流业等。

2. 蒙古国

蒙古国政府于2002年出台建设四大自由经济区的计划，这四大自由经济区分别是阿拉坦布拉格自由贸易区、扎门乌德自由经济区、查干诺尔自由贸易区和规划建设的赛音山达中工业园区。2013年，蒙古国政府还决定在乌兰巴托郊区兴建皮革工业园区，发展皮革加工业以满足国内市场需求并出口中国等市场。此外，蒙古国还计划在天津成立专属经济区，以此打通从乌兰巴托到天津港的出海通道。同时，2014年底，蒙古国新亚洲集团有限公司与银川综合保税区管委会正式签订战略框架协议，拟定蒙古国开工建设轻工业园，以银川综合保税区为唯一窗口，各自鼓励入区企业到对方园区设立加工和商贸公司，共同促进清真产业的合作。

3. 格鲁吉亚

目前格鲁吉亚有 2 个经济特区，其一是阿拉伯联合酋长国人控股的波季港 Rakia 工业保税区，另一个就是中国新疆华凌工贸集团在格鲁吉亚第 2 大城市库塔伊西投资建设的自由工业区，它是目前中国在格鲁吉亚投资建设的首个也是唯一的自由工业园区。

（六）南亚地区

1. 印度

目前印度境内尚无中印共建的特殊经济区。2014 年中国已确定将在印度投资 68 亿美元在古吉拉特邦和马哈拉施特拉邦建设 2 大综合性工业园，总面积可能超过 1250 英亩。其中，位于马哈拉施特拉邦的浦那工业园主要以汽车制造为主，而位于古吉拉特邦艾哈迈达巴德的园区则以电力生产为主。

2. 巴基斯坦

海尔—鲁巴经济区是中国商务部批准建设的首个“中国境外经济贸易合作区”，也是巴政府批准建设的“巴基斯坦中国经济特区”。海尔—鲁巴经济区为中资企业在巴基斯坦投资兴业提供了新的平台。该区重点发展的产业为小家电及发电设备、汽车摩托车及配件、化工及包装印刷业等。

中巴两国正在规划建设旁遮普—中国成衣工业园、烟台工业园。2014 年，中国山东烟台经济考察团出访巴基斯坦，期间受到旁遮普省首席部长谢里夫、拉合尔市市长乌兹曼·尤尼斯及旁遮普省政府各部门部长的接待，双方签署巴基斯坦烟台工业园项目的合作意向书，决定计划在巴建立烟台工业园。

3. 孟加拉国

目前，孟加拉国虽有经济区建设计划，但尚未正式启动建设进程。在出口加工区方面，孟加拉国已经建设有 8 个出口加工区，最大的是吉大港口加工区和达卡出口加工区。在此入驻的企业，可在基础设施、财政和非财政等方面享受优待，允许投资的行业分布广泛。根据中国商务部统计，截至2012年5月，共有44家中国企业（含港资）入驻孟加拉国的8个出口加工区，投资额为3.11亿美元。

（七）西亚地区

1. 伊朗

伊朗虽然是地区大国，但因为受西方国家制裁，各特殊经济区域入驻的企业比较有限，集中在亚洲和独联体国家。伊朗目前主要有基什、凯什姆、查赫巴哈尔、锡尔詹、安扎里5大自由贸易区。

2. 沙特阿拉伯

沙特阿拉伯是海合会中已建成特殊经济区域最多的国家，基本都有沙特阿拉伯政府牵头投资开发建设。主要的经济特区包括：朱拜勒和延布工业区，全国多所工业城，拉比格经济城（包含海港、工业区、金融岛、教育区、度假区和居住区），哈伊勒经济城（以物流、矿产开发、农业综合生产、基础建材等领域为主），麦地那经济城（以高科技产业和知识密集型产业为主），集赞经济城（以矿产开发和加工业为主，同时涉及农业产业和海洋运输），塔布克经济城和阿赫萨经济城（以食品、化工产品、木器、纸张和纺织为主）。

3. 巴林

巴林境内建有9个工业区，对区内项目免原材料进口税，实行低土地租金优惠政策。主要的经济园区包括巴林国际投资园和巴林物流园。其中，巴林国际投资园内已经入驻中国企业。

4. 卡塔尔

据中国商务部统计，卡塔尔目前正在规划3个经济区，估计要数年时间才能具备入驻条件。目前已建成的工业园区有卡塔尔科学技术公园，目前已进驻科技园区的企业超过20家，大部分为国际知名的外国公司和高科技企业，如欧洲航空防卫与空间公司（EADS），美国通用电气（GE）、微软、思科、埃克森美孚、康菲，英国壳牌、维真集团。卡塔尔未来计划建设一个“多哈新港区”。多哈新港的建设规划方面，除港口扩建之外，也和海湾合作委员会6国的“铁路相连计划”相联系。

5. 阿拉伯联合酋长国

自1985年迪拜建立杰布—阿里自由区以来，阿拉伯联合酋长国境内已经建成超过30个的自贸区及经济特区，主要集中分布在迪拜和阿布扎比附近。杰布阿里自由区在1985年由迪拜政府发起建立，是阿拉伯联合酋长国最大的自由区。根据中国商务部统计，截至2014年，入驻的7300多家企业中有中国企业170余家，涉及电子产品、石化产品、建材、汽车、机械设备、食品、医疗保健和医药等领域。

6. 阿曼

库姆经济特区位于阿曼东北沿海的中心点，面对印度洋，处于东亚、南亚、中非、欧洲远航线路的要冲地带，从这里通航以后会比霍尔姆斯海峡的风险要小一些，区位优势独特。阿曼规划建设港务、工业、物流、渔业、商业、休闲、旅游、教育8大区块，把该特区打造成为阿拉伯海上的物流中心、商业港湾、安全的投资目的地和著名的旅游胜地，促进国家经济的多元发展。

7. 科威特

科威特于1999年正式启动自贸区建设。该自贸区在2011年曾因为经营问题而暂时关闭。此外据报道，科威特计划打造一个“丝绸城”，准备用1300亿美元在北部沿海地区建立一个新城，命名为“丝绸城”，计划在2035年建成，建成后将成为连接中国与欧洲新丝绸之路的重要战略枢纽。

8. 土耳其

土耳其从1987年开始至今已经陆续建立了9个经济自由区，为吸引外资提供了优厚待遇。土中两国曾在2012年启动计划建设土耳其中国工业园，由土耳其华商会在土华商精英和上海大西洋投资有限公司共同投资建设。园区计划建于土耳其中部，紧靠地中海最大的工业城市阿达纳及全国第1大深水港口码头梅尔辛港。园区产业规划主要集中在轻工、纺织、汽车装配、机械电子、五金建材、钢铁及机械设备制造、高科技新能源等十大领域。

9. 约旦

约旦境内已经建成了一些比较成熟的经济特区，如位于约旦、沙特阿拉伯和以色列三国接壤地区的亚喀巴经济特区。该特区主要着力开发仓储、运输，轻工制造和信息产业，能源、化工和矿石加工，旅游休闲产业及其相关产业等。

10. 以色列

以色列境内有各类开发区和工业区，对以工业经济建设起到重要作用。目前中以在工业区方面的合作主要集中在中国境内。中以双方已经达成一致的共建项目包括东莞中医国际科技合作产业园、中以南京智慧园、中以常州创新园等，基本都着力于充分发挥以色列的创新产业优势，来带动当地科技创新能力和高科技产业的发展。包括电动汽车、高端IT业、半导体照明、太阳能光伏、环保技术及生物医药等新兴战略产业的中以合作项目。

（八）东非地区

1. 埃及

中埃苏伊士经贸合作区是中国政府批准的第二批国家级境外经贸合作区，位于亚、非、欧三大洲金三角地带的埃及苏伊士湾西北经济区，紧邻苏伊士运河，合作区主导产业为纺织服装、石油装备、高低压电器、新型建材及精细化工。

2. 埃塞俄比亚

我国在埃塞俄比亚投资建设的园区最典型的为东方工业园。东方工业园位于埃塞俄比亚奥罗莫州 OROMIA 地区，西北距离首都亚的斯亚贝巴和博莱国际机场约 30 千米，东南距塔博尔赞提市 3 千米，北侧紧靠连接亚的斯亚贝巴和吉布提的国家公路和铁路，距吉布提港约 900 千米。合作区总体规划面积 5 平方千米，一期开发 4 平方千米。埃塞政府将合作区作为国家“持续性发展及脱贫计划（SDPRP）”的一部分，列为工业发展计划中重要的优先项目。合作区重点发展轻工、纺织、冶金、建材和机电等产业，兼营其他适合埃塞市场需求的产业，最终形成以外向型制造加工业为主，兼有进出口贸易、资源开发、保税仓储、物流运输、商品展销等功能，逐步形成集工业、商业、商务、居住、餐饮、娱乐等多行业、多功能发展的工商贸综合功能区。合作区将作为我国产业转移的优良载体，承担境外加工贸易基地的作用，成为中国企业进入非洲和中东市场的重要“跳板”。

三、重要城市

“一带一路”是一条经济带，要靠沿线的重要城市作为节点来支撑，一般来说，具有较大的经济总量和人口规模，处于交通要道和具有广阔通达范围的城市，具有良好基础设施，能够承载大规模人流、物流、商流和信息流中转的城市，可以成为“一带一路”的支点城市。

（一）新亚欧大陆桥经济走廊城市

在亚欧大陆桥通道上，可以重点发挥阿斯塔纳、明斯克、华沙、布达佩斯、萨拉热窝、索菲亚、布拉格、汉堡、鹿特丹、阿姆斯特丹等新亚欧大陆桥重要节点城市的作用，推进符拉迪沃斯托克、伊尔库茨克、新西伯利亚、喀山等亚欧大陆桥节点城市的支撑能力建设，打通阿拉木图、比什凯克、塔什干、撒马尔罕、阿什哈巴德、德黑兰、安卡拉、伊斯坦布尔等城市间的交通通道，加强柏林、巴黎、维也纳、莫斯科等大型城市的辐射能力。在我国国内，重点推进重庆、成都、武汉、西安、郑州、兰州、长沙、徐州、济南等城市通过“×新欧”加强与“一带一路”国家的陆路联通能力建设，形成我国内陆地区对外开放新高地。

（二）中蒙俄经济走廊城市

在中蒙俄通道上，要从华北和东北两个方向推进与蒙俄的互联互通建设。从华北至蒙俄方向，要打通天津、北京、张家口、乌兰察布、乌兰巴托、新西伯利亚、鄂木斯克、喀山、莫斯科的大通道，从东北至蒙俄方向，要打通大连、沈阳、长春、哈尔滨、满洲里、乌兰巴托直至莫斯科的大通道，一方面形成华北、东北地区对蒙俄的贸易通道，另一方面也能使蒙俄的能源矿产对华北、东北经济发展发挥支撑作用，天津、大连也可成为蒙俄的重要出海口，形成双向经济走廊。

（三）中巴经济走廊城市

在中巴通道上，要打通喀什、伊斯兰堡、拉合尔、海德拉巴、卡拉奇及瓜达尔的经济大通道，要加强城市基础设施建设，提升各节点城市的发展水平。喀什要发挥承东启西的重要作用，加强喀什与我国西部其他城市的互联互通建设，将喀什打造成为我国西部地区重要的产业集聚区、物流集散地和中转地以及对外开放的“桥头堡”。

（四）孟中印缅经济走廊城市

在孟中印缅通道上，要强化昆明区域中心城市的重要地位，打通昆明至缅甸曼德勒、密支那、仰光、皎漂的经济大通道。与缅甸、孟加拉国、印度一起推动缅、孟、印三国互联互通建设，打通缅甸至吉大、达卡、加尔各答的经济通道，从而形成孟、中、印、缅四国通畅完善的物流、商流和人流系统。

（五）中国—中南半岛经济走廊城市

在中国—中南半岛通道上，要着重发挥南宁、昆明在该通道中的核心作用，陆上打通至河内、万象、曼谷、金边、胡志明市、吉隆坡、新加坡的公路、铁路，形成畅通的经济通路，为我国西南地区与中南半岛国家的经济互动提供支撑。海上继续强化北部湾的北海、钦州、防城港、海口、三亚等港口及珠三角港口群与海防、岘港、西哈努克、新加坡等重要港口城市的航运往来。

（六）中国—中亚—西亚经济走廊城市

在中国—中亚—西亚战略通道上，要着重发挥通道两端的中国乌鲁木齐和土耳其安卡拉两大区域核心城市的重要作用，使其成为撬动走廊两端的重要支点，提升沿途阿拉木图、塔什干、杜尚别、撒马尔罕、阿什哈巴德、德黑兰、安卡拉、伊斯坦布尔等重要支点城市的互联互通水平，形成贸易带、产业带和经济带。同时，要进一步增强这些城市的辐射能力，东端通过河西走廊进一步联通兰州、西安等我国内陆重要节点城市，另一端通过安卡拉和伊斯坦布尔进一步联通索菲亚、贝尔格莱德、布加勒斯特、萨拉热窝、布达佩斯、布拉格、华沙等中东欧重要节点城市，成为除亚欧大陆桥通道外，“一带一路”东端和西端对接的新通道。

四、重要港口与口岸

2014 年 11 月，习近平总书记在“加强互联互通伙伴关系”对话会上，进一步明确了要以亚洲国家为重点方向，以经济走廊为依托，以交通基础设施为突破，实现亚洲互联互通的早期收获。港口和口岸是一国承接国际资本、沿海产业向内地转移以及通向国际市场的直通大门，是建设“一带一路”的先行领域和重要基础，因此，布局“一带一路”港口与口岸建设意义重大。

（一）重要国际枢纽港

从全球来看，“一带一路”应该选择那些海铁联运条件好、物流功能强、腹地广阔的港口作为重要节点。从“海上丝绸之路”东端的我国东南沿海到西端的欧洲沿海，符合上述条件的新加坡港、韩国釜山港、马来西亚巴生港和关丹港、柬埔寨西哈努克港、印度尼西亚雅加达港和比通港、缅甸皎漂港和实兑港、孟加拉国吉大港、巴基斯坦瓜达尔港、斯里兰卡科伦坡港和汉班托塔港、也门亚丁港、沙特阿拉伯达曼港和吉达港、阿曼法赫尔港、吉布提港、埃及塞得港和亚历山大港、希腊比雷埃夫斯港、法国马赛港、德国的汉堡港和不来梅港、比利时安特卫普港、荷兰鹿特丹港等都可以成为“一带一路”的重要节点。

1. 新加坡港

作为东南亚主要的物流中心和世界上第2大集装箱港口，新加坡港对我国海上运输来说至关重要。中国远洋运输公司与新加坡港务公司合资的COSCOPSA Terminal Pte Ltd（CPT）公司中，中国远洋占49%股份，负责经营PasirPanjang码头的一个泊位。CPT成为第一个在新加坡港既是顾客又是运营方的企业。新加坡另一港口大士南港由中国港湾工程有限公司（以下简称中国港湾）设计与建设，项目位于新加坡西南端，主要包括4座船坞、4座顺岸码头、2座驳岸码头和3座突堤码头。

2. 雅加达港

提升印度尼西亚基础设施水平以破除制约经济发展的瓶颈，成为印度尼西亚历届政府的主要目标。印度尼西亚新总统佐科2014年10月上台后提出打造海洋强国理念和建设“海上高速公路”计划。根据这一规划，印度尼西亚将在今后5年内斥资700万亿卢比（约合554亿美元），兴建和改造升级数十个国际性商业港口；建造1481个非商业性港口等，其中最重要的是要改扩建位于爪哇岛上的雅加达港。“海上高速公路”计划一旦实现，将有望在5年内使印度尼西亚物流成本占国内生产总值的比例降低至19.2%。

3. 关丹港

关丹港位于马来半岛东部的彭亨州，面向南中国海，是一个多功能深海港口。其主要服务地区涵盖吉兰丹州、丁加奴、彭亨，以及柔佛等西马东海岸的广阔腹地。关丹港已成功地进一步加强其作为一个领先的石化枢纽港和东海岸地区货柜码头的地位，并正在迅速发展成为马来西亚铁矿和锰矿的出口基地。目前关丹港已开通至中国香港、中国台湾高雄、新加坡、泰国曼谷、越南海防的外贸集装箱航线。钦州港至马来西亚巴生港和关丹港的航线，以及钦州港—海防—林查班—胡志明—洋浦—钦州港的外贸直航线亦正在积极推动中。

4. 吉大港

吉大港位于孟加拉东南沿海的卡纳富利河下游，濒临孟加拉湾东北侧，是孟加拉的最大海港。始建于 16 世纪，工商业发达，主要工业有棉、麻纺织品、茶叶加工炼油、玻璃及化肥等。它是全国第 2 大城市，又是全国外贸进出口门户。港区主要码头泊位有 11 个，最大水深约 10 米。另有 9 个河上泊位，可用于干货船过驳作业。大船锚地最大可靠 6 万载重吨的油船。中国港湾已经包揽了位于孟加拉国第 2 大城市吉大港的一个新泊位集装箱建设项目建设合同。

5. 科伦坡港

为了把斯里兰卡建设成海运、航空、国际贸易、能源和知识中心，总统拉贾帕克萨提出了“马欣达愿景”，这与中国“21 世纪海上丝绸之路”倡议高度契合。“马欣达愿景”的推进，将有助于“21 世纪海上丝绸之路”的繁荣发展；而“21 世纪海上丝绸之路”的建设，也必将给“马欣达愿景”注入源源不断的新动力、新资源，带动“马欣达愿景”诸多具体项目的加快落实。

6. 皎漂港

皎漂港位于缅甸若开邦的皎漂县，该地处于孟加拉湾偏僻的西海岸，皎漂港的自然条件良好，非常适合进一步开发，与我国拥有狭长海沟的河北曹妃甸港非常相似。皎漂港和与之相邻的马德岛是中缅油气管道的起点，具有重要的意义和经济价值。2013年9月30日，历时3年建设的中缅天然气管道全线贯通，设计运力为120亿立方米/年；2015年1月30日，中缅石油管道也已全线贯通，预计每年输送石油2200万吨。此外，皎漂港位于中、印两个人口大国之间，具有重要的战略价值，经济开发潜力巨大。缅甸政府也多次到中国考察，力求借鉴中国特区的建设经验，将皎漂港打造成集港口、加工、物流于一体的综合性经济特区。2014年底经济特区开发商招标举行，与土瓦和迪勒瓦2个经济特区不同，缅甸政府此次面向全球企业公开招标。据悉，皎漂深水港一期用地为4000英亩。经济特区将涵盖深水港、服装厂、工业区、房地产等项目，并着重引进雇佣当地百姓的轻工业企业。

7. 瓜达尔港

“中巴经济走廊”南起瓜达尔港，北至中国新疆喀什，是一条包括公路、铁路、油气管道、通信光缆等在内的贸易走廊。中巴两国元首于2015年发布了关于建立全天候战略合作伙伴关系的联合声明，形成了以瓜达尔港建设、能源合作、基础设施建设和产业园区合作为重点的合作框架。中国和巴基斯坦两国将在沿线建设交通运输和电力基础设施，预计总工程费将达到450亿美元，计划于2030年完工。走廊建成后，不仅将对中巴两国经济发展产生强大的推动力，而且将惠及整个地区经济，瓜达尔也将成为新的地区经济发展中心。当前，中国对瓜达尔港的投资总额拟定在16.2亿美元，包括修建瓜达尔港东部连接港口和海岸线的高速公路、瓜达尔港防波堤、锚地疏浚工程、自贸区基建和新瓜达尔国际机场等9个早期收获项目，预计将在3~5年内完成。

8. 阿曼法赫尔港

位于亚洲西部的阿拉伯半岛东南部，它扼守着世界上最重要的石油输出通道——波斯湾的霍尔木兹海峡。阿曼是重要的石油输出国，根据阿曼中央银行的报告，截至2013年，阿曼已探明石油储量55亿桶，天然气体8495亿立方米。阿曼法赫尔港区主要有3个系泊浮筒泊位，其中最大可泊60万吨巨型油船。装卸设备有直径为203～1016mm的输油管，有水下管道长达1.4万米，可以连接输油中心。装卸效率方面，原油每小时9000吨，燃油每小时3000吨。该港主要出口原油及成品油等，同时为重载船补充燃料油。

9. 塞得港

目前，中国“一带一路”有望与埃及“苏伊士运河计划”对接，这个计划涵盖了两大基石：苏伊士运河区发展计划、开凿新苏伊士运河计划。前者是利用苏伊士运河的独特区位优势，以亚欧经贸往来带动运河走廊经济带的发展。后者是提升苏伊士运河的通航能力，以适应新时期海洋运输业的发展需要。埃及苏伊士运河连通了地中海和印度洋，是“海上丝绸之路”的关键节点和重要区段。苏伊士运河大大缩短了亚、欧两个市场在时间和空间上的距离，为增进亚、欧之间的贸易往来创造了条件。苏伊士运河的全面升级将为埃及运河走廊经济带的发展带来重要机遇。苏伊士运河区发展计划是以运河周边的“六港两区”（即西塞得港、东塞得港、阿里什港、阿达贝亚港、苏赫奈港、艾勒图尔港，伊斯梅利亚科技园区、苏伊士湾西北工业区）为依托，带动包括汽车组装、高新电子、石油炼化、轻金属、水产养殖、船舶制造、轻纺织品、玻璃加工等全产业的发展，将埃及打造成世界级的经贸和物流中心。

10. 鹿特丹港

鹿特丹是欧洲第1大港口，荷兰第2大城市，位于欧洲马斯河与莱茵河汇合处。“二战”后，随着欧洲经济复兴和共同市场的建立，鹿特丹港凭借优越的地理位置得到迅速发展，1961年，港口货物吞吐量首次超过纽约港（1.8亿吨），成为世界第1大港。此后40多年来一直保持世界第1大港的地位。2003年新加坡港货物吞吐量首次超过鹿特丹港，2004年上海港货物吞吐量又超过鹿特丹港，2012年鹿特丹港货物吞吐量居世界第5位、欧洲第1位。鹿特丹是连接欧洲、美洲、亚洲、非洲、大洋洲五大洲的重要港口，鹿特丹港是欧洲最重要的石油、化学品、集装箱、铁矿、食物和金属的运输港口，被称为“欧洲门户”。鹿特丹港不仅是转运港，也是一个巨大的工业综合体。在发达的临港工业中，鹿特丹拥有欧洲最大的炼油基地和世界三大炼油中心之一。壳牌石油公司、英国石油公司/德士古公司、科威特国家石油公司、科氏工业集团、埃索等巨头在此建炼油基地。同时，“渝新欧”国际铁路也从鹿特丹出发，经由莫斯科，到达中国重庆，有望形成陆港联运的亚欧国际大通道。

11. 汉堡港

汉堡港是世界上最大的自由港，又是世界最大的集装箱港口之一。汉堡港不仅是德国北部地区的经济中心，也是中欧贸易往来最大和最重要的港口。汉堡港地处欧洲东西、南北两大贸易线的交汇点，由于其毗邻欧洲主要市场，且有纵深的腹地，因此成为该地区最佳的货物配送和物流集散点。作为近年北欧地区货运量增长最迅速的港口，汉堡港目前已发展成为德国、波罗的海地区、东欧、俄罗斯和中国等地区各类进出口货物的主要运输枢纽和物流中心。同时，汉堡是欧洲波罗的海区域以及通往中东欧的货运枢纽。作为少数参与“一带一路”倡议的欧洲城市，汉堡市也是多条中欧班列的必经之地。2013 年 7 月首趟发往汉堡的郑欧国际货运班列、2015 年 6 月开始运行的“哈新欧”班列以及合肥开往汉堡的“合新欧”都证明了汉堡在陆路运输方面对中国的重要意义。其中，从哈尔滨到汉堡的国际货运班列历时仅 15 天，行程总长 9820 千米，是目前世界上最长的国际货运线路，成为“一带一路”陆港联运的又一个欧洲枢纽。

12. 比雷埃夫斯港

位于希腊东南部的比雷埃夫斯港口位列全球集装箱港口前 50，是“陆上丝绸之路”和“海上丝绸之路”的交汇点。随着欧洲经济重心逐步向南欧以及地中海地区转移，比雷埃夫斯港作为南欧和地中海海运货物主要中转枢纽港的地位将日益重要。比雷埃夫斯港是地中海中距离苏伊士运河到直布罗陀轴线最近的港口，是船舶通过地中海前往大西洋、通过红海前往印度洋、通过马尔马拉海前往黑海，从而连接巴尔干半岛、南欧地区、黑海地区与西欧、中东欧地区、中东、非洲的良好中转港，其地理位置非常重要。它还是个天然良港，拥有巨大的发展潜力，通过这一港口的建设，可以使得中国的海外利益在欧洲区域获得新的支点。2009 年，中国远洋开始参与运营比雷埃夫斯港口，希腊政府特许中国远洋运营部分集装箱码头 35 年。中国远洋的运营使比雷埃夫斯港口成为装备最现代化的港口之一，装卸费低并且生产率高，很多主要海洋运输公司在运营亚洲—欧洲航线时利用比雷埃夫斯港口，如丹麦马士基航运公司、瑞士地中海航运公司、法国国家航运公司、韩国的韩进船公司和中国台湾的阳明海运等。

13. 德班港

南非是“21 世纪海上丝绸之路”沿线重要国家，德班港是印度洋海岸的重要港口，也是非洲最大和最繁忙的港口之一和非洲大陆的门户，在共建“一带一路”方面可以发挥重要作用并从中受益。南非主要港口城市包括（6 个）：萨尔达尼亚湾西角港、开普敦港、伊丽莎白港、东伦敦港、德班港和理查德湾理查兹贝 6 大港口。德班是南非最大的商港。位于南非东部印度洋岸，北至马普托港 271 海里，南至东伦敦港 256 海里，东至路易港 155 海里。德班、理查德湾、萨尔达尼亚湾是南非 3 大港口，吞吐量占南非总吞吐量的 95%。2014 年，中南双边贸易额达到 603 亿美元，南非连续五年成为中国在非洲最大的贸易伙伴，中国连续六年成为南非最大的贸易伙伴、最大的出口市场和最大的进口来源地。随着“一带一路”倡议的推进，德班港将成为中国通往非洲的重要国际枢纽港。

14. 其他重要港口

日韩港口在东北亚、亚洲乃至全球也具有较强的竞争力和国际影响力，也是海上丝绸之路的重要通路。日本作为集装箱吞吐量第 2 大的国家曾保持了20年。该期间日本国的集装箱约1000万TEU，却有东京、横滨、大阪、神户、名古屋等5大港口，无法形成相对集中的港口集聚能力。受益于韩国作为国际转运港口的战略定位，2015年，釜山港的转运货物量首次突破1000万TEU大关，稳固了世界第3转运港口的地位。韩国海洋水产部为应对世界船舶超大型化趋势，计划将釜山港建设成为拥有最高港口生产力的大型港口。计划到2017年8月，从多角度探讨提高釜山港的运营效率、保障新港长期的设施供给、扩大输送网、提供液化天然气加油等高附加值港口服务基础设施建设。

（二）国内重要港口

按着《全国沿海港口布局规划》布局，目前，我国沿海港口初步划分为环渤海、长三角、珠三角、东南沿海和西南沿海5个港口群，未来需要加快这五大港口群与“一带一路”的全面对接，构筑面向全球的航运国际枢纽网络体系。

1. 环渤海港口群

环渤海区域港口群由辽宁、京津冀和山东沿海港口群组成，以大连港、营口港、秦皇岛港、天津港、烟台港、青岛港、日照港为主要港口，以丹东港、锦州港、曹妃甸、黄骅港、威海等港为补充的分层次港口布局。2013年，港口群货物吞吐量达到19.54亿吨，对应的经济腹地经济规模（GDP）144780亿元，占全国的24.6%。环渤海港口群不仅受益于“一带一路”中蒙俄经济走廊、新亚欧大陆桥经济带的交叉影响，而且其内陆经济腹地正在推进的京津冀协同发展、天津自贸区、中韩自贸区、山东半岛蓝色经济区的建设都将给予港口经济发展更大的动力。

（1）天津港

天津港已与180多个国家和地区的500多个港口建立了贸易往来，集装箱班轮航线达119条，每月航班500余班。同时也是承接日韩货物通往中亚、欧洲的陆路运距最短的起点港口，开通了韩国航线 15 条，每月航班 60 余班，挂靠釜山、仁川、平泽、蔚山等港口；开通了日本航线 13 条，每月航班 50 余班，挂靠东京、横滨、名古屋、神户、大阪等港口，港口是天津承揽日韩货物的有力支撑，是天津以及京、冀地区参与“一带一路”建设和过境班列运输的重要保障。天津港正在加快推动连接东北亚、辐射中西亚的中欧铁水联运大通道建设，在海向上通过密集的航线航班，通过 3 个海运方向，联通日韩、澳新、欧洲大陆，借助与沿线友好港口投资合作，建设海上支点。

（2）大连港

大连港致力于打造东北亚国际物流大通道。“辽满欧”国际班列以大连为起点，经国铁哈大线、滨州线至满洲里口岸，后经俄罗斯铁路运输抵达欧洲等国，全长约 1.1 万千米。“辽满欧”国际集装箱班列的开通，不仅可以吸引中国沿海各港口和珠三角、长三角、环渤海湾地区出口至俄罗斯腹地及欧洲的货源，也吸引了欧洲、俄罗斯腹地发往中国的货源。同时，利用大连港现有航线可以充分开发日韩、东南亚、中国台湾等地区的产品，通过大连过境中转出口到俄罗斯及欧洲，也可通过大连将从欧洲进口的汽车配件等货物运往国内，或直接中转出口到日本。

目前，东北地区 90% 以上的外贸集装箱都是从大连港进出。100 多条国际、国内航线，覆盖了全球 300 多个主要港口。2014 年，大连港口吞吐量达到 4.2 亿吨。“东北新丝路计划”整合了优质港口航线资源、全程物流体系、海铁联运优势，以大连港为核心，全力打造“连满欧”“连蒙欧”2 条陆路国际通道，连接东北亚和欧洲 2 个市场，带动东北融入“一带一路”。其中，“连满欧”以大连为起点，集装箱班列经满洲里、俄铁运输到达欧洲，是未来核心物流通道。“连蒙欧”以大连为起点，集装箱过境班列经通辽、霍林河等主要城市，可驶向俄罗斯、中亚和欧洲。“连海欧”国际海运通道以大连港为起点，过南海经印度尼西亚到达欧洲，同时辐射太平洋地区。

（3）青岛港

在“一带一路”倡议中，青岛的定位是打造“一带一路”双向开放桥头堡，搭建“青新欧”跨国货运铁路直达通道。作为东北亚区域合作的节点城市，打造与韩国贸易交往快速通道。青岛已经成为丝绸之路经济带海关通关一体化牵头关区。2015 年4 月2 日，海关总署发布丝绸之路经济带通关一体化改革，确定以青岛海关为牵头的 10 个海关启动丝绸之路经济带海关区域通关一体化改革，自此，青岛成为丝绸之路经济带海关通关一体化牵头关区。同时，青岛港积极在海上进行布局，使其成为“21 世纪海上丝绸之路”的起点；在陆上丝绸之路经济带的建设上，积极利用铁路大动脉，为各国各地的互通互联合作搭建起便利且完善的网络桥梁。

（4）营口港

最新定位为中蒙俄大陆桥国际通道（与俄罗斯跨欧亚大铁路对接）亚欧大陆桥新通道桥头堡。2014 年，营口港亚欧大陆桥海铁联运集装箱量完成21500 标箱，同比增长 52%，连续3 年保持集装箱海铁联运全国第 1。现在，营口港发往欧洲的集装箱班列每周 6 列、300 多标箱，成为亚欧大陆桥东线名副其实的主干道。

2. 长三角港口群

新亚欧大陆桥经济带直接出海口，长江经济带龙头长江三角洲港口群已经形成围绕建设以上海为中心，江苏、浙江为两翼的国际航运中心格局，囊括了上海、连云港和宁波—舟山重要港口。2013 年，港口群货物吞吐量 16. 9 亿吨，对应的经济腹地经济规模（GDP）为 118332 亿元，占全国的 20. 1%。长三角港口群地处长江经济带龙头城市，与“一带一路”新亚欧大陆桥经济带对接，是贯穿海上和内陆运输的核心地带。

（1）连云港

作为“连接南北、沟通东西”的重要海港，连云港既是中西部地区最便捷的出海口，更是丝绸之路经济带以及东北亚地区开展经贸合作的国际运输大通道。在《愿景与行动》中，以连云港为东桥头堡的新亚欧大陆桥这一国际物流大通道，继续得到世界的瞩目。下一步，连云港应该迅速行动，以点带面，从线到片，逐步形成更广范围、更大意义上的东中西区域大合作局面。目前，连云港是中亚货物的一个中转分拨基地，下一步积极争取设立综合保税区，把“基地”发展成为“自由贸易港区”，再下一步发展为“自由贸易园区”“自由贸易试验区”。连云港从港口到全市所有的产业园区，都要建设成为中国向东、向西开放的重要载体，把连云港打造成为海上丝绸之路和陆上丝绸之路的关键节点城市。加快建设中哈（连云港）物流合作基地。加强与中亚国家侨团社团的交流合作，推动建设中哈连云港国际合作中心。加强与日、韩等国的合作交流。建设中韩（连云港）陆海联运试点口岸。

（2）上海港

上海连江系海，是“长江经济带”与“21 世纪海上丝绸之路”沿线经济体互联互通的关键节点。上海港作为世界第 1 大集装箱港口，以及国内最大的外贸集装箱货物口岸，背靠中国最具产业活力的“长江经济带”，成为中国建设“海上丝绸之路”的桥头堡。近几年，上海港货物和集装箱吞吐量都位居世界前列，航运企业、货代企业、保险企业和商品及衍生业务经销商等机构大量聚集于上海，为航运保险业发展提供了优越的条件。作为国际航运中心建设的上海的总体目标是，到 2020 年，上海国际航运中心进入世界航运中心前列，基本建成航运资源高度集聚、航运服务功能健全、航运市场环境优良、现代物流服务高效，具有全球航运资源配置能力的国际航运中心。

（3）舟山港

舟山港具备建设“21 世纪海上丝绸之路”主要枢纽港的独特优势：得天独厚的港口资源。舟山港是全球最大的综合港，第 5 大集装箱枢纽港。舟山港已经与世界 200 多个国家和地区的 600 多个港口通航，有生产性泊位30多个，远洋航线117条，近洋航线66条，内贸线32条。2015年，宁波舟山港完成货物吞吐量8.89亿吨，连续7年居世界首位；集装箱吞吐量首次突破2000万的台阶，完成2063万标准箱，全球排名从2014年的第5位跃升至第4位，未来应加强舟山港与东南亚、南亚、中东、北非等自由贸易港的战略合作。

3. 珠三角港口群

对接中南半岛经济走廊，毗邻马六甲海峡，珠江三角洲港口群以福建、广东、广西和海南为主体，是拥有港口个数最多的港口群，包括泉州、厦门、福州、广州、汕头、深圳、湛江和海口等港口。2013年，港口群货物吞吐量13.8亿吨，对应的经济腹地经济规模（GDP）101479亿元，占全国的17.3%。该港口群对接“一带一路”中国中南半岛经济走廊，与珠江三角洲经济区、北部湾经济圈、海西自贸区和福建自贸区的建设密切相关。

中国香港由于其独特的国际商贸金融中心地位，以及背靠中国内地庞大的市场，近年来仍保持全球第3大港位置。同时，香港也处于“一带一路”的关键节点，应该发挥更大的作用。香港在贸易、港口航运、渔业等方面具有天然资源和深厚基础，可将自身在金融、法律方面的优势与海洋领域的资源禀赋相结合。应该顺应趋势发展香港集装箱运输和多式联运，开辟国际海运干线班轮，发展国际直达航线。推动香港自身“海洋经济”的进一步发展和升级，尤其是丰富和发展贸易及航运相关的“海洋金融”及“海事法律与仲裁”的服务，积极促进贸易融资、船舶及航运项目融资、海商海事保险、海事与航运争议裁决和法律服务等行业的发展。同时，进一步加强与深圳的多方面合作，充分发挥香港自由港管理的经验和优势，以及深圳特区的土地和企业优势，将香港的自由港与深圳的自贸区融为一体，最终共同形成一个面向“21世纪海上丝绸之路”的产融结合、互惠互利的海洋中心城市。

4. 东南沿海港口群

东南沿海港口群主要是以海峡西岸港口群为主导，由厦门港、福州港、泉州港、莆田港、漳州港等港口组成。目前，海峡西岸已经形成了以福州、泉州、厦门、温州、汕头为五大中心城市，带动由 21 个城市组成的海西城市群，具有极大的辐射带动作用。福建是“海上丝绸之路”的核心区域，也是重要的始发地。历史上，泉州港、福州港、漳州港在不同历史时期对“海上丝绸之路”发挥了重要作用。福建地处长江三角洲和珠江三角洲、台湾地区和海峡两岸的结合部，邻近港澳地区，地理位置独特；沿海岸线资源丰富，沿海共有大小港湾 125 个，可建万吨级以上泊位的深水岸线长 210. 9 千米，其中三都澳、罗源湾等可建 20 万吨 ~50 万吨级超大型泊位的深水岸线长 47 千米，岸线曲折率和深水岸线长度均居全国首位。统计数据显示，福建省已建成万吨级以上泊位 162 个，2015 年港口货物吞吐量和集装箱吞吐量分别达 5. 03 亿吨和 1363. 7 万标箱。福建已为加快港口发展描绘出“路线图”：到 2018 年，规模化、集约化、专业化的海西港口群基本形成，厦门东南国际航运中心初具规模；到 2020 年，港口年通过能力达 8 亿吨、集装箱 1800 万标箱。未来，随着“一带一路”建设的推进，海西港口群将成为“21 世纪海上丝绸之路”的国际战略枢纽。

5. 西南沿海港口群

西南沿海港口群以北部湾港口群为主。广西北部湾港是我国计划打造的五大沿海港口群之西南沿海港口群的主力港口，我国西部“海上丝绸之路”的起点，主要包括北海港域、防城港港域和钦州港域，但目前北部湾港在规模和吞吐能力方面都尚不及环渤海地区港口群、长三角地区港口群和珠三角地区港口群，但是未来发展潜力巨大。可开发的大小港口有 21 个，其中可建成万吨级以上泊位的有北海、防城港、钦州、铁山、珍珠等 5 个港口。西南各省货物从广西港口至港澳地区、东南亚及印支半岛，海运距离最近（距香港地区约 500 海里，距越南海防约150海里，距胡志明市约800海里），比绕道上海等东部港口既节省时间，又节约费用，是西南各省的最佳出海口。同时这些港口还可直通波斯湾、西欧、非洲、美洲各大港口。目前，北部湾首次开通的中东航线为“厦门—大铲湾—钦州—新加坡—马来西亚巴生—阿拉伯联合酋长国杰贝阿里—伊朗阿巴斯”航线，成为覆盖多个“21世纪海上丝绸之路”沿线地区的国际航线。随着海上丝绸之路的加快推进，以北部湾为主的西南沿海港口不仅将成为我国面向西南的大通道，也将成为联通东盟，通向太平洋，以及亚欧的重要枢纽和国际海运节点。

综合来看，环渤海港口群的崛起将带动山东半岛蓝色经济区、京津冀、东北老工业基地的振兴，促进中韩自贸区、东北亚国际经济圈等国际经济区的迅速发展。长三角各港口的优势互补将对上海、江浙的经济产生引擎效应，促进上海自贸区、港口经济圈、长江经济带等区域的资源整合。珠三角经济区、北部湾经济圈、港澳台地区的经济也将搭上珠三角港口群的快车，牵动与东南亚、东盟之间的互通互联。海陆联运不断完善，充分发挥国际航运功能。一方面，“一带一路”重点省市积极推进海铁联运、江海联运等物流运输通道的建设与发展。青岛市计划依托港口、铁路、公路，与烟台、日照共同建设“V”形城际通道，同时打通济青综合运输通道；上海港计划由“点面线”发展成完善的物流网络；宁波港口的海铁联运“批量中转”模式也首次运行。另一方面，各省都在紧锣密鼓地规划港口的国际接轨。上海港积极加快建设上海国际航运中心，青岛港将新增东南亚航线“高丽阿丽德拉”码头，宁波—舟山港将发起设立国际港口城市联盟，广州港发起与21个友好关系港口建立“海上港口联盟”的倡议。中西部地区也加快新国际运输通道，如“郑新欧”“渝新欧”“义新欧”等开始运行。此外，港区与物流园区等经济区域的联动发展也被提上重要日程。

（三）重要口岸

从地理方位上看，中国沿边省市大部分地区，正处在欧亚增长极交汇区域的核心地带，与“一带一路”相交相汇，边境口岸与周边国家对接相连，成为“一带一路”上的增长节点。在漫长的边境线上，中国与周边国家的陆路边境线长达22800千米，与15个国家的领土接壤。目前全国共有对外开放口岸285个，其中空运口岸63个，水运口岸139个，公路口岸64个，铁路口岸19个。从分布情况来看，东部地区有187个，其中水运口岸118个；中部地区有20个，其中空运口岸10个，公路口岸9个；西部地区有78个，其中公路口岸41个。

在这些口岸中，边境水运口岸有辽宁省丹东港、吉林省大安港等5个水运国际口岸。空运口岸有呼和浩特、海拉尔、满洲里等。铁路口岸有辽宁丹东、吉林集安、黑龙江绥芬河、内蒙古满洲里、新疆阿拉山口、云南河口、广西凭祥等7个国际铁路口岸，还有60多个跨境国际公路口岸。陆路口岸从广西防城港东兴市开始，按顺时针方向，从东南经过越南、老挝，东北至辽宁丹东。中国南方广西东兴口岸是进出境旅客总人数最多的国际陆路口岸，北方内蒙古满洲里口岸是进出口货物总量最多的国际陆路口岸，尤其是以新亚欧大陆桥为主要通道的内陆口岸是未来布局的重点。

1. 重庆

重庆是构建“丝绸之路经济带”的重要战略支点、“21世纪海上丝绸之路”的产业腹地，是“一带一路”国际通道的重要途经地。作为中西部物资进出的重要集散地及重庆内陆综合交通枢纽的战略支点，果园港也使重庆打通了连接“渝新欧”国际铁路与长江黄金水道的“最后一公里”。目前，“渝新欧”去回程班列均已形成了“1+N”集结和分拨模式：“1”即以重庆到德国杜伊斯堡为主线，“N”即可根据客户需要选择沿线国家作为集结点和分拨点。重庆还将结合进口汽车整车和跨境电商产品的发展，进一步拓展新的集结分拨点。2015年“渝新欧”运行班列达到250列左右，其中去程班列150列，回程班列100列。同时，利用地处长江经济带的区位优势将重庆港打造成为长江上游地区最大的集装箱集合并港、大宗散货中转港、滚装汽车运输港，争取将果园港设立为国家级口岸。

2. 郑州

定位为“郑新欧”中欧国际通道、国际陆港。2013年7月18日，郑州到汉堡的国际铁路货运班列开通，班列始于郑州，经新疆阿拉山口出境，途经哈萨克斯坦、俄罗斯、白俄罗斯和波兰后到达德国汉堡，全程10214千米，运行时间15天左右，比走海路到欧洲节约25天左右。郑欧国际铁路货运班列沿途经过5个国家，历经2次转关和2次换轨。“郑新欧”班列目前服务的企业有300多家，承载商品有1000多种，主要是高档的鞋帽、服装等轻纺类、汽车配车工程配件等工业产品和电子产品，包括河南、广州、福建以及日韩商品，实现了“买全球、卖全球”。

3. 满洲里

满洲里是中蒙俄草原丝绸之路的重要通道，“丝绸之路经济带”的重要节点城市。2013年10月30日首班“苏满欧”班列成功开通运营以来，目前经满洲里口岸出境的班列已经达到7条，其中2条已经实现常态化运营。

4. 阿拉山口

新疆是“丝绸之路经济带”的核心区，阿拉山口是我国通向中亚、中欧国际大陆桥的主要通道。经阿拉山口口岸直接发往欧洲的班列共有16列，始发地有重庆、四川、河南、浙江、湖北、甘肃、山东、湖南等省市。目前阿拉山口口岸进出口货运量达到2545.1万吨，对外贸易进出口总额154.53亿美元，全年累计监管货运专列327列，共计23656个标箱，货运量约14.28万吨，货值约25.81亿美元。目前，在新疆阿拉山口综保区设立的国际物流配送中心，具有充足的物流量和物流分拨配送需求支撑，降低了企业物流运输成本，提高了物流运输效率，加速进出口加工贸易、物流运输服务等企业在阿拉山口聚集，带动了新疆商贸物流中心和十大进出口产业聚集区的发展。

5. 霍尔果斯口岸

“丝绸之路经济带”国内段的空间格局主要是北、中、南 3 条大通道，分别从我国东部经济最发达的 3 个经济圈出发，依托国内现有交通干线，自东向西贯穿沿线的重要节点城市，经新疆通向中亚、西亚、南亚和俄罗斯等，具体路线有 3 条。北通道起于“环渤海经济圈”，自京津唐经山西、内蒙古，从明水（甘新界）进入新疆，再经伊吾、北屯、吉木乃西出哈萨克斯坦至俄罗斯；中通道起于“长三角经济圈”，自上海沿第二亚欧大陆桥横穿我国中原、西北诸省区，由星星峡进入新疆，再经哈密、吐鲁番、乌鲁木齐、精河，分别从阿拉山口和霍尔果斯出境直通中亚至欧洲；南通道起于“珠三角经济圈”，自广东经湖南、重庆、四川、青海，由依吞布拉克进入新疆，再经若羌、和田、喀什，南下至印度洋沿岸的瓜达尔港，这是一条极具战略意义的新通道。由此，在“一带一路”背景下，霍尔果斯口岸已成为我国向西开放的重要支点。目前，中哈成立中哈霍尔果斯国际边境合作中心，中心是集加工制造、货物中转、金融服务和旅游休闲等功能于一体的综合性国际贸易中心，也是我国与其他国家建立的首个跨境边境合作中心。据初步测算，霍尔果斯口岸 2015 年进出口货物量约为 2416 万吨、贸易额 153 亿美元，形成了“大通道、大通关、大产业、大物流”的发展格局。

五、地区组织

（一）上海合作组织

上海合作组织（以下简称“上合组织”）成立于 2001 年，原本是关于加强边境地区信任和裁军的谈判进程的组织，目前包括中国、俄罗斯、哈萨克斯坦、吉尔吉斯斯坦、塔吉克斯坦、乌兹别克斯坦等主要成员国，目前印度、巴基斯坦等大国也正在寻求加入。伴随着成员国的增加、影响力的增大，上合组织的功能已经远远超出了军事防务合作的范畴，而更加具有经济合作的内涵。特别是上合组织成员国基本上也是“一带一路”的重要成员国，许多也是亚洲基础设施投资银行的重要创始成员国，“一带一路”与上合组织的联系天然地就十分紧密，可以把上合组织作为推进“一带一路”的重要区域合作平台。上合组织对“一带一路”持积极态度，“一带一路”可以和上合组织各成员国的发展战略相对接，通过“一带一路”可以进一步密切上合组织的紧密联系，扩大成员间的经贸合作，扩大经济增长点，正在积极筹建的上海合作组织开发银行和发展基金也将为“一带一路”建设提供新的强大推动力。

（二）欧盟

欧盟是世界上最大的区域经济组织和经济最发达、规模最大的经济体，是“一带一路”的终点站。目前欧盟已成为中国最大的出口市场、进口来源地和最重要的经济伙伴。2014 年 11 月，欧盟委员会主席容克正式公布了总额高达 3150 亿欧元的欧盟投资计划，即“容克计划”，旨在振兴欧盟境内投资、促进经济增长和增加就业。而“一带一路”着力促进互联互通、产能合作、装备“走出去”，可以与“容克计划”全面对接。“容克计划”中适合对接的交通基建领域项目包括泛欧交通网络、中欧陆海快线、新亚欧大陆桥等。以 2013 年达成协议的泛欧交通网络（TEN－T）为例，该计划旨在把欧洲现有的相互分割的公路、铁路、机场与运河等交通运输基础设施连接起来，到 2030 年建成统一的交通运输体系。目前该项目由连通欧洲设施（CEF）和欧洲投资银行（EIB）提供融资。在欧洲战略投资基金（EFSI）设立后，预计将把 30%左右的资金投入交通基建领域，此外，在能源、高科技等领域，中欧都有望更深入地合作，共同推动经济贸易深度合作，提升价值链水平。今后，中国欧盟合作的重点方向，是推动中国欧盟投资协定谈判进程，争取尽快启动中国欧盟自贸区谈判，实施以市场为导向的自贸区战略。中欧合作由贸易向投资和技术研发等重要领域转移，全面深化中欧战略经济合作伙伴关系。

（三）东盟

东盟与中国陆海相连，历史上是中国移民下南洋，筚路蓝缕进行开拓的地区，是华侨、华人最集中的地方，是“21 世纪海上丝绸之路”的最重要支撑点。近期内的建设重点是在扩大从东盟进口解决贸易逆差的同时，推进深化战略互信、拓展睦邻友好，聚焦经济发展、扩大互利共赢两点政治共识，以及政治、经贸、互联互通、金融、海上、安全、人文 7 个重点领域合作（即“2 +7”合作进程），全面提升中国—东盟自贸区质量和标准，打造中国东盟自贸区升级版。充分发挥地缘优势，在农业、渔业、能源、金融等基础产业领域加强对话和合作，建立和健全地区供应链、产业链与价值链，通过产业互动和互补，提升东盟与中国产业在全球的竞争能力。

（四）大湄公河次区域

“大湄公河次区域经济合作”是由亚洲开发银行于 1992 年发起，是中国云南及湄公河沿岸国家共同参与的次区域国际经济合作机制，其合作范围包括中国的云南省和广西壮族自治区，包括越南、缅甸、泰国、柬埔寨、老挝等国家和地区。同时，中国还采取与东盟共同体、“10 +1”“10 +3”等地区的合作机制等形式加以沟通和协调。“大湄公河次区域经济合作”新的发展构想是：加强次区域国家间的互联互通和基础设施的建设，它以项目合作为主导，促进贸易和投资的便利化，进一步推进区域间的铁路联盟以及经济走廊等的建设。在合作进展上，昆曼国际大通道（即昆曼公路）已于 2008 年 3 月 31 日全线贯通，成为中国连接东南亚各国的陆路重要交通干线、亚洲公路网的一个重要枢纽，是中国—东盟自由贸易区和 GMS（大湄公河次区域）合作中的重要合作项目之一，也成为中国云南连接毗邻国家的重点公路之一。

（五）海湾阿拉伯国家合作委员会

海湾阿拉伯国家合作委员会（以下简称“海合会”）是由巴林、卡塔尔、阿曼、科威特、沙特阿拉伯、阿拉伯联合酋长国6国组成的区域政治经济合作组织，是西亚最重要的区域组织，由西亚社会最稳定的国家组成，通过海合会辐射西亚地区是理想的选择。该区域能源资源丰富，是我国液化天然气（LNG）进口的主要来源地。该区域人口约7000万，面积近400万平方千米，经济总量近1.5万亿美元，进出口贸易规模为1.2万亿美元，人均消费水平高、市场潜力巨大。海合会国家是我国重要的石油供应国，也是我国在中东地区重要的贸易伙伴。同时，海合会地处陆上丝绸之路和海上丝绸之路的接合部，加强与海合会的合作对推动我国的“一带一路”开放合作战略的成功有着重要意义。重点方向是推动中国—海合会自由贸易协定谈判进程，尽快签署自由贸易协定。推动中国与海湾国家合作由能源领域合作转向产业链合作，加强双方在新能源等领域的合作，与阿拉伯联合酋长国合作建设迪拜人民币境外交易中心，推动人民币国际化。

（六）南亚区域合作联盟

南亚区域合作联盟（以下简称“南盟”）是世界上重要的区域合作组织，2004年确立了建立自贸区的目标。该地区总人口约15亿人，区域幅员近500万平方千米，有4亿名中产阶级，经济总量超过1.5万亿美元，南盟正日益成为全球一支重要的经济力量。以建设中巴经济走廊和孟中印缅经济走廊为重要切入点，可以辐射南亚地区。近期内重点提升中巴自由贸易安排水平，启动孟中印缅经济走廊合作机制，建设昆明—曼德勒—达卡—加尔各答的铁路或高速公路，打通中国新疆与巴基斯坦瓜达尔港以及中国云南与缅甸皎漂港的交通线，可以破解马六甲困局。

六、国内区域布局调整

（一）西北区域

新亚欧大陆桥经济走廊、中巴经济走廊和中国—中亚—西亚经济走廊在中国境内的新疆实现了“三廊合一”，并沿铁路线与环渤海经济圈、长三角经济圈、珠三角经济圈相联系。实现这一经济走廊联通的关键是充分发挥新疆中心城市乌鲁木齐的引领作用和边境城市阿拉山口、霍尔果斯、喀什的支点作用。要从经济走廊西北门户建设的角度，集中把新疆建设为面向中亚、南亚、西亚国家的通道、商贸物流枢纽、重要产业和人文交流基地。同时，考虑到中亚地区的实际情况，要重点建设跨境经济合作区和自由贸易区，吸引中亚、西亚国家确立东向发展的战略，以经济合作为基础，以城市伙伴关系和产业园区建设为平台，共同推动中国—中亚地区区域一体化合作进程。

（二）西南区域

孟中印缅经济走廊涉及中国云南地区，要提升云南在孟中印缅经济走廊中的西南门户地位，建设成为面向南亚、东南亚的辐射中心。20世纪90年代以来，“向西南开放”成为云南省的发展战略，云南提出并推进中国连接东南亚南亚国际大通道建设，确立了面向印度洋开放的战略，即以东南亚、南亚为重点，辐射印度洋沿岸，延伸至西亚及非洲东部等广大区域。建议未来：一是要努力抓住建设丝路经济带和孟中印缅经济走廊的机遇，尽快制定和完善规划，积极争取设立国际经济合作区，将依托昆明至瑞丽辐射缅甸皎漂、昆明至腾冲辐射密支那两大经济走廊，争取国家支持加快启动建设市内公路、铁路、航空，以及境外公路、水路建设工程。将保山至腾冲猴桥铁路、腾冲猴桥—缅甸密支那—缅印边境班哨口岸铁路纳入国家“十三五”铁路网建设规划，并争取早日开工建设。二是依托孟中印缅经济走廊北线国际大通道建设等，构筑两大通道沿线外向型经济产业带。利用大通道沿线辐射范围广、人口多的优势，建设形成保山、腾冲、密支那、雷多、加尔各答、吉大港等城市核心经济圈，构筑起孟中印缅经济走廊建设的示范区。三是本着先易后难，公路、水路、铁路、航空并举的原则，以对外援助的方式先行启动密支那—缅印 173 号界桩公路建设，并对伊洛瓦底江密支那—八莫水路通道进行改造。建议重建中缅印史迪威公路，打通孟中印缅国际大通道北线，启动密支那至班哨公路的前期工作。四是加快中缅印铁路北通道和腾冲航空口岸机场建设，把这条大通道建设成为真正意义上的立体国际大通道。

（三）东南区域

中国—中南半岛经济走廊涉及广东、广西和云南等若干省区，但由于云南受地理条件限制，且主要精力集中到孟中印缅经济走廊建设上，面向东盟区域的国际通道建设应更多地突出广西的作用，成为“21 世纪海上丝绸之路”与“丝绸之路经济带”有机衔接的重要东南门户。一方面，广西要推动融入珠三角经济圈，加强与云南、贵州、广东、海南的协调合作，增强自身带动中国—中南半岛经济走廊的能力；另一方面也要以中国—东盟博览会为平台，加强广西和各城市如南京、钦州、防城港与越南、老挝、柬埔寨、泰国、马来西亚、新加坡等沿线国家城市的合作网络建设，推动区域经济合作进程。

（四）东北区域

从国内通道对接来看，一是依托满洲里口岸，共建内联东北（黑吉辽、蒙东）经济区、大连港、锦州港，外接俄罗斯欧亚大铁路至欧洲腹地，打造满洲里跨境自贸区和呼伦贝尔中俄蒙合作先导区；二是依托二连浩特口岸，共建内联京津冀经济区、天津港、秦皇岛港，外接蒙古国乌兰巴托铁路，延伸与俄罗斯欧亚大铁路连接至欧洲腹地，推进呼包鄂一体化协同发展，打造以呼包鄂为核心的沿黄河沿交通干线经济带；三是依托珠恩嘎达布其口岸和二连浩特口岸，共建二连浩特经锡林浩特至锦州港大通道，连接锦州港、营口港及环渤海经济区，外接蒙古国东南部集聚区，直通俄罗斯欧亚大铁路，打造锡（林郭勒）赤（峰）朝（阳）锦（州）中蒙俄国际陆海经济走廊和合作示范区。“中蒙俄经济走廊”通过交通、货物运输和跨国电网的链接，打通三国经济合作的走廊建设，推动“一带一路”建设目标的实现，必将在中国东北地区和内蒙古东部地区形成新的经济增长点，拉动区域经济持续、健康发展。

（五）粤港澳区域

一是完善深圳、广州、中山、惠州等临港产业集聚区基础设施配套粤闽海洋经济合作圈。二是建设粤闽经济合作圈。以深汕特别合作区和厦深高铁为桥头堡和纽带，打通海洋经济陆上节点，连接珠三角与海西经济区，促进粤、闽两地海洋发展融入“海上丝绸之路”战略体系。三是打造粤桂琼经济圈。整合环北部湾地区的港口资源，共同打造粤桂琼港口群。完善海陆空立体交通体系，推进湛江—北海、广州—南宁、湛江—海口的快速通道建设。开通琼州海峡的陆路过海通道，积极建设跨海大桥、海底隧道等。

表 3－2　各省市区在“一带一路”中的定位与推进重点

省市	功能定位	重点项目推进方向	重点合作对象
广东	“海上丝绸之路”重要出海口	外贸、海洋产业、能源及大宗商品通道	东盟
福建	海上丝绸之路核心区	自贸区建设、港口建设、航运线路	东盟
新疆	丝绸之路核心区	铁路、电力、通信、油气	中亚各国
陕西	努力成为丝绸之路新起点	国际港务区、航空城试验区、文化旅游	由东部沿海地区向西部地区
江苏	“一带一路”交汇点	连云港中哈物流基地建设	欧亚各国，打造连云港新亚欧大陆桥第一城市
河南	“一带一路”核心腹地	郑州航空港试验区	欧亚各国

续表

省市	功能定位	重点项目推进方向	重点合作对象
上海	“一带一路”和长江经济带交汇点	自贸区建设、国际金融中心建设	欧亚各国
云南	“一带一路”支点，沟通南亚、东南亚的通道枢纽	高速公路、铁路、水运通道、大湄公河流域	南亚、东盟各国
天津	亚欧大陆桥东部起点、中蒙俄经济走廊主要节点和海上合作战略支点	自贸区建设、港口建设，“铁水空”连通	东北亚、中西亚
青海	丝绸之路经济带的战略通道、重要支点与人文交流中心	曹家堡保税物流中心、轨道交通建设、能源	中亚各国
内蒙古	“丝绸之路经济带”建设范围，向北开放的重要通道	满洲里、二连浩特重点开放实验区、高铁	俄罗斯、蒙古国
黑龙江	“中蒙俄经济走廊”、黑龙江丝绸之路经济带	哈满俄欧铁路，构造“一核四带一环一外”产业布局，其他交通能源互联互通	俄欧、东北亚
吉林	东北亚丝绸之路的源头和起点，“一带一路”重要支点	长吉产业创新示范区、扎鲁比诺港建设、汽车	俄、日、韩
辽宁	“一带一路”构建亚欧大陆桥出海口的重要区域，中蒙俄经济走廊的重要一环	工业园区建设，巴新铁路、公路、口岸建设，跨境物流	俄、蒙、日、朝、韩
西藏	面向南亚的大通道	日喀则—吉隆、日喀则—亚东铁路建设，中尼公路改造，环喜马拉雅经济合作带建设，中尼跨境经济合作示范区建设	南亚各国
浙江	“一带一路”经贸合作示范区、“网上丝绸之路”试验区、贸易物流枢纽区	海洋经济发展示范区，舟山群岛新区，港口建设、温州金融综合改革、义乌国际贸易综合改革示范区	欧亚各国
江西	“丝绸之路经济带”和“21世纪海上丝绸之路”战略连接点和内陆开放型经济战略高地	昌九新区建设，赣州国际机场改造、铁路	东盟
山西	“丝绸之路经济带”的副区域，丝绸之路与华北、东北连接的桥梁	高铁、公路、旅游	通秦联豫、承东启西
四川	重要交通枢纽和经济腹地	加快构建综合立体交通走廊、加快建设现代物流体系	重庆、贵州、云南、西安、西藏

续表

省市	功能定位	重点项目推进方向	重点合作对象
安徽	扩大东西双向、对内对外开放，加快形成内陆开放高地	开展长江干流和淮河航道整治，推进铁路、公路、航空、油气管网和信息通道建设，加强岸线资源开发和港口建设，加快综合保税区、出口加工区和保税物流园区建设	长三角
山东	海上战略支点和新亚欧大陆桥经济走廊重要沿线区域	海上战略支点和新亚欧大陆桥经济走廊重要沿线地区	推动8条铁路和15条公路等重大基础设施与周边省市互联互通，日韩
海南	南海资源开放服务基地	三亚临空经济区，依托美兰机场建设空港综合保税区，南海油气资源开发	
广西	“一带一路”有机衔接的重要门户	首先推进道路联通和贸易畅通，自贸区基础和物流基地建设	东盟
重庆	打造丝绸之路经济带重要战略支点、长江经济带西部中心枢纽、海上丝绸之路产业腹地	加快长江上游综合交通枢纽建设，加快凌空经济区建设，增加“渝新欧”开行班列和集装箱运量	湘黔鄂、成都
甘肃	“丝绸之路经济带”甘肃黄金段	重点推进道路联通、经贸技术交流、产业对接合作、经济增长极、战略平台建设等六大工程	中西亚
宁夏	丝绸之路经济带战略支点	中阿博览会、通道拓展、外向型园区培育，银川综保区，实施贸易便利计划	沙特阿拉伯、青岛

（执笔人：梅冠群，中国国际经济交流中心副研究员、博士。完稿时间：2016 年 10 月）

B&R

第四章

“一带一路”金融研究

“一带一路”覆盖区域广大、涉及跨境投资领域多元、项目结构复杂、参与主体繁多，特别是基础设施建设过程中会面临巨大的资金缺口问题，融资渠道、融资方式、融资主体、融资机制等问题有待完善。因此，金融合作需要在整个融资方式上，包括融资设计上有别于传统的贷款，在资金的运作方式和条件上要有所创新，积极构建面向亚欧，乃至面向全球的多层次、多元化、多主体的“一带一路”投融资框架和金融合作体系。

一、全球基础设施投资需求缺口大

根据《国际商业监测》（BMI）发报告预测，随着各国政府加大对基础设施建设的投入，到2030年，全球基础设施投资需求将达57万亿美元，其中水和水处理、能源及交通建设约占80%，成为国际基础设施投资建设最主要的领域。

而根据麦肯锡公司的预测，2030年世界基础设施建设资金缺口将高达46万亿~67万亿美元；2008—2017年，新兴市场国家中，中国基础设施建设资金缺口为9万亿美元，印度为2.7万亿美元，俄罗斯为2万亿美元，巴西为1万亿美元。欧盟委员会预测，2020年欧洲将需要1.5万亿~2万亿欧元的基础设施投资。美国土木工程协会预测，2020年美国基础设施建设投资缺口将达3.6万亿美元。

据世界银行的预测，如表4-1所示，2012—2015年，新兴经济体基础设施融资每年的缺口，拉美地区为377亿美元、欧洲和中亚地区为300亿~400亿美元、中东北非地区为1997亿美元等等。

表 4－1　新兴经济体基础设施融资缺口预测

项目		拉美和加勒比地区	欧洲和中亚地区	东亚和太平洋地区	中东和北非地区	南亚地区	非洲地区
每年投资和维修需求（十亿美元）		812	NA	406.7	78.5	191.1	93.3
每年的基础设施支出	十亿美元	43.5	NA	207.0	43.8	46.0	45.3
	GDP（%）	1.9	NA	7.2	6.9	4.6	7.1
私人部门参与基础设施投资（十亿美元）		12.5	32.5	17.6	7.8	34.8	12.5
融资缺口（十亿美元）		37.7	30－40	199.7	34.7	145.1	48

资料来源：Transformation Infrastructure Strategy Update FY2012 － 2015 World Bank Group。

以亚洲为例，亚洲地区基础设施发展依然滞后于其经济增长，且无论在质上还是量上均低于国际标准，已经对亚洲经济发展造成了相当严重的制约。根据亚洲开发银行预测，未来 10 年，亚洲基础设施投资需要 8.22 万亿美元，即每年需要新增投入 8200 亿美元的基础设施资金。而 2013 年，亚洲除中、日、韩三大经济体的 GDP 总额约为 8 万亿美元。根据世界银行统计，中低收入国家资本形成率占 GDP 比重仅为 1/4 左右，其中用于基础设施投资方面的资金仅为 20% 左右，约 4000 亿美元，融资存在巨大的缺口。为亚洲基础设施建设提供融资的主要机构——亚洲开发银行 2013 年仅提供了 210 亿美元贷款，即使把世界银行集团、发达国家 ODA 等都考虑在内，资金缺口也依然难以得到弥补。

从全球范围来看，现有的多边融资机构、多边开发银行（Multilateral Development Banks，MDBs）是主要为发展中国家提供贷款及帮助特定地区实现金融区域一体化的跨国金融机构，投向基础设施的资金非常有限。“二战”后，国际社会建立了一系列多边开发银行，构成了全球多边发展融资体系。其中历史最悠久的全球性多边开发银行是 1944 年成立的世界银行（World Bank，WB），而较具有影响力的区域性多边开发银行包括欧洲复兴开发银行（European Bank for Reconstruction and Development，EBRD）、欧洲投资银行（European Investment Bank，EIB）、亚洲开发银行（Asian Development Bank Institute，ADB）、泛美开发银（Inter - American Development Bank，IDB）、非洲开发银行（African Development Bank，AFDB）以及安第斯开发集团（Corporacion Andina de Fomento，CAF）等。

二、建设新型投融资机构

当前，同"一带一路"密切关联的四大资金来源分别为丝路基金、亚洲基础设施投资银行、金砖组织开发银行和上合组织开发银行，4 个平台筹备工作自 2014 年起加速推进，并与原有的国际金融机构与融资集团开展广泛合作，旨在为相应的项目提供重要的资金支持。初始运作框架建立后，外汇储备、地方政府及其他基金的建立、银行等社会资本的融入、人民币国际化的推进都将为"一带一路"这一长远发展输送源源不断的资金。

（一）亚洲基础设施投资银行

亚洲经济占全球经济总量的 1/3，是当今世界最具经济活力和增长潜力的地区，拥有全球 60% 的人口。但因建设资金有限，一些国家铁路、公路、桥梁、港口、机场和通信等基础建设严重不足，这在一定程度上限制了该区域的经济发展。亚洲基础设施投资量巨大，据亚洲开发银行预测，亚洲内部基础设施投资至少需要 8 万亿美元，平均每年需投资 8000 亿美元，其中 68% 用于新增基础设施的投资，32% 是维护或维修现有基础设施所需的资金。现有的多边机构并不能提供如此巨额的资金，亚洲开发银行和世界银行仅有 2230 亿美元，2 家银行每年能够提供给亚洲国家的资金仅有 200 亿美元左右，无法满足资金需求。由于基础设施投资的资金需求量大、实施的周期很长、收入流不确定等因素，让私人部门大量投资于基础设施项目也是有难度的。

2013 年 10 月 2 日，中华人民共和国主席习近平在雅加达同印度尼西亚总统苏西洛举行会谈，习近平倡议筹建亚洲基础设施投资银行，促进本地区互联互通建设和经济一体化进程，向包括东盟国家在内的本地区发展中国家基础设施建设提供资金支持。新的亚洲基础设施投资银行将同域外现有的多边开发银行合作，相互补充，共同促进亚洲经济持续、稳定发展。苏西洛对中方倡议筹建亚洲基础设施投资银行做出了积极回应。同月，中华人民共和国国务院总理李克强出访东南亚时，紧接着再向东南亚国家提出了筹建亚投行的倡议。

2015 年 6 月 29 日，《亚洲基础设施投资银行协定》签署仪式在北京举行，标志着亚投行正式成立。亚投行创始成员国达到了 57 个，联合国常任理事国除了美国，G20 等组织成员大多数都参与进来。目前，亚投行总认缴股本为 981. 514 亿美元，中方认缴额为 297. 804 亿美元（占 30. 34%），为第一大股东，印度、俄罗斯分别以 83. 67 亿美元和 65. 36 亿美元的认缴股本分列第 2 和第 3。亚投行的总投票权由股份投票权、基本投票权以及创始成员投票权组成。除了各个成员国缴纳的股本金以及贷款或担保收回的资金，亚投行还需要通过获得 AAA 评级在国际资本市场进行筹资，主要是以发债等方式以低成本筹集资本，这些资金是未来亚投行普通业务的核心资本。与此同时，亚投行将设立特别基金，对一些特殊的业务进行融资。未来亚投行也将欢迎成员为亚投行设立单一或多用途的信托基金提供捐款。这样在符合亚投行协定相关规定的前提下，亚投行的不同资本和不同基金共同为亚洲地区基础设施建设和互联互通的发展提供融资，做出贡献，也是现有的国际多边开发机构比较普遍应用的融资方式。

表 4－2 现有多边金融机构对“一带一路”沿线国家基建投资概况

多边金融机构性质	投向	资金总额和中国的比例
主权投资基金（丝路基金）	“一带一路”沿线国家和地区	400 亿美元，中国出资 100 亿美元，外汇储备占 65%
区域多边金融开发机构（亚洲基础设施投资银行）	签署《筹建亚投行备忘录》的成员国	1000 亿美元，中国出资占 50%
金砖国家开发银行	5 个金砖国家	1000 亿美元，5 个成员国平均出资
海上丝绸之路银行	海上丝绸之路沿线相关国家和地区	拟注册资金 50 亿元，私募 1000 亿元
世界银行	在亚洲地区的基础设施投资	总和约为 300 亿美元
亚洲开发银行		

亚投行的特点十分鲜明。一是专业性，全球或者区域多边开发机构，基本上都是侧重于减贫，应用在社会各个方面，但是亚投行是仅仅投资基础设施，是专业性非常强的机构，现在投资的是硬的基础设施，将来考虑投资软的基础设施，核心点是铁路、公路、机场、通信等。二是开放性，亚投行从一开始就遵循非常开放的原则，无论是域外还是域内国家只要有意向都可以申请加入。三是规范性，亚投行吸取了其他多边机构的经验教训，在项目评估、对环境的影响、保护当地文化等方面坚持高标准，这不仅对机构有利，而且对亚洲国家的长远发展也是有好处的。四是创新性，亚投行充分研究了包括欧投行等开发性金融机构的做法，主要有两方面创新：人才招聘是全球公开的招聘，而不仅仅是聚焦到成员体，采购面向全球，这和欧投行有差别。

从未来的发展趋势看，建议亚洲基础设施投资银行进一步拓展战略合作方向。

第一，应该积极推动建立以亚投行为主的银行信贷支持体系。以新成立的亚洲基础设施投资银行为主，同时积极推动国家开发银行、进出口银行等政策性金融，鼓励控股银行、股份制银行、城市商业银行等金融机构参与一些贷款业务，特别是大力发挥国家开发银行等开发性金融机构的作用。其中包括：利用外汇储备充实其资本金，鼓励在上合组织银联体框架下扩大信贷融资规模和服务范围，鼓励加强与国际开发性机构（如亚洲开发银行、欧洲复兴银行、世界银行等）以及国际知名商业银行开展合作，借助其他合作机制实现多渠道融资，并积极考虑参加国际银团招标，借助辛迪加的贷款方式降低风险，扩大贷款规模。

第二，推动主权基金与亚投行和新开发银行的业务对接，与多边金融机构形成基础设施领域的投资合作伙伴。可以考虑分别以亚投行和新开发银行为平台，建立与全球主要主权基金机构的业务对话机制，推动投资信息共享和项目磋商。

第三，积极推动主权基金入股现有沿线投资基金。当前，不同主权基金投资地域相对分散，吸引主权基金参与或入股“丝路基金”类基金实体，有助于更好地实现国际资本整合。除“丝路基金”外，目前还可推动主权基金与中非合作基金、东盟基金等基金实体的对接，推动机构之间进行公私合营等融资合作。

第四，建立援外金融体系，建立中国对外援助银行，建立中国对外援助基金，建立中国援外项目保险体系，建立剩余外汇援外战略机制，援助建设新金融机构和已有国际金融机构，加强与国际组织合作开展发展援助。推进国际气候金融体系建设，推广“资源换项目”的一揽子合作安哥拉模式。

（二）丝绸之路基金

2014 年 11 月 4 日，习近平在中央财经领导小组第八次会议上提出设立丝路基金，明确指出将借此利用我国资金实力直接支持“一带一路”建设，此举旨在以建设融资平台为抓手、打破亚洲互联互通的瓶颈，为“一带一路”沿线国家基础设施、资源开发、产业合作和金融合作等与互联互通有关的项目提供投融资支持。丝路基金总规模为 400 亿美元，首期资本金 100 亿美元中，来源于外汇储备以及中国进出口银行、中国投资有限责任公司、国家开发银行 3 家机构，其中外汇储备出资占比 65%，中国进出口银行和中投公司各出资占比 15%，国家开发银行出资占比 5%。

成立丝路基金是利用中国的资金实力支持“一带一路”建设的具体举措。丝路基金定位于中长期开发性投资基金，通过股权、债权、贷款、基金等多元化投融资方式，为“一带一路”建设为多边、双边互联互通提供投融资支持。丝路基金在运作中将遵循 4 项原则：一是对接原则，也就是说丝路基金的投资要与各国发展战略和规划相对接，在“一带一路”建设过程中寻找机会，实现投融资服务，实现互利共赢。二是效率原则，按照市场化、标准化、专业化运作，我们将严格遵守投资所在国的法律、国际标准、商业规则，投资于有效益的项目，实现中长期合理的投资回报。三是合作原则，丝路资金将与国内外企业和金融机构相互合作配合，开展多元化投融资合作，特别是为中长期可实现稳定合理回报的项目提供更多的选择。我们与其他机构不是相互替代的关系，而是优势互补、合作共赢的关系。四是开放原则，运作一段时间以后，丝路资金将欢迎与有共同意向的成员加入进来，开展合作。从模式上来说，丝路基金更接近于主权投资基金，与多边合作机构相比，中国具有决策权，因而具备效率上的优势，但仍需面临法律环境、税收政策等国别风险。基金先期将以交通、电力、通信等基础设施规划投资为主。

从未来的发展趋势看，丝路基金顶层偏重融资结构、财务管理、战略布局和风险总控等综合问题，子基金则注重组建专门团队，做好激励考核，更专业、更高效地推进项目进展。通过发行债券、概念股、公募、保险、援助，甚至是信贷资产证券化等金融创新方式，来扩充和稳健运作丝路基金，可以让 400 亿美元基金发挥出万亿美元甚至更大的功效。甚至可以考虑发行以人民币计价的丝路基金债券，用来补充丝路基金的资本金。在具体的债券发行和资金运用中，可根据具体项目投融资需求，有针对性地发行，更要防控国别风险、地缘政治风险、经营风险、市场风险等各种风险。在风险控制的具体操作中，可以考虑以特殊目的实体（Special Purpose Vehicle）等具体的运作方式，做好风险隔离，并吸引更多的国际金融机构，尤其是“一带一路”具体项目所在国的金融机构参与运作和实施。作为国际金融和国际经济技术合作政策工具，丝路基金不仅要重视对接项目，加速“一带一路”建设，更要对接人民币资本项目可兑换等各项金融改革，同时要加强亚洲债券基金建设，引导亚洲债券市场的开放和发展。

（三）金砖国家新开发银行

金融危机以来，美国金融政策变动导致国际金融市场资金的波动，对新兴市场国家的币值稳定造成了很大的影响。中国货币波动较小，但是印度、俄罗斯、巴西等国都经历了货币巨幅贬值，导致通货膨胀。而靠国际货币基金组织救助存在不及时和力度不够的问题，金砖国家为避免在下一轮金融危机中受到货币不稳定的影响，计划构筑一个共同的金融安全网。一旦出现货币不稳定，便可以借助这个资金池兑换一部分外汇来应急。金砖国家开发银行的概念在 2012 年已经提出，英国《金融时报》对这一设想评价称：金砖国家开发银行将成为 1991 年欧洲复兴开发银行成立以来设立的第一个重要多边贷款机构。2013 年 3 月，第 5 次金砖国家领导人峰会上决定建立金砖国家开发银行，成立开发银行将简化金砖国家间的相互结算与贷款业务，从而减少对美元和欧元的依赖。

金砖国家新开发银行法定资本金为 1000 亿美元，首批到位资金 500 亿美元，金砖 5 国平分金砖发展银行的股权，这意味着中国出资额将达 100 亿美元。金砖国家成员将就治理结构进行讨论，关键战略决策由理事会做出。为金砖国家开发银行投入资金不但对各成员国本身有着重要意义，而且能够加强它们在其他发展中国家的政治、经济影响力。根据俄罗斯央行数据，目前俄罗斯银行总资产为 1.5 万亿美元，俄罗斯联邦政府的黄金储备为 3650 亿美元。巴西和印度也拥有相当的黄金储备，中国外汇储备达 4 万亿美元，黄金储备已经超过 2000 吨。未来，随着“一带一路”框架下合作的深入，金砖国家开发银行的意义不仅是为了提供跨境投融资，还将是一个在国际市场分配其资源并提高其在世界上影响力的平台。

金砖国家开发银行主要资助金砖国家以及其他发展中国家的基础设施建设，对金砖国家和各发展中国家具有非常重要的战略意义。巴西、南非、俄罗斯、印度的基础设施缺口很大，在国家财政力所不逮时，需要共同的资金合作。金砖国家开发银行不仅面向 5 个金砖国家，而是面向全部发展中国家，作为金砖成员国，可能会获得优先贷款权。在基础设施建设方面，设立金砖国家开发银行，可推动其他国家的基础设施建设，也是分享中国经验的好机会，与中国“走出去”战略相符合。中国输出的既是经验和技术，也是一种标准。金砖国家开发银行拓展了中国和金砖国家在合作方面新的空间，作为金融合作方面的一个具体体现，金砖银行建立之后，会不断拓展金砖国家合作新的空间；同时，它也代表着金砖国家在金融合作方面新的进程。

（四）上海合作组织开发银行

目前，上海合作组织（以下简称“上合组织”）在多极化世界中已占据重要的一席。其人口约 15.816 亿人（占世界总人口的 24%）。若加上观察员国的人口 13.479 亿人，实际上合组织涉及的人口可能达 28.029 亿人（占世界总人口的 42.5%）。2001 年成立以来，上合组织成员国在能源、政治、经贸、国防、执法、环保、文化、科技、教育、交通及金融信贷等领域开展合作。如在能源方面，在上合组织成员国和观察员国中，因人口数量和经济发展速度的差异，表现出既有能源资源丰富、能源生产相对较多的国家，如俄罗斯、伊朗、哈萨克斯坦和乌兹别克斯坦等；也有清洁能源相对较少，而能源消费又较多的国家，如中国、印度。因此，上合组织无论在组织内部开展能源资源的互补合作，还是在有成员国和观察员国共同参与的解决世界能源市场问题、落实联合国“千年发展规划”和“气候变化框架公约”等重大国际活动中，都有充分的物质基础和发言权。

2010年11月25日，上海合作组织成员国第9次总理会议在塔吉克斯坦首都杜尚别举行，时任国家总理温家宝在会上提出了建立上合组织银行的建议。上合组织成员国元首理事会第14次会议于2014年共同签署并发表了《上海合作组织成员国元首杜尚别宣言》，并于2015年成立了上合组织开发银行和上海合作组织专门账户，致力于建立上合组织框架内项目融资保障机制，为包括上海合作组织各成员在内的“丝绸之路经济带”沿线经济体的远期目标提供跨境融资和金融支持。应在上合组织银联体框架下扩大信贷融资规模和服务范围，鼓励加强与国际开发性机构（如亚洲开发银行、欧洲复兴银行、世界银行等）以及国际知名商业银行开展合作，借助其他合作机制实现多渠道融资，并积极考虑参加国际银团招标，借助辛迪加贷款方式降低风险，扩大贷款规模。

表4-3 “一带一路”建设资金四大来源及其构成

名称	性质	投向	定位	资金投入
丝路基金	主权财富基金	“一带一路”区域国家/地区	基础设施、资源开发、产业合作、金融合作等	总规模400亿美元
亚洲基础设施投资银行	区域多边金融开发机构	亚投行成员国及亚洲基础设施	基础设施等	法定资本1000亿美元，中国初始认缴500亿美元
金融国家开发银行	区域多边金融开发机构	金砖国家	基础设施、项目开发、资源合作等	初始资本为1000亿美元，5个金砖国家平均出资
上合组织开发银行	区域多边金融开发机构	上合组织国家	上合组织间能源、交通、项目开发等	

三、构建“一带一路”多元投融资体系

目前中国参与“一带一路”建设的金融合作主体是开发性金融，这是由现阶段“一带一路”建设所处的阶段决定的，前期金融服务主要是开发性金融。待世界性市场化机制逐步建立后，各国的商业性金融机构的参与才会愈加深入。这一阶段，中国参与“一带一路”建设的业务主体主要包括政策性银行（国开行等）、专项基金（丝路基金等）、国际开发性金融机构（亚投行等）、商业银行（主要是国际化水平较高的五大行）。业务产品种类则包括境外投资或承包贷款、出口买方信贷、出口卖方信贷、专项基金的直接投资、国际银行业务等。中国和国际金融机构参与“一带一路”建设的主要金融主体和金融形式包括以下几个方面。

（一）建立“一带一路”银行信贷体系

为了解决“一带一路”融资缺口，要建立囊括国内银行和国际银行在内的包容性银行信贷体系。

1. 国内开发性金融机构

一个完善的政策性金融体系包括开发性金融、支持性金融、补偿性金融与福利性金融。以国家开发银行为核心的开发性金融是当前我国政策性金融的主力，具有总体性、宏观性、制度性和规模性的特征，既能够融合其他政策性金融，也能够较好地体现国家政策意图。

除了开发性金融，以中国进出口银行为核心的支持性金融同样在“一带一路”实施过程中具有重要作用。2015 年上半年，中国人民银行对进出口银行追加 450 亿美元的注资后，成为进出口银行的第 1 大股东，这被认为是支持进出口银行投入“一带一路”建设，鼓励进出口银行进一步发力的重要举措。与开发性金融不同，进出口银行主要在优化贸易金融投资与产业合作方面为“一带一路”建设提供支持：一方

面由于中国与沿线国家金融合作的空间与潜能很大，进出口银行在贸易融资、货币金融投资等方面具有较多发展动力和潜力；另一方面进出口银行还可以利用已有的中国—东盟投资合作基金、中国—中东欧投资合作基金等，拓展新的区域基金项目，拓宽投融资渠道，促进“一带一路”区域建设的市场化与开放化。

参与“一带一路”建设的国内政策性银行主要包括中国进出口银行、国家开发银行，由于其在对外项目融资方面有丰富的经验，预计将是“一带一路”前期开发阶段金融服务的主力。中国一直在通过国家开发银行投资海外基础设施项目。中国国家开发银行是中国的开发性金融机构，也是中国最大的对外投融资合作银行，国家开发银行根据开发性金融的理念，以培育和建设市场为主要特点，通过中长期的信贷投资、租赁等方式，重点对各国经济社会发展的瓶颈领域和薄弱环节予以支持。目前，国家开发银行资产总额已经突破了1.6万亿美元，外汇贷款余额达到了3200亿美元，截至2014年底，国开行外币贷款余额总计2670亿美元，过去3年年均新增外币贷款约为300亿美元，其整体外币贷款余额从2011年的1870亿美元增至2014年的2670亿美元。国开行与110多个国家和地区建立了良好的合作关系，其中多数都流向了亚洲、非洲和南美洲发展中国家。特别是在当前的“一带一路”建设中，国家开发银行将发挥出更加突出的作用，在“一带一路”沿线国家累计支持的项目超过400个，这占了国开行全行国际业务的1/3以上。

国开行主要围绕实现习近平总书记提出的“五通”的要求来推动亚欧互联互通。一方面，国开行将设施联通作为重点领域优先推进，支持中国企业通过设备出口、工程承包、投资等方式参与周边国家的基础设施建设，实施中国与中亚、俄罗斯的油气融资合作，中缅油气管道建设融资，这些都为所在国家的经济发展打好了基础。另一方面，以装备“走出去”和国际产能合作为抓手，共建装备“走出去”以及境外经贸合作开发区的合作平台和项目推荐机制，推动装备、电信、汽车等出口项目，结合所在国的资源禀赋积极推进工业园区、物流园区、产业园区等专业以及综合开发区的规划和建设，支持所在国的开发。与此同时，国开行大力推进资金融通建设，着力拓展境外人民币业务，不断深化多边金融合作。目前国开行已经在亚欧国家的22个项目中累计人民币贷款余额100多亿元，这些推动了人民币的国际化进程。截至目前，国家开发银行启动“一带一路”重点项目储备库，涉及64个国家约900个项目，投资金额逾8000亿美元。

2. 国际开发性金融机构

除了新型投融资机构和国内政策性银行，世界银行、亚洲开发银行等国际开发性金融机构还有望参与到“一带一路”投融资中来，这对于“一带一路”基础设施建设至关重要。加强与受援国以及国际多边金融机构的合作，将为“一带一路”提供全方位的金融解决方案。我国应加强与国际开发性机构（如亚洲开发银行、欧洲复兴银行、世界银行）等开展合作，借助其他合作机制实现多渠道融资，并积极考虑参加国际银团招标，借助辛迪加贷款方式降低风险，扩大贷款规模。继续支持上合组织银联体、东盟银联体等发挥更大的作用，研究在物流和贸易等领域推进联合融资机制，促进丝绸之路国家间的商品自由流通。

表4-4 主要金融机构亚洲基础设施投资规模 单位：亿美元

金融机构	资本金	未偿贷款和信用	“一带一路”发贷和信用
世界银行	2230	2700	1690
亚洲开发银行	1650	560	560
国际货币基金组织	3300	260	90
亚洲基础设施投资银行	1000	1210	1210
丝路基金	400	400	400
合计	8580	5130	3950

资料来源：http：//www. ipo. hk/info/179/890997. html。

3. 国内商业银行

理论上商业银行并不从事开发性金融。但国内大型商业银行实力雄厚，并有政府背景，有可能适度参与部分已具备商业化水平的开发项目。商业银行还能从事项目开发的上下游业务，包括为装备制造企业服务等。同时，海外网点较多的商业银行能够提供常规的国际银行业务，如结算和贸易融资，以及财务咨询、风险管理、投资银行等创新业务。

在“一带一路”跨境融资方面，中国四大国有银行海外正在加紧布局。中国工商银行海外分支机构（含分行、子行、代表处）布局的国家与地区最多，为29个，尤其是在环太平洋地区也就是海上丝路沿线地区（东北亚、东南亚、大洋洲、美洲）布局较多，目前工商银行已经在“一带一路”境外沿线国家储备项目131个，投资金额达1588亿美元；中国银行共布局28个国家和地区，在欧洲、亚洲布局较为密集，尤其在西欧有独特优势，并且深耕多年，国际化运作极为成熟，中国银行2015年对“一带一路”建设相关的授信超过200亿美元，未来3年授信金额将达到1000亿美元；根据浦发银行发布“一带一路”跨境金融服务方案1.0版，浦发银行已储备项目近280个，项目总规模超过2万亿元，融资需求近4000亿元，项目投资领域涉及交通运输、能源生产储运、城市建设、文化旅游、产业园区等5大类，其中，交通运输基础设施建设项目投资规模占比达40%，目前浦发银行已启动65个重点项目的服务推进工作，为其中17个项目提供近百亿元专项金融支持。下一步要引导和鼓励我国商业银行在“一带一路”沿线国家设立清算行、分支机构，增加相关企业的信贷额度，放宽境外贷款业务限制，支持和鼓励我国金融机构与沿线国家金融机构开展本外币贷款转贷业务，鼓励银行间以银团贷款、银行授信等方式开展多边金融合作。

（二）建立“一带一路”多种形式的基金

“一带一路”建设要用好各类基金资金，主要包括国际合作基金、产业投资基金、国家专项基金等多种类型。

一是发挥好已有的中国—东盟海上合作基金、亚洲渔区合作专项资金、上海合作组织发展基金、中阿共同投资基金、中国—中东欧投资合作基金等的重要作用，吸引沿线国家的资金和社会资本参与“一带一路”建设。有的基金已成功运作了数年，积累了相对丰富的航运、港口、通信等项目建设经验，这些基金对于推进“一带一路”沿线互联互通将能够发挥十分重要的作用。

二是吸引产业资金投资“一带一路”建设。产业投资基金是引导社会资金投向实体经济的主要手段和平台载体。近年来，我国以 VC、PE 为主要代表的产业投资基金发展迅速，特别是人民币基金募资和投资规模不断扩大，投资领域既包括传统产业，如农业、能源、制造业等，也逐步开展到城市基础设施和民生工程等直接关系城镇化发展的重点领域。有关部门应设立产业投资引导基金，并以国家引导基金为发起人，联合地方政府和社保、保险等其他投资机构共同设立各行业子基金。为了提高该基金对其他投资机构的吸引力，提高募集资金的成功率，建议可对子基金的受益权进行结构化分层设计。其中，国家级引导基金可以承担子基金的最后兜底作用，较少或者不参与基金分红，并先期承担基金损失，而追求稳定回报的社保、保险等投资机构则可作为优先受益人，部分机构出资甚至可以设计成为优先股性质，保证其获取合理稳定的回报。在基金的具体运行上，应采用市场化运行方式。

三是用好国家专项资金。专项基金一般由国家出资（外储资金、财政资金或政策性银行资金），同时还能吸收其他资金，并由政策性银行管理。我国已有专项基金管理机构的运作经验，如此前国开行已经设有中非发展基金，目前资金规模达到了 50 亿美元，实际投资 24 亿美元，且已带动中国企业对非投资 150 亿美元。

四是引导各类地方政府及机构配套基金向“一带一路”投资。“一带一路”沿线省份或将推出地方版丝路基金及其他类型基金。例如，福州市政府日前和国开行福建分行、中非发展基金携手合作，推动设立预计总规模为 100 亿元人民币的基金，广东省政府也正酝酿设立“21世纪海上丝绸之路建设基金”。此外，一些金融机构也成立了配套基金。如中信银行成立的“一带一路”基金最主要的特点是以基金的形式来撬动社会资金，并通过PPP、“走出去”、并购重组、产业投资等4类子基金，专项投资于基础设施互联互通、能源资源、生态环保、新能源、现代农业、文化教育等相关领域，力争在5年内，上述母基金规模有望达到1000亿元，撬动金融资本和社会资本5000亿元，为区域内的重点项目拉动1万亿元的融资。

五是成立政策性担保基金，主要用于境内中小企业优先开展针对“一带一路”沿线国家对外贸易融资担保。该资金作为政府公共服务的重要内容，可以利用一些有效的官方支持手段，提供一些优惠贷款，提供企业的贷款担保，提供更多的信用保险，通过这样的方式，对企业贸易和投资活动给予必要的支持。

六是鼓励各国主权基金参与共建“一带一路”。近年亚洲地区积累了大量金融资源，单从外汇储备资产规模看，约占全球的2/3；但从资产配置的角度看，却配置了大量低收益美元资产。研究表明，1952—2014年，美国投资者持有外国资产的平均收益率是5.72%，外国持有美国资产的平均收益率是3.61%，这种差额收益率产生的原因既是美元资产的低风险导致的，也是在当前以美元主导的国际货币体系下，美元不断相对其他货币贬值所产生的估值效应所导致的。目前，亚洲乃至亚欧的主权基金规模庞大，未来需要改变投融资机制并不顺畅，要疏通主权财富资金投融资渠道，促进跨境相互投资。

七是探索基金和银行合作新模式。亚洲地区的金融业各具特点，如东亚国家包括中国，银行借贷比重高，直接融资比重较低；而西亚地区，融资大多以基金的形式出现。双方可以取长补短，探讨西亚的基金和东亚银行间的合作新模式。再如，亚洲很多项目之所以难以落实，或者是因为有资本金但没有贷款，或者是因为有贷款但资本金无法落实，基金和银行的合作可以为此找到出路。

（三）建立“一带一路”债券市场

债券融资正是适合基础设施投资特点的融资工具，并创造新的证券化债权融资工具。这也正好为推动亚洲债券市场发展的努力提供了新思路和新机遇，而以亚洲基础设施投资银行和金砖国家开发银行为代表的新型开发性金融机构也正好成了推动亚洲债券市场发展最合适的融资主体。

事实上，早在2003年，18个亚洲国家就发表了推动亚洲债券市场发展的“清迈宣言”。宣言强调，一个高效、有深度和流动性良好的亚洲债券市场是亚洲金融体系健全和稳定的基础，有助于增强抵御国际金融风险的能力，降低对西方发达国家金融市场的依赖程度。亚洲债券市场的建设得到了世界银行、国际清算银行和亚洲开发银行的支持，并且得到了东亚国家的积极响应。鉴于当时东亚各国债券市场都不大，难以达到发挥正常功能的规模门槛，所以建设一个统一的区域性债券市场就成了一个可行的方案，有望突破发展一个成熟债券市场的规模门槛。因此，可以在东亚及太平洋中央银行行长会议组织（EMEAP）机制下的亚洲债券基金和“10+3”金融合作机制下的亚洲债券倡议推动亚洲债券市场的发展、促进债券品种和投资主体多元化、完善债券市场基础设施等方面发挥积极作用。特别是正在筹建中的亚洲基础设施投资银行（AIIB），将可以通过发行长期债券或设立各种创新融资工具，吸引其他商业银行和私人资本投资，解决资金错配和融资缺口问题。

要稳步发展国际债券市场，充分利用直接融资渠道为“一带一路”建设服务。结合“一带一路”互联互通项目的特点和风险，将标的物和收益开发证券化金融创新品种，提供满足项目需求的多样化、多层次的直接融资工具和金融产品。一方面，建设“一带一路”区域性人民币债券市场，允许沿线国家政府、中央银行以及信用级别较高的金融机构和大型企业在境内发行人民币主权债券和企业债券，鼓励更多的沿线国家政府和机构在中国香港等离岸市场发行人民币债券，优先允许重点拓展的沿线国家在中国境内发行人民币债券，即“熊猫债券”。另一方面，鼓励符合条件的中国境内金融机构和企业可以在境外发行人民币债券和外币债券，鼓励在沿线国家使用所筹资金。研究发行面向国内外金融市场的“丝路债券”，可根据“一带一路”不同项目的融资需求，设计灵活多样的丝路债券，如根据沿线国家的特点探索国内债券市场的新品种，如伊斯兰债券、丝绸之路大型合作项目特种债券等。这些债券主要用于跨境或境外项目投资、建设、运营、管理等，还可用于补充亚投行和丝路基金的本金。研究将沿线国家更多的重要机构纳入人民币合格境外投资者（QFII）试点范围。同时，在金融审慎监管层面，应在加强债券市场监管合作、完善债券市场基础设施等方面发挥积极作用。

（四）建立“一带一路”PPP模式投融资体系

从发达国家和地区经验来看，在基础设施和公共服务等传统领域上推行政府与社会资本合作（PPP）模式具有重要意义，这有助于引入市场机制，发挥政府和市场的各自优势和合力，从而有可能在基础设施和公共服务领域弥补政府失灵和市场失灵，PPP有可能为其他同类政府投资项目或国有企业提供一个标杆，从而促进同类政府投资项目或国有企业提高效率。从构建多元化的投融资体系框架的发展趋势来看，在“一带一路”建设初期，开发性金融、各类基金债券能够发挥较大的作用，但随着“一带一路”建设的逐步推进和投资环境的逐步改善，尤其是应该动员更多私人部门的资金，积极推进PPP模式，增强基础设施项目对于私人部门投资者的吸引力。解决“一带一路”互联互通的资金不足和融资问题，不能仅靠公共财政和国际资本发挥作用，也要充分发挥私人资本、社会资本的积极性，这是解决沿线地区基础设施投资巨额缺口的根本办法。

目前，我国已明确指出，“一带一路”建设将吸收社会资本参与，要鼓励私人资本通过公私合作模式（PPP）、建设—经营—转让模式（BOT）等有效组合参与“一带一路”建设，通过提高长期潜在收益提升私人资本参与，鼓励民间资本、保险公司、社保基金、养老基金等机构参与丝路基金建设，引导商业性基金与社会基金共同参与。“一带一路”各国需要制订基础设施投资计划或重点项目清单，出台 PPP 项目库，为 PPP 项目的开展营造更好的环境。多边银行可以进一步推动本币债券的发行和或地方债务融资的发展，帮助吸引长期投资者投资于基础设施 PPP 项目。

据亚洲开发银行估计，2020 年以前亚洲地区每年基础设施投资需求都高达 7300 亿美元，现存国际开发性金融机构的融资能力显得杯水车薪。要满足庞大的基础设施投资需求，还需要引入私人资本，如采取公私合营（PPP）模式，通过在各经济体建设 PPP 网络来鼓励机构投资者、民间资本的介入。鼓励保险公司、社保基金、企业年金等合格的境内机构投资者参与投资。目前，保险公司和社保基金的监管政策都允许其将资产规模的 20% 进行海外投资，可以通过扩大 QDII 额度和范围、改善外汇管理等方式，促进这些长期资金积极参与。鼓励民间资本通过 BOT、PE 基金等方式参与投资。

建立“一带一路”PPP 投融资体系，还需重点做好以下 3 方面工作：一是健全规章制度。从国内外 PPP 模式的实践情况来看，完善的法律法规是 PPP 项目获得成功的必要前提。目前，与国内基础设施和公共服务等重点领域 PPP 模式应用相关的专业性法律法规还不健全，处理具体问题时缺乏法律依据，有关部门出台的规章制度和实施措施还需要进一步完善和协调。建议有关部门统一 PPP 模式的发展思路，明确 PPP 模式的适用范围、实施主体、运作程序、价格形成与调整机制、风险分担机制以及政府投融资支持政策等内容，推进 PPP 项目规范化、制度化运作。在此基础上，加快基础设施和公共服务等重点领域 PPP 模式的相关立法工作。与此同时，研究制定基础设施和公共服务等重点领域投资、建设、运营等各环节 PPP 运作的标准化操作流程和规则，为社会投资者参与城镇化发展特别是基础设施建设和公共服务发展提供参考。二是明确 PPP 筛选原则。应当注意的是，目前地方各级政府普遍面临债务率偏高的问题，自身建设资金相对不足，引入 PPP 模式的积极性很高。但各级政府不能因为缺钱才想到通过 PPP 模式利用社会资本，其理性选择应该是为了降低基础设施和公共服务项目的投资和运营成本、提高服务效率而引入 PPP 模式。三是引入公平竞争机制。为了从源头上引入竞争机制，使市场机制在配置资源中起决定性作用，PPP 项目要贯彻落实项目法人招标制度，即通过公开招标、邀请招标、竞争性谈判等方式确定项目的社会投资者，并由中标的投资者组建项目公司具体负责 PPP 项目的投资、建设、运营管理等全过程工作。

（五）建立"一带一路"主权财富基金投融资体系

可通过外汇委托贷款等方式，支持各类金融机构外汇融资，保障承接重大项目的能力。允许境内大型金融机构运用外汇储备开展境外贷款业务，支持沿线国家购买我国的出口设备。研究设立"一带一路"外汇产业投资基金，着力解决国内企业的外汇投资需求，支持企业"走出去"进行直接投资或并购。完善双（多）边外汇援助贷款资金，支持沿线国家基础设施建设，主要用于我国战略性优先项目。鼓励金融机构与产业企业加强合作，通过参股、认购可转债等多种方式，支持或直接参与行业骨干企业在境外的重点领域投资项目。

此外，相关主权基金在本国经济发展中也积累了相当的经验，同时，考虑到间接投资需要支付高额的基金管理费，很多主权基金机构在国际基础设施投资中越发倾向于采用直投的方式，并且这一势头增长迅猛。Preqin 数据显示，当前，投资基础设施的主权基金中大约有 34% 完全采用直投的方式，2015 年这一比例上升至 41%，投资基金中采用直接与间接混合投资方式的比重则达到 89%。实际上，部分未采用直投方式的基金主要是受到自身管理条例的限制，并且相关公司正积极推动基金运作规则的重新修订。例如，世界最大规模的挪威主权财富基金正推动改变公司管理条文中关于直接投资的限制，积极进入基础设施直接投资领域。

在“一带一路”倡议的背景下，主权基金投资区域选择与“一带一路”沿线存在较高的地理重合度。中投公司、阿布扎比投资局等知名基金越发倾向于投资“一带一路”沿线的主要新兴经济体。Preqin（2015）数据显示，亚洲地区是主权基金最感兴趣的投资区域之一，中东北非地区是吸引主权基金投资增长最快的地区。从主权基金投资区域偏好的角度看，亚洲区域和欧洲区域是主权基金最青睐的投资区域。主权基金在投资地区选择方面越发倾向于发展中国家，与“一带一路”沿线区域存在较高的地理重合。在发达国家市场上，欧洲是主权基金最青睐的投资区域，以中投公司广泛涉足欧洲基础设施市场最为典型。目前，中投公司已广泛涉足“一带一路”沿线道路交通、水务、电力甚至核能和通信领域。2015 年中投公司成立海外直投基金—中投汇通（CIC Capital），初始资本为 50 亿美元，规划资本为 1000 亿美元，重点指向“一带一路”沿线的基础设施领域。

（六）建立“一带一路”联合融资体系

以上各类融资方式并不是孤立的，针对不同类型和性质的项目可以综合采取多种模式。对于自身经济性较强的基础设施项目，可采取市场化运作模式，以项目自身现金流为基础，通过股权融资、买方信贷、项目融资、银行贷款等多样化手段，实现项目融资的可持续发展。对于公益、半公益性基础设施项目，可采取政府或金融机构平台合作模式，通过搭建政府—金融机构融资平台，开展大额融资合作。对于某些国家要求低利率融资的需求，采用企业贴息模式。对纯商业性贷款资金接受程度较低的情况，可以通过银企互利共赢合作的方式解决项目融资困难。此外，对一些投资金额大的基础设施项目，还可以通过境内外债券融资、股权融资、跨境筹组银团贷款、国际金融组织中长期贷款、本国政府财政资金、外国 ODA、本国企业及金融机构的“联合融资”方式予以积极推进。

四、深化沿线经济体金融合作

“一带一路”是跨经济体的区域性合作，需要经济体层面动力作为主动力之一。所以，“一带一路”沿线经济体金融合作要立足现实，充分调动全区域的金融资源，解决发展瓶颈。

（一）重点推进“一带一路”亚欧金融合作

“一带一路”的金融合作重点在亚欧合作。推动亚欧金融合作，对亚洲和欧洲实现强劲复苏，促进跨区域经济整合，重塑经济发展活力，都具有不可低估的作用。推动亚欧金融合作，可以有效降低融资成本、提高金融系统整体效率，为亚欧之间持续扩大贸易和投资创造更加便利的条件，提供强大高效的投融资保障。

中国和欧洲可以在开发性金融建设上加强合作。在英国、法国、德国、意大利等欧洲国家加入亚投行之后，中国也宣布申请加入欧洲复兴开发银行，并有望获批。2014 年欧盟委员会主席容克提出“欧洲投资计划”，欧盟和欧洲投资银行出资 210 亿欧元作为种子基金，计划在未来 3 年内撬动市场约 3150 亿欧元的投资，旨在振兴欧盟境内投资、促进经济增长和增加就业。如果中国能够加入欧洲复兴开发银行，无疑将会增加欧洲的投资渠道和合作机会。未来中欧金融合作将有很大的空间，双方可以仿照国际清算银行，按照年度实行双边差额互换以及余额结算，既包括一个经常账目系统，也包括逐步建立一个资本账目系统，未来，中欧、亚欧可以加强金融机构互设和资本市场的互通机制建设，共同打造互联互通的亚欧大陆金融大市场体系，以亚投行和欧投行（EIB）为桥梁和枢纽，开展亚欧之间多形式、多渠道的投融资合作。

（二）合作发展“一带一路”能源金融

欧亚大陆是全球重要的能源生产和消费地，保证能源市场稳定是能源供需双方的共同愿望。能源具有明显的金融属性，一方面，能源贸易产生大量的资金流入金融领域；另一方面，国际金融投资资金进入能源领域，对能源价格产生影响，保证能源市场稳定必须要促进金融和能源的互动，如何消除金融对能源价格的扰动，降低供需双方共同的风险，应当予以重点关注和探讨。

一是可以探索更多使用本地区货币计价结算的能源交易方式，运用主权财富基金、金融衍生工具等稳定能源价格，采用上下游产业链相互参股或股权置换等方式对冲能源价格波动风险。二是应加快建设全球性大宗商品交易平台。我国是全球货物贸易第一大国，建设全球性大宗商品交易平台发展潜力巨大。建议在上海自贸区加快建设一个整合“一带一路”沿线国家国际大宗商品交易和资源配置的全球性大宗商品现货交易平台，开展能源产品、基本工业原料和大宗农产品的国际贸易，这是顺应国际商品贸易的发展趋势，谋求我国大宗商品国际定价话语权和行业自身发展的必然要求。争取通过 5 ~ 10 年的努力，形成具有全球影响力的“上海价格”，最终建成国内保税交易品种最多、保税交易量最大、保税交易服务体系最完备、保税交易定价指数最权威，在世界上交易平台最大、交易量最多、交易服务体系最完备、交易定价指数最权威的全球性场外商品交易中心之一。在大宗商品现货交易发展到一定阶段后，逐步朝大宗商品期货交易方向发展，还可探索开展现货期货贸易。

（三）推进人民币国际化

目前，“一带一路”沿线国家投资和贸易主要依赖域外货币美元，美元波动将会对沿线经济发展产生较大影响，必须培育域内广泛流通的自主货币，降低对美元的依赖。中国作为世界第 2 大经济体和沿线第 2 大经济体，具有广泛的经济影响力，特别是作为沿线最大的贸易国和重要投资国，人民币可以作为域内重要的结算和投资货币选择，推进人民币国际化可以作为“一带一路”建设重要的战略选择。在直接的双边结算融资中，鼓励围绕以人民币国际化为中心，实行间接的双边互换，摆脱“美元陷阱”。“丝绸之路经济带”建设将为人民币国际化带来贸易结算、项目融资与直接投资、货币互换和人民币离岸市场建设的重大机遇。目前，人民币国际化已具有良好的基础。

首先，跨境贸易和直接投资人民币结算规模逐年扩大。人民币在跨境贸易中的占比由2011年的8.8%提升至2013年的17.9%。自2011年国内企业允许使用人民币对外直接投资以来，跨境直接投资人民币结算规模大幅提升。2013年，以人民币结算的对外直接投资为856.5亿人民币、外商直接投资为4481亿元人民币，分别是2012年的2.94倍和1.79倍。中国银行人民币跨境指数（CRI）由2012年3月的115提升至2014年10月的242，这反映了人民币在跨境及境外交易使用中的活跃程度提高。不过可以明显地看出，2014年以来贸易结算的增长率明显下滑，这主要是受到发达国家货币政策变化的影响，人民币在境外的吸引力有所下降。在这样的背景下，人民币国际化迫切需要为贸易结算规模扩张提供新的动力。

其次，资本项目下证券投资管理也逐步放松。截至2014年末，人民币合格境外投资者扩大到95家，地域包括中国香港、新加坡、英国、法国、德国，累计批准投资额度达2997亿元。

再次，人民币逐步成为部分国家的储备货币。2009年以来，中国与31个国家签订了货币互换协议，总计金额达到3万多亿元，其中有19个为我国周边区域国家。截至目前，已有韩国、白俄罗斯、马来西亚、泰国、尼日利亚、日本、柬埔寨、俄罗斯和菲律宾等国央行宣布将人民币纳入其外汇储备货币。我国与“一带一路”沿线国家的人民币跨境使用也初具成效。自2012年6月首笔人民币兑哈萨克斯坦国际贸易结算实现以来，2013年国家开发银行新疆分行向哈萨克斯坦企业发放人民币贷款3.5亿元，实现了我国对中亚人民币输出的重大突破。位于中国与中亚合作最前沿的新疆霍尔果斯口岸积极实践人民币跨境业务创新。2013年8月，中哈霍尔果斯国际边境合作中心成为全国首个

“境内关外”离岸人民币创新金融业务试点区，享受比深圳前海、上海自贸区更优惠的特殊离岸人民币政策。在该合作中心，人民币可与周边国家货币进行自由兑换、挂牌交易，开展人民币融资业务。

最后，国际货币基金组织份额改革推动完善全球金融治理。按照通常的情况，国际货币基金组织成员份额是基于各国 GDP、经常收支、外汇储备等经济指标来计算分配的。成员方需要根据成员份额向国际货币基金组织缴纳资金，但同时也获得相应比例的投票权、资金使用权以及国际货币基金组织发行的国际货币特别提款权。近年来，中国是国际货币基金组织资金最主要的提供者。在危机爆发后，中国向基金组织提供的份额扩大了 3 倍。作为全球第 2 大经济体，中国目前在基金组织中的投票权份额排列第 6 位。根据公布的结果，2010 年改革方案生效后，发达国家向新兴市场和发展中国家整体转移份额 6 个百分点。改革后，中国的份额工将增加 1 倍，占比将从 3. 996% 大幅升至 6. 394% ，即从 2385 亿 SDR 增至 4770 亿 SDR，中国排名从过去的第 6 位跃升至第 3 位。

未来，人民币国际化必须与沿线国家协同合作，循序渐进，有序推进，其推进重点在于 3 个方面。

一是扩大沿线国家双边本币互换、结算的范围和规模。货币互换可以减少国际贸易和投资的汇率风险，也有利于维护区域金融稳定，是亚洲各国金融合作的新方式。在全球经济、全球贸易出现区域化联盟之后，金融和货币领域也出现了以“货币互换网络”为代表的区域化联盟新趋势。近年来，全球掀起了货币互换的热潮，特别是美国“次贷危机”引发的全球金融危机波及越来越多的国家和地区，各国中央银行之间的货币互换协议签署更加频繁，这种以货币互换网络为基础的金融结构正成为一种新趋势。货币互换是人民币国际化的重要一步，采用人民币与合作国家本币互换，可以规避汇率波动的风险，除了进一步扩大货币互换范围，下一步的重点是人民币与更多货币进行直接兑换和交易。有序推进人民币国际化，率先推动与“一带一路”沿线国家和地区实现货币互换和货币直兑。遵循从周边贸易伙伴如中国香港和韩国，到新兴市场国家如印度尼西亚、关键枢纽国家如土耳其和阿拉伯联合酋长国，再到西方国家的渐进路径，推动人民币与更多国家和地区签订货币互换协议，逐步实现同各主要国家货币进行直接交易和兑换。2014年以来，中国央行分别与新西兰央行、蒙古国央行、阿根廷央行、瑞士央行、斯里兰卡央行、韩国央行、俄罗斯央行以及泰国央行签署货币互换协议，规模共计8500亿元人民币。数据显示，2008年以来，中国央行已经与28个国家签署了货币互换协议，累计金额超过3万亿元人民币。应当鼓励各国企业更多地使用人民币结算，这在能源资源、劳务合作、工程设备等方面有着巨大的需求和市场。开展外汇市场货币直接交易，实现人民币汇兑直通车，减少汇率中间套算，降低汇兑成本。各经济体央行之间应当开辟和扩大人民币货币互换规模，开发新的金融产品和服务，为商业银行和企业的融资提供保障和便利。

二是形成人民币离岸中心网络体系。目前中国香港、新加坡、伦敦、巴黎、法兰克福、卢森堡等都在争当或已成为具有一定实力的人民币离岸中心。中国应因势利导，促进人民币离岸中心网络体系的建设，在具备条件的国家和地区金融中心加快建立人民币离岸中心或结算中心。

2015年，RQFII试点新拓展到7个国家和地区，包括瑞士、卢森堡、智利、匈牙利、马来西亚、阿拉伯联合酋长国和泰国，而韩国和新加坡的额度也相继增加，2015年10月30日韩国的RQFII额度从800亿元人民币调增至1200亿元人民币，2015年11月17日新加坡的RQFII额度从500亿元人民币调增至1000亿元人民币。目前RQFII试点地区已扩大到16个境外国家和地区，可投资额度达12100亿元。随着离岸人民币清算中心在全球“开花”，内地四大自贸区齐头并进以及国内资本账户开放进程的加快，2015年人民币直接投资结算规模保持高速增长，较2014年再翻一番。2015年全年人民币跨境直接投资结算业务规模高达2.32万亿元，较2014年的1.05万亿元同比大幅增长120.95%，和2014年和2013年的同比增速96.72%和87.92%相比增速进一步提升。

稳步扩充中国香港离岸人民币资金池。通过挖掘海外机构持有离岸人民币的交易动机和投机动机，促进香港人民币资金池的稳步拓展。从战略设想的角度看，可以在“一带一路”背景下积极发掘海外机构基于贸易需求持有离岸人民币的交易动机。“一带一路”纲领性文件中提到要促进中国和海外各个国家的贸易畅通，解决中国投资贸易便利化问题，消除投资和贸易壁垒，构建区域内和各国良好的营商环境，积极同沿线国家和地区共同商建自由贸易区。在此过程中，积极推动和安排海外人民币的使用，香港可以扮演人民币跨境结算中心的角色，借此机会逐步扩充离岸人民币资金池。

此外，还要增加向香港离岸人民币资金池补充流动性的途径。在中国资本账户尚未完全开放的条件下，可以尝试将部分QDII额度改为人民币形式，加大在岸人民币市场支持香港离岸人民币市场的力度。还可以通过加强香港人民币离岸中心和世界其他人民币离岸中心的联动，在地理位置和时区上形成与亚洲市场的互补，解决人民币交易的时差问题。同时，两地基金互认不仅是对沪港通和深港通这两地市场互联互通渠道的重要补充，更使得跨境证券投资一级市场开放（集合类产品跨境发行及销售）迈出了重要的一步，为资本市场进一步开放奠定了基础。展望2016年，除沪港通制度升级、深港通开通在望外，试点个人境外投资制度也可能落地，而未来，除沪港通和深港通外，沪伦通、沪纽（纽约）通和沪新（新加坡）通也可能逐渐浮出水面，由两地互联互通延伸至全球互联互通，真正成为国际金融市场的一部分。

三是完善人民币清算安排。当前，中国与欧洲、亚洲各国建立人民币清算安排、核准人民币合格境外机构投资者（RQFII），协定货币互换协议都是人民币国际化进程中的重要步骤。未来从推动人民币国际化的战略目标角度，中国将更加积极地构建人民币互换基金池，这样可以有效地防范全球外部风险。在人民币“一对多”的互换、清算系统中，筹建互换资金池，可以极大地扩大这个系统，从而推进清算功能的发展。要允许沿线国家和个人在我国境内银行直接开立人民币账户，保障人民币回流国内渠道的畅通。中国继在亚洲不断拓展人民币之后，进一步扩大在欧洲的跨境使用。2014 年以来，中国已经与英国、德国、卢森堡、法国分别签署了人民币清算协议，与英国、德国和法国还分别获得了 800 亿元人民币合格境外投资者（RQFII）的额度。研究将沿线国家更多有实力的机构投资者纳入人民币合格境外投资者（QFII）试点范围。统筹人民币清算安排，加快人民币跨境支付系统（CIPS）的建设统筹安排人民币清算行为，加快人民币跨境支付系统（CIPS）的建设。发展人民币离岸金融业务，建立人民币离岸市场体系，通过在岸与离岸头寸互相弥补，建立在岸与离岸间的资金链，提升人民币在国际市场上作为其他国家外汇储备的地位。鼓励境内外机构和个人使用人民币进行跨境直接投融资，允许更多的境外人民币通过外商直接投资或 RQFII 的方式，投资境内的实体经济或证券市场；鼓励境内外银行为跨境项目提供人民币贷款，采用人民币进行对外投资和援助。

四是探索构建“人民币区”，助推人民币国际化。随着大量中国企业和投资“走出去”，人民币在“一带一路”区域的认可度大大提升，将有助于在这条世界上跨度最长的经济走廊中形成“人民币区”。“一带一路”将为人民币国际化提供新的发展动力。第一要提高人民币在全球金融交易中的份额。由于历史和自然条件的双重原因，中亚各国经济发展落后，突出表现为资本短期、基础设施不足，而中国在基础设施建设、制造业、资金供给方面具有明显的国际竞争优势，可以依托基础设施、产业园区、自贸区，建立以人民币贷款、直接投资为主的丝路经济带建设融资体系，扩大人民币在亚洲地区的使用范围。第二要改善人民币离岸市场布局。随着“一带一路”建设的推进，庞大的贸易和基建投资规模将推动人民币计价及支付走进沿途各国，推动欧洲、中亚、南亚、中东地区出现人民币离岸市场，为人民币离岸市场发展创造有利条件，沿线地区将日益成为人民币业务的主要区域。各国正期待在强劲的人民币贸易融资基础上，发展更多的人民币投资产品，特别是在资本市场和资产管理方面。

五、“一带一路”金融风险防范

“一带一路”沿线经济体多是新兴经济体和发展中国家，金融体系脆弱性较大，应对外界压力的能力相对较弱。因此，要团结沿线经济体，依靠集体的力量构筑金融风险防范“长城”，为沿线经济体金融安全提供保障。

（一）完善“一带一路”沿线国家投资环境信息服务

政府各部门要充分发挥自身的信息优势，及时更新发布各类国别与国情报告，将各国最新信息及时通过政府网站对外公布。银行、保险等金融机构应充分利用在海外分支机构众多、业务联系面广、合作伙伴多的优势，加强对沿线国家市场信息的收集和发布工作，构建跨国投资的信息数据库，为在沿线投资的我国企业及时提供信息和咨询方面的服务，降低其海外投资风险。要构建由政府、协会、商会和中介组织等组成的集信息搜集、研究、咨询于一体的网络平台，为中国企业提供沿线市场相关数据、相关行业发展现状以及拟合作企业的基本信息。

（二）完善“一带一路”沿线经济体风险评估预警体系

相关部门应加快完善对中亚5国投资的风险评估体系，注重投资风险的综合测评，帮助企业准确分析风险，并以此作为提供财政和信贷支持的依据。同时，要根据对风险评估的有效方法，设立规范的风险评估流程，积极探索以企业履约能力、项目收益和现金流为重要评估依据的授信模式，建立严格的风险评估预警体系。

（三）加强政策性风险补偿机制建设，建设境外投资保险体系

首先，强化保险机构体系建设。推动政策性、商业性保险机构和养老基金加大对境外投资的支持力度，有意识、有倾向性地把国家出口信用保险政策和资源投向“一带一路”的重点合作领域。支持中国加快同周边国家基础设施互联互通建设，加大对交通运输、电力、电信、建筑等对外工程承包重点行业的承保力度。支持优势产业和过剩产能输出，积极推动高铁、核电等高端行业向外发展，促进钢铁、水泥、船舶等行业过剩产能转移。积极推进境外农业合作。其次，建立保险合作体系。鼓励银行与保险公司开展合作。在银行发挥积极作用的地区，保险机构都要介入，提供相应的服务，以充分满足多样化的金融需求。鼓励中资金融机构与国外金融机构在保险领域的合作，推进中国混业经营改革发展，同时更好地满足“一带一路”沿线项目工程的各种保障需求。最后，创新保险产品体系。特别是大力发展贸易信用保险和海外投资保险。拓展贸易信用保险的业务范围，特别是大力发展中长期业务。改善现有海外投资保险的制度设计和运行，开发外汇保险、海外无捆绑贷款保险等新产品。提高保险企业自主权，内部审批额度应从1亿美元增加到3亿美元（保额），也就是说，只有保额超过3亿美元的项目才需报国务院审批。针对“一带一路”国家的项目应该提高保额并基本可以做到应保、尽保。鼓励中国商业保险公司开展各类与海外投资活动有关的人身和财产保险，通过在沿线国家建立分支机构或者与本地保险公司开展合作等方式，为中国海外合作项目提供财产保险、责任保险等保障。

（四）加强“一带一路”沿线金融政策的协调与监管

金融管理和金融监管，是维护“一带一路”沿线金融合作的重要基础。亚欧各国应该进一步深化这方面的合作，主要体现在推进货币体

系、投融资体系和信用体系建设。亚欧各国应加强金融监管合作、推动签署双边或多边监管合作谅解备忘录，逐步在区域内进行高效监管协调机制，构建区域性金融风险预警系统，形成应对跨境风险和危机处理的交流合作机制，加强征信管理部门、征信机构和信用评级之间的交流与合作。加强与沿线国家金融监管当局的沟通协调，扩大信息共享范围，逐步在区域内建立高效的监管协调机制。完善风险应对和危机处置制度安排，构建区域性金融风险预警系统，形成应对跨境风险和危机处置的交流合作机制。

（五）构建“一带一路”新型信用体系

随着“一带一路”沿线经济和金融市场的快速发展，建立符合沿线特点的新型信用体系，已经成为各国强烈的共同需求。应当加强合作，尽快建立承担沿线评级责任的新型评级机构，更好地体现独立性、多样性和公正性，要积极与“一带一路”沿线国家共同推动现有信用评级体系的改进与完善，研究建立符合地区特点的信用评级体系与标准，逐步建立客观、公正、合理、平衡的跨区域信用体系。

（六）加快推动“清迈倡议”扩围

“清迈倡议”多边化机制已经取得较大的进展。一是“清迈倡议”多边化机制可动用的规模（或东亚外汇储备库规模）已增加至2400亿美元。二是外汇储备库中与国际货币基金组织脱钩的可动用比例增加至总规模的30%，2014年还可能增加至40%。三是成立了宏观经济研究办公室（ARMO）。

但是，当前国际金融环境还是对“清迈倡议”多边化机制构成了严峻挑战。一是“清迈倡议”多边化机制的即时救助能力仍然有限。以印度尼西亚为例，若其遭遇危机，在“清迈协议”多边化机制框架内可在不满足国际货币基金组织条件的情况下获得最大货币互换能力30%的额度，即总额为68.28亿美元的货币互换。这对于深陷危机需要救助的经济体而言，显然不够。二是“清迈倡议”多边化机制的外汇储备在平时并不被统一持有，而是由各承诺国分散持有，且目前尚未有动用外汇储备库的经验，一旦发生危机需要救助时，“清迈倡议”多边化机制的效率值得担忧。因此，要积极推动“清迈协议”扩围。

（执笔人：张茉楠，中国国际经济交流中心处长、研究员。课题完成时间：2016年6月）

B&R

第五章

“一带一路”科技研究

推动“一带一路”沿线共同发展，科技创新能力的培育至关重要，科技合作与共同创新是重要的联系纽带和驱动力。“一带一路”建设应以科技合作为切入点，发挥科技创新在“一带一路”建设中的引领和支撑作用，加快与相关国家的科技合作，促进科技成果的转化和应用，造福于各国人民。

一、中国与“一带一路”国家科技合作的重要意义

在全球化、信息化和网络化深入发展的背景下，用科技促进经济社会发展成为国际共识。目前，我国与“一带一路”沿线国家科技合作正迎来良好的机遇。我国与许多沿线国家发展阶段类似，在发展路径的选择上容易达成共识。我国积累的大量先进技术和科技人才，可以为沿线国家提供有益的发展经验。而且这些年来我国与大多数沿线国家都建立了较为稳定的政府间科技合作关系，共建了许多科研合作、技术转移与资源共享平台，广泛举办各类技术培训班，接收大批沿线国家青年科学家来华工作。这些都为进一步深化科技合作奠定了良好基础。

通过科技合作，惠及民生，是国家沟通和民心相通的重要桥梁。科技合作示范和推广效应好，有利于在合作中增强沿线国家对我国的认知与互信。与沿线国家相比，我国科技创新资源丰富，在装备制造、空间、农业、减灾防灾、生命科学与健康、能源环境和气候变化等领域形成的技术优势，有利于提升合作层次，推动由过去传统产业“优势产能”合作向科技“新产能”合作转变。科技合作也是推进“一带一路”重大工程项目顺利实施的技术保障，可以为“一带一路”重大工程建

设中突破技术瓶颈、提升工程质量以及创立品牌等提供有力的支撑保障。

二、中国与“一带一路”国家科技合作存在的主要问题

对外科技合作的总体水平不高。目前我国与“一带一路”国家的国际科技合作尽管形式多样，但深度不够，质量有待提升。在国际科技合作中，一般性的人员交流占主要部分，“各自为政”现象突出，形成内部竞争，降低了我国的国际合作竞争力。高水平的合作研究，尤其是一些国际性的大科学研究项目和欧盟的科学研究计划中的研究项目，参与的数量不多，深度有限。由于科技能力和资金的限制，我国参与的许多国际合作项目大多由其他国家或者国际组织提出，很少有以我国为主的重大合作项目，而且这些项目往往与我国经济和科技发展的关键性项目直接关联性不强。合作研究是国际科技合作中比较深入的合作方式，发达国家在对外科技合作中非常重视合作研究，在技术贸易方面，由于我国仍停留在以单项技术交易为主的阶段，尚未实现“技术、产品、服务”一体化的系统交易；在技术服务体系建设中，风险投资、价值评估、技术经纪、技术权益保护、技术市场基础设施建设等方面缺乏力度和集成，与国际水平存在较大的差距。

缺乏有效支持国际合作规模做大、做强的良好机制和政策支持体系。一是现有科研体制和机制瓶颈凸显。由于部门与部门、部门与地方、计划与计划之间依然存在条块分割的现象，使得对外科技合作存在散乱、重复等问题，难以集中资源开展有效的国际科技合作。二是在项目支持上，缺乏持续性扶持政策。我国科技合作计划对企业和科研机构主要采用以项目为主的支持方式，许多项目在取得初步成果后因为缺少后续支持而难以为继，使不少有前途的成果半途而废，前功尽弃。三是缺少大的国际科技合作平台。近年来，我国依托高等院校、科研机构和企业建立了一批国际科技合作基地，推动了国际科技合作的深入开展。

但由于这些基地规模小，且缺乏稳定的支持，限制了其功能的发挥。

企业参与国际科技合作的能力不强。企业是实际参与对外科技合作的主体之一。由于体制和机制等因素的制约，参与主体自身科技能力不强，影响了合作的层次和效果，成为制约我国参与国际科技合作并充分发挥作用的瓶颈。目前大多数企业在国际科技合作中仍然是以技术引进、人才引进等形式为主，合作研发处于从属地位，一些重要的关键技术仍然依赖引进，在承接国际技术转移过程中，承接技术的能力不强，技术溢出效应不明显。即使在大中型工业企业，设有研发机构的比例也不高，远未具备发达国家企业那种从基础研究、应用研究到试验发展和工艺设计的完善的研究体系。因此，我国企业实际的科技能力比较有限，真正能与国外合作研发的项目为数不多。

智力资源和知识产权流失严重。我国在对外科技合作过程中智力资源和知识产权流失的现象一直未能根治。一些单位和个人为了获得国外经费的资助，在洽谈合作条件时让步过多，导致我国虽然进行了大量投入，尤其是智力资源的投入，却没有获得相应的研究成果和知识产权，我国科技人员成为外方的廉价劳动力。我国建立知识产权保护制度起步较晚，保护和运用知识产权的体制机制还不能适应国际科技合作发展的需要。如由于专利的审批期限过长，往往使得申请的专利技术失去了占领市场的先机；专利费用过高也导致许多企业放弃申请专利；等等。

三、中国与“一带一路”国家科技合作的目标与主要途径

2017 年 5 月 14 日，习近平主席在北京出席“一带一路”国际合作高峰论坛开幕式，并发表题为《携手推进“一带一路”建设》的主题演讲。习近平主席在演讲中指出，创新是推动发展的重要力量。“一带一路”建设本身就是一个创举，搞好“一带一路”建设也要向创新要动力，要将“一带一路”建成创新之路。中国愿同各国加强创新合作，启动“一带一路”科技创新行动计划。“一带一路”建设参与国应坚持

创新驱动发展，加强在数字经济、人工智能、纳米技术、量子计算机等前沿领域合作，推动大数据、云计算、智慧城市建设，连接成21世纪的“数字丝绸之路”。要促进科技同产业、科技同金融深度融合，优化创新环境，集聚创新资源。为互联网时代的各国青年打造创业空间、创业工厂，成就未来一代的青春梦想。对此，中国将启动“一带一路”科技创新行动计划，开展科技人文交流、共建联合实验室、科技园区合作、技术转移4项行动。中国将在未来5年内安排2500人次的青年科学家来华从事短期科研工作，培训5000人次的科学技术和管理人员，投入运行50家联合实验室。中国将设立生态环保大数据服务平台，倡议建立“一带一路”绿色发展国际联盟，并为相关国家应对气候变化提供援助。

从现在开始，争取近期用3～5年时间，夯实科技合作的基础，打开广泛合作的局面。使科技人员的交流合作大幅提升，与沿线国家就深化科技创新合作、共同走创新驱动发展道路形成广泛共识，与重点国家合作规划、实施方案基本形成，并签署合作备忘录或协议；建设一批联合实验室（联合研究中心）、技术转移中心、技术示范推广基地和科技园区等国际科技创新合作平台，鼓励企业在沿线国家建成若干研发中心，重点项目实施初见成效。

中期用10年左右的时间，实现重点突破和实质推进。以周边国家为基础、面向更大范围的协同创新网络建设初见成效，形成吸引“一带一路”沿线国家科技人才的良好环境，重点科技基础设施建设、联合实验室（联合研究中心）、平台网络建设等投入使用并发挥成效，重大科技合作项目取得重要成果，重点产业技术合作推动下的国际产业分工体系初步形成，“一带一路”创新共同体建设稳步推进。

远期到21世纪中叶，实现科技合作的全面收获。科技创新合作推动“五通”目标全面实现，建成“一带一路”创新共同体，形成互学互鉴、互利共赢的区域协同创新格局。

在推进科技合作中，要秉持和平合作、开放包容、互学互鉴、互利共赢理念，以全面发挥科技创新合作对共建“一带一路”的支撑引领作用为主线，以增强战略互信、促进共同发展为导向，全面提升科技创新合作的层次和水平，打造发展理念相通、要素流动畅通、科技设施联通、创新链条融通、人员交流顺通的创新共同体，为开创“一带一路”建设新局面提供有力支撑。

要坚持共建共享，互利共赢。充分尊重沿线国家的发展需求，积极对接沿线国家的发展战略，共同参与“一带一路”科技创新合作，共享科技成果和科技发展经验，打造利益共同体和命运共同体，促进可持续发展和共同繁荣。要以人为本，增进互信。突出科技人才在支撑“一带一路”建设中的关键核心作用，以人才交流深化科技创新合作，激发科技人才的积极性和创造性，为深化合作奠定坚实的人才基础。要分类施策，聚焦重点。聚焦战略重点，有序推进，制定和实施有针对性的科技创新合作政策，集中力量取得突破，形成示范带动效应。要改革创新，内外统筹。加快推动体制机制改革创新，加强与沿线国家科技管理机构、社会组织运行机制的对接，统筹利用国内国际两个市场、两种资源，形成分工协作、步调一致、共同推进的工作局面。要政府引领，市场主导。充分发挥政府在重大合作活动中的引导作用，发挥市场在资源配置中的决定性作用和各类企业在科技创新合作中的主体作用。

要结合沿线国家的科技创新合作需求，加强合作平台建设，强化合作研究，逐步形成区域创新合作格局。要稳步推进与沿线国家合作共同培养科技人才，扩大青年科学家来华工作规模，建设一批不同类型的培训中心和培训基地，广泛开展先进适用技术、科技管理与政策、科技评估、科技创业等培训。实施国际科技特派员计划，开展科技志愿服务，解决技术问题，满足技术需求。合作开展科普活动，促进青少年科普交流。要加强科技创新政策沟通，支持沿线国家开展政策能力建设。积极与沿线国家共同开展科技创新规划编制、科技创新政策制定、国家创新体系建设等，推动开展重大科技活动联合评估，形成科技创新政策协作网络。要构建多层次的科技人文交流平台。充分利用博鳌亚洲论坛、中国—东盟博览会、中国—亚欧博览会、中国—南亚博览会、中国—阿拉伯国家博览会、中国—俄罗斯博览会、中国西部国际博览会等平台，继续建设好与东盟、南亚和阿拉伯国家的国际技术转移与创新合作大会、中国—中东欧国家创新技术合作及国际技术转移研讨会等科技创新合作平台。

加强平台建设，推动技术转移。共建一批国家联合实验室（联合研究中心）。结合沿线国家的重大科技需求，鼓励我国科研机构、高等学校和企业与沿线国家相关机构合作，围绕重点领域共建联合实验室（联合研究中心），联合推进高水平科学研究，开展科技人才的交流与培养，促进适用技术转移和成果转化，构建长期稳定的合作关系，提升沿线国家的科技能力。要共建一批技术转移中心。充分发挥我国与东盟、中亚、南亚和阿拉伯国家技术转移中心的作用，进一步完善技术转移协作网络和信息对接平台建设，鼓励各技术转移中心构建国际技术转移服务联盟，共同推动先进适用技术转移，加强我国的科技、人才、信息等资源与沿线国家的需求相结合，深化产学研合作。要共建一批先进适用技术示范与推广基地。结合沿线国家的技术需求，鼓励我国科研机构、高等学校和企业积极推广重点领域先进适用技术。

围绕支撑重大工程建设，促进科技资源互联互通。科技支撑铁路、公路联运联通，突破特殊环境条件下铁路公路建设、技术装备等适应性关键技术，加强技术标准的对接。以沿岸重点港口为节点，建设环境、水文气象、海洋等相关数据监测网络，突破港口、水上通道建设、航运支持保障系统等关键技术。依托特高压和智能电网技术，支撑沿线国家电网建设和升级，加快电网建设互联互通。支撑信息通信网络互联互通，开展跨境陆缆、洲际海底光缆、通信网络等建设的关键技术攻关，加快数据共享平台与信息服务设施建设，实现科学数据资源的高速传输、关联融合和服务共享。促进科研仪器与设施、科研数据、科技文献、生物种质等科技资源的互联互通。以先期面向国际试点开放共享的大型研究基础设施为基础，推动数据、文献等科技资源共享。建立综合地球观测系统与科学数据共享服务平台，实现亚太主要地球观测数据中心互联互通。建立生物技术信息网络，实现生物资源和技术成果数据库的共建共享。

共建特色园区，鼓励企业创新创业。共建一批特色鲜明的科技园区，引导鼓励我国高新区、自主创新示范区、农业科技园区、海洋科技产业园区、环保产业园和绿色建材产业园等与沿线国家主动对接。鼓励有实力企业与沿线国家共建科技园区，探索多元化建设模式。鼓励科技型企业在沿线国家创新创业。培育一批具有国际竞争力的跨国创新型企业，促进新业态和新商业模式互利合作。鼓励有条件的企业到科技实力较强的沿线国家设立研发中心，加强知识产权保护和利用，促进产业向价值链中高端攀升。

聚焦共性技术，强化合作研究。聚焦沿线国家在经济社会发展中面临的关键共性技术问题，加强合作研究。在基础研究领域，开展高能物理、生物物理、生态气候、天文观测、极端天气气候、冰雪带与气候变化关系以及地球综合观测等重大科学问题的合作研究。在应对共同挑战方面，重点在生态环境、能源安全、人口健康、粮食安全、自然灾害、文化遗产保护与传承等领域开展联合攻关，鼓励国际科技组织和相关区域性组织积极参与。

四、中国与“一带一路”国家科技合作的重点领域

习近平主席在“一带一路”国际合作高峰论坛上提出，要坚持创新驱动发展，加强在数字经济、人工智能、纳米技术、量子计算机等前沿领域的合作，推动大数据、云计算、智慧城市建设，连接成21世纪的“数字丝绸之路”。

数字经济其实是“互联网 +”的内在体现，常用的支付宝和微信支付就是数字经济的具体表现。数字经济已经融入我国的生活，我们每天也都在享受着数字经济带来的便利。我国近 10 年在“数字革命”中取得了一系列成果，已经不知不觉领先全球。目前流行的中国“新四大发明”，即高铁、支付宝、共享单车和网购，除了高铁，另外 3 项都与数字经济有关。

人工智能是当下的又一个风口，世界各国都投入大量人力、物力进行突破性研发，大有“谁突破了人工智能谁就赢得未来”之势。人工智能的任务就是赋予物体与人类智能相似的思维模式，该领域包括了机器人、语言识别、图像识别、自然语言处理和专家系统等。汽车的完全自动驾驶就是人工智能的一个具体应用。

纳米技术和量子计算机。纳米技术早在几十年前就已十分火热，目前在很多方面都已经有了应用，以纳米技术衍生出了一系列新的科学技术，主要包括纳米物理学、纳米生物学、纳米化学、纳米电子学、纳米加工技术和纳米计量学等。纳米加工技术广为人知的就是英特尔芯片的制成技术，据说英特尔很快会推出 10 纳米制成的芯片，在性能和能耗上都会有较大的提高。而量子计算机在前不久掀起了一阵狂热——中国诞生了世界上首台量子计算机，量子计算机的计算速度不可思议，仅 20 个超导量子比特的量子计算机计算速度就达到了目前最好的商用处理器，如果达到 100 量子比特的操纵，则其计算速度比目前最强大的超级计算机会快百亿倍。

合作才能共赢，随着“一带一路”建设的推进，科技领域的合作和分享必然会推动科技本身的长久进步。这四大科技领域作为未来科技发展的导向标，对我国来说，也是实现科技强国的难得机遇。

目前，从地图软件测算拥堵路段、购物软件精准推送产品，到工业车间个性化定制、企业决策精准分析，大数据云计算已经渗透到各个领域，为生活提供便利，为经济转型发展提供动力。据统计，截至 2017

年3月，中国95%的副省级城市、83%的地级城市，总计超过500个城市，均在《政府工作报告》或“十三五”规划中明确提出或正在建设智慧城市。中国云计算服务商阿里云在以“一带一路”沿线国家区域为核心的海外市场，带动超过10万家中国企业规模化出海。国内云计算的另一家企业腾讯，也正在扩建海外数据中心，以满足客户云服务需求的快速增长，全球化布局进一步深化。

近年来，中国IT企业纷纷投身于数字丝路建设，中国互联网生态在“一带一路”沿线国家和地区蓬勃发展，大量的中国企业，用它们的行动，探索出了一条数字丝绸之路。在“一带一路”沿线，到处都可以看到中国IT公司的身影，特别是最常见的手机品牌华为、小米，大量通信基础设施建设都有中国公司的参与。

在促进“设施联通”方面，电信基础设施、互联网云服务成为强大的载体。如亚信在尼泊尔、马来西亚、匈牙利、丹麦等国家都已经开始了数字基础设施建设的实践。华为、中兴等企业，更是在多年前就已纷纷布局“一带一路”沿线国家和地区。对于“一带一路”沿线国家和地区生活的人民来说，社交媒体、数字内容产品正成为连接生活的重要纽带。例如，腾讯公司微信支持的语言超过20种，在马来西亚、印度尼西亚、新加坡等东南亚本地用户中，已经是高频使用的移动社交软件。

在促进“贸易畅通”方面，电子商务高效推动了商品和物流领域的合作。在哈萨克斯坦，阿里旗下的“全球速卖通”已成当地排名第1的网上交易平台，其中服装、家居、数码产品等最受哈萨克斯坦消费者的欢迎。

在促进“资金融通”中，移动支付迅速进入“一带一路”国家，加速了人民币国际化进程。腾讯跨境外汇支付业务和境外扫码支付业务在新加坡、泰国等地快速增长。阿里巴巴也在印度、泰国、印度尼西亚、菲律宾等国家全面铺开支付宝业务。

中国企业与“一带一路”沿线国家的合作，可谓互利共赢，对各方来说，都是发展经济的动力，百姓也可以从中受益。在乌兹别克斯坦，华为积极为当地培养人才，开启“未来种子”计划，选拔在校大学生来华学习，推动当地通信产业发展。在缅甸，华为在仰光的高校成立了“华为信息与网络技术学院”，为当地输送技术人才。从 2015 年起，中国的通信企业大唐国际与厄瓜多尔合作，帮助当地发展第四代移动通信技术（TD－LTE）。几年间，中国帮助厄瓜多尔培养了一批通信人才，也在拉美地区推广了中国的 4G 技术。在印度尼西亚，小米在当地自建工厂，为当地带来了大量就业机会。红米 4A 就成为小米第一款完全在印度尼西亚制造的智能手机。小米公司的“印尼制造”意义深远，即从单纯商品贸易、工程承包，向投资印度尼西亚、技术转移、人员培训与合作生产转变，其结果是更高层次的互利双赢。

今后，要进一步加快加强与沿线国家共同开展大数据、云计算、物联网、智慧城市等领域的合作与应用，加强信息安全技术开发，合作开发面向文化娱乐消费市场、广播电视事业的数字媒体内容处理关键技术。共同开展新一代移动通信技术研发和网络部署。开展跨境电子商务联合创新研发合作，推动基于移动互联网的消费者群组识别关键技术和移动支付技术开发。

除了以上高新技术领域的合作，传统科技领域的合作也非常重要，仍需不断加强。特别是农业、能源、资源、交通、环境、海洋、先进制造、新材料、航空航天、医药健康、防灾减灾等。

农业。与沿线国家广泛开展作物种质资源联合收集与共享，共同开展水稻、玉米、小麦、棉花、油菜、蔬菜等大宗作物，橡胶、香蕉、木薯、林木、畜禽、水产等特色作物的种质创制与新品种的选育推广。共同开展农业有害生物的监测预警和绿色防控技术、农业气象灾害的监测预警和调控技术、重大跨境动物疫病预警及防减技术的联合研究与推广应用，合作建设农情信息监测与共享体系、重要农产品风险监测与评估技术体系。积极开展高效节水与节能农业、海洋农业、设施园艺、有机废物综合利用等技术和农机装备的联合开发与示范，推广环境友好型和气候智慧型农业发展模式。加强资源利用、环境治理以及生态修复等绿色农村发展技术合作与推广。加强高效农产品深加工技术的合作与推广应用，加快建设清真食品研发与快速检测技术体系。“一带一路”沿线国家多为发展中国家，农业是基础产业，合作前景广阔。要以农业科技合作为重点，交流发展经验，夯实合作基础，扩展合作领域，鼓励人员往来，扩大项目合作。各国农业部门要及时通报各自国家的农业政策和农业生产发展情况，并加强在农业发展和粮食安全等领域的信息沟通和信息共享；设立双边和多边农业工作小组并逐步建设长远稳定的合作机制；遴选发展现代农业技术示范活动；支持符合条件的企业加强在农业、渔业、农机等领域的合作，鼓励企业参加各种农展会、研讨会和商贸洽谈会等。

能源。加强适合沿线国家实际的太阳能、生物质能、风能、海洋能、水能等可再生能源，煤、油、气等传统能源清洁高效利用技术的研发和示范推广与合作，加强重点行业节能减排先进适用技术的推广应用。积极推广三代、四代核电技术。加强节能技术、能源装备与重要部件的联合研发与生产。加强对海外油气资源的投资、风险勘探和开发合作。合作构建因地制宜的多能互补、冷热电联产的分布式和区域新型能源系统。开展能效标准标识合作，研究多种形式的能源互联互通，构建安全高效智慧的未来能源体系。

资源。加强矿产、生物等资源的勘查开发与综合利用。加强工业固体废物和可再生资源综合利用技术创新合作，共同开展产业技术示范。推动矿山资源的高效开发技术合作，开展绿色矿业发展技术示范。推动水资源综合规划、海水利用、水循环利用和饮用水安全等技术示范。合作提高沿线国家生物资源保护与开发水平。

交通。重点加强适应沿线国家科技人文环境和泛欧亚互联互通需求的高速动车组及其运行安全保障技术的合作研究，加强恶劣环境交通基础设施建养、先进智能交通系统、交通安全监管与应急救助、交通节能减排和环境保护等技术与装备研究，构建互联互通的交通基础设施网络和便利高效的跨境国际物流服务系统。促进沿线港口信息的互联互通，深化国际绿色港口枢纽建设关键技术合作。积极推动新能源汽车及其关键共性技术合作开发。

环境。加强生态环境科学调查，与沿线国家合作开展生态环境专题研究及区域性生态环境问题的长期监测与遥感调查，构建立体化生态环境科学观测网。建设“一带一路”环境监测预警应急系统；加强区域环境生态承载力分析，开展生态环境保护、应对气候变化、荒漠化治理、气象预报预警和重污染行业清洁生产、环保技术装备等合作研发与示范；实施各方共同参与、共同受益的生态环保项目，开展低碳生态城市建设应用示范，推动绿色丝绸之路建设。继续推动“世界第三极”综合观测，深化高原地区生态系统变化的全球影响研究。

海洋。加强海洋合作平台建设，推动海洋环境观测技术合作，开展海洋海岛生物多样性、海岸带侵蚀、海洋动力环境、海洋气象和海洋卫星等科学观测和数据共享。开展海洋资源科学调查，推动海洋油气及矿产勘探开发、海洋工程装备制造、海岛动态监测及多能互补、海洋灾害监测预警与保障服务等关键技术的研发与应用。

先进制造。与沿线国家合作开展高端装备研发和产业化应用，支撑重大基础设施建设。促进绿色加工业、再制造关键技术研发和产业化应用。开展汽车、轨道客车、船舶等交通装备设计和研发。

新材料。共同开展高品质特殊钢等重点基础材料产业化关键技术，高性能膜材料、第三代半导体、纳米材料、光电材料、绿色节能建筑材料等先进材料制造技术合作研发。推动高温合金、高性能复合材料、海洋工程材料、新型功能与智能材料等技术和产品的联合攻关。

航空航天。开展对地观测、通用航空、深空探测、天地往返等航空航天技术联合研发与产业化应用。推动导航、对地观测及通信一体化的空天信息综合服务平台建设，开展多边各国间的综合地球观测、导航与位置服务、航空飞行器实时监控协作。

医药健康。加强对沿线国家特色药材和传统医药的挖掘与合作研发，构建传统药物种质资源库和标准化体系，推动中医药传承创新，推进中医药的养生保健、治未病等传统医学技术应用，促进中医药（包含其他民族医药）健康文化传播，开展高附加值传统药物、化学药、生物药等合作研发与产业化。积极推广应用基因检测等新技术，加强区域性重点疾病防治防控合作，攻克若干重大疾病预防和诊治关键技术，提高合作处理突发公共卫生事件的能力。共同开展新型药物研发、国际临床研究等，加强先进医疗器械的联合开发和推广应用，推广移动健康和数字医疗服务。

防灾减灾。开展气象探测、活动断层探测、地震安全性评价和结构震害预测等技术推广，开展大陆强震机理研究；加强海洋灾害、极端天气气候、地质灾害、洪旱灾害等数据共享、技术和经验推广。加强灾害风险管理及应急处理能力建设，研发和推广应用先进适用的救灾产品和工具，构建区域联合救灾工作机制。加强灾后恢复重建能力建设，开展灾后恢复重建设计、疫病防治、通信交通建设等技术应用推广与示范。

五、中国与“一带一路”国家科技合作的政策思路

要加快完善体制机制，加强政府间科技创新合作。建立健全双边和多边政府间科技创新合作及对话机制。主动设计一批科技创新合作项目。充分发挥国际科技组织的作用，鼓励与国际科技组织围绕“一带一路”重大科技问题和共同发展挑战开展合作。引导和推动地方政府与沿线国家或地区开展各具特色的科技创新合作与交流。

综观国际科技合作，各国在对外科技合作中，从合作领域、合作形式、合作内容，乃至经费投入，政府都扮演着主导角色。在当前的国际

科技合作中，虽然在合作主体上已呈现从以政府和科研机构为主，向政府引导、多主体共同参与的态势转变，但在目前我国的经济社会条件下，政府还必须担当推动国际科技合作的主角。一是加强宏观指导，为国际科技合作创造良好的体制机制环境。加强国际科技合作计划与国家主体科技计划、重大科技专项的衔接和统筹协调机制建设。二是加强资源性倾斜支持，统筹协调国家、各有关部门和地方的国际科技合作资源，进一步改革以项目为主要形式的资金投入模式，扩大资金支持种类，遴选一批国际科技合作的重点领域和项目，重点投入有利于提升我国集成创新能力和原始创新能力的主导技术、共性技术和配套技术，推动我国关键学科、战略性高新技术产业发展。三是加强和完善国际科技合作的政策管理体系。建立和完善国际科技合作管理与评估制度，包括经费管理制度和项目的立项、成果和效果的评估制度等；建立项目和信息需求数据库，构建信息全面、更新及时的科技信息合作平台。

要深化双边和多边科技合作，提高政府间的科技合作层次和水平。针对不同国别，制定目标明确、重点突出、层次合理的国家国际科技合作战略，推动科技领域的双边、多边务实合作向更高水平、更宽领域拓展。强化中、俄两国高层定期会晤机制，充分发挥中俄科技合作对两国战略协作伙伴关系的强化作用，研究制定和实施中俄全面科技合作战略；充分发挥科技在中欧经济战略对话中的作用，推动落实中欧科技伙伴计划；充分发挥中印科技合作指导委员会和中印科技合作联委会作用，扩大共识，加强联合，深化中印科技合作；以“10+3”机制为主导，全面推进与东亚和东南亚国家的科技创新合作；在中非科技论坛框架下，推进中非技术转移和科技合作，拓展中非科技合作空间；在中国—阿拉伯国家合作论坛框架下，促进中阿开展多种形式的科技交流与合作；通过上海合作组织加强与中亚国家的科技合作。

要积极开展全方位、多层次、广视角的科技合作和交流，逐步形成政府引导下的以企业为主体、合作示范园区和基地为载体、大学和研究机构合作为先导、重点重大项目为抓手、技术引进为突破的市场化运作的科技合作模式、合作形式多样化。重点推进区域科技创新资源的优化配置，提高区域科技创新合作的层次和水平。布局建设一批面向周边的区域科技创新枢纽和国际科技合作基地，积极推进“中亚科技合作中心”“中国—东盟农业示范基地”等区域科技中心建设，形成聚集创新要素的国际科技合作平台；促进科技基础条件平台和科技服务平台的对外开放，形成并发挥相关地区的区域科技中心功能和作用；全面支持国内机构与周边国家共建合作研究站点、科技园区和农业科技示范基地，加强以市场需求为导向的企业间科技合作研发，发展对外技术输出，增强对区域科技发展的辐射影响力；配合我国对周边国家的科技援外项目，合作开展相关环境资源调查、协助开展区域可持续发展规划等联合研究，通过项目合作和人员培训扩大我国在周边国家的影响。

国家国际科技合作专项作为国家科技计划体系的重要组成部分，应进一步完善与国家科技重大专项及其他国家科技计划的统筹协调机制。国家科技重大专项、各国家科技计划在制定和实施过程中，应明确相应的国际化方案，并在统一的国际合作战略指导下有序实施。除涉及国家安全和敏感技术领域外，按照对等开放和有效管理的原则，逐步加大国家科技计划的对外开放力度，鼓励在华外资企业和科研机构申请承担国家科技计划项目。国家国际科技合作专项要作为境外机构参与国家科技研发任务的重要平台，加强与国家科技重大专项和其他国家科技计划的相互衔接与配合，以集成力量，共同保证主要目标和任务的完成；要进一步创新和完善专项管理制度，有效保证国际科技合作协议的履约，同时建立起有利于“主动发现、加快合作、良好转化”的项目组织实施机制，形成政府间合作、部际协调、部省会商、驻外使领馆推荐等多渠道发现，并相互协调、互为补充的多元化项目产生方式；建立以合作基地为载体，以人才培养为核心，项目—基地—人才相结合的合作研发模式；建立以企业为合作主体、产学研用相结合的项目实施机制，充分调动各方在技术、人才、产业、渠道等方面的资源，加快合作成果应用和市场化进程。

优化国际科技合作基地布局，发挥基地在国际科技合作中的引领作用。积极推动国际创新园、国际联合研发中心、国际技术转移中心和国际科技合作创新联盟等国际科技合作基地建设；在能源资源开发利用、新材料与先进制造、信息网络、现代农业、生物与健康、生态环境保护、空间和海洋、公共安全等合作重点领域建设一批国际化的联合研究和创新平台；支持国际科技合作基地开展国际培训、人才培养和信息服务，提高基地的辐射影响力；加强国际科技合作基地发展过程中的产学研合作，在国家高新区、创新型试点城市、自主创新示范区和综合试验区建立一批国际创新园、国际技术转移中心和国际企业孵化器，积极推动重点技术领域的研发外包服务中心建设，使科技合作更好地服务于经济社会发展；充分发挥地方的积极性和创造性，建设更为灵活有效、更加开放的多形式国际科技合作基地。

要发挥企业的创新主体作用，引导企业成为“一带一路”科技创新合作的投入、执行和收益主体，形成骨干企业先导带动、中小企业大规模参与的合作局面，并吸引社会力量参与。鼓励企业设立海外研发中心。近年来，我国对外直接投资一直呈现出高速增长的势头，已成为发展中国家最大的对外投资国。今后要进一步引导和支持企业以多种形式参与国际科技合作，包括在境外设立分支机构、投资办厂、设立研发中心、建立科技园、技术入股、跨国并购、承包工程等，充分利用全球科技资源，解决我国企业创新能力不足和产业水平亟须升级之间的矛盾。目前，我国已分别在俄罗斯、新加坡、英国设立了莫斯科中俄科技园、中国火炬（新加坡）高技术创业中心、中英科技创业园、中英科技园等，要发挥这些科技创业园和科技企业孵化器的作用，为我国企业发展提供市场化和国际化服务，培养具有市场竞争力的国际型高新技术企业。当前尤其要鼓励研发机构和有实力的科技型企业“走出去”，发挥比较优势，参与国际科技及产业化领域的分工合作，大幅度提高创新能力和企业竞争力；同时鼓励具有互补性的企业瞄准新兴工业化国家、经济转型国家和一部分资源丰富或市场巨大的发展中国家，通过换取国际市场和海外资源，扩大企业发展空间；鼓励中小型科技型企业，及时跟踪国际科技最新动态，汲取先进的产业技术和管理经验，培养锻炼跨国经营和研发人才，完善企业生产和研发体系，逐步发展壮大企业。在鼓励企业“走出去”的同时，要帮助和引导企业提高规避和抵御对外合作的风险能力，包括政治风险、安全风险、法律风险、文化风险、环保风险等，以保障我国企业在海外的利益。

要进一步引导企业成为国际科技合作主体，积极推动国际产学研合作。支持有较强国际竞争力的企业通过建立海外研发中心、合资、参股等方式有效利用当地科技资源，增强专利技术储备，迅速提高科技创新能力；增加对企业开展国际科技合作研发的资助力度和范围，鼓励和支持企业研发机构通过人才引进、人员交流、合作研发、研发外包等方式提高国际化程度；鼓励企业引进关键技术，支持企业进行消化吸收再创新；充分利用各种科技交流和合作渠道，积极为企业国际化提供信息和咨询等服务。在现有国际科技合作基地的基础上，创建一批以企业为主体、政府推动的国际产业技术创新联盟，并鼓励与外资企业、外资研发机构开展产业共性技术合作研发，使联盟成为我国科技融入全球化进程的重要载体。

要发挥地方在科技创新合作方面形成的基础优势，探索建立各具特色的地方合作机制。沿边省区市充分发挥地缘优势，在人员交流、应对共同挑战、科技基础设施联通等方面起到前沿作用。腹地省区市发挥战略支撑作用，重点开展技术转移、共建研发机构和科技园区等。要加强中央与地方多层次创新主体之间的协同，引导各类创新主体在沿线国家共建创新平台，深化产学研合作。围绕面临的共同发展挑战，建立重大项目协作研发机制，围绕重要技术领域合作建立国际技术转移机制，促进不同国家的创新主体在优势互补的基础上开展协同创新。要充分发挥民间科技组织在“一带一路”科技创新合作中的重要作用，促进民间科技创新合作交流，搭建民间科技组织合作网络平台。鼓励通过青年交往、志愿者派遣、学术往来与交流等方式，丰富民间科技交往内容。鼓励民间科技组织广泛开展各类科技公益活动。要优化国内政策环境，加强部门协调，推动国内科研经费管理制度改革，以及国内科研院所和高等学校评价制度改革，支持科研人员参与沿线国家的科技创新合作。

要加大财政支持力度。加大中央财政投入，加强与现有科技计划和项目的衔接与统筹，重点支持“一带一路”科技创新合作。鼓励地方加强投入，设立配套项目资金支持“一带一路”科技创新合作。建立多元化投入体系，通过政府和社会资本合作（PPP）等多种方式引导企业、科研院所、高等学校等加大投入。要提升科技援助水平，扩大科技援助规模，加大对相关沿线国家的援助力度。完善援助方式，积极开展先进适用技术和科技管理培训，帮助沿线国家制定科技创新政策与发展规划，援建联合实验室（联合研究中心）、科技园区等科技合作平台，培养优秀科学家，加强沿线国家科技创新能力建设。科技援助是国际科技合作的重要形式，通过科技援助开拓国际市场，获取多方利益，是发达国家的成功经验。我国要充分利用自身科技领域的相对优势，积极扩大技术输出和技术转移，并通过合作研究、联合调查、技术培训等多种形式，促进技术、产品、设备劳务出口，推动国际科技合作的市场和空间。要创新对外援助形式，在非洲、东南亚和中亚等地区建立国际技术转移示范点，通过技术示范与推广、技术培训、技术服务、联合研发、政策研究、科研捐赠等形式，向发展中国家推广我国行之有效的科技政策、管理和服务模式，促进发展中国家的科技与经济发展更紧密地结合；积极推进“中非科技伙伴计划”，并以此为基础适时启动“中国与东南亚科技伙伴计划”等面向发展中国家的“科技伙伴计划”，共同促进发展中国家的可持续发展。

促进科技人才往来便利化，推动国际交流，建立双向互动的人才体系。促进科技人才与金融资本对接，推进面向“一带一路”的大众创业、万众创新。充分发挥驻沿线国家使（领）馆的作用。加大科技管理干部队伍培训力度，提升科技管理国际化能力。加强科技创新合作战略研究，打造科技人才智库。积极发挥科技智库的评估与决策咨询作用，针对“一带一路”科技创新合作重点方向开展长期跟踪研究，定期发布科技创新合作研究报告。鼓励我国各类金融机构和科技中介服务机构合作，建立面向沿线国家的区域性科技金融服务平台和投融资机制。加强与亚洲基础设施投资银行、金砖国家银行和丝路基金等金融机构合作，重点支持面向沿线国家的科技基础设施建设和重大科技攻关项目。

要做好知识产权的保护和利用工作。知识产权的拥有、维持、利用在很大程度上决定着我国国际科技合作未来发展的兴衰。世界各国也将知识产权保护问题作为维护自身经济安全和扩大国际科技合作的重要手段。因此，要在积极履行知识产权国际公约规定义务的同时，最大限度地享受知识产权国际公约赋予的权利；要制定和完善对外科技合作中知识产权保护的法律法规；要提高科研机构和企业对知识产权的保护意识、合法使用他人知识产权的意识和运用知识产权的能力；要处理好鼓励知识的生产与促进知识的传播、利用的关系以及遵循国际规范与适当保护本国利益之间的关系。

六、若干专题

专题 1：加强“一带一路”网络空间国际合作

网络空间的互联互通最能体现“一带一路”的时代特色。网络空间国际合作与“一带一路”建设紧密结合，既是我国建设“网络强国”的时代要求，也是“一带一路”沿线国家的发展需要。“一带一路”国家多数是发展中国家，发展中国家人口占世界人口总数的 80%，而互联网用户数只占全球用户数的 43%，未来的增长潜力巨大。鉴于此，要进一步加强与“一带一路”沿线国家的网络合作，率先打通“一带一路”的“血脉经络”；依托亚洲基础设施投资银行、中国互联网投资基金、中国互联网发展基金会等，深化与发展中国家的务实合作，大力推进互联网基础设施建设，消除“信息壁垒”，缩小“数字鸿沟”，让信息资源充分涌流，让更多发展中国家和人民通过互联网掌握信息、获取知识、创造财富，过上更加幸福美好的生活。

《愿景与行动》中明确提出，要建设“信息丝绸之路”，包括跨境光缆通信干线网络建设、双边跨境光缆建设等。鉴于“一带一路”沿线国家众多、发展水平各异、复杂的域内实际情况，要求此框架下的网络空间合作具有极度的开放性与包容性。具体实施起来，要做到“合作对象统筹兼顾，合作领域重点突出，合作过程循序渐进”，即尊重“一带一路”沿线国家的差异，实现网络空间国际合作的平等性，保证各国在合作中的正常准入；同时注重合作过程的渐进性与合作方式的合理性。

网络空间的国际合作主要有 3 种形式，即网络人文交流、网络技术合作、网络空间治理。在实际过程中，应注意发挥网络人文交流的宣传作用，推进“民心相通”，增强共识与认同感；加强网络技术合作，主要包括网络基础设施建设、网络规制建构、网络技术提升以及双边网络安全维护；网络空间治理应平衡国内、国际两方面需求，注意主体的多元性，形成政府、企业以及普通民众协同推进的局面。

网络技术合作作为网络空间国际合作的核心，应秉持循序渐进，逐步深化的原则，可以遵循网络基础设施建设、网络技术研发和标准制定以及网络安全共建的“三位一体”发展模式与路径，但是原则上在不同阶段侧重点应有所不同。网络基础设施建设关乎网络空间的承载能力，是网络合作的保障，也是开展其他合作的基础。

就网络技术研发与标准制定而言，目前我国同“一带一路”沿线国家具有重要的合作机遇，一方面是给予网络欠发达国家基本的技术支持与帮助，另一方面应在科技部、工信部等部门的推动之下，开展同欧洲等发达国家在网络新兴技术方面的合作。诸如5G标准的统一划定，云计算（大数据）的研发，智能城市、智能生活（家居、交通灯）的合作，物联网的贯通等。中国在5G技术方面具有先发优势，正与欧洲合作引领5G时代的来临。中国的华为、中兴公司，欧洲的西门子、诺基亚公司是5G技术的弄潮儿。5G技术也是欧盟单一数字市场的支柱，关系到工业未来发展，公共服务现代化，汽车联网、智慧城市、移动医疗服务等创新应用。据估计，到2020年，全球70%的人口将拥有智能手机，260亿台设备将实现相互联通。

就网络安全共建而言，中国为世界网络大国而非网络强国，“没有网络安全就没有信息化发展”。为增强应对各类网络事件的能力，应由网信办、公安部等部门牵头，开展网络安全合作。具体来看，目前应致力于“一带一路”沿线“网络恐怖主义”“网络犯罪”的打击与维护。

最后是网络空间治理。应以平等协商的形式，通过定期的会晤机制，以主动“走出去”的姿态参与国际网络空间治理，充分运用好各类双边与多边机制及联合国等相关网络治理平台，宣传我国“治网”主张，维护网络空间的和平稳定。网络空间治理包括国内与国际层面。主体层面，上层政府的定期会晤与协调沟通必不可少，但还应发挥企业与社会民众的作用。企业是网络空间合作最直接的受益者与参与者，可以成为推动与沿线国家开展网络空间合作的核心力量。创设机制平台，加强沿线国家的网络空间治理合作，尤其是网络安全治理，提升发展中国家在网络空间的国际话语权。

专题2：加强“一带一路”软件信息服务业合作

目前，不少处于“一带一路”的发展中国家和地区仍存在较大的“数字鸿沟”，这无疑为我国的软件信息服务业创造了商机。经过20多年发展，我国软件信息产业规模日益壮大，实力迅速增强，全球产业规模仅次于美国、日本，正处于大型软件信息产业的规模扩张阶段，其中IT制造业和通信运营业如何组成产业联盟“走出去”，是当前面临的重要问题。有条件的中国软件信息企业应在新的全球化投资规则下，积极与世界投资贸易环境接轨，并借助当前“一带一路”的政策良机，大胆走出国门，输出人员、技术与资金。

跨境电子商务领域。近年来，国内消费者对境外商品的需求呈井喷之势，不过，电商平台作为中国消费者购买境外商品的主要渠道，还存在诸多难以规避的问题。如传统电商只提供商品展示和商品交易撮合服务，对上架的商品质量和真伪缺乏监管；经销商的层层加价，使商品价格居高不下等。面对商机与挑战，能精选海外国家原产地大量丰富商品，并提供商品订购、在线支付、金融贷款等相关配套服务的跨境电子商务平台、互联网厂商，必将迎来重大发展机遇。

通信信息领域。互联互通是全方位的基础设施建设，它不仅包括公路、铁路、航空、港口等交通基础设施的建设，还包括互联网、通信基础设施的建设，这对整个通信行业的通信基础设施提供商来说是巨大利好。早前，华为、中兴、信威等企业受益于国务院扶持优势装备出口的优惠政策，相继获得国家开发银行数百亿元规模的买方信贷融资支持，从而在非洲、拉美、东欧等新兴国家市场拓展中占据优势；“一带一路”通过“互联互通”不仅将带动相关国家经济体的通信基础设施建设市场空间，还将加大对中国通信基础设施厂商的扶持力度。

交通基础软件领域。近年来，“高铁外交”成为中国对外政策的热点。截至目前，中国已与老挝、泰国、马来西亚、美国、俄罗斯、巴西等国签署了高铁领域合作备忘录或行动计划。高铁涵盖了很多行业，包括通信、电力、钢铁、工业控制、电子设备、智能控制系统等，高铁产业的发展将带动机车、电力和电子信息等多个产业的发展。具体而言，国内外高铁市场对电子自动化设备、工控机、液晶显示、功率器件、连接器、电源模块信号、控制设备、监控系统、嵌入式系统等软硬件都会有强劲的需求。

软件外包领域。软件外包带给国内软件企业的不仅是重大商机，还有先进的软件开发管理流程，以及严格的软件质量控制体系。通过发展软件外包产业，中国软件产业将告别手工作坊式的开发时代，进入工程化、规模化的开发领域。目前我国软件主要发包国是日本，占总业务的80%；另外，欧美市场占15%。但整体而言，我国软件外包业务在全球所占份额仍然较小，只有印度的1/9。可以预见，随着“一带一路”政策的逐步落地以及中国软件企业在全球的声名鹊起，我国软件外包业务将迎来井喷期。有机构预测，未来10年我国软件外包市场规模有可能是现在的6~8倍。

专题3：加强“一带一路”智慧城市的科技合作

“智慧城市”是基于物联网、云计算、人工智能等技术而形成的一种新型信息化的城市形态。“一带一路”智慧城市的建设思路包括：进行“一带一路”沿途城市、港口、园区智慧城市顶层设计；建设“一带一路”综合信息网络；建设“一带一路”智慧城市基础设施，包括网络融合中心、大数据中心、城市管理与运行中心和信息共享一级平台等。

目前，在国内不少城市，“智慧城市”的建设正呈现如火如荼之势。包括华为、中兴等中国企业正在海外相关“智慧城市”项目的建设中占据一席之地。但在“一带一路”倡议的推进实施过程中，“智慧城市”相关合作项目还缺乏标准化的评价体系。相关部门应加强“智慧城市”顶层设计、评价标准等方面的调研，总结目前在建项目、完成项目的可复制、可推广经验，完善相关标准体系，推进“一带一路”沿线国家间的科技合作。

（执笔人：任海平，中国国际经济交流中心战略研究部副部长、副研究员。完稿时间：2016年8月，修改时间：2017年12月）

B&R

第六章

“一带一路”教育研究

“一带一路”倡议是进一步提高我国对外开放水平的重大战略构想，也为推动区域教育大开放、大交流、大融合提供了大契机，为进一步推进我国教育国际化、深化教育领域综合改革、提高教育质量提供了重大战略机遇。“一带一路”沿线国家教育加强合作、共同行动，既是共建“一带一路”的重要组成部分，也将为共建“一带一路”提供重要的人才支撑。

一、中国与“一带一路”国家教育合作的重要意义

教育在共建“一带一路”中具有基础性和先导性作用。教育交流为沿线各国民心相通架设桥梁，人才培养为沿线各国政策沟通、设施联通、贸易畅通、资金融通提供支撑。沿线各国教育交流源远流长，教育合作前景广阔，大家携手发展教育，合力推进共建“一带一路”，是造福沿线各国人民的伟大事业。

教育交流与合作有利于推进沿线不同文明的传播、交融和共享。“一带一路”不仅是贸易之路，更是文明对话之途。历史上，中国同沿线国家在文化教育层面上的互学互鉴，使得风格各异的文明形态相互促进、和谐共存。这种开放、包容、以和为贵的文化教育交流给当前的教育合作奠定了良好基础。今天，“一带一路”涉及 60 多个国家的 45 亿人口，这些国家创造了多元文明，需要我们充分发挥教育交流与合作的作用，实现文明的快速传播、充分交融和广泛共享。

教育交流与合作有利于增进互信，夯实合作的民意基础。国之交在于民相亲，民相亲在于心相通，国家间的互动往来离不开教育交流的助

力。“一带一路”沿线国家地缘政治及社会民心复杂多变，政治动荡时常发生，民族构成及宗教派系差异巨大。只有切实发挥“文教先行”的潜力，才能消除误解误判，为国家间的友好合作营造良好的社会氛围，奠定坚实的民意基础，进而促进彼此交流与合作的持续发展。

教育交流与合作有利于提升我国的国际话语权和影响力。在日趋激烈的国际竞争中，教育所彰显的竞争优势日益凸显。加强同“一带一路”沿线国家间的教育交流与合作，积极吸收各国的先进科技文化知识为我所用，讲述好中国故事，传播好中国声音，促进中华文化“走出去”，将中华民族伟大复兴的“中国梦”同沿线各国人民过上幸福生活的愿望相对接，使沿线国家成为和睦相处的好邻居、同舟共济的好朋友、休戚与共的好伙伴，在相逢相知、互敬互信的过程中，提升中国的国际话语权和影响力。

二、中国与“一带一路”国家教育合作的主要挑战

在“一带一路”沿线国家中，教育体制差异很大，存在着资本主义国家与社会主义国家、发达国家与发展中国家、大国与小国的区别，各国的宗教信仰差别也很大，基于这些不同的国情，其教育体制也存在很大的差异。如中亚五国，作为苏联时期的加盟共和国，其教育深受苏联教育模式的影响。随着政治转型、经济转轨，五国的教育体制有了很大变化，政府积极鼓励私人办学，改变了公立教育一统天下的状况。如哈萨克斯坦早在 2001 年，全国 170 所高等院校中，私立学校就已经占到 112 所。2013 年，哈萨克斯坦教育和科技部长宣布：大多数地区将各有一所国立大学和私立大学。在中等职业教育方面，私立学校所占比重也一直维持在 55% 以上。这种教育体制的转型与变革，在很大程度上影响着教育交流与合作的开展。另外，由于各国教育处于不同发展阶段，各方在教学水平、师资力量、优势学科、重点研究领域等有所不同，因而在开展教育交流合作时，需要做好大量的预先准备性工作。由

于教育体制的差异，也使得合作各方在课程互认、学分互认、学历互认、资格互认等方面存在诸多障碍。

沿线国家对教育合作的期望也多有不同，甚至有很多疑虑。由于各国政治、法律、文化等差异，对推进教育交流与合作的期望值大有不同。自“一带一路”倡议提出至今，包括俄罗斯、意大利、韩国等30多个国家做出了明确表态，或给予“积极评价”“高度赞扬”，或表示“愿意积极参与”，或“正在考虑，打算合作”。然而有些国家却反应冷淡。这表明部分国家对开展文化教育交流存有戒备之心，一方面它们希望借助中国的资金力量发展本国教育，培养急需的人才，另一方面又害怕对中国产生更大的依赖或中国的“渗透”。从国内来看，对教育交流与合作重要性的认识也还不足。自“一带一路”构想出台后，国内各地表现出极大的热情。“起点”“桥头堡”“核心区”“自贸区”“枢纽”等概念相继出炉。相关地方都希望抓住政策机遇、抢占发展先机，然而这种热情多侧重于经济领域，对开展同沿线国家间教育交流重要性的认识明显不足。

三、中国与“一带一路”国家教育合作的愿景与途径

“一带一路”沿线国家教育合作的愿景主要体现在沿线各国携起手来，聚力构建“一带一路”教育共同体，增进理解、扩大开放、加强合作、互学互鉴，谋求共同利益、直面共同命运、勇担共同责任，形成平等、包容、互惠、活跃的教育合作态势，促进区域教育发展，全面支撑共建“一带一路”。具体体现在三大方面：推进民心相通。开展更大范围、更高水平、更深层次的人文交流，不断推进沿线各国人民相知相亲。提供人才支撑。培养大批共建“一带一路”急需的人才，支持沿线各国实现政策互通、设施联通、贸易畅通、资金融通。实现共同发展。推动教育深度合作、互学互鉴，携手促进沿线各国教育发展，全面提升区域教育影响力。

合作的途径第一是育人为本，人文先行。要加强合作育人，提高区域人口素质，为共建“一带一路”提供人才支撑。坚持人文交流先行，建立区域人文交流机制，搭建民心相通桥梁。第二，政府引导，民间主体。沿线国家政府加强沟通协调，整合多种资源，引导教育融合发展。发挥学校、企业及其他社会力量的主体作用，活跃教育合作局面，丰富教育交流内涵。第三，共商共建，开放合作。坚持沿线国家共商、共建、共享，推进各国教育发展规划相互衔接，实现沿线各国教育的融通发展、互动发展。第四，和谐包容，互利共赢。加强不同文明之间的对话，寻求教育发展的最佳契合点和教育合作的最大公约数，促进沿线各国在教育领域互利互惠。

合作交流是沿线各国共建“一带一路”教育共同体的主要方式。通过教育合作交流，培养高素质人才，推进经济社会发展，提高沿线各国人民生活福祉，是各国共同的愿望。通过教育合作交流，扩大人文往来，筑牢地区和平基础，是各国共同的责任。各国需要秉持开放合作、互利共赢理念，共同构建多元化教育合作机制，制定时间表和路线图，推动弹性化合作进程，打造示范性合作项目，满足各方发展需要，促进共同发展。要加强战略规划对接和政策磋商，探索教育合作交流的机制与模式，增进教育合作交流的广度和深度，追求教育合作交流的质量和效益，互知互信、互帮互助、互学互鉴，携手推动教育发展，促进民心相通，构建“一带一路”教育共同体，共创人类美好生活新篇章。

四、中国与“一带一路”国家教育合作重点

“一带一路”沿线各国教育特色鲜明、资源丰富、互补性强、合作空间巨大。要重点开展基础性、支撑性、引领性 3 方面合作，对接沿线各国意愿，互鉴先进教育经验，共享优质教育资源，全面推动各国教育提速发展。

习近平主席在出席“一带一路”国际合作高峰论坛开幕式并发表

主旨演讲中，有关教育话题的内容有很多，不仅有方向性的指引，也有具体的行动计划。例如，促进科技同产业、科技同金融深度融合，优化创新环境，集聚创新资源。为互联网时代的各国青年打造创业空间、创业工场，成就未来一代的青春梦想。在未来 5 年内安排 2500 人次的青年科学家来华从事短期科研工作，培训 5000 人次的科学技术和管理人员，投入运行 50 家联合实验室。建立多层次的人文合作机制，搭建更多合作平台，开辟更多合作渠道；推动教育合作，扩大互派留学生规模，提升合作办学水平。每年提供 1 万个政府奖学金名额，鼓励国际文教交流。

开展教育互联互通合作，加强教育政策沟通。开展“一带一路”教育法律、政策协同研究，构建沿线各国教育政策信息交流通报机制，为沿线各国政府推进教育政策互通提供决策建议，为沿线各国学校和社会力量开展教育合作交流提供政策咨询。积极签署双边、多边和次区域教育合作框架协议，制定沿线各国教育合作交流国际公约，逐步疏通教育合作交流政策性瓶颈，实现学分互认、学位互授联授，协力推进教育共同体建设。助力教育合作渠道畅通。推进“一带一路”国家间签证便利化，扩大教育领域合作交流，形成往来频繁、合作众多、交流活跃、关系密切的携手发展局面。鼓励有合作基础、相同研究课题和发展目标的学校缔结兄弟关系，逐步深化拓展教育合作交流。举办沿线国家校长论坛，推进学校间开展多层次多领域的务实合作。支持高等学校依托学科优势专业，建立产、学、研用结合的国际合作联合实验室（研究中心）、国际技术转移中心，共同应对经济发展、资源利用、生态保护等沿线各国面临的重大挑战与机遇。打造“一带一路”学术交流平台，吸引各国专家学者、青年学生开展研究和学术交流。推进“一带一路”优质教育资源共享。促进沿线国家语言互通。研究构建语言互通协调机制，共同开发语言互通开放课程，逐步将沿线国家语言课程纳入各国学校教育课程体系。拓展政府间语言学习交换项目，联合培养、相互培养高层次语言人才。发挥外国语院校人才培养优势，推进基础教育多语种师资队伍建设和外语教育教学工作。扩大语言学习国家公派留学人员规模，倡导沿线各国与中国院校合作在华开办本国语言专业。支持更多的社会力量助力孔子学院和孔子课堂建设，加强汉语教师和汉语教学志愿者队伍建设，全力满足沿线国家汉语学习需求。推进沿线国家民心相通。鼓励沿线国家学者开展或合作开展中国课题研究，增进沿线各国对中国发展模式、国家政策、教育文化等各方面的理解。建设国别和区域研究基地，与对象国合作开展经济、政治、教育、文化等领域研究。逐步将理解教育课程、丝路文化遗产保护纳入沿线各国中小学教育课程体系，加强青少年对不同国家文化的理解。加强“丝绸之路”青少年交流，注重利用社会实践和志愿服务、文化体验、体育竞赛、创新创业活动和新媒体社交等途径，增进不同国家青少年对其他国家文化的理解。推动学历学位认证标准连通。推动落实联合国教科文组织《亚太地区承认高等教育资历公约》，支持教科文组织建立世界范围学历互认机制，实现区域内双边、多边学历学位关联互认。呼吁各国完善教育质量保障体系和认证机制，加快推进本国教育资历框架开发，助力各国学习者在不同种类和不同阶段教育之间进行转换，促进终身学习社会建设。共商共建区域性职业教育资历框架，逐步实现就业市场的从业标准一体化。探索建立沿线各国教师专业发展标准，促进教师流动。

开展人才培养培训合作。实施“丝绸之路”留学推进计划。设立“丝绸之路”中国政府奖学金，为沿线各国专项培养行业领军人才和优秀技能人才。全面提升来华留学人才培养质量，把中国打造成为深受沿线各国学子欢迎的留学目的地国。以国家公派留学为引领，推动更多中国学生到沿线国家留学。坚持“出国留学和来华留学并重、公费留学和自费留学并重、扩大规模和提高质量并重、依法管理和完善服务并重、人才培养和发挥作用并重”，完善全链条的留学人员管理服务体系，保障平安留学、健康留学、成功留学。实施“丝绸之路”合作办学推进计划。有条件的中国高等学校开展境外办学要集中优势学科，选好合作契合点，做好前期论证工作，构建人才培养模式、运行管理模式、服务当地模式、公共关系模式，使学校顺利落地生根、开花结果。发挥政府引领、行业主导作用，促进高等学校、职业院校与行业企业深化产教融合。鼓励中国优质职业教育配合高铁、电信运营等行业企业“走出去”，探索开展多种形式的境外合作办学，合作设立职业院校、培训中心，合作开发教学资源和项目，开展多层次职业教育和培训，培养当地急需的各类“一带一路”建设者。整合资源，积极推进与沿线各国在青年就业培训等共同关心领域的务实合作。倡议沿线国家之间开展高水平合作办学。实施“丝绸之路”师资培训推进计划。开展“丝绸之路”教师培训，加强先进教育经验交流，提升区域教育质量。加强“丝绸之路”教师交流，推动沿线各国校长交流访问、教师及管理人员交流研修，推进优质教育模式在沿线各国互学互鉴。大力推进沿线各国优质教学仪器设备、教材课件和整体教学解决方案输出，跟进教师培训工作，促进沿线各国教育资源和教学水平均衡发展。实施“丝绸之路”人才联合培养推进计划。推进沿线国家间的研修访学活动。鼓励沿线各国高等学校在语言、交通运输、建筑、医学、能源、环境工程、水利工程、生物科学、海洋科学、生态保护、文化遗产保护等沿线国家发展急需的专业领域联合培养学生，推动联盟内或校际间教育资源共享。

共建丝路合作机制。加强“一带一路”人文交流高层磋商。开展沿线国家双边、多边人文交流高层磋商，商定“一带一路”教育合作交流总体布局，协调推动沿线各国建立教育双边多边合作机制、教育质量保障协作机制和跨境教育市场监管协作机制，统筹推进“一带一路”教育共同行动。充分发挥国际合作平台作用。发挥上海合作组织、东亚峰会、亚太经合组织、亚欧会议、亚洲相互协作与信任措施会议、中阿合作论坛、东南亚教育部长组织、中非合作论坛、中巴经济走廊、孟中印缅经济走廊、中蒙俄经济走廊等现有双多边合作机制作用，增加教育合作的新内涵。借助联合国教科文组织等国际组织力量，推动沿线各国围绕实现世界教育发展目标形成协作机制。充分利用中国—东盟教育交流周、中日韩大学交流合作促进委员会、中阿大学校长论坛、中非高校“20+20”合作计划、中日大学校长论坛、中韩大学校长论坛、中俄大学联盟等已有平台，开展务实教育合作交流。支持在共同区域、有合作基础、具备相同专业背景的学校组建联盟，不断延展教育务实合作平台。实施“丝绸之路”教育援助计划。发挥教育援助在“一带一路”教育共同行动中的重要作用，逐步加大教育援助力度，重点投资于人、援助于人、惠及于人。发挥教育援助在“南南合作”中的重要作用，加大对沿线国家尤其是最不发达国家的支持力度。统筹利用国家、教育系统和民间资源，为沿线国家培养培训教师、学者和各类技能人才。积极开展优质教学仪器设备、整体教学方案、配套师资培训一体化援助。加强中国教育培训中心和教育援外基地建设。倡议各国建立政府引导、社会参与的多元化经费筹措机制，通过国家资助、社会融资、民间捐赠等渠道，拓宽教育经费来源，做大教育援助格局，实现教育共同发展。开展“丝路金驼金帆”表彰工作。对于在“一带一路”教育合作交流和区域教育共同发展中做出杰出贡献、产生重要影响的国际人士、团队和组织给予表彰。

五、中国与“一带一路”国家教育合作的重要政策措施

加强协调推动。加强国内各部门各地方的统筹协调工作，有序开展“一带一路”教育合作交流。推动中国教育治理体系完善、相关法律法规修订和教育综合改革，提升中国开展“一带一路”教育行动的质量和水平。围绕共建“一带一路”大局，寻找合作重点、建立运行保障机制，畅通教育国际合作交流渠道，对接沿线各国教育发展战略规划。助力形成早期成果。实施高度灵活、富有弹性的合作机制，优先启动各

方认可度高、条件成熟的项目，明确时间节点，争取在短期内开花结果。

地方重点推进。突出地方推进共建“一带一路”的主体性、支撑性和落地性，各地要发挥区位优势和地方特色，抓紧制订本地教育和经济携手“走出去”行动计划，紧密对接国家总体布局。有序与沿线国家地方政府建立“友好省州”“姊妹城市”关系，做好、做实彼此间的人文交流。充分利用地方调配资源优势，积极搭建海内外平台，促进校企优势互补、良性合作、共同发展。多措并举，支持指导本地教育系统与“一带一路”沿线国家广泛开展合作交流，打造教育合作交流区域高地，助力做强本地教育。

各级学校有序前行。各级各类学校有序与沿线各国学校扩大合作交流，整合优质资源“走出去”，选择优质资源引进来，兼容并包、互学互鉴，共同提升教育国际化水平和服务共建“一带一路”能力。中小学校要广泛建立校际合作交流关系，重点开展师生交流、教师培训和国际理解教育。高等学校、职业院校要立足各自发展战略和本地区参与共建“一带一路”规划，与沿线各国开展形式多样的合作交流，重点做好完善现代大学制度、创新人才培养模式、提升来华留学质量、优化境外合作办学、助推企业成长等各项工作的协同发展。

社会力量顺势而行。开展更大范围、更深层次、更高水平的“一带一路”教育民间合作交流，吸纳更多的民间智慧、民间力量、民间方案、民间行动。大力培育和发展我国非营利组织，通过购买服务、市场调配等举措，大力支持社会机构和专业组织投身教育对外开放事业，活跃民间教育国际合作交流。加快推动教学仪器和中医诊疗服务“走出去”步伐，支持企业和个人按照市场规则依法参与中外合作办学、合作科研、涉外服务等教育对外开放活动。企业要积极与学校合作“走出去”，联合开展人才培养、科技创新和成果转化，积极服务“一带一路”国家经贸发展。

六、若干专题

专题1：“一带一路”人才支撑

人才是“一带一路”建设的基础和关键。“一带一路”愿景与目标的实现离不开各类人才的支撑和保障。面对新的需求与挑战，教育尤其是高等教育领域应根据“一带一路”建设的要求，更新观念，完善制度，优化办学，创新实践，切实担负起人才培养的重要使命。

根据国务院国资委发布的《“一带一路”中国企业路线图》，截至2014年底，国资委监管的110余家央企中有80多家在“一带一路”沿线国设立了分支机构。由于沿线国家国情差异明显，投资项目执行效果在很大程度上取决于“走出去”企业是否有既熟悉沿线国情又了解“一带一路”政策的高端人才，而调查发现高端人才队伍建设的迫切性甚至超过了资金和技术需求。国际咨询公司麦肯锡的调查也显示，88%的企业高管认为，海外并购或投资失败的首要原因是缺乏人才。人才问题同样是“一带一路”沿线国家的重要关切。马来西亚交通部长廖中莱在2015博鳌亚洲论坛演讲中也指出，“人才因素是‘一带一路’建设成功的关键。东盟国家拥有大量的青年群体，他们的创造性和创新性的思维成为‘一带一路’建设的重要优势”。

“一带一路”所涵盖的建设内容，包括基础设施建设、技术、资本、货币、贸易、文化、政策、民族、宗教，无一不需要教育特别是高等教育提供人才支撑。以“人”的国际化和专业化培养为战略重心，着力“培养人才，打通人脉，互通人心”，是民心相通的重要途径，也是实现互联互通的必由之路。因此，重点谋划教育在“一带一路”建设中的布局调整和行动策略，为我国及沿线国家建设“一带一路”提供人才支撑和智力支持，这是中国作为一个负责任大国的担当，更是中国教育应有的行动。

改革开放以来，我国虽已培养了大量具有国际视野、在国际事务和国际舞台上发挥重要影响作用的各类人才，但在建设“一带一路”的新形势下，我国的人才培养仍存在不能完全适应“一带一路”发展的需求。迫切需要培养大批熟悉和了解“一带一路”沿线国家与地区的复合型人才以及关键领域的专业人才，迫切需要加强与沿线国家的人才互通。

1. 加强创新创业人才培养

“一带一路”沿线国家青年失业问题日趋严重，培养创新创业人才有助于缓解青年就业压力，为学生更好地实现就业提供多元化选择。同时，培养学生创业能力也能充分挖掘高校毕业生的潜能。近年来，“一带一路”沿线国家研发投入不断增加，科技成果也不断涌现。但是由于青年创业人才短缺，研发与市场脱节现象严重，大量科技成果被束之高阁，造成创业品质低下。高校学生是以知识为核心竞争力的独特创业群体，以创意、知识和技术为特征的创新创业赋予其不可替代的重要作用。培养高校学生创业能力，能够在高校实验室和市场需求之间架起一座桥梁，为经济实现创新驱动提供创业人才支撑。鼓励创业也是欧洲国家摆脱经济低迷、亚洲诸多发展中国家跨越“中等收入陷阱”的重要途径。

2. 加强国际组织人才培养

当前，各国在国际组织竞争的背后，是各国国家实力的博弈，而归根结底是人才的竞争。世界银行和国际货币基金组织等重要国际机构的负责人长期由欧美国家“垄断”，目的就是操控国际经济事务的主导权。换句话说，谁掌握了标准和规则谁就有话语权。随着我国国家实力的不断增强，我国与国际组织的关系正在变化。中国已从国际规则的适应者，逐渐变为国际规则的制定者。在实施“一带一路”过程中，加强“国际组织人才”的培养和国际组织的参与度无疑有助于实现中国与世界的“双赢”。

3. 加快非通用语言人才培养

要实现政策沟通和民心相通，需开展广泛的政府外交、公共外交、文化互鉴、学术交流、媒体合作等，这些都对“一带一路”沿线国家的语言人才尤其是非通用语言人才提出了巨大的需求。长期以来，我国教育对英语等主要语言教育的投入较大，而对“一带一路”沿线国家语言特别是非通用语言重视不够。据有关统计，与我国建交的175个国家和地区中，所涉的语种约95种，而我国仅能开设54种语言课程。“一带一路”所覆盖的中亚、南亚、西亚等地区，涉及官方语言达四十余种，而我国内地高校教授的语种仅20种。目前非通用语言人才短缺的状况远远不能满足“一带一路”建设的需要，需要加大力度培养。

4. 加快培养急需领域专业人才

急需领域专业人才主要涉及项目工程、技术、经济、管理、贸易、金融、法律等领域。据世界银行数据，1990—2013年，全球贸易、跨境直接投资年均增长速度分别为7.8%和9.7%，而“一带一路”相关65个国家同期的年均增长速度分别达到13.1%和16.5%。另据亚洲开发银行的研究报告显示，2010—2020年，亚洲各国用于基础设施方面的投入累计约为8万亿美元，其中68%为新建项目，32%为更新维护项目，涉及能源、电信、交通、水务、卫生等诸多领域。可以预计，这些项目的建设完成，需要数以十万乃至百万计的铁路、管道、电力、公路、港口与通信等产业的工程建设、设计施工、质量控制与保障、经济管理等人才，需要加强工程、政治、经济、管理等各领域众多的专家协作。

5. 加强海外高端人才培养

改革开放以来，来华留学生规模稳步扩大，来华留学生生源国家和地区数不断增加，层次越来越高，专业选择也趋于多样化，但参照“一带一路”的建设目标，来源国结构与专业结构仍有待进一步优化。

“一带一路”所经国家众多，空间辽阔，地理、民族、历史、文化、宗教、政治差异极大，国情民意极为复杂，培养既熟悉、理解中国文化，又熟悉本国及本区域历史、地理、语言、文化、宗教、政治等方面的高端人才，对于实现“一带一路”的宏伟愿景既至关重要又迫在眉睫。

专题2：“一带一路”教育支撑

教育的成败关乎人才的成败，进而关系到“一带一路”建设的成败。“一带一路”建设在对多年来我国人才培养进行检验的同时，也为未来新一轮教育的改革和开放提供了宝贵的机遇。我国教育领域应提升对国家战略的责任感和敏感性，根据“一带一路”建设的需要，努力履行人才培养的使命和责任。

1. 强化国际意识与能力

共建“一带一路”，将和平合作、开放包容、互学互鉴、互利共赢的理念深入人心，根本上必须通过教育培养学生的国际意识与能力。在联合国教科文组织发起的2次世界高等教育大会上，国际社会普遍认同和强调高等教育必须将国际、地区和各国的有关情况反映到自己的教学和科研之中，并将国际化维度渗透到课程、教学和学习过程之中。美国教育部最新制定的教育国际化战略也强调，所有学生必须掌握“全球能力”。如果说我们以往强调国际意识与能力更多的是一种应对全球化和国际化的被动之举，那么“一带一路”背景下对学生国际意识与能力的强化则是我们主动的选择。与此同时，高校还应积极培养学生从事国际交往所必须具备的爱国正直、专业精神和尊重多样性等核心价值观。

2. 深化课程教学改革

教育领域要考虑适时启动“丝绸之路国际化人才计划”，加快为中资企业培养推进“一带一路”建设需要的各领域高层次国际化人才。要对已有的人才培养方案重新检视，根据国家战略和现实需求深化开展课程教学改革。首先，需要积极探索不同类型高校和不同学科在人才培养方面的协作。对于专业人才培养，应建立跨学校、跨区域的人才教育平台，各高校可根据优势与不足，在工程、管理、贸易、法律、语言等学科专业开发联合培养项目，以适应和满足“一带一路”倡议下不同区域、不同领域、不同行业需求的“走出去”的国际化专业人才。其次，对于复合型人才的培养，应加强不同学科的交叉和融合，打破现有学科的分类布局，整合语言、文学、宗教、历史、地理、政治、经济及理工农医等已有学科专业，开发出跨专业的“一带一路”学科，实现“一带一路”人才的多视角培养，以体制制度的改革创新促进各类复合型人才的培养。最后，要优化人才培养的课程内容，在传统的汉语、中国文化教学的基础上，增加“一带一路”建设背景、实施重点、合作机制、规则标准以及“一带一路”沿线国家历史文化、社会经济、民族宗教等内容，并努力将相关要素渗透在各学科的专业教育内容之中。

3. 鼓励出国留学和海外实践

“一带一路”沿线国家社会发展模式各异、历史文化传统多样，要多向沿线国家派遣愿意了解、有志学习、积极投身于“一带一路”建设的留学生与访问学者。只有在沿线国家和地区长期生活和学习，才能接地气，才能深入了解当地的社情民意、风土人情，才能更好地服务“一带一路”建设。此外，加强为青年学生提供到各种政府间和非政府间国际组织实习锻炼的机会也是促进青年人才熟悉国际组织运作、理解国际规则以及促进其专业成长的重要途径。对此，在政府层面上应进一步加大对高校学生到海外实践的支持力度，国家发改委、外交部、财政部、商务部、教育部等部委应联合制定措施，面向国内应届本科生和研究生提供长期和短期相结合的留学和实习资助计划。高校层面应以国际人才培养实践基地为主要渠道，通过专项财政资金或学校自筹资金的支持，结合专业培养计划和课程安排，有针对性地派遣在读的本科生、硕士生和博士生到“一带一路”沿线国家有关机构、企业和国际组织开展见习、实习和实践活动。

4. 加强高校与产业界合作

设施联通、贸易畅通和资金融通是“一带一路”建设的重点，而这些领域人才的培养离不开工商业界相关企业、商会和行业协会与高校的密切合作。事实上，加快复合型人才培养目前已纳入许多大型企业的“一带一路”规划中。身处“一带一路”建设第一线的产业界最清楚沿线国家的经济需求以及与之相匹配的人才需求，因此加强学校与产业界的合作既要求产业界及时向高校传递人才需求信息，也要求高校主动与产业界协同制定人才规格标准，联合开展人才培养培训。

5. 加强来华留学教育

高等教育领域要围绕“一带一路”沿线国家发展急需的学科专业开展来华留学生教育，进一步扩大“一带一路”沿线国家来华留学生招生培养规模，不断增加“一带一路”沿线国家来华留学生中国政府奖学金资助名额。据《2014 年度来华留学调查报告》统计，2014 年共有来自 203 个国家和地区的约 37.7 万名各类外国留学人员在我国的 775 所高校学习。就来华留学生规模而言，已占全球留学生份额的 8%，成为继美国和英国之后世界第 3 大留学生输入国。在这种发展趋势中，“一带一路”沿线国家具有巨大的来华留学需求。仅 2014 年在来华留学生源地排前 10 位的国家中，就有泰国、俄罗斯、印度尼西亚、印度、巴基斯坦和哈萨克斯坦等 6 个“一带一路”沿线国家。根据教育部统计，我国现有高等学校（不含独立学院）数量为 2542 所，而招收留学生高校数只占 30.49%，可见挖掘的潜力仍非常巨大。目前，我国高校需要抓住时机乘势而上，落实好“首届中国—东盟教育部长圆桌会议”上提出的“双十万计划”，以及《愿景与行动》中提出的“每年向沿线国家提供 1 万个政府奖学金名额”，扩大留学生教育规模。同时，还应注重教育服务和产品的开发与提供，通过加强外文授课以及专业教育和学历教育等各种方式满足“一带一路”沿线国家的学生需求，促进来华留学的持续、健康发展。

6. 开展多层次海外办学

“一带一路”建设为我国高校“走出去”开展多层次海外办学提供了难得的历史机遇。高校在扩大吸收沿线国家留学人员的同时，还应利用好我国高等教育的各种资源和渠道，加大境外办学力度，在沿线国家共建大学或开办分校，同国外学府合作授予双重学位，传播中国文化，扩大中国高校的影响力。目前，哈萨克斯坦、巴基斯坦、约旦、埃及等10多个“一带一路”沿线国家已向中国发出了赴境外办学的邀请。其中约旦和埃及等国家希望中国的应用技术学校和相关专业能赴当地办学。此外，还要重视“一带一路”沿线国家高层人才的交流培养。可通过设立“中国学”等高端培养项目，重点与“一带一路”沿线国家有影响的政府官员、社会精英、媒体智库等开展交流，增强沿线国家精英对“一带一路”建设的认同感，培养熟悉中国国情、理解中国问题，能够适应当今中国的政治、经济、社会、文化等诸领域合作与交流的复合型、职业型、领袖型的知华友华人才。

7. 开展多种形式的国际教育合作

“一带一路”沿线大多是新兴经济体和发展中国家，按照优势互补、互利共赢的原则，中国高校在促进沿线国家加强新一代信息技术、生物、新能源、新材料等新兴产业领域的深入合作方面更能发挥积极主动性，也有可能实现更多的交流。

“一带一路”建设最直接的影响是推动汉语教学的发展。地方高校对举办海外孔子学院有很强的积极性，也有自己的特色，要大力鼓励。如广东韩山师范学院，是一所很不知名的地方高校，但该校的汉语国际教育非常有特点，学生主要来自“一带一路”地区，包括哈萨克斯坦、韩国、日本、马来西亚、乌克兰、澳大利亚等国，与这些国家的很多高校建立了学术交流关系。特别注重与东南亚国家潮汕华侨华人子女开展华文教育，重打血缘和亲情牌，每年在广东韩山师范学院学习华文的东南亚学生有几百人，为海上丝绸之路建设做出了贡献。

积极探索组建丝绸之路学院和大学联盟。国内高等教育领域的高校要联合起来，与“一带一路”沿线国家高水平大学合作，共同组建“丝绸之路大学联盟”，实现人员互访、学生互换、学分互认、科技合作、资源共享，加大力度推进来华留学生教育和国际型人才培养，共同开展高水平教育和科技合作平台建设。要加快组建“丝绸之路大学联盟”，筹办“丝绸之路教育合作论坛”，吸引“一带一路”沿线国家相关学科领域的大学校长、专家学者参会，促进院校合作。

要促进现有国际教育组织进一步发挥作用。现有中国—东盟“10+1”、亚太经合组织（APEC）、亚欧会议（ASEM）等国际组织都有相应的国际教育分支部门，定期召开教育部长会议，开展多种多边教育合作，要充分发挥其对“一带一路”的推动作用。

（执笔人：任海平，中国国际经济交流中心战略研究部副部长、副研究员。课题完成时间：2016 年 8 月）

第七章

“一带一路”文化研究

在建设“一带一路”进程中，应坚持文化先行，积极发挥文化的桥梁作用和引领作用，通过进一步深化与沿线国家的文化交流与合作，促进区域合作，实现共同发展，让命运共同体意识在沿线国家落地生根。

一、中国与“一带一路”国家文化合作的重要意义

文化是“一带一路”建设的重要力量。习近平总书记指出：“一项没有文化支撑的事业难以持续长久。”“民心相通是‘一带一路’建设的重要内容，也是关键基础。”“一带一路”建设的重要土壤，就是充满文化活力的民间交往和交流。民心相通在于文化的相互理解和相互尊重，历史、语言、宗教、风俗等社会生活的民间认知和交流是民心相通最广泛的领域。“一带一路”沿线各国历史文化的现代交集和共识，正在成为民心相通的重要支点之一。

“文化包容”和“民心相通”是“一带一路”建设关于文化交流领域的关键词。“一带一路”以振兴古丝绸之路为目标，倡议继承古丝绸之路文化与遗产，为文化交流明确指明了方向。社会主义核心价值观植根于中华优秀传统文化根基之上，延续至今的丝绸之路文化正是中华优秀传统文化的杰出代表，弘扬丝路文化与历史遗产就是向世界阐述和介绍代表中国先进生产力的社会主义核心价值观。“一带一路”打开了伟大的文化和历史遗产宝库，为文化交流工作注入了活的灵魂，文化交流工作在核心价值观的指引下，目标和目的比以往更加明确。

按照古丝绸之路的路线，“一带一路”建设涵盖的区域，恰恰是我

国与外部世界文化交流相对薄弱的地区，也是发展程度与我国类似或相似的国家集中的地区。改革开放以来，我国一直在加强与美、欧、日等发达地区的交流与联系，对周边国家与地区的交流力度与投入都有所减弱，甚至到了熟悉周边国家语言与文化的人才近乎匮乏的地方，大量非通用语人才改换专业、另投他门和挤向欧美。“一带一路”建设要大力恢复中国与广大亚非拉国家交流友好的历史，大力加强与亚非拉国家与人民友好交流的力度，再造亚非拉友好的辉煌。

“一带一路”倡导“五通”，民心相通是基础。在当今经济全球化的时代，文化认同成为综合国力竞争中重要的“软实力”。在国际关系理论里，文化认同是构建国家间关系的基础。国家与国家之间，人民与人民之间，是不是相互认同彼此的历史与文化？是不是接受彼此的传统与价值观？看待彼此是友是敌？民心相通与文化认同最为关键，而文化交流与合作也是最受欢迎、最为有效的夯实民心基础的重要手段。

随着对外交往越来越容易、互联网和信息化技术的普及以及对外沟通的渠道和手段更加畅通，中国的公民素质也得到了更快的提高，中国的社会发展体现出更多的宽容与多元，中国的文化发展展现出更多的自信与责任。中国一贯注重与“一带一路”沿线国家的文化交流与合作，初步建立并完善了良好的政府间交流与合作机制，具备了进一步深入开展的潜力与空间。“一带一路”的提出，标志着中国与“一带一路”沿线国家的文化交流也自此进入了新的发展阶段，在最短时间内调整机制、统筹资源、梳理渠道、夯实平台、打造品牌和加强传播，成为文化交流工作的重中之重。可以说，“一带一路”的贯彻与实施，为我国对外文化交流的转型提供了千载难逢的历史机遇。

二、中国与“一带一路”国家文化合作存在的主要问题

改革开放以来，我国文化交流的主体从单纯的政府和国家，到各类所有制形式的主体及公民个人，呈现出全社会的广泛参与。交流的内

容，从侧重宣传中国文化历史悠久博大精深，到分享中国文化发展的继承创新与时俱进，呈现出中国文化的兼容并收。交流的手段，从人员往来、演示和展览等传统形式，到多媒体高科技和互联网相结合的现代化方式，呈现出文化传媒科技的突飞猛进。交流的平台，从传统的文化艺术交流平台，到首脑外交、经贸合作、体育赛事等各类重大社会活动，体现了与经济社会发展更加密切的融合。交流的品牌，从传统的以中国或地方省份命名的文化日、文化周或文化节，朝艺术类别、交流主题、跨各领域、跨国家地区等方向细化，呈现出更为广阔的国际化、专业化和综合化的发展方向。但是，对外文化交流要想把握住“一带一路”这个历史性机遇，必须妥善应对长期积累下来的一些问题与挑战，才能真正实现文化交流质的提高与飞跃。

文化交流方向尚需明确。近年来，文化交流工作中常会出现以下问题：到国外去交流时，中国故事讲不好，没有考虑清楚外国媒体和受众的特点；习惯以宣传教育来代替交流，用运动式的宣传来搞文化交流；报喜不报忧，不能给人以真实客观的感受；缺乏针对性的国别交流政策，没有明确的具体指导意见；依赖传统的演展形式，对跨领域的交流新形式认识不足；照搬国内的套路，不创新不改编，国外受众不理解、不明白；容易盲目接受国外新奇特的消费型文化，不加甄别地拿回国内等。

文化交流治理尚需提高。随着改革开放、简政放权的深入，文化交流的门槛越来越低，交流主体越来越多，交流的话语权与主导权更加分散，这也在客观上容易削弱国家在对外文化交流管理上的控制力与主导力。这迫切需要在简政放权的同时，大力提高交流宏观治理的水平，建立一套高效的管理与治理体制。目前，我们的宣传、思想和文化战线分别隶属于不同的党政部门和机构，都归党的意识形态宣传口统领，可熟悉外国文化和通晓外国语言的主力军队伍却大多在政府的各个外事管理部门。虽然在重大问题上能实现对外文化交流的统一管理，但是在日常交流实践中却存在着人才流动困难、数据统计分散与难以持续形成合力等问题。在现有体制下，某个领域或某个部门可能暂时会取得一些成功，但是从整体来看，反而会更显示出国家层面的文化交流无序发散的局面。

文化交流动力尚需加强。对外文化交流工作长期依赖于“举国体制”，各部门各行业长期设立专门的外事交流部门，对外文化交流在微观操作层面被细化成了一个专业的工作领域，被层层剥离出来，并且和各项专业工作脱离开。长期来看，应该把对外文化交流纳入各个部门和各个领域的工作的应有环节中，成为各项工作整体的重要环节，而不是孤立地分离出来，不能与各项工作形成良性循环与互动。这些年在国家的整体资源配备方面，文化领域在人、财、物的配备上并不是重点领域。随着国际业务的开展和国际交往的增多，文化交流单位也感觉看不清的红线太多，跨不过的禁区也不少。

三、中国与“一带一路”国家文化合作的愿景与途径

在推进“一带一路”建设中，文化交流合作具有不可替代的战略性作用。“一带一路”沿线国家经济发展水平不等、文化信仰和社会习俗各异，要把这样一个多样化的建设主体协同起来，必须建立起相互联系的精神纽带。坚持文化兴路，充分发挥文化的引领和促进作用。坚持文化多元共生，不断拓展和强化文化认同和思想共识，努力锻造“一带一路”建设的精神纽带。

“一带一路”沿线各国都有丰富的文化遗产，都有自己的文化基因，都有对自身文化的定位和认同，只有在文化交流合作中合理把握和体现主体性，才能获得文化交流合作赖以形成的牢固基础。“一带一路”沿线也是一个文化多元共生的广阔区域，要承认沿线各国文化的相互差异。只有尊重沿线文化的多样性，做到包容互鉴，才能不断促进不同文化间的和谐发展，推动形成文化交流和合作的正确理念。

“一带一路”沿线各国历史文化宗教不同，文化交流与合作有助于夯实我国同沿线国家合作的民意基础。只有通过文化交流与合作，才能让各国人民产生共同语言、增强相互信任、加深彼此感情。近年来，中国与沿线国家的文化交流形式越来越新、内容越来越多、规模越来越大、影响越来越广。中国与沿线大部分国家都签署了政府间文化交流合作协定及执行计划，高层交往密切，民间交流频繁，合作内容丰富，与不少沿线国家都互办过文化年、艺术节、电影周和旅游推介活动等，在不同国家多次举办了以“丝绸之路”为主题的文化交流与合作项目。今后要立足现有基础，打造新模式、探索新机制，深入开展与沿线国家的文化艺术、科学教育、体育旅游、地方合作等友好交往，密切中国人民同沿线各国人民的友好感情，夯实我国同这些国家合作的民意基础和社会基础。要讲好中国故事，传播好中国声音，把“中国梦”和周边各国人民过上美好生活的愿望与地区发展的前景对接起来，促进中华文化“走出去”，提升中国的国际话语权和影响力。

要积极倡导符合世界未来发展规律的丝路文化精髓与丝路文化价值观。结合当今世界的最新发展趋势，从全新的角度再度深入研究丝绸之路历史文化遗产。当今世界进入了全球化的加速发展与融合的进程，国际政治、经济与文化相互交融、相互渗透、相互依存，任何民族、国家或地区在孤立的系统中只会故步自封。古丝绸之路最进步的特点就是作为开放、交流、兼容、融合的动态系统，在古代就体现出了政治上的共存、经济上的共荣以及文化上的多元特征，为当今世界的全球化发展提供了可借鉴的价值观和文化视角。中国的传统文化承惠于祖先智慧的思考，对待友邻与朋友，崇尚和平互惠，礼待远客，主张“己所不欲，勿施于人”，以德服邻，天下太平，国不分大小，情不论厚薄，秉承“海纳百川、有容乃大”的古训，对待友邻“不以善小而不为，不以恶小而为之”。要积极倡导丝路价值观所蕴含的“以天下和平为己任”的国际关系责任感，谋求“四海之内皆兄弟”的和睦关系，实现双赢与共赢的理想。

四、中国与“一带一路”国家文化合作的重点领域

文化是“一带一路”建设的灵魂，是促进各国、各地区、各民族、各宗教之间互信互利、合作共赢的桥梁和纽带。“一带一路”既是对古代丝绸之路东西方文化交流往来的继承和发展，又在新时代开创了各国各地区间文化交流合作的巨大空间。因此，在建设“一带一路”的背景下，应紧抓发展机遇，从全局和长远发展着眼，加快“一带一路”文化建设的谋篇布局，对内构建开放的国内文化市场，促进公共文化服务体系全面提升，推动文化产业转型升级，加快发展文化贸易，繁荣文化艺术创作，加强文化遗产保护，逐渐形成面向“一带一路”的文化格局；对外加强与各国各地区的文化交流，扩大文化投资，推动文化企业“走出去”，塑造国家文化形象，扩大承载中华文化传播的物理空间和社会空间，共同构建开放的国际文化市场，推动“一带一路”各国各地区间的文化互联互通、共建共享。

在空间布局上，“一带一路”文化建设要立足于我国文化发展的现实基础，与“一带一路”国家整体布局呼应对接，形成组团式、具有联动效应、可持续的开放性空间发展格局。在建设路径上，要秉持开放合作理念，推动文化基础建设、文化贸易、文化交流传播的全方位合作。具体包括以下方面：

加强文化基础设施的互联互通。推动“一带一路”沿线区域文化基础设施建设规划，加强沿线国家的技术标准体系对接，加强国际文化基础设施尤其是互联网基础设施的互联互通。抓紧推动丝绸之路沿线国家中国文化中心的建设，逐步推进沿线文化保税区、文化自贸区的建设，为“一带一路”文化发展提供基础支撑。

拓展文化领域交流合作平台。建立“一带一路”沿线国家文化领域合作的平台和机制，借助已有的国际峰会、论坛、研讨会、博览会等

文化交流和贸易平台，进一步增进文化认同、凝聚共识、深化合作。强化多边合作机制，建立“一带一路”国际文化高峰论坛。增强文化交流与传播，建立与各国各地区的民间文化交流常态化机制，广泛开展学术往来、人才交流、媒体合作等，扩大“一带一路”沿线国家相互间留学生规模。加强对外文化传播力建设，树立中国文化形象，建立沿线国家之间共建共享的传播平台。

推动文化产业的区域繁荣。构建开放的文化市场体系，消除行政壁垒，打通企业与市场的主动脉，以文化旅游业、影视动漫业、工艺美术业、节庆会展业为核心抓手，以特色文化产业园区建设为落点，加快推进“一带一路”区域文化产业发展，逐步形成不同产业门类合理布局、传统产业与现代产业良性互动、文化贸易活力迸发的格局。积极推进创意设计与文化产业融合发展，加快推进“互联网＋”文化产业融合发展，加快发展跨境网络文化新兴业态。

加大文化遗产保护和利用力度。充分梳理“一带一路”珍贵的历史文化遗存，通过现代技术手段将其数据化、在线化，形成“一带一路”文化资源数据库，深入挖掘“一带一路”文化资源的当代价值。推进丝绸之路文化遗产研究，加强国际文化遗产保护的交流与合作，以中哈吉丝绸之路申报世界文化遗产成功为契机，构建“一带一路”文化遗产保护、传承与开发，推动沿线国家文化资源的跨境整合。

五、中国与“一带一路”国家文化合作的重要政策

抓紧科学规划，尽快制定《国家“一带一路”文化发展规划》，与国家“一带一路”整体规划进行衔接，与国家及地方政府“十三五”有效对接，统筹国内各区域的文化发展，整合资源有效配置，引导地方政府和企业有序、有效地参与，形成发展合力；同时逐步完善区域性文化发展规划、专项文化建设行动方案，有重点、分层次地有序推进“一带一路”文化建设。规划需秉持“四个原则”：一是坚持和谐包容、

加强文化互信。“一带一路”文化建设要在尊重文化多样性的前提下加强不同文明之间的对话，求同存异、兼容并蓄、和平共处、共生共荣。二是坚持开放合作，实现互利共赢。要兼顾各方利益和关切，实行更加积极主动的开放战略，寻求利益契合点和合作的最大公约数，充分发挥各方智慧和创意，各施所长，各尽所能，推动国际、国内地区间的联动发展。三是坚持互联互通，共建共享。充分发挥多边合作机制的作用，让更多国家和地区参与“一带一路”文化建设，享受文化发展成果，形成建设“一带一路”文化建设的合力。四是坚持市场运作。要遵循市场规律和国际通行规则，充分发挥市场在资源配置中的决定性作用和各类文化企业的主体作用，同时发挥好政府的引导作用。

推动政府间文化交流与合作深入发展。目前我国与“一带一路”沿线国家有稳定和牢固的官方文化交流平台；通过签署“一带一路”合作谅解备忘录、文化合作协定或执行计划，构建文化交流与合作的法律基础，密切政府文化高层定期互访与沟通；与上合组织、东盟、阿拉伯国家联盟等多个组织成员国及中东欧地区建立了人文合作委员会、各级文化对话与会议机制、文化联委会机制，这是今后可以进一步借重的重要基础。未来，要加强顶层设计和战略部署，制定政府文化交流的中长期战略规划，落实好与“一带一路”沿线国家的政府间文化交流区域合作机制建设、文化合作协定和年度执行计划，视情况在相关计划中纳入共建“丝绸之路”的内容，为中国与沿线国家开展文化交流与合作提供法律保障。在国际组织中加强“一带一路”沿线国家在文化议题方面的协调与沟通，形成丝路沿线国家统一的声音与共识。要注意发挥上合组织、东盟“10+1”、中阿合作论坛等现有机制的作用，丰富现有机制框架下的人文合作内容。

国际文化、教育、人文和学术交流是国家公共外交的重要手段，是我国面向全球传播中国声音、汇聚中国精神、宣传中国道路、凝聚中国力量的重要战略举措。开展国际文化与学术交流，促进沿线国家公民之间的互相认识、互相理解、互相信任和共同合作，已经成为今后破解人类共同面对的资源、环境、生态等全球性问题的重要机制。具体而言，可以建立具有国际影响力的“丝绸之路文化合作论坛”等，推进论坛外交，吸引全球特别是“一带一路”沿线国家相关学科领域的大学校长、专家学者参会，促进相互合作，深化人文交流；在“一带一路”沿线国家设立孔子学院加强人文交流，这些都应当成为“一带一路”文化战略的重大举措。

加强多种多样的文化交流形式，方便不同国家间各种组织、各类人员的往来与沟通。民众之间，简化出国、经商、交流、旅游、教育等手续，方便不同国家公民之间的往来与沟通，举办形式多样的旅游、联欢、节庆、联谊、相亲、比赛、娱乐、招商等活动，鼓励民众间多交朋友、常来常往、结识友谊，方便丝路沿线不同地区、不同文化、不同宗教信仰、不同语言的民众之间的相互了解，把丝路传统的友好精神植根于普通民众的心中，让民众间的友谊为国家与民族间的友谊夯实民心基础。

社会组织之间，借助国家和“一带一路”区域合作的各类平台和机制，密切各专业合作领域的交流，定期交换研究成果，定期举办研讨会、座谈会、专业论坛、成果交流会等活动，特别是在环保、科技、农业、卫生、培训、慈善、救灾等领域倡议成立“一带一路”区域合作联盟组织，积极推动各类交流项目，实现信息分享、深化分工合作，共同提高丝路沿线地区社会组织的活跃度，提高协同创新的能力与力度。

发挥现有丝路品牌工作成果优势，精心打造新的文化交流品牌。长期以来，我国在境内外举办了多个以“丝绸之路”为主题的文化交流合作项目，取得了丰硕成果。要依托现有成果和品牌，统筹现有项目资源，打造新的文化交流品牌，深化“丝绸之路文化之旅”活动，与沿线国家联合举办“丝绸之路艺术节”，举办形式多样、丰富多彩的文化论坛、展览、演出活动。继续挖掘古丝绸之路的文化内涵和人文精神，并赋予其新的时代意义，围绕“文化新丝路”的主题，联合译介、出版相关书籍，拍摄、播放有关影视片。注重利用网络平台和新媒体手段，通过音乐、演出、动漫、网游等文化产品，传承古丝绸之路精神，提升中华文化的影响力。注意发挥我国驻外使领馆文化处（组）和海外中国文化中心的作用，进一步完善中国文化中心的全局布局，抓紧对在丝绸之路沿线国家建设新的文化中心进行合理安排，加大文物修复、文博设施建设、艺术人才培训等对外文化援助的力度。

要加强“一带一路”文化遗产保护和交流。“一带一路”的提出让有关地方看到了发展旅游的契机，纷纷制定相关规划设想，将文化遗产的旅游开发作为其中的核心要素。然而，也有些地方不顾客观规律进行过度开发。为加强文化遗产的保护，“一带一路”沿线地方各级政府要高度重视文化遗产保护管理工作，建立“一带一路”沿线文化遗产保护管理长效机制，成立文化遗产保护管理领导小组，加强发展改革、财政、国土、旅游、建设、文化和文物等部门间的协调，完善重大事项沟通、协商制度。要加大“一带一路”沿线文化遗产保护的经费投入，将文化遗产保护纳入相关地方政府考核内容，将文化遗产保护经费列入本级财政预算，切实保障“一带一路”沿线文化遗产的日常维护经费和文化遗产保护的抢救性投入，重点加强低级别文物保护单位的保护经费投入。同时确保各文物旅游景区经营性收入中有适当比例用于文化遗产保护。

整合各方面文化资源，形成建设“一带一路”的合力。要积极发挥中西部省区文化交流的独特作用。由于特殊的地缘地位，我国广大中西部省区在建设“一带一路”进程中有着特殊的历史、人文优势，要支持中西部省区制定有关规划，加大哈萨克语、吉尔吉斯语、塔吉克语、乌兹别克语等多个语种的广播、影视、游戏节目的投入制作，向沿线国家传播和推介中国文化。中西部各省区也应以积极有为的姿态，发挥文化桥头堡的作用，主动融入“一带一路”。要积极发挥市场主体性作用，调动各类文化企业的积极性，分国家、分地区制定对外文化交流贸易政策，推动与沿线国家的文化产业合作。充分挖掘“一带一路”的历史文化遗产，引导和动员民间力量开展丰富多样的文化交流活动，支持沿线有关国家联合申请世界文化遗产。此外，还要充分发挥专家学者和智库的作用，群策群力，通过召开研讨会、分专题开展调研等形式，为“一带一路”建设中的文化交流与合作提供智力支持。

要大力发挥海外华侨华人推进文化交流的独特作用。据国务院侨办数据显示，目前我国海外华侨华人已超过6000万人，分布在全球198个国家和地区。另外，还有3000多万归侨侨眷生活在中国各地。作为中国现代社会经济发展的重要智力资源，广大华人华侨在开拓国际经济科技合作、推动慈善捐赠事业等方面发挥着巨大作用。海外华人华侨既熟悉所在国的社会、法律、文化与风土人情，同时又极其关心和了解祖国、家乡的情况，是连接中国与“一带一路”沿线国家的天然桥梁和纽带。在“一带一路”推进过程中，充分培养、教育和发挥海外华人及新老侨民、侨友“润滑剂”“缓冲剂”和“催化剂”的作用，将对有效、快速推进这一进程产生重要的影响和作用。

（执笔人：任海平，中国国际经济交流中心战略研究部副部长、副研究员。完稿时间：2016年8月）

第八章

“一带一路”能源研究

能源是欧亚大陆的富裕资源，是欧亚大陆成为国际竞合中心的一个重要原因。如何理顺能源合作秩序，供需双方形成互利共赢的格局，是“一带一路”倡议能否成功的关键之一。

一、“一带一路”能源情况

全球和“一带一路”沿线油气资源分布都呈现出空间分布不均衡的特点，供求整体趋向供大于求。这是能源资源合作的基础。

（一）“一带一路”沿线油气资源丰富但分布不均

首先，全球油气资源分布空间不均衡。根据国土资源部油气资源战略研究中心、中国石油大学（北京）的研究，截至 2015 年，全球已发现的储量最丰富的可采石油的矿藏分布在 20 个盆地中，已发现石油可采储量共计 3106.6 亿吨，待发现的储量最丰富的可采石油的矿藏也分布在 20 个盆地中，待发现石油可采资源量为 1115.9 亿吨。全球已发现的可采天然气矿藏储量最丰富的分布在 20 个盆地中，全球已发现天然气可采储量为 293.96 万亿立方米，待发现的可采天然气矿藏资源量最丰富的也分布在 20 个盆地中，待发现天然气可采资源量为 169.93 万亿立方米。南美油气资源主要输往美洲国家，中东石油则输往全球。

其次，“一带一路”沿线油气资源储量丰富，但分布不均。根据国土资源部油气资源战略研究中心、中国石油大学（北京）的研究，截至 2015 年，“一带一路”区域内（除中国外）已发现可采石油储量 2131.8 亿吨，占全球累计发现可采石油储量的 68.6%。“一带一路”区域内（除中国外）待发现资源量380.4亿吨，占全球待发现石油可采资源量的34.1%。“一带一路”区域内已发现的储量最丰富的可采石油的矿藏分布在6个盆地：阿拉伯盆地（排名第1）、扎格罗斯盆地（排名第2）、西西伯利亚盆地（排名第3）、伏尔加—乌拉尔（排名第5）、滨里海盆地（排名第11）和南里海盆地（排名第17）。“一带一路”区域内（除中国外）已发现可采天然气储量212.64万亿立方米，占全球累计发现可采天然气储量的72.3%。“一带一路”区域内（除中国外）待发现资源量79.69万亿立方米，占全球待发现天然气可采资源量的46.9%。全球已发现可采天然气储量最丰富的前20个盆地中，分布于“一带一路”区域内的有10个，包括阿拉伯盆地（排名第1）、西西伯利亚盆地（排名第2）、扎格罗斯盆地（排名第3）、卡拉库姆盆地（排名第4）、滨里海盆地（排名第7）、东巴伦支盆地（排名第12）、东西伯利亚盆地（排名第13）、伏尔加—乌拉尔盆地（排名第16）、南里海盆地（排名第19）和第聂伯—顿涅茨盆地（排名第20）。全球待发现可采天然气资源量最丰富的前20个盆地中，分布于“一带一路”区域内的有9个：西西伯利亚盆地（排名第1）、东巴伦支盆地（排名第4）、尼罗河三角洲盆地（排名第5）、南里海盆地（排名第7）、扎格罗斯盆地（排名第8）、东西伯利亚盆地（排名第10）、阿拉伯盆地（排名第12）、黎凡特盆地（排名第14）和红海盆地（排名第15）。“一带一路”区域内天然气可采资源分布极端不均，主要集中在中东、俄罗斯、中亚等几个地区。“一带一路”区域内盆地天然气资源量占“一带一路”总量的77.1%。其中，已发现天然气可采储量占“一带一路”总量的80.4%；待发现天然气可采资源量占“一带一路”总量的68.6%。总之，“一带一路”国家油气资源丰富，但分布非常不均，主要富集在中东、中亚和俄罗斯等国家和地区，除中国外，石油、天然气可采资源量分别为2512亿吨和292万亿立方米，分别占世界的60%和63%。“一带一路”国家油气产量分别为24.1亿吨和1.8万亿立方米，分别占世界的 58% 和 54%，占中国原油和天然气进口份额的 66% 和 86%。

“一带一路”沿线油气储量丰富，但分布非常不均衡，主要分布在中东、俄罗斯，其次是中亚和东南亚地区。如图 8 - 1 所示，2014 年底，中东区石油探明可采储量为 1105. 8 ×108t，占“一带一路”总量的 51. 9%；天然气探明储量为 79. 8 ×1012m^3，占“一带一路”总量的 37. 5%（BP，2015）。俄罗斯探明储量高达 32. 6 ×1012m^3（293. 43 ×108t 油当量），在“一带一路”国家中排名第 2；与天然气相比，俄罗斯的石油资源量相对较小，探明可采储量为 140. 76 ×108t，在“一带一路”国家中排名第 4。东南亚国家的石油和天然气的探明可采储量分别为 26. 18 ×108t 和 6. 8 ×1012m^3，仅占“一带一路”沿线国家总量的 1. 97% 和 4. 75%。埃及原油探明可采储量为 36 ×108bbl，天然气探明可采储量为 1. 8 ×1012m^3。

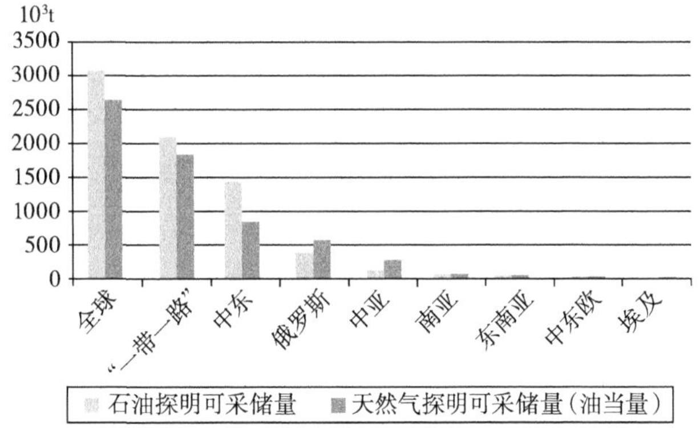

图 8 - 1　“一带一路”沿线油气探明储量空间分布

资料来源：美国信息处理服务公司（IHS）。

总体来看，中东、中亚和俄罗斯是油气资源的富集区，也是我国油气资源的来源地。据 2014 年统计，中国石油企业在“一带一路”国家权益油气产量为 5255 万吨和 194 亿立方米，占我国全球油气权益总量的 45% 和 55%。

（二）“一带一路”油气基础设施状况

“一带一路”沿线以产油国为中心形成了密布的油气资源勘探加工和运输等基础设施。

首先，“一带一路”范围内陆上，以中东、俄罗斯、中亚等能源资源国为中心，朝欧洲、东南亚、东亚等方向延伸的原油和天然气管线网络。俄罗斯的油气管线主要通往欧洲，中东的油气管线主要通向欧洲等地。以中哈油管线、中国—中亚天然气管线为主的中国西北部油气通道，以中缅油管线、中缅气管线为主的西南油气通道，以中俄油管线为主的东北油气通道是中国陆上能源进口的三大重要战略方向通道。其中，中缅油气管道是继中亚油气管道、中俄原油管道、海上通道之后我国第4大能源进口通道。

“一带一路”原油炼厂大部分分布在亚太地区、东欧及苏联地区、中东地区。截至2014年12月，“一带一路”亚太地区有炼厂120座，原油加工能力8.9亿吨/年；东欧及苏联地区有炼厂89座，原油加工能力5.3亿吨/年；中东地区有炼厂44座，原油加工能力3.7亿吨/年。我国炼厂主要分布在东部沿海城市以及“西气东输”管线沿线，共有56座。世界2000万吨/年以上炼厂有22座，“一带一路”国家拥有12座，超过世界总量的一半以上。

输油港口多分布在亚太沿海国家、海湾国家和地中海北岸等。中东海湾地区是世界上主要的石油输出地区，重要港口有巴林的锡特拉、伊朗的居鲁士港、伊拉克的法奥、科威特的艾哈迈迪港、阿曼的法哈尔港、卡塔尔的哈卢尔岛、沙特阿拉伯的腊斯塔努腊、阿拉伯联合酋长国的阿布阿尔布霍什和法特等港口。

海上油气贸易要完成原油和LNG的海上运输。海上油气航运线主要有中东、波斯湾至亚太、北美、欧洲等石油消费国；西非至亚太等石油消费国。“波斯湾—印度洋—马六甲海峡—南海”通道是我国海上油气进口运输的总动脉。

（三）全球能源供求关系从偏紧向偏松转变

当前，能源供大于求，油气价格暴跌。2014 年国际原油价格暴跌。如图 8-2 所示，石油价格从每桶 100 美元下跌到 50 美元以下，2015 年以来基本稳定在 50~60 美元的水平，但年底又跌破 40 美元。作为世界经济和能源趋势的“晴雨表”，国际油价的走势表明世界能源市场进入了一个新的周期，能源供求关系将从偏紧向偏松倾斜。从需求侧看，国际金融危机的影响十分深远，包括新兴经济体在内的各国经济进入调整期，国际经济无法在短期内实现经济复苏。尽管印度经济看好，但短时间内难以呈现出中国对国际经济的影响。

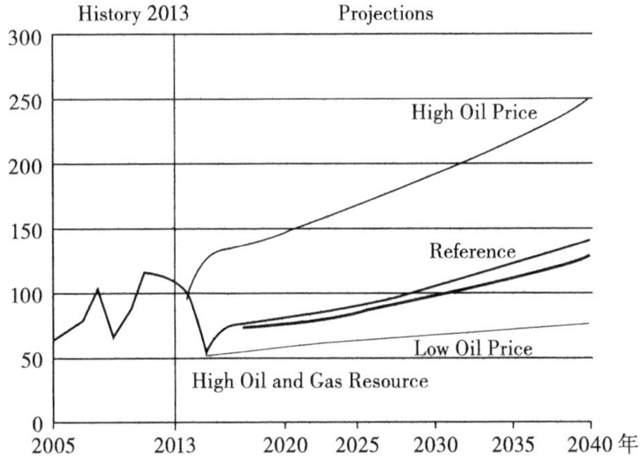

图 8-2 国际油价未来走势预测

资料来源：美国能源信息署（年度能源展望 2015）。

全球能源需求无法再现 21 世纪第一个 10 年的井喷情况。从供给侧看，传统石油和页岩油的市场份额的争夺还未结束，国际局势的相对稳定有利于产油国增加生产。具体而言，以沙特阿拉伯为首的海湾传统产油国继续实施低油价战略，日产 3000 万桶的目标不会在短时间内做出改变；伊朗在解除经济制裁措施后，产量将快速得到恢复；俄罗斯、巴西等非 OPEC 国家迫于经济和财政的压力，不会减小对油气的出口力度；为了换取外汇促进经济发展，刚被解除国际经济制裁的伊朗也不会大规模减少油气产量；北美页岩油气投资虽然势头减缓，但60～70美元的油价足以维持稳定的产量。这些因素都使国际石油产能快速增加。总体来看，缓慢复苏的国际经济对能源需求的增长还将处于较低水平，而富余的产能将国际能源价格维持在低位。未来5年甚至更长一段时间，国际油价将在50～80美元的区间波动。如果不发生重大的地缘政治事件，油价很难再上100美元的水平。总之，油气等能源供求偏松的趋势基本确立。

（四）能源需求将从东向西转移

伴随着世界经济格局的变化，国际能源格局也正在发生深刻变化。一方面，以中国、印度为代表的新兴经济体快速发展，使得国际能源的消费中心正在向东半球偏移。东亚已经形成了与北美、欧美规模大体相当的经济板块，而且不断加快的工业化进程对能源的需求大幅增长。未来国际能源市场的需求增量主要来自亚洲和新兴经济体，尤其是中国和印度，从其潜力来看可能是仅有的长期经济增速可以维持在5%以上的2个经济体。中国能源从基本自给到大量进口，能源对外依存度超过10%，石油更是超过了60%，并将继续上升。2015年4月，中国的原油净进口量首次超过美国，成为世界最大的能源进口国；而印度将于今年超过日本，成为世界第3大能源进口国，而未来10年内超过美国也将是大概率事件。

另一方面，由于北美页岩油气产量的大幅增长，使得国际能源的供给来源正在向西偏移。美国2015年即将超过俄罗斯成为全球最大的天然气生产国，到2020年前后或将取代沙特阿拉伯成为全球最大的原油生产国。能源独立可望在2030—2035年甚至更早实现，美国也将从能源净进口国逐步转变为能源出口国。南美油气田的新发现，欧盟在可再生能源领域蓬勃发展，考虑到中东、俄罗斯等传统能源出口国产能稳定，全球能源生产重心总体上将向西半球倾斜。

从全球角度看，未来国际能源走向将改变过去半个多世纪以来向欧美流动的大趋势，而转向以中国、印度的亚洲特别是东亚。中东地区在世界原油产量的地位不会改变，但预计到 2030 年，中东地区原油主要出口东亚。包括国际能源署和 BP 石油公司在内的研究机构，将这一国际能源格局的改变类比为大陆板块的漂移。这个大趋势必将给世界经济和地缘政治带来不容忽视的影响。

总之，“一带一路”沿线油气生产国和消费国密布，油气基础设施集中，能源合作是国际合作的重中之重。面向未来，油气供求关系从偏紧向偏松转变，价格下行，而且随着世界经济重心的东移，能源需求将从东向西转移。“一带一路”沿线能源合作变得越发重要。

二、影响“一带一路”能源合作的因素

能源问题是影响经济社会发展的全局性、战略性问题，关系国计民生，关系人类福祉，保障能源安全是世界各国面临的共同挑战。具体来讲，影响“一带一路”能源合作的因素主要有 5 个。

（一）大国博弈扰乱“一带一路”能源合作

自古以来，中亚就是大国角力的地缘支点。地缘政治学上有一个著名的论断：“谁控制了中亚地区，谁就能控制欧亚大陆，谁控制了欧亚大陆，谁就能控制全世界！”这是英国著名地理学家哈尔福德·麦金德以欧亚大陆为出发点，重视的是陆权，在约 1 个世纪前做出的惊世骇俗的论断，即“陆权论”。他强调，中亚是“历史上的地理枢纽”，过去是而且永远是全球最重要的地区。其理由是，中亚地区位于欧亚大陆的心脏地带，不仅是连接欧亚大陆和中东的要冲，还是大国势力东进西出、南下北上的必经之地。因此，中亚地区成为大国角力的战场。一般认为，麦金德理论是导致第一次世界大战和第二次世界大战的原因之一。“二战”之后，美苏在欧亚大陆的争夺就立足于此。历史上俄英的争夺也是沿着这个位于欧亚大陆的新月形地带展开的。

海洋也是大国角力的角斗场。“陆权论”之后，美国地缘政治家、军事家马汉提出了“海权论”，把围绕欧亚大陆的世界海洋通道纳入大国争夺的范围。马汉的海权论认为，谁掌握了世界核心的咽喉航道、运河和航线，谁就掌控了世界经济和能源运输之门；谁掌控了世界经济和能源运输之门，就掌握了世界各国的经济和安全命脉；谁掌握了世界各国的经济和安全命脉，谁就掌控了全世界。美国“二战”以来的国际战略就是据此进行布局的，世界上全部海上交通要道悉数被美国掌控着，也实际上控制着世界。

而“一带一路”囊括了海权论和陆权论所述欧亚大陆的全部区域，是大国角力的主战场。在这个战场上，目前美国、俄罗斯、印度是“一带一路”沿线具有关键影响的大国。美国力图通过掌控这个区域以介入东亚事务，制约中国在中亚、中东的影响力，对中国进行遏制；北压俄罗斯以补充欧洲博弈的效果。这对“一带一路”能源合作政治环境产生了巨大的负面影响。俄罗斯实际担忧中国的“一带一路”建设会淡化其欧亚经济联盟建设的效果，时不时有与中国竞争的内在冲动。这也在一定程度上阻碍了“一带一路”能源合作的效果。印度试图借助美国“印亚太”战略打造其大国地位，提出“季风计划”，在能源贸易、投资方面与中国存在竞争。这也构成了“一带一路”能源合作的不利因素。

更为重要的是，在大国博弈的中心地带——中亚西亚，大国争夺引发的民族矛盾和宗教矛盾交织，恐怖主义盛行，社会被撕裂，人民生活在水深火热之中，难民潮不断涌出，成为国际社会动荡的源头之一，也成为“一带一路”能源合作不可逾越的障碍之一。破解“一带一路”能源合作中的大国博弈困境，如何推动中美在“一带一路”沿线国家开展大项目合作，并就阿富汗、全球能源安全等问题形成良性沟通局面，如何深化中俄能源战略合作，并在能源产业上下游合作、欧亚经济一体化、能源价格等问题上彼此关照各自的核心关切，如何扩大中印共同能源利益，共同保障能源供给安全、参与全球能源治理，成为推进“一带一路”能源合作的关键问题。

（二）基础设施布局对“一带一路”能源国际合作的限制

当前油气等能源基础设施的布局是与以前国际格局的变迁，特别是各经济体油气能源的供需相适应的，并不是满足各国油气能源资源供需的最佳布局。

随着各国供需量的变化，特别是全球经济重心由欧美向东亚的转移，原来的基础设施布局就构成新的世界经济格局下各国能源供给与需求解决方案的障碍，不适应“一带一路”能源国际合作的现实需要，需要进行优化。首先，运输量出现了“东增西减”的现象，需要加大对东亚的运输基础设施。由于东亚在世界经济中的分量越来越大，需要加大运输量；能源生产国也需要根据各经济体的需求结构变化重新调整生产基础设施布局，解决供需矛盾问题。其次，运输路线需要优化，能源运输基础设施布局面临调整的压力。由于东亚经济体离油气生产国的陆上距离更近，加上安全因素的考虑，通过陆上运输油气能源局有了可行性。而且，由于新技术的出现，海上运输路线也存在着进一步优化的可行性，如通过克拉地峡开挖产生的新通道进行运输的成本就比通过马六甲运河运输大大降低。所以，“一带一路”区域内实现能源生产与消费的短距化供需联系的需要，促使能源运输基础设施布局有进一步优化的需要，并带动能源其他基础设施的重新布局。最后，港口和炼厂等基础设施也面临调整的局面。由于港口建设适应了海上能源运输线路的需要，随着能源运输线路的调整，“一带一路”沿线港口的布局也将面临调整的压力。同时，由于油气生产国增加附加值的需要，不断延长油气产业链，“一带一路”沿线炼厂的布局也将连带性调整。

所有这一切都表明，“一带一路”沿线当前的能源基础设施布局对区内能源国际合作构成了一定程度的限制，需要进一步优化。

（三）能源技术对“一带一路”能源国际合作的限制

能源技术存在分布不配套现象。随着科技的发展进步，油气等能源清洁高效利用技术、节能减排的先进适用技术、能源装备与重要部件的生产技术、因地制宜的多能互补、冷热电联产技术等不断更新。但是，这些能源技术的分布并不匹配。目前，能源领域相关先进技术和先进设备的开发，甚至包括主要油田的掌控，都在西方国家手中，能源生产国的生产装备技术往往不先进，但区内已经出现了一些领域的赶超国家。例如，能源高端装备的制造领域中国居于领先位置，远超不少能源生产国的水平，并领先世界。面向新能源的技术，中国更是领先“一带一路”沿线国家。“一带一路”沿线国家如何通过能源国际技术合作，把更多的利润留在域内国家，是沿线国家能源国际合作的重中之重。

能源技术的相对落后限制了“一带一路”沿线国家能源合作的范围和领域；区内经济体能源技术先进程度不一、分布不均衡也给“一带一路”沿线国家能源技术国际合作奠定了基础。总之，目前，能源技术是限制“一带一路”沿线国家国际能源合作的一大障碍。

（四）市场对“一带一路”能源国际合作的限制

“一带一路”沿线经济体已经形成了一定规模的能源市场。据中国国土资源部油气资源战略研究中心、中国石油大学（北京）的研究[①]，原油市场方面，2013 年，“一带一路”国家原油产量 24.1 亿吨，石油消费量 14.6 亿吨，分别占世界的 58% 和 35%。其中，中东、中亚俄罗斯等均为世界重要的原油生产国。其生产的原油多数用于出口换汇，本国消费相对较少。沙特阿拉伯、伊朗、伊拉克、科威特、卡塔尔和阿拉伯联合酋长国等中东 6 国共生产原油 12.6 亿吨，出口 8.3 亿吨，消费 4.3 亿吨，约 2/3 用于出口；哈萨克斯坦、土库曼斯坦、阿塞拜疆和乌

---

① “一带一路”油气资源分布明细[N]. 中国能源报，2015-07-13(004).

兹别克斯坦等中亚4国生产原油1.4亿吨，出口1.0亿吨，消费0.4亿吨，约3/4用于出口；俄罗斯生产原油5.3亿吨，出口2.3亿吨，消费3.0亿吨，约44%生产的原油用于出口。另外，越南既是原油生产国也是原油出口国。印度、马来西亚、印度尼西亚和埃及既是原油生产国又是原油消费国。印度2013年消费原油2.3亿吨，进口1.9亿吨，不出口原油；马来西亚、印度尼西亚和埃及国内生产原油基本自足，均既进口原油又出口原油。东欧国家、南亚国家（除印度）等国内生产原油较少，原油消费主要依赖进口，属于原有消费国。新加坡并不生产油气，但却是油气进口国，也是石油产品出口国，属于能源贸易国。另外，缅甸、新加坡、马来西亚、印度尼西亚等是我国油气进口的重要过境国，巴基斯坦、土库曼斯坦、哈萨克斯坦、乌兹别克斯坦等将是我国重要的潜在过境国。

天然气市场方面，2013年，“一带一路”国家天然气产量18212亿立方米，消费量15407亿立方米，分别占世界的54%和46%。其中，俄罗斯、卡塔尔、土库曼斯坦、印度尼西亚、马来西亚、哈萨克斯坦、乌兹别克斯坦和缅甸等是“一带一路”国家中重要的天然气生产国和出口国。其中，俄罗斯2013年生产天然气6048亿立方米，出口2255亿立方米，消费4135亿立方米；卡塔尔生产天然气1585亿立方米，出口1229亿立方米，消费356亿立方米；土库曼斯坦、哈萨克斯坦、乌兹别克斯坦和阿塞拜疆等中亚4国生产天然气1539亿立方米，出口691亿立方米，消费899亿立方米。印度、伊朗、阿拉伯联合酋长国和埃及等是重要的天然气生产国，但不能满足国内需要，需部分进口。沙特阿拉伯、伊拉克、科威特和越南等生产的天然气主要用于国内消费，基本不出口。东欧和除印度外的南亚国家生产天然气较少，消费均需进口。另外，缅甸、新加坡、马来西亚、印度尼西亚、塔吉克斯坦、乌兹别克斯坦、哈萨克斯坦等是我国油气进口的重要过境国；巴基斯坦、土库曼斯坦等将是我国的潜在过境国。

但是，这些市场主体构成的能源市场还存在市场效率低的限制。一是由于交通基础设施互联互通的限制，许多油气贸易运费成本高昂。二是油气基础设施布局不合理，也增加了能源贸易成本，降低了市场效率。三是油气垄断严重，价格扭曲，损害了供需双方的利益，降低了市场效率。总之，当前“一带一路”沿线市场尚有完善的空间，市场效率低是限制“一带一路”能源合作的重要因素之一。

（五）价格震荡对“一带一路”能源国际合作的限制

国际金融危机以来，油气价格一路走跌。不稳定的油气资源价格给“一带一路”能源国际合作带来了很大的限制。2008 年美国次贷泡沫破裂前的 5 个月，国际油价从 95 美元/桶上涨到 140 美元/桶以上；9 月金融危机爆发 6 个月后的 2009 年 3 月，快速下跌至 40 美元/桶以下，而在深度恐慌期有所缓解后的 2009 年 7 月，又反弹至 70 美元/桶。在伊朗解除国际制裁后，因伊朗石油的冲击，油价又一路下跌。目前，石油价格仍难看到稳定的迹象。2009 年后，经济和金融双重驱动因素影响油价的特征显现。2009 年以来，全球石油勘探开发领域投资持续增长，2009—2014 年全球石油日均产能提高了近 1000 万桶/天，而需求仅增长 750 万桶/天。石油市场格局从“紧平衡”过渡到“松平衡”。金融因素特别是货币因素的影响则被放大，呈现经济和金融双轮驱动格局。2009 年下半年以来，各国量化宽松等刺激政策使国际油价回调至 60 美元/桶以上后，逐步稳定在 80～100 美元/桶的区间；这其中既有美元贬值因素的影响，也包括需求和市场信心的提振作用。

国际原油价格大幅下跌主要有 4 方面原因。一是全球经济下行使石油需求增速放缓。近年来全球经济下行趋势明显，美国经济复苏尚不稳固，欧洲、日本仍然疲弱，以中国为代表的新兴经济体增速集体放缓。经济增长的乏力对石油的需求明显减弱。2014 年全球石油需求较 2013 年仅增长了 0.7%，较 2013 年 1.2% 的需求增长率下降了近一半，为 2009 年以来最低水平。二是能源产业持续投资和页岩油气发展使得石油供给大幅增长。原油的高价位引发了开发投资，提升了石油总体供给能力。据估算，目前石油输出国组织（OPEC）国家存在近10%的剩余产能，约为360万桶/天，约为全球消费量的4%。北美页岩气和页岩油的开发，对石油供应产生了显著贡献。2017年美国原油产量创30年新高，前9个月产量达到4.2亿吨，全年约达5.5亿吨，同比增长14.5%，逼近沙特阿拉伯成为全球第2大产油国。美国原油进口依存度已从60%降至30%。三是美国退出量化宽松带动美元走强。事实上，石油是最后一个价格“失守”的大宗商品。近年来，国际煤炭、黄金、铜、铁矿石等价格下挫达30%～50%。美联储退出量化宽松收紧货币政策，美元走强既使以美元计价的国际原油价格也下跌，其走强预期也驱动全球资本撤离大宗商品市场，转而流向美元资产。预计这一影响将随着2015年美国实施加息更加显著。四是美国、沙特阿拉伯等影响力大的国家坐视油价下跌。长期以来，美国和以沙特阿拉伯为首的OPEC国家在战略层面达成默契，通过控制石油产量和开发量抬高油价，制约发展中国家；俄罗斯21世纪以来也获益很大。然而，沙特阿拉伯对美国页岩油气产量快速增加感到忧虑（2009年以来，美国页岩油是其石油增产的主要因素，2014年约生产1.8亿吨），美俄关系紧张、OPEC国家利益分化等因素，使三方博弈加剧。特别是沙特阿拉伯在几个关键时点明确表态不会减产，加快了油价下行速度。目前，油价相关各方的博弈仍在继续，油价企稳的迹象还未显现。

从世界经济整体看，油价下跌对各经济体的影响是把“双刃剑”。一方面，作为关键能源资源与工业原料，石油价格下行将削减全球制造业、物流等行业成本，提升实际购买力水平，推升企业生产和居民消费，石油进口大国是主要受益方，有利于全球经济增长。另一方面，低油价将拉低全球物价水平，“石油美元”过度收缩回流，将与美终结量化宽松、上调利率一道，加剧全球流动性趋紧，放大日本与欧元区通缩风险，抑制世界经济复苏。

总体来看，过高或过低的能源价格或价格的大幅震荡，从中长期看，既不利于生产国，也不利于消费国，也使国际能源合作失去了稳定的环境。合理长期相对稳定的价格预期符合各方利益。所以，当前油气价格的大幅震荡构成“一带一路”能源国际合作的限制性因素。

三、“一带一路”能源合作的前景

“一带一路”是立足当前，对欧亚大陆乃至更大范围内的生产资源进行优化组合，以最大限度地创造价值为宗旨的总体优化方案。对能源来讲，国际能源合作就是“一带一路”沿线能源资源的再次优化组合。根据中国国际问题研究院国际能源战略研究中心主任、高级研究员石泽的研究，“一带一路”沿线能源国际合作将出现以下几个方面的变化①。

（一）将形成能源开发中心

随着能源开发利用技术水平的逐步提高和交通基础设施的不断完善，“一带一路”沿线经济体进一步一体化整合，该地区能源资源潜力将逐渐被释放，形成能源开发中心。一是里海油气资源（近30年全球陆地最大的油气新发现）的开发将提上议事日程，外高加索和西亚地区采用的新开采设备和技术将推动其能源规模效应逐步显现。二是随着工业技术和设备的更新，借助于欧亚地区整体经济发展的拉动，投资环境将得到很大的改观，其储量丰富的油气资源开发将进入鼎盛期。俄罗斯所拥有的3200个油气储藏中未开发的1600个将得到有效开发。

总之，在能源新技术和互联互通导致的交通环境改善推动下，“一带一路”沿线将形成欧亚大陆的油气资源开发中心，满足“一带一路”沿线各国的需求。

---

① 石泽.透视中国“一带一路”战略背后的能源格局[EB/OL].石油观察网.http://www.oilobserver.com/brilliant-opinion/article/1432,2015-01-23.

（二）将形成能源加工炼化中心

随着能源技术的进步和炼化装备的更新，“一带一路”沿线各国对能源的加工和炼化的需求将进一步提高，能力也将进一步提升。一是油气生产国将提升自身炼化能力和水平。提高炼化能力不仅可以延长能源产业链，提升各国经济发展水平，还可以改变能源出口国经济单一结构的局面。二是传统能源炼化大国将继续提高炼化能力和水平。俄罗斯和中国是目前“一带一路”沿线最大的炼化加工中心，在技术进步和能源经济结构高级化的推动下，也会提高自己的炼化水平。总之，为了提高能源工业水平，扩大和延伸能源产业链，“一带一路”沿线国家都会推进油气炼化水平的提高，推动“一带一路”沿线演变成为能源加工炼化中心。

（三）将成为新市场中心

在“一带一路”建设的推动下，世界经济重心正在加速向亚太转移。随着印度、巴基斯坦、东南亚国家经济的再次起飞，其能源消费将持续增长。随着世界经济环境的转暖和世界经济复苏，中国、俄罗斯、欧盟等经济体经济将再度起飞。欧亚大陆将成为名副其实的世界经济中心。随着经济的复苏和发展，“一带一路”沿线经济体对能源的需求也将进一步扩大。目前，“一带一路”沿线地区已成为世界最大的能源消费市场。而且，“一带一路”沿线经济体的经济复苏和发展将直接带动能源需求的快速增长。届时，随着欧亚大陆铁路、公路与油气管线等基础设施的改善，陆路与管道运输的比重增加，中、印、巴、东盟等发展中经济体能源消费将持续增长，将促进中亚、西亚、俄罗斯等能源富集区能源产量增加，进一步推动“一带一路”沿线形成能源生产与消费的短距化供需联系，形成多个稳定的短距离能源生产与消费关联区，在供需两旺的情况下最终形成覆盖“一带一路”沿线的能源市场中心。在俄罗斯、中亚、中东、非洲、美洲和亚太5大重点能源区合作的基础上，推进能源合作伙伴关系建设，制定和完善全球能源治理原则，培育消费国生产国平等协商、共同发展、自由开放、竞争有序、监管有效的全球能源大市场。

（四）将形成一系列服务中心

随着“一带一路”建设的深入发展，欧亚大陆各经济体的一体化融合进一步加深，能源生产、炼化加工和贸易中心逐步向“一带一路”沿线聚集。而油气资源生产加工、运输和贸易各个环节都会衍生出一个子产业链。围绕能源产业的各个环节，沿线地区将会与之配套众多服务区，来承载设备修理、更新装备、技术培训等功能，形成不断延伸的子产业链。也就是说，随着能源产业各环节演变成各个能源子产业，为能源产业服务的各子产业也将产生和发展，最终演变成覆盖“一带一路”沿线的服务中心。

（五）将形成能源互联网

随着“一带一路”建设的加快和经济融合的加深，“一带一路”沿线以特高压电网为骨干网架、输送清洁能源为主导，将形成沿线各国电网互联互通的配置能力强、安全可靠性高、服务范围广、绿色低碳、能源优化配置的能源互联网，逐步推进清洁替代和升级，在能源开发上以清洁能源替代化石能源，实现从化石能源为主向清洁能源为主转变；在能源消费上以电代煤、以电代油，提高电能在终端能源消费中的比重，最大限度地解决能源安全、环境污染和温室气体排放问题。在此基础上，以“一带一路”沿线能源互联互通为突破，经过洲内跨国联网、跨洲联网和全球互联 3 个阶段，建成以清洁能源基地为基础，由跨国跨洲特高压骨干网架和各国各电压等级智能电网构成的全球能源互联网，保障更清洁、更高效、更安全、可持续的能源供应。

四、中国参与“一带一路”能源合作的建议

“一带一路”沿线地区油气资源质优易采，并处于整个欧亚大陆中心区域，无论是海上运输，还是陆路运输，“一带一路”地区都是必经之地。“一带一路”地区扼住了全球油气运输的咽喉，具有重要的战略意义。因此，我国要积极参与“一带一路”能源合作。

（一）夯实基础，加强与相关能源生产国的合作

原油价格的低位，对原油生产国不利，但为我国与油气生产国开展经济合作提供了有利时机。对俄罗斯，针对其财政紧张的情况，我国可采取加大油气进口的方式加强能源合作，助其防范经济危机，体现战略合作关系；并可考虑应俄方需要以天然气预付款方式对其提供融资支持，同时争取更多对我国有利的军事合作项目。对中东地区，基于未来双方对石油天然气有相互战略需要，力争在中国“海合会”自贸区谈判上实现突破，建立长期稳定的合作关系。双方企业可以采取相互参股、合资等方式相互进入上下游产业。

（二）承担大国责任，推动建立全球能源稳定机制

以原油为重点的能源价格已成为世界经济发展的重要指标，也是各主要经济体博弈的重要标的。过高或过低的能源价格或价格的大幅震荡，从中长期来看，既不利于生产国，也不利于消费国。合理长期相对稳定的价格预期符合各方利益。为此，应推动建立全球能源资源市场稳定机制。在各种国际对话平台上，推动能源资源生产者与消费者通过多边协调机制，制定公正、合理、有约束力的国际规则，共同承担稳定能源资源价格责任。该能源市场稳定机制应当与国际金融体系和自由贸易体系一起，成为全球经济治理的重要支柱。我国要发挥作用，借助能源谈判推动能源国际合作领域公共产品，以增强我国的软实力。

（三）抓住时机，建立亚洲原油市场定价体系

目前，国际原油期货市场发挥着发现原油价格的重要作用，其价格是实际交易的基础标准。主要是纽约商品交易所的WTI原油期货，伦敦国家石油交易所的布伦特原油期货，还有新加坡交易所、迪拜有少量中东原油期货。当前，国际原油流向发生改变，全球各大交易所纷纷在亚太地区争相推出上市原油期货。在此情况下，我国在原油市场定价权方面应发挥更积极的作用，避免进口油价受制于人。应充分利用好上海期货交易所国际原油期货交易平台，联合新加坡、迪拜等交易所，共同打造亚洲原油期货交易市场。推动原油定价货币多样化，探索使用本币结算，减少汇率风险，推进人民币国际化。

（四）整合力量，推进国际能源新治理体系建设

当前，全球能源治理体系的话语权几乎完全掌握在西方发达国家手中，构成了新兴经济体生存和发展的一大障碍。“一带一路”沿线国家要进行能源开采、加工、运输、交易和消费等环节的全产业链合作，建立区域能源市场，建立多边能源合作平台，加强交流沟通、消除隔阂、增强互信，建立起高效的协作机制。与此同时，我国要抓住“一带一路”倡议带来的时机，团结能源生产国和消费国，团结广大发展中国家，协调大国关系，借助国际能源署、国际能源宪章等国际组织平台，撬动国际能源治理体系重组，进一步建立公开、透明、竞争、共担责任和监管有效的全球能源治理体系。

（五）奋发有为，构建亚洲能源金融体系

抓住国际能源体系紊乱和我国外汇储备充足的有利时机，我国要加大能源贸易中本币结算的规模，大力推进能源贸易结算中人民币使用的范围，争取能源定价话语权。目前，我国要抓住“一带一路”区域内中亚、俄罗斯和亚太国家能源金融发展水平较低的有利条件，加快推动建立以我国为龙头的亚洲能源金融体系，为国际能源金融体系的变革奠

定基础。

（六）以能源贸易为突破口，加强能源互联网建设

充分挖掘“一带一路”沿线国家能源互补性的潜力，推进包括电能在内的跨国能源贸易；打造“一带一路”沿线能源通道的基建网络支点，以能源贸易为突破口推动“一带一路”内包括管网、运输、电网等能源基建设施的互联互通，推动能源互联网建设，为区域内能源自由流通打下基础。

（七）抢占先机，为区域内能源建设提供融资支持

“一带一路”特别是“丝绸之路经济带”沿线国家，地域辽阔，资源丰富，堪称“21 世纪的战略能源和资源基地”。这些国家大部分经济发展水平较为落后，建设资金不足，希望依靠能源资源换取第一桶金走上富国之路，希望与我国开展能源合作。因此，我国要抢占先机，进行面向未来的洼地投资，加大对该地区的能源投资，推进我国能源来源多样化，保障能源安全，同时为沿线国家率先发展做出贡献。

（八）优势互补，加强新能源合作

我国在新能源领域已经积累了一定的产业优势，与传统产业领域一样可以输出技术、装备和资本。我国要在借重沿线国家传统能源支持的同时，积极主动加强与“一带一路”沿线国家的新能源合作，输出技术、装备和资本，推进其能源产业多样化，推进沿线经济体的生态保护、产业发展和节能减排，跟上世界发展潮流，同时也给我国经济发展打造新的引擎。

（执笔人：徐长春，中国国际经济交流中心处长、研究员；曾少军，中国国际经济交流中心处长、研究员。报告完成时间：2016 年 8 月，修改定稿时间：2018 年 8 月）

第九章

“一带一路”重大工程研究

一、推进重大工程进展的总体态势

（一）正在推进的重大工程特点

我国积极推进“一带一路”建设，正在推进的重大工程步伐加快。2013 年以来，我国对外直接投资超过了 2 万亿美元。仅 2015 年度就达到 1231 亿美元，首次接近利用外资水平，流量连续 3 年居世界第 3 位，存量达 8826 亿美元，跃居世界第 8 位。境外投资企业总数近 3 万家，遍及全球 80% 的国家和地区，向东道国缴税总额 192 亿美元，创造 186 万个就业岗位。我国企业还建立了 75 个境外经贸合作区，初步形成了产业聚集，发挥了示范和带动效应。此外，我国对外承包工程累计签订合同额 13616 亿美元，完成营业额 9352 亿美元，累计派出各类劳务人员 748 万人次。中国对外投资重大工程进展实现了持续、快速增长，区域分布更加广泛，投资行业结构和主体结构进一步优化，地方投资占比首次过半，投资合作方式呈现多样化，互利共赢效果显著，同时中国企业的国际化水平不断提升。具体体现在以下几个方面：

一是“一带一路”对外投资实现持续快速增长。中国对外直接投资流量在 2015 年度创下 1231.2 亿美元的历史最高值，同比增长 14.2%，连续 3 年位列全球第 3 大对外投资国。中国对外直接投资实现了连续 12 年快速增长，其中 2010—2014 年的年均增长速度达 15.7%。截至 2015 年度，中国对外投资存量为 8826.4 亿美元，较上年大幅提高了 33.6%。

二是“一带一路”的区域分布更加广泛。从洲别分布来看，亚洲依然是中国内地对外投资流量最大的地区，投资额达到849.9亿美元，同比增长了12.4%，占当年流量总额的69%。其中，流向中国香港的投资额为708.7亿美元，占中国内地对亚洲投资总额的83.4%。此外，印度尼西亚、新加坡、老挝、泰国、马来西亚等东盟国家以及哈萨克斯坦等中亚国家也是中国在亚洲的主要投资目的地。2015年度，中国企业对北美洲、欧洲的直接投资增幅分别达到88%和82.2%，投资金额分别为92.1亿美元和108.4亿美元，占当年中国对外直接投资流量的比重分别为7.5%和8.8%，投资主要集中在制造业、批发和零售业、科学研究和技术服务业等领域。其中，英国、卢森堡、德国、荷兰等是中国在欧洲主要的投资目的地，而在北美洲，中国资本则主要流向了美国和加拿大。此外，由于澳大利亚、新西兰等国的投资环境持续保持较强的吸引力，当年中国对大洋洲的投资流量为43.4亿美元，较上年增长18.6%。

三是“一带一路”重大项目的行业结构进一步优化。从2014年开始，中国对外直接投资的行业分布发生明显变化，其中，2015年度流向第一产业的投资15.9亿美元，较上年增长26.2%，占当年投资额的1.3%；第二产业投资311.1亿美元，同比下降14.4%，占25.3%；第三产业（即服务业）投资904.2亿美元，同比增长28.7%，占73.4%。从第二产业的行业构成情况看，流向采矿业（不包括开采辅助活动）的投资165.5亿美元，同比下降33.3%，建筑业34亿美元，同比下降22%，但流向制造业95.8亿美元，实现了32.6%的大幅增长。第三产业中，流向租赁和商务服务业（以投资控股为主要目的）368.3亿美元，占当年流量总额的29.9%，同比增长36.1%；批发和零售业182.9亿美元，占14.9%，同比增长24.8%；金融业159.2亿美元，占12.9%，同比增长5.4%；房地产业66亿美元，占5.4%，同比增长67.1%；交通运输/仓储和邮政业41.8亿美元，占3.4%，同比增长26.3%；信息传输/软件和信息技术服务业31.7亿美元，占2.6%，同比增长126.4%。

四是“一带一路”投资中地方投资占比首次过半。2015年度，地方企业的非金融类对外投资流量达到547.3亿美元，同比大幅增长50.3%，占全国非金融类对外投资流量总额的51.1%，首次超过中央企业的对外投资规模。东部地区依然保持对外投资的领先优势，全年实现对外非金融类投资447.8亿美元，占地方对外投资流量的81.8%，同比增长53.2%；西部地区实现投资65.2亿美元，占比11.9%，增长78.4%，增幅最大；中部地区实现投资34.3亿美元，占6.3%，同比下降3.1%。

五是“一带一路”投资主体结构持续优化。截至2015年度，中国对外非金融类投资存量为7450.2亿美元，其中，国有企业占53.6%，虽然依然处于主导地位，但和前些年相比持续下降；非国有企业占46.4%，和前些年相比稳步提升，投资主体结构持续优化。

六是“一带一路”投资合作方式多样化。2015年度，除绿地投资之外，以并购方式进行的对外直接投资324.8亿美元，占当年中国对外直接投资总额的26.4%。股权和收益再投资占比提升，共计1001.3亿美元，占流量总额的81.3%，其中，股权投资557.3亿美元，占当年流量总额的45.3%，较上年上升16.8%；收益再投资444亿美元，占36.1%，较上年提升0.6%。债务工具投资占比下降明显。由于境外融资成本低于中国境内，因此中国企业通过中国香港等地境外融资再进行对外投资的活动日益增多，境内投资主体直接给境外企业提供的贷款减少，债务工具投资较上年下降40.7%。对外承包工程方面，2014年，中国承包企业在继续发挥传统承包优势的同时，充分发挥资金、技术优势，积极探索开展“工程承包+融资”“工程承包+融资+运营”等方式的合作，有条件的项目更多地采用了BOT、PPP等方式。

七是“一带一路”互利共赢效果显著。中国境外企业对东道国税收和就业贡献明显，对外投资合作双赢效果显著。中国企业对外投资合作在自身获得新的发展空间的同时，还帮助产业基础薄弱的国家和地区完善了工业体系，推动了东道国经济的发展和繁荣，促进了当地就业，充分践行了“互利共赢”“惠及当地”的原则和宗旨。2015 年度，中国境外企业向投资所在国缴纳各种税金总计 192 亿美元，创造 186 万个就业岗位，其中雇用当地员工 83.3 万人，为当地经济发展做出了积极贡献。

八是中国企业的国际化水平不断提升。随着“走出去”战略的深入实施，中国企业的国际化经营能力不断提升，逐渐形成了一批具有国际影响力的跨国经营企业。从中国 100 强跨国经营企业的主体来看，按 2014 年末境外企业资产总额排序，国有企业虽仍占据明显的主导地位，民营企业异军突起。虽然国有企业仍占据大多数，但入围的民营企业增多。从行业分布来看，产能合作和装备制造重点行业占比增加，房地产等行业占比降低。工程机械行业，三一重工 2014 年新入围中国 100 强非金融类跨国经营企业；汽车行业，中国重型汽车集团新入围；轨道交通装备行业，南车集团新上榜；航空航天行业，中国航天科技集团 2014 年新入围；信息通信行业，中国移动和同方股份有限公司排名大幅前移，方正集团新入围。房地产等行业占比减少，上年曾上榜的万科集团和金地集团本年度均没有入围。

（二）正在推进的重大工程进展分析

中国对外投资合作在“一带一路”重点领域取得新突破，境外并购亮点突出，产业分布呈现多元化趋势，境外经贸合作区建设取得阶段性成果，境外基础设施合作取得重大进展，具有以下基本特征：

一是境外并购亮点纷呈。企业海外并购活跃，传统采矿领域境外并购金额大幅下降，产业分布呈现多元化趋势，制造业、电力和农业等领域并购亮点突出。2013 年以来，中国企业在全球 69 个国家和地区实施了超过 600 起并购，总金额达到 600 亿美元，其中直接投资 324.8 亿美元，境外融资 244.2 亿美元。受全球大宗商品市场持续低迷等因素的影响，采矿业并购金额虽然保持首位，但同比下降47.7%。不过，中国五矿集团公司牵头组成的联合体以58.5亿美元的价格完成对秘鲁拉斯邦巴斯铜矿项目的收购，仍然成为2015年度中国企业境外并购涉及金额最高的项目。制造业、电力、农林牧渔等领域的境外并购亮点纷呈。其中，联想集团收购摩托罗拉手机业务、IBM X86服务器业务，东风汽车公司收购法国标致雪铁龙集团14.1%股份的单项并购金额均在10亿美元以上；国家电网公司26.3亿美元收购意大利存贷款能源公司35%股权项目，是电力领域年度最大金额并购项目；中粮集团15亿美元收购来宝农业51%股权项目，是迄今为止中国企业涉及农业领域最大金额的对外投资并购项目。

二是境外基础设施合作取得重大进展。2015年度，中国对外承包工程新签合同额1917.6亿美元，同比增长11.7%；完成营业额1424.1亿美元，同比增长3.8%；完成营业额1200亿美元、合同额1800亿美元。其中，基础设施项目新签合同额1129.2亿美元，完成营业额791.2亿美元，分别增长17.9%、1.5%。2015年度，基础设施合作单项合同金额取得历史性突破。中国铁建股份有限公司获得尼日利亚沿海铁路项目合同，总金额达119.7亿美元，是中国对外承包工程史上单体合同金额最大的项目。当年中国企业新签合同金额在1亿美元以上的项目有365个，其中10亿美元以上项目24个，主要集中在交通、电力、电信及水利领域。新签合同额在5000万美元以上的项目有662个，比上年减少24个，合计1578.2亿美元，占新签合同总额的82.3%。中国企业在亚、非、拉美、欧、北美和大洋洲新签合同额分别占合同总额的44%、39%、9%、5%、2%和1%，亚洲和非洲在对外承包工程市场的地位进一步巩固。此外，2015年度，中国对外劳务合作派出各类劳务人员56.2万人，较上年同期增加3.5万人，其中承包工程项下派出26.9万人，劳务合作项下派出29.3万人。年末在外各类劳务人员100.6万人，较上年同期增加15.3万人。截至2015年度，累计派出

747.6万人。

三是“一带一路”倡议引领对外投资合作。中国政府2013年提出“一带一路”倡议以来，中国企业对外投资合作快速增长。2015年度，中国对“一带一路”沿线国家和地区的投资流量为136.6亿美元，年末存量达到924.6亿美元。其中，2015年度，中国对东盟10国的投资流量为78.1亿美元，年末存量为76.3亿美元；2014年末，中国共在东盟设立直接投资企业3300多家，雇用当地员工16万人。2015年度，中国对俄罗斯的投资流量为6.3亿美元，年末投资存量为87亿美元，共在俄罗斯设立境外企业1000多家，雇用当地员工1.5万人。中国对中亚地区的投资流量为5.5亿美元，截至2014年末，对中亚地区的直接投资存量首次超过100亿美元。

四是国际产能合作初见成效。国际产能和装备制造合作积极推进并初见成效，对拉动外贸出口、促进产业转型升级以及深化双边经贸合作等起到了重要作用。第一，国际产能合作稳步推进。2015年度，中国制造业累计对外直接投资523.5亿美元，设立境外制造业企业6105家，在计算机/通信、汽车制造业、通用设备制造、纺织等诸多领域与东道国开展了广泛的合作。第二，装备制造“走出去”快速发展。轨道交通领域，境外轨道交通建设类签订合同额247亿美元，同比增长3倍多；承揽境外项目348个，带动了大批相关设备出口和技术标准输出。通信领域，对外直接投资累计约147.8亿美元，境外设立企业约650家，通信工程建设类签订合同额150.9亿美元，承揽境外项目260个。电力领域，对外直接投资累计约127.1亿美元，境外设立企业约250家，境外电力工程建设类签订合同额297.3亿美元，同比增长9%，承揽境外项目570个。第三，技术和标准“走出去”逐步推进。通过实施装备产能“走出去”，成功使铁路、电力、通信等优势行业的相关技术、标准和规范得到东道国的广泛接受。

二、分区域推进的重大工程进展分析与专项规划

“一带一路”建设将涉及65个国家和地区，涵盖44亿人口，GDP规模逾20万亿美元，其中人口和GDP分别占世界的63%和29%。“一带一路”涉及的国家主要包括东亚的蒙古国，东南亚12国（如菲律宾、柬埔寨、老挝、马来西亚、缅甸、泰国、文莱、新加坡、印度尼西亚、越南和东帝汶），中亚与高加索8国（哈萨克斯坦、吉尔吉斯斯坦、土库曼斯坦、塔吉克斯坦、乌兹别克斯坦、亚美尼亚、阿塞拜疆、格鲁吉亚），南亚与印度洋8国（印度、巴基斯坦、斯里兰卡、阿富汗、马尔代夫、尼泊尔、不丹、孟加拉国），西亚北非15国（阿拉伯联合酋长国、阿曼、巴林、沙特阿拉伯、科威特、卡塔尔、叙利亚、以色列、伊朗、伊拉克、约旦、也门、埃及、土耳其、黎巴嫩），中东欧与俄罗斯20国（爱沙尼亚、阿尔巴尼亚、白俄罗斯、波兰、保加利亚、波黑、俄罗斯、黑山、捷克、克罗地亚、罗马尼亚、拉脱维亚、立陶宛、斯洛伐克、斯洛文尼亚、塞尔维亚、乌克兰、摩尔多瓦、马其顿、匈牙利）。目前，我国与“一带一路”沿线重点国家制定了多项“一带一路”专项规划，并开展和推进重大工程项目建设，取得了一定的进展。

截至2015年8月，国家开发银行在“一带一路”沿线48个国家共支持项目400个，涉及能源、矿产、基础设施互联互通、产业园区、装备制造、农业等多个领域，贷款余额超过900亿美元。进出口银行方面，仅在东盟地区，其“两优贷款”就累计批贷200多个项目，批贷金额近千亿元。当前正在跟踪并推动数十个涉及交通、通信等基础设施建设的重大项目，预计投资额超过300亿美元。

（一）东南亚区域板块

东南亚区域板块位于亚洲东南部，包括中南半岛和马来群岛两大部

分，主要包括菲律宾、柬埔寨、老挝、马来西亚、缅甸、泰国、文莱、新加坡、印度尼西亚、越南和东帝汶等 11 个国家。东南亚地区拥有较多重要的新兴经济体，经济增长趋势都十分强劲。同时东南亚地区国家与中国地域相邻，经济结构相似，文化较为相通，经济有较强的互补作用，是“一带一路”建设的重要组成部分。

1. 与重点国家合作制定“一带一路”专项规划

（1）中国—新加坡经济走廊

中国—新加坡经济走廊（中新经济走廊）北起中国南宁，南至新加坡，覆盖了 7 个国家，20 多个节点城市，是贯穿中南半岛国家的跨国陆路经济带，是共建“21 世纪海上丝绸之路”的重要组成部分，是中国与东盟国家海陆统筹的运输大动脉，是中国与东盟国家经贸合作的重要载体。加强中新经济走廊建设，符合沿线国家的共同利益，有利于促进沿线国家的经济社会发展与繁荣，有利于增进政治互信，有利于进一步深化沿线国家之间的人文交流与合作，对于打造中国—东盟自贸区升级版，开创中国—东盟命运共同体的美好未来，将产生重大而深远的影响。

中新经济走廊在建设过程中面临诸多制约，如各国国情差距较大、发展水平不一、合作机制不完善、技术规范不统一、建设资金缺乏等。因此，沿线国家的政治互信要不断加深，减小交通设施标准、交通规则和法则等不同造成的对接困难；搭建各方接受的基础设施投融资平台，落实建设资金；各地区间合作机制，各国间通关便利化和运输便利化等方面的合作也需要进一步加强；制定出中新经济走廊的具体线路图。

共建中新经济走廊的主要措施为：联合开展可行性研究和制定长远规划，推动中国—新加坡经济走廊上升为中国—东盟战略合作框架；建立多层次合作机制；抓紧成立和发挥亚洲基础设施投资银行作用，多方筹措建设资金；加大宣传力度，营造良好的氛围，最终达成共商共建共享中国—新加坡经济走廊的共识。

（2）中国—东盟自由贸易区

中国—东盟自由贸易区（CAFTA），是中国与东盟10国组建的自由贸易区。中国和东盟对话始于1991年，1996年中国成为东盟的全面对话伙伴国。中国—东盟自贸区建设大致分为3个阶段。第一阶段（2002—2010年），启动并大幅下调关税阶段。自2002年11月双方签署以中国—东盟自贸区为主要内容的《中国—东盟全面经济合作框架协议》开始，到2010年1月1日中国对东盟93%产品的贸易关税降为零。第二阶段（2011—2015年），全面建成自贸区阶段，即东盟越、老、柬、缅4国与中国贸易的绝大多数产品亦实现零关税，与此同时，双方实现更广泛深入的开放服务贸易市场和投资市场。第三阶段（2016年之后），是与“一带一路”共同发展阶段。

从地域上看，东盟是“21世纪海上丝绸之路”的关键枢纽。从经济联系上看，东盟是中国建设“21世纪海上丝绸之路”中经贸与投资总量绝对不容忽视的一部分。从国家投资的战略方向上看，亚洲基础设施投资银行与丝路基金的相继成立，无疑将东盟诸国作为重要的投资目标国。

目前东盟的一些国家基础设施建设不完善，发展水平差异大，也影响到了中国—东盟自贸区的建设。因此要抓住打造中国—东盟自贸区升级版的机遇，进一步调整中国产业结构。抓住加快互联互通基础设施建设的机遇，进一步促进中国对东盟国家基础设施的投资。抓住推进海上合作、共同建设“21世纪海上丝绸之路”的机遇，大力发展海洋经济与海上安全合作。

（3）大湄公河次区域经济合作

大湄公河次区域经济合作（GMS）是由澜沧江—湄公河流域内的6个国家，即中国、缅甸、老挝、泰国、柬埔寨、越南共同参与的一个次区域经济合作机制，成立于1992年。其宗旨是加强次区域国家的经济联系，促进次区域的经济和社会共同发展。亚洲开发银行是该机制的发起者、协调方和主要筹资方。

GMS机制成立20多年来，在交通、能源、电力、基础设施、农业、旅游、信息通信、环境、人力资源开发、经济走廊等重点领域开展了富有成效的合作。领导人会议为GMS最高决策机构，每3年召开一次，各成员国按照字母顺序轮流主办。GMS日常决策机构为部长级会议，下设高官会、工作组和专题论坛等。

互联互通是深化地区合作的重要助力。中国已同多个湄公河国家签署或正在商谈共建“一带一路”合作文件，愿加强同各国的发展战略对接。中老、中泰铁路，中缅陆水联运等大项目正在推进，澜湄边境地区经济区和产业园区、投资区和交通网等基础设施建设不断完善。湄公河国家都处于工业化和城镇化的关键时期，都有加强基础设施建设、推进地区互联互通、开展国际产能合作的需要。中国拥有大量优势产业和优质的富余产能，装备和产品性价比高，可以通过产能合作帮助湄公河国家提升工业产业化水平。

2. 正在推进的重大工程进展

（1）中国—老挝“一带一路”电网项目

“水电富国”是老挝的国家经济发展战略。流经老挝的湄公河蕴藏的电力约为1800万千瓦，目前利用率还不到4%，老挝14%的家庭没有用上电。南方电网公司积极落实国家“一带一路”倡议，努力推进500千伏中老联网项目等，进一步加强中老两国的电力合作。2015年11月，中国—老挝首个合作成功的“一带一路”电网项目——230千伏老挝北部电网工程在老挝琅勃拉邦正式投产。该项目是落实国家“一带一路”倡议，构建中国与老挝更为紧密的合作关系的具体表现，要把云南建成面向南亚、东南亚辐射中心的前沿。

老挝北部电网工程由南方电网公司总承包，横跨老挝北部4省，包括4个230千伏变电站和4条输电线路，合同金额3.02亿美元，于2014年3月17日开工，2015年9月27日完工。该项目的投运，使老挝北部电网提级到230千伏，形成老挝全国统一的230千伏骨干电网，并留有与云南省内电网互联互通接口，为老挝跨国送电提供了可能。该项目带动了电力设计、监理、施工、设备制造等中国企业“抱团出海”，已促成3.1亿元的电力设备出口，进一步促进了国际电力产能合作。同时老挝国家电力公司还与南方电网公司签署了500千伏老挝那磨—勐晖输变电工程EPC框架协议，该项目是500千伏中老联网项目老挝国内段部分，全长132千米。

（2）中泰铁路建设

近年来，中泰之间的合作交流不断加强，特别是围绕基础设施建设、经贸投资方面的合作也在稳步推进。铁路合作是重点领域，也是在当地广受关注的合作领域之一，在双方的共同努力下，中泰铁路合作稳步推进。2014年底，两国签署《中泰铁路合作谅解备忘录》和《中泰农产品贸易合作谅解备忘录》，开启了两国铁路合作进程。

2015年12月，中泰铁路合作项目在泰国大城府正式启动，双方将合作建设泰国首条标准轨复线铁路。中泰铁路合作项目全长约845千米，设计时速180千米，预留时速250千米提速条件。铁路线分为曼谷—坎桂、坎桂—玛塔卜、坎桂—呵叻及呵叻—廊开4段，共经过泰国10个府，即大城府、沙拉武里府、那空那育府、差春骚府、春武里府、罗勇府、呵叻府、孔敬府、乌龙府和廊开府。

（3）中缅皎漂经济特区建设项目

缅甸是“一带一路”沿线的重要国家，皎漂特区建设项目是中国首次参与的缅甸大型项目。皎漂经济特区是缅甸政府规划兴建的第3个经济特区，位于缅甸西部的若开邦，濒临孟加拉湾，占地1736公顷。为开发皎漂特区，缅甸政府于2014年9月面向国际社会公开招标。2015年12月29日，缅甸联邦议会批准了皎漂特区的用地计划，并宣布，中国中信“组团”中标缅甸皎漂特区相关项目。项目主要包括工业园项目和深水港项目，由中国中信集团、泰国正大、中国港湾、中国招商局集团、中国天津泰达、中国云南建工联合投标。项目计划分3期建设，2016年2月开始动工，规划入园产业主要包括纺织服装、建材加工、食品加工等。深水港项目包含马德岛和延白岛2个港区，共10个泊位，计划分4期建设，总工期约20年。皎漂特区的成功开发，将促进缅甸经济和社会的快速发展，改善当地人民的就业和民生。

（4）中越海阳燃煤电厂BOT项目

中越之间的经贸合作交流日益频繁，两国在能源和基础设施建设领域拥有广阔的合作空间。特别是在中国推动共建“一带一路”倡议的背景下，双方的合作潜力更加巨大、合作空间更加广阔。越南海阳发电厂位于越南海阳省，建设规模为2台60万千瓦亚临界机组，由中国能建集团所属中国电力工程顾问集团有限公司和马来西亚JAKS公司联合出资（项目资本金占总投资的25%，中电工程占70%。项目融资占总投资的75%，由中电工程向中国进出口银行、中国工商银行、中国建设银行申请贷款），总投资达18.685亿美元，也是迄今为止中国公司在越南单笔投资金额最大的项目。该项目建设期54个月，特许经营期25年，期满后将无偿移交给越南政府，电厂建成后除满足当地用电需要外，还将向首都河内和周边省份输电。

（5）中柬西哈努克港经济特区建设项目

由中、柬企业合资开发建设的柬埔寨西哈努克港经济特区，是全国首批（6个）通过商务部、财政部考核确认的境外经贸合作区之一。西港特区自2008年奠基以来，在中柬两国政府部门的关心下，建设、招商齐头并进，总规划面积11.08平方千米，主要产业为轻纺服装、机械电子、高新技术。一期规划面积1平方千米，已于2008年底建成；二期规划面积5.28平方千米。西港特区自创建以来，便得到了中、柬两国领导人及各级政府部门的高度关注和大力支持。2010年12月13日，两国政府在北京正式签订《中华人民共和国政府和柬埔寨王国政府关于西哈努克港经济特区的协定》，奠定了西港特区的法律地位。

（6）中马安邦线轻轨

2015年中国中车旗下株洲电力机车有限公司完成中国出口东盟的首个轻轨项目——马来西亚安邦线轻轨，并在当地正式投入运营。首批投入使用的轻轨车辆共计5列，这些车辆每天将在安邦线第一阶段开通运营的5个站点、12.5千米的线路上载客运营。该线路的开通，将给沿线居民的日常生活带来极大的便利。2012年10月以来，中国中车株机公司先后获得马来西亚安邦线两批轻轨列车共计50列的订单，该型列车设计最大的载客量为1308人，时速80千米，最小转弯半径40米。

3. 建议可考虑推进的重大工程

（1）海洋相关重大工程

东南亚区域在“一带一路”建设中，可抓住推进海上合作、共同建设“21世纪海上丝绸之路”的机遇，大力发展海洋经济与海上安全合作。支持海洋经济、海上互联互通、海上环保和科研、海上搜救等领域。

未来推进项目可考虑以下几个方面：一是大力发展海洋经济合作。中国和东盟大多数成员国在开发海洋资源方面都有着良好的合作基础。未来双方将以形成海洋经济的供应链、产业链与价值链为重点目标。二是加快落实泛北部湾经济合作。中国与东盟未来将充分利用中国—东盟海上合作基金，以产业合作为纽带，加快港口物流、金融创新、跨境旅游、海洋资源和人文等领域的务实合作。三是加强“21世纪海上丝绸之路”建设的国际安全合作。可在反恐等非传统安全领域建立有效的信息交流机制和联合行动机制，提升灾害预警、监测和救援能力。

（2）进一步推进产业升级合作

2014年开始，中国与东盟将启动中国—东盟自贸区升级版谈判，双方的经贸合作模式也必将发生深刻的变化。劳动密集型产业逐渐由中国向东南亚转移是一个大趋势，尤其是转向柬埔寨、越南和印度尼西亚等劳动力成本更具优势的国家。

在这种形势下，可考虑推进与东南亚地区更深层次的产业合作。主要方向为：一是积极深化投资合作。中国企业积极转移适合东盟国家的技术，将中方的技术优势与东南亚国家的廉价劳动力优势结合起来。二是改善中国的产业和贸易结构。中国应逐步提高高科技、高新技术等高附加值产业的国际竞争力，扩大对东盟的出口，同时加大从东盟进口中国急需的能源和原材料。三是不断提高经济技术合作水平。双方企业应积极利用中国和东盟在产业、技术和资源等方面的互补性，加强在农业、制造业、基础设施建设、资源开发和加工等领域的合作。

（3）进一步加强互联互通基础设施建设

目前东盟的一些国家基础设施建设不完善，发展水平差异大，也影响到了中国—东盟自贸区的建设，因此要加强与东南亚地区互联互通基础设施建设。

一是以建设融资平台为抓手，打破亚洲互联互通的瓶颈。利用亚洲基础设施投资银行与丝路基金，为中国和东盟在公路、铁路、航运、油气管道等方面的互联互通提供长期、低成本的资金。二是以交通基础设施为突破口，实现亚洲互联互通的早期收获，优先部署中国和邻国的铁路、公路项目。三是充分利用中国—东盟投资合作基金，将投资领域集中在基础设施、能源等项目上，为推进中国对东盟国家的基础设施建设投资。

（二）中亚与高加索板块

中亚与高加索板块主要包括哈萨克斯坦、吉尔吉斯斯坦、土库曼斯坦、塔吉克斯坦、乌兹别克斯坦、亚美尼亚、阿塞拜疆和格鲁吉亚等 8 个国家。自 2013 年习近平主席在中亚提出共建丝绸之路经济带的倡议以来，和平合作、开放包容、互学互鉴、互利共赢的丝绸之路精神引起相关国家的强烈共鸣，中亚与高加索各国积极同中国对接发展战略，双方各领域务实合作快速推进，形成了以能源合作为重点，以互联互通和产能合作为驱动，以资本、技术和项目为助力的互利合作新格局，中国同中亚与高加索国家合作进入新一轮上升期。

1. 与重点国家合作制定“一带一路”专项规划

（1）中国—中亚天然气管道规划建设

中国—中亚天然气管道起于阿姆河右岸的土库曼斯坦和乌兹别克斯坦边境，经乌兹别克斯坦中部和哈萨克斯坦南部，从霍尔果斯进入中国，是我国与中亚地区合作的总要专项规划。管道全长约1万千米，其中土库曼斯坦境内长188千米，乌兹别克斯坦境内长530千米，哈萨克斯坦境内长1300千米，其余约8000千米都位于中国境内。管道建设分为4线，其中A、B为双线敷设，单线长1833千米，是世界上最长的天然气管道。C线也已铺设完毕，D线正在铺设中。

中国—中亚天然气管道A线于2009年12月初试运投产。B线2009年底前将完成全部焊接工作，并建成投运。两条管道在30年的运营期内，每年将从中亚地区向中国稳定输送约300亿立方米的天然气。C线主要是为保证乌兹别克斯坦对中国的天然气出口，2012年9月全面启动建设。与A、B线并行敷设，线路总长度1830千米，设计年输气能力250亿立方米/年，线路走向起源于土、乌边境格达依姆，经乌兹别克斯坦、哈萨克斯坦，在新疆霍尔果斯口岸入境，可满足我国国内23%的天然气消费需求。

D线管道同样是中国同中亚国家能源合作的重大工程，气源位于土库曼斯坦，途经乌兹别克斯坦、塔吉克斯坦、吉尔吉斯斯坦进入中国境内，预计2016年建成通气，设计年输量300亿立方米。管道全长1000千米，由中国石油天然气集团与沿线国家合作建设，其中塔方境内段长约410千米，在过境各国中最长。在《中华人民共和国政府与塔吉克斯坦共和国政府关于天然气管道建设运营的合作协议》的基础上，中国—中亚天然气管道D线塔吉克斯坦境内段是符合双方国家发展利益的战略性项目。双方将密切协调配合，全力保障该项目顺利施工，磋商建立确保中塔天然气管道长期安全稳定运营的机制。

（2）西欧—中国西部国际公路规划建设

“西欧—中国西部”国际公路运输走廊，全称“西欧—俄罗斯—哈萨克斯坦—中国西部”国际公路运输走廊。主要保障中国—哈萨克斯坦、中国—中亚、中国—哈萨克斯坦—俄罗斯—西欧3条走向的公路运输。“双西公路”大通道的规划建设，将把中国西部到西欧的广阔地域连为一体，大大降低运输成本。

根据规划，运输走廊主要利用各国现有公路交通网，在不达标路段进行必要改造以达到高速公路的要求。走廊东起中国的连云港，西至俄罗斯的圣彼得堡，途经中、哈、俄3国的10多座城市，得到了中亚地区各国的积极支持。

“双西公路”规划总长8445千米，俄罗斯境内长2233千米，中国境内长3425千米，哈萨克斯坦境内长2787千米。由于中国和俄罗斯境内公路路况较好，需要改造的路段不多，这条运输走廊需要改造的公路主要在哈萨克斯坦境内。由于耗资巨大、工期长，“双西公路”项目被称为哈萨克斯坦的“世纪工程”。来自土耳其、捷克、阿塞拜疆、中国、意大利等多国的公司参与哈境内路段建设。哈境内路段已于2015年底全部完成，计划2017年正式投入使用。

（3）中国与土库曼斯坦能源合作

中国与土库曼斯坦多领域合作进展顺利，能源合作成效显著。通过每2年一次的中国和土库曼斯坦合作委员会会议，在经济文化、教育等领域的人文交流不断扩大。2013年签署的《中国与土库曼斯坦签署能源合作会议纪要》，是中土能源合作的重要标志。

中土两国能源合作中，天然气领域占据了特殊地位。在燃料能源领域，两国互相视对方为重要伙伴。世界最长的天然气管道——土中管道是现代条件下古丝绸之路的复兴，同时天然气管道穿过了多个国家，顾及从生产方到运输方再到消费方所有能源合作伙伴的利益。它有助于广大地区的繁荣和稳定。两国持续深化天然气、石油等能源合作，确保中国—中亚天然气管道长期、稳定、高效、安全地运营，共同实施好南约洛坦气田和阿姆河右岸气田开发项目，积极推动两国交通、通信、基础设施建设、高新技术、纺织、农业等领域合作，加强人文交流和执法安全领域合作，共同维护两国及本地区的安全与稳定。

2. 正在推进的重大工程进展

（1）中乌合作项目

共建“丝绸之路经济带”倡议提出 1 年多以来，中国与乌兹别克斯坦战略伙伴关系呈现出更加强劲的发展势头。“丝绸之路经济带”倡议从历史、现实、互信、合作等角度，将中乌更加紧密地联系在一起，成为两国关系长期稳定发展的基础。中乌两国共同签署的《中乌联合宣言》和《中乌战略伙伴关系发展规划（2014—2018 年）》，为两国关系的下一步发展指明了方向。

中乌已成为合作共赢的经贸合作伙伴。“中国—中亚”天然气 C 线顺利投入运营，乌从“中国—中亚”天然气管道的过境国“晋级”为过境供气国，签署的 D 线合作协议是中乌能源合作的重大突破；在上合组织框架内签署了成员国政府间国际道路运输便利化协定；在双边框架内，中乌互联互通建设走在了中国对外合作的前列，中吉乌铁路乌兹别克斯坦境内段“安格连—帕普”铁路隧道工程进展顺利，目前双方正在酝酿开通新的直航航线。中乌在经贸领域签署了 60 多亿美元的合作文件，为两国经贸合作开辟了更广阔的空间。

同时中乌已成为互学互鉴的人文合作伙伴。天文合作方面，中国科学院国家天文台与乌科学院兀鲁伯天文研究所签署了合作谅解备忘录；上海大学设立了乌兹别克斯坦国情研究中心；在塔什干孔子学院的基础上，双方在撒马尔罕开设了第 2 家孔子学院，乌东方语言学院最近新设立了汉学系；两国文化艺术团体相互访问交流数不胜数，乌“东方韵律”国际音乐节等文化品牌在中国已拥有相当的知名度。

（2）中塔合作项目

塔吉克斯坦是中亚5国中国土面积最小的国家，经济相对基础薄弱，结构较为单一。由于“一带一路”建设的不断推进，与我国的交流合作不断加强，我国相继承揽了多项大型工程项目，如塔乌公路（中国路桥）、沙尔—沙尔隧道（中铁五局）、“罗拉扎尔—哈特隆”及“南北”输变电线（新疆特变电工）、沙赫里斯坦隧道（中国路桥）等项目，得到了塔吉克斯坦方面的高度评价。除一般贸易和工程承包项目外，当前中塔经贸合作还涉及矿产资源勘探开发、天然气D线管道、石油冶炼、水泥生产、电信运营、农业合作等众多领域。2014年9月，中塔两国领导人共同出席中塔两国重大合作项目——杜尚别2号热电厂一期工程竣工仪式、二期工程开工仪式和中国—中亚天然气管道D线塔吉克斯坦境内段开工仪式，标志着中国同中亚国家的友好合作关系全面深入发展，古丝绸之路焕发出新的生机，共同开创中塔关系新局面。

（3）中土天然气合作项目

为确保中国—中亚天然气管道顺利稳定运营并足额供气，中土两国致力于天然气气田的合作开发。2013年9月，中土两国领导人就推进阿姆河右岸气田和“复兴”气田2个项目合作达成新共识，大大推动了两国深化能源合作。2014年5月，中土发表《中华人民共和国和土库曼斯坦关于发展和深化战略伙伴关系的联合宣言》。根据宣言，双方将推动土库曼斯坦阿姆河右岸天然气田二期开发项目顺利实施，加快土库曼斯坦“复兴”气田二期300亿立方米/年天然气产能建设项目的设计和施工进度。

阿姆河右岸气田合同区内的天然气田是横跨大陆的土库曼斯坦—中国天然气管道的原料基地。中国石油天然气集团公司负责该区块气田的建设和开采，通过共同的努力，土库曼斯坦的天然气源源不断地输送到中国各地。“复兴”气田是世界第2大单体气田，目前探明储量为4万亿~6万亿立方米。该气田是土库曼斯坦天然气对外出口的重要基地，也是中土天然气合作的重要气源地。中土天然气合作能取得世人瞩目的成就，不仅因为能源合作完全符合两国的根本利益，还因为两国能源合作拥有巨大的潜力和广阔的前景。

（4）中吉电力合作工程

吉尔吉斯斯坦作为一个典型的高原国家，其南部水电丰富，北部资源匮乏，国家电网结构非常脆弱。随着“一带一路”的加快实施，我国电力产业积极参与沿线国家建设。

吉尔吉斯斯坦国家电网的重大能源项目工程、南北输变电通道大动脉工程、特变电工承建的“达特卡—克明”500 千伏输变电工程是我国与吉尔吉斯斯坦政府迄今为止最大的能源合作项目，工程合同金额为3.89 亿美元，建设工期 36 个月。项目建成后，将极大地提升吉尔吉斯斯坦南部电网的自主供电能力，实现南北电网的全线贯通，电力互补，为吉尔吉斯斯坦水电兴国战略搭建空中电力高速公路，促进了吉尔吉斯斯坦的电网安全性、经济建设发展和人民生活改善。

（5）中国—阿塞拜疆—格鲁吉亚国际铁路项目

阿塞拜疆和格鲁吉亚是古丝绸之路上的重要枢纽，拥有悠久的历史和灿烂的文化，也是当前经济快速增长的国家。“一带一路”将使阿塞拜疆、格鲁吉亚和中国在政治、贸易经济、信息通信等方面的合作上升到一个新高度。其中巴库—第比利斯—卡尔斯铁路线是“一带一路”建设中的重要工程。

巴库—第比利斯—卡尔斯铁路线连接阿塞拜疆、格鲁吉亚和土耳其三国，是欧亚国际运输走廊最具竞争力、效益和安全的项目，铁路的通车，不仅将有利于高加索地区，对中亚地区而言也具有不可忽视的作用，该铁路线将连接中亚国家，成为亚洲至欧洲最短的铁路线路，促进“一带一路”人民之间的互动和交流。工程总长 276 千米，包括 178 千米的旧线改造和 98 千米的新修铁路线。项目竣工后，其首年年运载量为 100 万次旅客和 650 万吨货物，此后将逐年增长，计划到 2034 年运载量提高到300万人次和1700万吨货物。巴库—第比利斯—卡尔斯国际铁路项目于2017年10月开通。这条国际铁路对区域发展意义重大，将对区域内各国家和民族间加强沟通与文化交流产生促进作用。

3. 建议可考虑推进的重大工程

（1）加强能源合作

中亚与高加索地区油气资源丰富，共有17个具有一定规模的盆地，其中10个已发现油气资源，包括滨里海、阿姆河、南里海、南图尔盖、曼格什拉克、北乌斯丘尔特、阿富汗—塔吉克、费尔干纳、楚河—萨雷苏、斋桑等。

根据不同的资源禀赋和地理位置可选择不同的合作方向。与哈萨克斯坦加强原油勘探开发和贸易合作，与土库曼斯坦加强天然气勘探开发和贸易合作，与乌兹别克斯坦、吉尔吉斯斯坦和塔吉克斯坦开展有关能源过境通道和当地油气基础设施建设的合作。一方面，利用中国在经贸领域的整体优势，通过其他领域的经贸合作带动与中亚5国的油气合作。另一方面，积极参与中国—中亚天然气管道在各国相关基础设施的建设，积极参与中国油企在中亚国家已有优质项目的相关基础设施配套建设，积极争取中国油企在中亚5国油气资源战略目标区内的炼厂改造、升级或新建项目，以“下游换上游”。同时适时推动成立与中亚5国实施能源合作的多边协调机制，保障能源战略通道的运营安全。

（2）加强农业合作

中亚与高加索板块地处欧亚大陆结合部，地广人稀，拥有巨大的土地资源和旱作农业资源，农业发展潜力巨大。多数国家是苏联原材料供应基地，制造业和加工业相对落后，农业在各国产业构成中占有重要地位，主要以种植业和畜牧业为主。同时畜牧业历史悠久，基础较好，主要畜产品有牛、羊及皮、毛、奶产品等。但部分国家粮食自给能力不足，特别是塔吉克斯坦和吉尔吉斯斯坦两国粮食缺口较大。

加强农业合作，一方面可加强投资合作。我国目前在中亚与高加索地区农业投资总体规模较小，仍处于起步阶段。新时期“一带一路”建设为中亚农业投资开启了一扇新大门，可在充分研判当地市场规模与诉求的基础上，拓展农业投资领域，开展农产品生产加工及农机等领域深度合作，扶持和培育企业向深加工、资本、技术密集型行业发展，发挥农业援外项目的带动作用，建设境外经贸合作区等产业园区合作新模式，提升农业投资合作水平。另一方面可加强技术合作。中国新疆等西部省份与中亚国家农业生产有很多相似性，土壤改良、节水灌溉、高产栽培、优良品种繁育、小型农机具、农产品深加工等实用农业技术适合推广到中亚国家。“一带一路”可以通过人员培训交流、共建联合实验室、示范园区等形式开展农业技术合作，提升中亚国家的农业科技与装备水平，为深化中国和中亚与高加索地区多双边农业合作奠定基础。

（三）南亚与印度洋板块

中国“一带一路”与南亚、印度洋合作板块主要包括 2 大经济走廊，即中巴经济走廊和孟中印缅经济走廊，涉及国家有巴基斯坦、印度、斯里兰卡、阿富汗、马尔代夫、尼泊尔、不丹和孟加拉国。在“一带一路”经济走廊中，中巴经济走廊和孟中印缅经济走廊是优先推进的 2 个项目，是中国与中亚、南亚、中南亚国家发生紧密联系的大通道。

1. 与重点国家合作制定“一带一路”专项规划

（1）中巴经济走廊“四位一体”通道远景规划

中巴经济走廊起点在新疆喀什，终点在巴基斯坦的瓜达尔港，全长 3000 千米，贯通南北丝路关键枢纽，北接“丝路经济带”、南连“21 世纪海上丝绸之路”，是一条包括公路、铁路、油气和光缆通道在内的贸易走廊。2015 年 4 月，中巴两国政府初步制定了修建新疆喀什市到巴方西南港口瓜达尔港的公路、铁路、油气管道及光缆覆盖“四位一体”通道的远景规划。中巴签订51项合作协议和备忘录，如表9-1所示。其中超过30项涉及中巴经济走廊。中国至少有15家公司参与了合作协议和备忘录的签订，如中国工商银行与巴方签订43亿美元融资项目；中兴通信持股23.26%的中兴能源，与巴方签署900MW光伏电站的协议条款；上海电气与巴方签订煤田煤电一体化项目的合作协议等。

表9-1　中巴51项合作协议和备忘录

序号	项目名称
1	关于中国和巴基斯坦之间建立全天候战略合作伙伴关系的联合声明
2	中巴经济走廊第四次联席协调会议的会议记录
3	中国和巴基斯坦之间的经济技术合作协定
4	中国和巴基斯坦之间的DTMB［地面数字（tag）电视（tag）传输系统］示范项目可行性研究的文件互换
5	中国和巴基斯坦之间关于禁毒设备提供的文件互换
6	中国和巴基斯坦之间关于执法设备提供的文件互换
7	中国和巴基斯坦之间关于瓜达尔港医院的可行性研究的文件互换
8	中国商务部和巴基斯坦财政和经济事务部之间关于喀喇昆仑公路（赫韦利扬到塔科特）第二阶段升级的中国政府优惠贷款条款谅解备忘录
9	中国商务部和巴基斯坦财政和经济事务部之间关于卡拉奇—拉合尔高速公路（木尔坦到苏库尔）的中国政府优惠贷款条款谅解备忘录
10	中国商务部和巴基斯坦财政和经济事务部之间关于瓜达尔港东湾高速公路项目的中国政府优惠贷款条款谅解备忘录
11	中国商务部和巴基斯坦财政和经济事务部之间关于瓜达尔港国际机场的中国政府优惠贷款条款谅解备忘录
12	中国和巴基斯坦之间关于为双边贸易提供金融服务的协议
13	中华人民共和国发展改革委员会和巴基斯坦经济事务部（EAD）之间关于应对气候变化材料的谅解备忘录条款
14	中国和巴基斯坦之间关于主要通信基础设施项目合作的框架协议
15	中华人民共和国发展改革委员会（NDRC）和巴基斯坦计划发展和改革部之间的合作谅解备忘录
16	中华人民共和国外交部和巴基斯坦计划发展和改革部之间关于瓜达尔港地区港口公益性项目的备忘录

续表

序号	项目名称
17	中国科学技术部和巴基斯坦科学技术部关于建立中国—巴基斯坦联合棉花生物技术实验室备忘录
18	中国国家铁路局和巴基斯坦铁道部之间关于 ML1 升级和巴基斯塔铁路赫韦利杨干散货中心的联合可行性研究的框架协议
19	中国国家海洋局和巴基斯坦科学技术部之间关于联合建立中国—巴基斯坦海洋研究中心的协议
20	中国国家新闻出版广播电影电视总局和巴基斯坦新闻广播国家遗产部之间的合作谅解备忘录
21	中国中央电视台、巴基斯坦电视台（PTV）和巴基斯坦电视基金关于转播 CCTV - NEWS 频道/CCTV -9 纪录频道的三方协议
22	关于中华人民共和国四川省成都市和拉合尔建立友好城市关系的协议
23	关于中国广东省珠海市和巴基斯坦俾路支省瓜达尔之间建立友好城市关系的协议
24	关于中国新疆维吾尔自治区克拉玛依和巴基斯坦俾路支省瓜达尔港之间建立友好城市关系的协议
25	关于建立中国国家能源局和瓜达尔—讷瓦布沙阿的液化天然气接收站和管道工程的框架协议
26	拉合尔轨道交通橙线项目商业合同
27	拉合尔轨道交通橙线项目融资协议
28	喀喇昆仑公路（KKH）升级工程第二期（赫韦利杨至塔科特）、卡拉奇至拉合尔高速公路（KLM）、瓜达尔港东湾高速公路以及瓜达尔国际机场项目的谅解备忘录
29	中国进出口银行、中国工商银行股份有限公司和巴基斯坦 SK 水电（私人）有限公司签订关于 870 MW 水利电气苏基—克纳里（Suki Kinari）水电站的融资协议
30	中国进出口银行和卡西姆港电力公司（私人）有限公司关于 2 × 660MW 卡西姆港燃煤电站融资协议
31	中国进出口银行、中国国家开发银行股份有限公司和 Karot 电力（私人）有限公司关于 720MW Karot 水电项目的融资框架
32	中国进出口银行、中国国家开发银行股份有限公司和中兴能源有限公司关于巴基斯坦边界 Punjab 的中兴 9 × 100 MW 太阳能项目设备条款清单
33	中国国家开发银行有限公司和 UEP 风力发电（私人）有限公司关于吉姆普尔（Jhimpir）风力发电项目贷款协议

续表

序号	项目名称
34	中国国家开发银行有限公司和巴基斯坦信德（Sindh）省支持 Sindh Engro 煤炭矿业公司关于 Block II 3.8 万吨/年的采矿项目的条款和条件
35	中国国家开发银行有限公司和巴基斯坦信德（Sindh）省支持 Engro Powergen Thar（私人）有限公司关于 Block II 2×330MW 燃煤发电项目的条款和条件
36	中国发展有限公司和 HBL（巴基斯坦最大的银行）之间中国—巴基斯坦经济走廊的融资合作框架协议
37	巴基斯坦水电发展署（WAPDA）和中国长江三峡集团（CTG）合作备忘录
38	巴基斯坦私营部门能源设施建设委员会（PPIB）、中国长江三峡集团（CTG）和丝绸之路基金关于民营水电项目的发展备忘录
39	中国工商银行、PCC 中国公司及 HDPPL 关于达乌德风力发电项目的设备运营协议
40	中国工商银行与 HBL（巴基斯坦最大的银行）金融服务公司关于促进中国在巴基斯坦投资和工业园区发展的框架协议
41	中国工商银行与 SSRL 关于 1 座塔尔煤田融资投资意向书协议
42	巴基斯坦边界 Punjab 与中国华能集团关于能源战略合作的框架协议
43	巴基斯坦水利电力部门与中国出口信用保险公司关于中巴经济走廊能源项目合作的框架协议
44	新欧信德资源公司与上海电气集团关于巴基斯坦 1 座塔尔煤田煤电一体化项目的合作协议
45	巴基斯坦国家电网与中国国家电网关于马提亚日—拉哈尔和马提亚日（昆新港）—费萨尔巴德输变电项目的合作协议
46	中国电力与巴基斯坦政府关于昆新港火力发电厂的合作协议
47	中国工商银行、华能山东发电有限公司和山东如意集团（53.31，4.85，10.01%）关于萨西瓦尔火力发电厂项目设备协议
48	中国国际电力公司与胡布电力公司关于胡布电力工厂项目的合作协议
49	中国海洋工程学会与旁遮普政府关于巴基斯坦岩盐矿带火电项目的机械设备协议
50	关于巴国立现代语言大学和中国新疆师范大学高等教育合作的备忘录
51	巴国立现代语言大学和中国乌鲁木齐新疆师范大学的国际教育中心合作协议

（2）孟中印缅经济走廊联合研究计划

孟中印缅经济走廊建设倡议是 2013 年 5 月国务院总理李克强访问印度期间提出，得到印度、孟加拉国、缅甸 3 国的积极响应。2013 年

12 月，孟中印缅经济走廊联合工作组第一次会议在昆明召开，各方签署了会议纪要和孟中印缅经济走廊联合研究计划，正式建立了 4 国政府推进孟中印缅合作的机制。

孟中印缅地理相邻，友好交往源远流长，4 国同为发展中国家，经济互补性强，合作基础良好，发展潜力巨大。当前，4 国都处于发展经济、消除贫穷和改善民生的关键阶段，面临加快经济转型升级的紧迫任务。随着区域经济一体化步伐的加快，4 国发挥地缘优势，进一步巩固政治互信、深化投资贸易、促进互联互通和加强人文交流显得更为重要。

我国对孟中印缅经济走廊提出 4 点建议：一是要进一步提升政治互信，平等参与、相互协商、求同存异，使经济走廊成为开放、透明、包容的合作示范区。二是要着力推进共同发展，探索符合各自国情的发展道路，在推动工业、能源、电信等领域合作的同时，也要大力推动农业扶贫、环境保护、科技等领域的合作。三是要积极扩大相互开放，推动基础设施互联互通，积极消除各类贸易与投资壁垒，带动区域经济合作向纵深发展。四是要大力促进人文交流，扩大民间交往，挖掘旅游合作潜力，加强卫生合作，拓展教育领域交流。

2014 年 12 月 17—18 日，在考斯巴萨举行了孟中印缅经济走廊联合工作组第二次会议。《联合会议纪要》声明孟中印缅经济走廊联合工作组将准备四份国家报告，这些报告聚焦于孟中印缅经济走廊的制度建设、目标、概念、范围（适用地区）及要素、原则，以及合作的框架和形式。每份报告将确定行动区域和具体计划，集中精力实现该走廊的潜力并深化整体经济合作。会议的主要议题是 K2K 互联互通项目，这个把昆明、瑞丽、八莫、腊戍、曼德勒、塔姆、英帕尔、锡尔赫特达卡、加尔各答连成一线的计划将给孟中印缅经济走廊提供最好的条件，这条线路长达 2800 千米，与部分古丝绸之路重叠。

2. 正在推进的重大工程进展

中巴经济走廊和孟中印缅经济走廊是 6 大走廊中优先推进的 2 个项

目，涉及中巴铁路、公路、港口以及一些工业园区建设。在项目层面，首先推进的项目是港口建设，如瓜达尔港目前已经投入运营；其次是中巴的铁路、公路以及道路改造升级建设（如喀喇昆仑公路的扩建项目），以及一些临港的经济区或产业园区的建设。孟中印缅的前期方案尚未明确，但一些相关项目已在操作中，中国和斯里兰卡的港口建设一直在进行中，中缅之间的油气管道建设也在进行。主要项目有：

（1）中巴经济走廊项目

中巴经济走廊是中国“一带一路 ”的旗舰项目和样板工程。两国同意，以中巴经济走廊为引领，以瓜达尔港、能源、交通基础设施、产业园区合作为重点，打造“1 +4”的合作布局。中巴经济走廊北起新疆喀什，南至瓜达尔港，计划建设公路、铁路、油气 和光缆通道。中巴双方启动了总计460 亿美元投资中的280 亿美元基础设施建设项目，包括巴基斯坦铁路改造、建设发电厂等。

在中巴签订的51 项合作协议和备忘录中，超过30 项涉及中巴经济走廊。2015 年4 月20 日，举行动工仪式的中巴经济走廊5 个项目：720 兆瓦Karot 水电项目、位于巴基斯坦信德省Thatta 区的50 兆瓦的达乌德风电项目、50 兆瓦萨察尔（Sachal）风电项目、Zonergy 900 兆瓦电力工业园区、位于信德省Thatta 区吉姆普尔（Jhimpir）100 兆瓦的UEP 公司风力发电项目；举行揭牌仪式的有8 个项目，主要有中国工商银行拉合尔分行、特变电工、股份有限公司100 兆瓦的太阳能项目、FM 98 中国巴基斯坦友谊无线电工作室、巴基斯坦地面数字电视传输系统（DTMB）示范项目、巴基斯坦伊斯兰堡中国文化中心、中巴联合小型水电技术联合研究中心、中巴跨境光缆工程和拉合尔轨道交通橙线项目。主要项目进展情况：

喀喇昆仑公路升级改造二期开工：2016 年4 月28 日，中巴经济走廊首个重点公路项目——喀喇昆仑公路升级改造二期（哈维连至塔科特段）正式开工。喀喇昆仑公路升级改造二期项目于2015 年12 月签订商务合同，项目金额为1339. 8 亿卢比（约合13. 15 亿美元）。中国交通建设股份有限公司子公司中国路桥工程有限责任公司负责项目建设，将用 42 个月，在哈维连至塔科特间新建一条全长 120 千米、双向四车道（部分两车道）的高速公路及二级公路。喀喇昆仑公路是目前中国和巴基斯坦唯一的陆路交通通道。项目二期将在对原有公路进行提升改造的基础上，逐渐将喀喇昆仑公路延伸至巴基斯坦腹地。该项目的开工建设标志着贯穿巴基斯坦南北、连通中巴的陆上交通线建设的正式启动。项目建成后，将有力改善当地交通状况，促进当地经济社会发展，进一步提升中巴经贸合作。

苏库尔至木尔坦段高速公路开工建设：2016 年 2 月，启动苏库尔至木尔坦段的前期工作，项目建设预计将为巴基斯坦创造上万个就业岗位。苏库尔至木尔坦段是白沙瓦—卡拉奇高速公路的中段。白沙瓦—卡拉奇高速公路连接巴基斯坦北部边境城市白沙瓦与南部沿海城市卡拉奇，途经巴基斯坦第 2 大城市拉合尔，全长 1152 千米，连接巴基斯坦南北的经济大动脉，将极大地促进巴基斯坦地区经济发展和中巴经济走廊建设。2016 年 5 月 6 日，巴基斯坦苏库尔至木尔坦段高速公路正式开工。此次开工的苏库尔至木尔坦段高速公路全长 392 千米，设计为双向六车道、时速 120 千米，工期 36 个月。投资约 28.9 亿美元，由中国建筑股份有限公司（中建）承建，中国进出口银行提供融资。这是迄今为止中巴经济走廊金额最大的基础设施项目。

瓜达尔港项目：2013 年 2 月，巴基斯坦将瓜达尔港的运营权正式移交给中国企业，中国建筑工程总公司旗下的全资子公司中国海外集团有限公司。中国海外集团有限公司着手建设瓜达尔港周边的配套设施，使瓜达尔港能够真正成为有基础设施支撑的港口。目前公司的业务主要是 3 大块，第一是国际码头公司；第二是巴基斯坦的第一个自贸区（面积 9.23 平方千米）；第三是船舶服务公司，是为船舶的进出、船舶的物资补给提供服务，包括加油、加水和引航。中方对瓜达尔港的投资总额拟定在 16.2 亿美元，包括修建瓜达尔港东部连接港口和海岸线的高速公路、瓜达尔港防波堤建设、锚地疏浚工程、自贸区基建建设、新瓜达尔国际机场等9个早期收获项目，预期在3～5年内完成。2016年5月，中巴双方就瓜达尔港—纳瓦布沙天然气管道工程项目最终造价达成一致，确认为13.5亿美元，其中85%由中方合作伙伴提供融资，15%由巴基斯坦政府提供。管道全长约700千米，还包括位于瓜达尔港的LNG接收终端，该项目建成后将有利于缓解巴基斯坦面临的能源短缺问题。代表巴方的业主单位州际天然气公司和中方实施企业中石油正在准备相关项目材料向巴基斯坦经济协调委员会申报，经该委员会批准后，双方将正式签订实施合同，预计项目将在2017年底前完成。

太阳能光伏电站项目：2015年3月，特变电工新疆新能源股份有限公司承建的100兆瓦太阳能光伏电站并网发电，该电站位于巴基斯坦东部旁遮普省巴哈瓦尔普尔真纳太阳能园区内，4月4日全部投运，年平均发电约为1.49亿千瓦时，可解决约5万户家庭的日常用电问题。

中巴经济走廊也面临诸多困难，巴基斯坦国内的安全问题和自然条件的欠缺，巴基斯坦缺乏电力。

（2）斯里兰卡的汉班托特港口项目

汉班托特港（Hambantota）位于斯里兰卡首都科伦坡东南约240千米处，是一个有着悠久历史的港口城市。由中国港湾建设集团有限公司承建，该港的建设是斯里兰卡政府打造国际海运中心，促进经济社会发展，恢复其“海上丝绸之路”交通枢纽地位的重要举措。2007年3月12日，斯里兰卡港口管理局与中国港湾建设有限公司和中国水利水电建设集团公司签署协议，由这两家中国公司承建斯里兰卡汉班托特港。汉班托特港工程工期共分4期进行，全部工程完工需要15年，即在2022年完成。2008年1月，汉班托特港一期工程正式开工，工程总造价3.6亿美元，其中85%的资金为中国进出口银行提供的买方信贷，贷款期限15年，包括4年宽限期。一期工程建设包括3个10万吨级泊位（2个多用途码头和1个10万吨油轮码头），以及进港航道、港池掉头圆、防波堤、护岸、道路和堆场、附属设施等。其中 2 个 10 万吨级多用途码头及配套设施总长度 600 米，码头前沿水深为 17.0 米。另外 1 个 10 万吨级油轮码头泊位长度 310 米，码头前沿水深为 16.0 米。1 个工作船码头泊位长度 105 米，用于停靠拖轮。进港航道底宽 210 米，水深为 16.0 米。港池水深为 16.0 米，掉头圆直径约为 600 米。西防波堤长 998 米、东防波堤长 311 米、护岸 2078 米。陆域工程包括道路 10.1 万平方米、堆场 13.1 万平方米等。

（3）孟加拉国交通、电力等项目

中国内燃动车组项目牵引及网络控制系统出口孟加拉国。2012 年 3 月，中国北车中标孟加拉国内燃动车组项目牵引及网络控制系统的配套合同。这也是中国轨道交通装备企业首次为海外车辆配套牵引及网络控制系统。此次孟加拉国铁内燃动车组项目共配套 20 列（60 辆）车，其中包含网络系统 20 套、牵引逆变器 40 台、辅助逆变器 40 台。牵引和网络控制系统是轨道交通装备行业的核心关键技术，其中牵引系统决定列车的载重能力和运行稳定程度，网络控制系统则指挥、控制列车运行。

中国电建签订孟加拉国最大容量燃煤电站项目：2015 年 7 月，中国电建海外市场开发实现新突破：集团所属山东三建在孟加拉国首都达卡正式签订艾萨拉姆 2×660MW 超临界燃煤电站项目 EPC 合同，进一步推动了孟中印缅（BCIM）经济走廊和国家“一带一路”建设。

艾萨拉姆独立电站是目前孟加拉国最大单机容量火电机组和最大容量的燃煤电站项目，位于吉大港市班仕可利市，采取海水直流冷却、海水脱硫技术。项目采用 BOO 模式运作，由山东电建三公司小比例参股，与孟加拉 S. ALAM 集团组成项目公司，项目主机设备将全部采用中国制造，合同范围包括电站、码头，涵盖可研、勘探、设计、采购、施工、运行、维护等工作。建成后将组建运维公司，负责为期 25 年的运行维护。该工程作为孟中印缅经济走廊建设的重要项目，投产后将极大地缓解当地的用电需求，推动当地的经济和社会发展。

中国电建签订孟加拉国最大规模污水处理项目——达舍尔甘地污水处理项目 EPC（设计、采购、施工）总承包合同总包合同；2015 年旗下中国水电击败美、日、韩及欧洲众多专业公司，以 11 亿美元价格中标该国全球规模最大的帕德玛大桥河道整治项目，创造了中国企业在国际市场承接疏浚项目单项合约金额的最高纪录。

（4）尼泊尔——阿尼哥公路

阿尼哥公路（也称中尼公路）是中国西藏通尼泊尔的公路。它由拉萨开始，经日喀则、拉孜县（318 国道），然后分为 2 条支线（东线为主）。阿尼哥公路在尼泊尔境内全长 114 千米，由中国于 20 世纪 60 年代援建，1985 年再次援建升级，是尼泊尔与中国重要的陆路贸易通道，亦是尼泊尔民众出行和边境商贸的“黄金通道”。2015 年尼泊尔遭遇“4 · 25”“5 · 12”强烈地震，造成阿尼哥公路沿线山体疏松，加上近期连降暴雨引发多处山体塌方和泥石流，导致交通中断。中国武警部队抽调 100 名兵力、38 台装备，组成中国武警交通救援突击队成功打通了阿尼哥公路损毁严重的 36 千米路段。此后，中国政府承诺要修一条重要的公路，叫阿尼哥公路，这条公路也是“一带一路”的重点工程。

2016 年由中铁第一勘察设计院（以下简称铁一院）承担的尼泊尔阿尼哥公路（也称中尼公路）勘察项目全面开展。该项目是铁一院自 2016 年 1 月取得商务部援外项目实施企业资格后中标的第 1 个项目。阿尼哥公路是连接中国与南亚次大陆的“黄金道路”。阿尼哥公路修复保通项目可行性研究地质勘查为中国政府援建项目，旨在援助尼泊尔修复受 2015 年地震灾害影响的阿尼哥公路并开展灾害处治。项目起点位于 Dhulikel，终点位于樟木中尼边境，线路全长约 84 千米。目前，项目计划保障、地质调绘等各项工作也在有序推进。

3. 可考虑推进的重大工程

（1）加大推进孟中印缅经济走廊建设

2013 年 10 月，以印度总理辛格访华为标志，孟中印缅（BCIM）

经济走廊建设进入实质性发展阶段。从“中印战略合作伙伴关系未来发展愿景的联合声明”来看，印度高层领导人对孟中印缅经济走廊倡议的态度还是比较积极的，这个经济走廊的建设直接关系到印度东北部的繁荣和安定，而印度东北部是其“东向”政策的起点，没有东北的繁荣昌盛，其“东向”政策在东南亚陆地方向上将成为无本之木。但印度国内对孟中印缅经济走廊也有很大的顾虑。基于此，未来发展中，孟中印缅经济走廊建设第一阶段的重点是：第一，互联互通，尤其是要展开陆路交通基础设施建设前期研究工作，研究通关便利化措施。第二，产业布局，相关国家将围绕共同打造产业园区议题展开磋商。第三，金融业合作，研究筹建 BCIM 经济走廊发展基金问题，为经济走廊建设打牢资金基础。第四，旅游合作，相关国家探讨旅游业合作发展大计，BCIM 各国旅游资源优势互补性强，将成为未来发展的一大亮点。包机游、自驾游应该在区域内得到鼓励。第五，加强中印之间的人文交流。消除互不信任的最好方式就是加强人文交流，尤其是在存在着领土争端的中国与印度之间，更有必要加强人文交流。民间的人文交流不同于政府间的官方外交，既不涉及领土、主权等严肃话题，也不涉及敏感的利益谈判，很容易实现和推进。人民之间的相互了解增加，双方的误读、误判自然就会减少，从而能实现国家关系的改善。

（2）中巴经济走廊在基础设施、电子产业、物流枢纽以及电力产业等项目上商机较多

基建产业：巴基斯坦基础设施建设比较滞后。“中巴经济走廊”建设涉及交通、能源、水利等领域的大量基建项目，需要大量的建筑业参与，这为钢铁、建材、能源、设备、机械等相关的中国制造业“走出去”提供了巨大机遇。目前，像瓜达尔新机场、港口海岸线高速路以及卡拉奇和拉合尔等地的高速路项目，中国企业都有参与。

电力项目：巴基斯坦严重缺电，伊斯兰堡最好的 Serena 酒店，每天都会停电三四次，每次 2～3 小时不等。为此，各酒店或商店都长期

自备发电机。据悉，夏季时伊斯兰堡每天最长停电时间达 12 个小时；绝大部分农村地区，每天停电达 18 个小时以上。中国可以推出一些建设周期短、见效快的电力能源项目，解决巴政府和当地居民的燃眉之急。中国还可以考虑在沿线建设火力、光伏和风力等发电设施。

电子产业：中国的价格优势大。在伊斯兰堡举办的第 4 届“中巴商贸论坛”各类研讨会上，巴国高官似乎每时每刻都在提醒：巴基斯坦是一个很有潜力的经济体——一个拥有近 2 亿人的人口大国。考察伊斯兰堡的各类商场后发现，日韩电子产品价格普遍昂贵，中国的电子产品具有很大的价格优势。中国的电子产业可以在巴基斯坦设厂，在保证物美价廉的前提下，注重保证产品质量。

（四）西亚北非板块

西亚北非板块主要包括阿拉伯联合酋长国、阿曼、巴林、巴勒斯坦、沙特阿拉伯、科威特、卡塔尔、叙利亚、以色列、伊朗、伊拉克、约旦、也门、埃及、土耳其、黎巴嫩、蒙古国等国家。

1. 阿拉伯联合酋长国

阿拉伯联合酋长国是中东地区经济增速最快的国家之一，中国是阿拉伯联合酋长国第 2 大贸易伙伴，中国向中东地区出口有 60% 通过阿拉伯联合酋长国，目前有约 30 万名中国人在阿拉伯联合酋长国生活，超过 4000 家中国企业注册于此，未来阿拉伯联合酋长国将建成中国“一带一路”的物流中心。2015 年中阿双边贸易额为 1000 亿美元，过去 10 年的平均贸易增速为 35%。自中国进口的主要为电子产品、录音设备、照相机、钢铁产品，出口中国的主要为塑料产品、铜铁及其制品等。

一是 2015 年 12 月，中国和阿拉伯联合酋长国共同设立了 100 亿美元的联合投资合作基金，由阿拉伯联合酋长国国有的穆巴达拉开发公司、中国国开金融有限责任公司和中国国家外汇管理局共同管理，将主要针对常规能源和可再生能源、基础设施、技术和先进制造业等战略部门进行直接股权投资，以及对新兴市场进行投资。

二是中国港湾与阿拉伯联合酋长国企业联合承接埃及 Ain Sokhna 港和 Damietta 港的进一步开发。合同金额 60 亿美元，中国港湾建设集团将作为主要承包商和运营商参与上述 2 个港口的建设，合同签订时间为 2015 年 3 月 14 日。

三是中海合作产业园建设。项目位于中国宁夏银川市，综合保税区二期，项目占地 500 亩，总建筑面积 25 万平方米。采取中外合作方式建设，总投资 2. 4 亿美元，其中中方投资 9 亿元，阿拉伯联合酋长国投资 6 亿元。项目主要建设面向海湾国家石油精密设备出口加工基地、特色机电产品出口加工基地和出口产品集散、物流中心项目，另外建设海湾国家石化产品中国（宁夏）交易、展示中心项目，项目建筑面积 10 万平方米。

四是中东（迪拜）宁夏回族自治区商品展销中心项目。该项目位于迪拜。

五是天津钢管石迪拜分公司项目，项目位于迪拜，由天津钢管厂投资 15 亿元人民币在迪拜建设钢管厂。

六是曼德油田 EPC 总承包项目。这是阿布扎比陆上石油公司实现原油日产量从 140 万桶增至 180 万桶的重要战略工程项目之一，合同金额为 3. 3 亿美元，合同工期为 27 个月。项目主要设施包括新建 3 个集油站、40 个井口设施、4 个注水组以及相关配套设施。该项目是阿布扎比陆上石油公司向国际公开招标的重点工程。中国石油工程建设公司（CPECC）与阿布扎比陆上石油公司（ADCO）2015 年 5 月 19 日在阿拉伯联合酋长国首都阿布扎比签订了项目总承包合同。另，中国石油工程建设公司曾于 2008 年 11 月中标阿拉伯联合酋长国国际石油投资公司（IPIC）阿布扎比原油管线项目，合同额为 34. 67 亿美元，2012 年 7 月顺利投产。该原油管线项目是阿拉伯联合酋长国原油出口的战略性工程，使其成功摆脱了对霍尔木兹海峡的依赖，工程被评为国王执政十周年的十大标志性工程。

2. 阿曼

一是阿曼风电项目。该项目由三一重工与阿瓦穆集团联合开发阿曼境内的风电市场，并联合开采阿曼某矿产项目。

二是杜库姆中阿产业园。项目位于阿曼杜库姆经济特区内，占地11.72平方千米，2022年前中国企业将对该工业区投资107亿美元，有望通过5年的时间完成石油炼化、轻重工业、物流仓储等多种功能；包括修建一座日处理原油23万桶的石油提炼厂，以及共同投资建设包括水泥厂、石油化工厂与太阳能企业在内的多个项目。中阿产业园区一期规划面积为6平方千米，其中3平方千米为重工业区，3平方千米为配套区，拟建设物流、科技、研发、金融以及生活区，还有沿海滩的酒店建设区。

三是葡萄牙国家电网。2014年10月11日，中国国家电网公司（State Grid Corporation of China）收购葡萄牙国家电网（Redes Energéticas Nacionais，REN）25%的股份，国有公司阿曼国家石油（Oman Oil）将购得REN 15%的股份。两家合计持股40%，交易总价值为5.92亿欧元。

四是阿曼电信项目。2003年起华为技术有限公司就成功竞标阿曼全国通信骨干网项目，多年来对阿曼国家的通信事业建设发挥了重要作用，在经营、营销和控制运行领域占据超过60%～70%的份额。2015年1—5月，华为在阿曼仅消费者业务销售收入就达1270万美元。

五是中石油阿曼5区块项目。该项目位于阿曼达利油田，中国石油于2009年接手，中油国际（阿曼）公司具体开发，年产量155万吨。

六是阿曼益贝利和苏赫项目的EPC合同工程。该项目为阿曼电力市场最大的电站，由沙特阿拉伯ACWA Power公司、日本Mitsui公司以及阿曼DIDIC公司共同投资建设，总投资约19.5亿美元。中国电建集团与下属子公司山东电力建设第三工程公司以联合体方式进行 EPC 总承包，并负责整个电站的设计、设备供货、现场施工、电站调试等所有工作。合同于 2016 年 3 月 1 日签订，其中益贝利项目位于阿曼益贝利西北部的内陆地区，距离益贝利约 27 千米，电站设计装机容量为 1516.5MW，采用 Ansaldo GT26 燃机技术，两组二拖一配置，单循环（4 台燃机）计划于 2018 年 4 月 1 日投产，全厂计划于 2019 年 4 月 1 日移交。苏赫项目位于阿曼苏赫工业港内部，濒临阿曼海湾，电站设计装机容量为 1714.9MW，采用 Ansaldo GT26 燃机技术，两组二拖一配置，全厂计划于 2019 年 1 月 1 日移交。

3. 巴林

一是巴林玻璃纤维厂项目。该项目由 Abahsain 集团、中国太平洋联合承接，2015 年 3 月签订协议，拟投资 2 亿美元在巴林投资建立合资企业年产 20 万吨玻璃纤维。

二是巴林龙城项目。由中国中东投资贸易促进中心承建，主要为中国客商提供商业交易场所。

4. 沙特阿拉伯

沙特阿拉伯与中国是全面战略伙伴关系，在中国与阿拉伯国家“1+2+3”的合作格局中，沙特阿拉伯无论是在以能源合作为主轴，还是在贸易和投资便利化的两翼，都是最有潜力的合作伙伴之一。2016 年习近平访沙特阿拉伯期间，中沙两国签署了《关于共同推进丝绸之路经济带和 21 世纪海上丝绸之路以及开展产能合作的谅解备忘录》。双方同意加强发展战略对接，在共同推进“丝绸之路经济带”和“21 世纪海上丝绸之路”建设的框架内深入合作，加强在铁路、港口、电站、通信、工业园区、住房、投资、金融、航天、和平利用核能、可再生能源等领域的合作。双方同意将亚洲基础设施投资银行打造成互利共赢的融资平台，促进区域互联互通。

沙特阿拉伯对中国的投资项目近年来快速上升，其中中国、土耳其和阿拉伯联合酋长国3国是沙特阿拉伯对外投资最多的3国，投资额约172亿美元，占其对外投资总额的41.6%。沙特阿拉伯在中国的投资主要集中在北京和宁夏，2016年5月30日，沙特阿拉伯基础工业公司（SABIC，萨比克）和神华宁夏煤业集团（SNCG）发布声明，宣布已与神华集团旗下签署项目开发协议（PDA），在宁夏新建一个石化工业区。萨比克将利用神华宁夏煤业集团提供的当地煤炭原料实现原料来源多元化。在北京，沙特阿拉伯最大的投资项目在服务业领域，沙特阿拉伯基金出资35亿美元与美国UBER联手组建优步中国公司，进军中国拼车市场和电子商务市场。

中国和沙特阿拉伯的贸易以石油贸易为主，近年来非石油贸易也在快速上升，2012年，沙中贸易额达734亿美元。其中，非石油贸易额约290亿美元。目前，在沙特阿拉伯从事项目的中国公司超过了100家，大多数公司从事建筑业。主要工程项目集中在麦加和沙布延特，2009年2月10日，中国铁建与沙特阿拉伯王国签署了合同，施工完成沙特麦加轻轨铁路项目。2011年5月完成全部调试，2015年7月1日中国铁建集团公司正式将项目移交给沙特阿拉伯政府，这是中国企业在中东地区建成的第一条轻轨铁路，也是沙特阿拉伯的第一条轻轨铁路。该工程总收入为120.51亿元人民币元，实际投入总成本162.04亿元人民币，亏损约41.53亿元。

二是阿美中石化炼厂项目。延布炼厂项目位于沙特阿拉伯西部延布市附近的石油化工区，由中国石化和沙特阿拉伯阿美合资组建，中国石化与沙特阿拉伯阿美分别持股37.5%、62.5%，是中国在沙特阿拉伯最大的投资项目，也是中国石化首个海外炼化项目。项目总投资近100亿美元，拥有领先的炼化设施、HSE标准和生产运行管理标准，均达世界先进水平，设计原油加工能力约为2000万吨/年，生产的汽、柴油质量可满足美国标准和欧五标准，主要出口至欧洲和亚洲市场。2016年1月20日，沙特阿拉伯阿美中国石化延布炼厂举行了投产启动仪式。

三是2015年9月16日，中国电建集团所属山东电建三公司与沙特阿拉伯电力公司签订14.6亿元的利雅得PP14联合循环电站合同。该项目位于利雅得东南约45千米，将建设6台燃机、6台余热锅炉及2台汽轮发电机，总装机容量1900兆瓦，是中国工程企业在沙特阿拉伯电力公司独立承建的首个大型电站项目。中国电建已先后承建了拉比格2×660兆瓦燃油电站和扎瓦尔2400兆瓦联合循环燃机电站。从2015年起连续在沙美石油中标沙巴哈220～250兆瓦联合循环改造电站项目、MGS燃气增压站项目、吉赞2400兆瓦煤气化联合循环电站项目共计34亿美元，使集团在沙特阿拉伯的在建项目突破60亿美元。

四是中国港湾承建的沙特阿拉伯吉赞人工岛疏浚项目，沙特阿拉伯吉赞人工岛疏浚项目为原沙特阿拉伯吉赞疏浚吹填项目的新增内容，金额9920万美元，工期24个月。项目位于沙特阿拉伯吉赞经济城，工程内容主要包括1300万立方米疏浚、120万平方米人工岛及250延米原油管道的钢板桩护岸。2016年7月1日正式开工。

五是沙特吉赞白石滨海开发项目。该项目位于沙特阿拉伯吉赞经济城以北、吉赞白石城以东，规划建设一座红海沿岸长约1.7千米的休闲娱乐综合公园，主要包括海滩、海滨道路、运动场地、游乐场、公共卫生设施、餐饮场馆和祈祷场馆等房建工程。2015年6月29日，中国港湾与阿美石油公司正式签署吉赞白石滨海开发项目合同，合同额约5700万美元，工期540天。

六是2007年6月，福建炼化公司与埃克森美孚中国公司、沙特阿拉伯阿美中国公司按50%∶25%∶25%比例、总投资49.63亿美元合资设立了福建联合石化公司和中石化森美（福建）石油有限公司。福建炼油乙烯合资项目把位于福建泉州的现有炼厂的炼油能力从8万桶/天（400万吨/年）扩大至24万桶/天（1200万吨/年），并大幅提高加工含硫原油的炼制能力，主要加工沙特阿拉伯含硫原油，生产高质量的石油产品。同时，该项目将建设新的化工装置，包括一套80万吨/年乙烯裂解装置、一套80万吨/年聚乙烯装置、一套40万吨/年聚丙烯装置和一套70万吨/年对二甲苯芳烃联合装置。

此外，该项目还将建设包括30万吨级原油码头、热电联产装置等公用工程配套设施。

5. 科威特

科威特（The State of Kuwait）位于波斯湾西北角，西面和南面同沙特阿拉伯相邻、北部与伊拉克接壤，东濒波斯湾，同伊朗隔海相望。国土面积近1.8万平方千米，海岸线长195千米。人口约270万人，其中科威特籍人约100万人。首都为科威特城（Kuwait City），常住人口约70万人。

科威特号称“中东之鹰”，其综合国力和经济实力在中东国家尤其是海湾6国中比较靠前。石油、天然气工业为科威特国民经济的主要支柱，其国内生产产值和出口收入绝大部分来源于此，年国民生产总值达到近700亿美元，经济增长率年平均约4.5%。在中东地区属于比较繁荣发达地区。

科威特的建筑承包市场在近几年发展迅速。按照项目对承包商的准入分类，科威特的工程项目主要分为以下几类：第一类是国际竞标项目，特点是合同额大（一般在几百万到上亿科威特第纳尔），专业性强，技术含量高。这类项目一般由国际承包商参加资审和投标。国际承包商无须事先在科威特注册，签约后依据合同在当地进行项目注册即可。第二类是BOT项目，这是科威特近一两年才开始采用的方式，由国际承包商和本地承包商以及银行组成集团参加竞标，负责资金筹措、项目实施和运营。第三类是私人投资项目，这类项目合同额在几万科威特第纳尔到上千万科威特第纳尔之间，一般采取议标方式，外国公司很难参与。私人投资项目对材料的采购也没有政府项目那么苛刻。第四类是本地竞标项目，不仅有石油项目，还有水、电、道路、桥梁、通信、住房、学校、幼儿园、医院、体育馆所等，合同额从几十万到上千万科威特第纳尔，技术含量较低，发标数量较大，每年都有百十来个。上述 4 类项目，除私人投资项目外，均由科威特中央招标委员会负责招标。

一是科威特大学城 5A&B 基础设施工程项目。总工期 1250 天、维护期 730 天。合同总金额近 9800 万科威特第拉尔（约合人民币 22.22 亿元）。该项目于 2013 年 10 月 15 日正式签订合同，由中国水电国际公司与 COPRI 公司组成的联营体共同投标，COPRI 公司只收取管理费，不参与项目施工生产与管理。

二是科威特 866 房建项目。该项目是科威特住建部投资建设的大型综合性功能齐全的高级住宅小区，合同价近 38 亿元人民币，是中科两国建交以来中国企业承建的最大建筑项目。由中国一冶集团有限公司于 2011 年承接。

三是科威特重油开发项目施工分包合同。中石化第十建设有限公司与英国 Petrofac 工程公司在阿拉伯联合酋长国沙迦签署科威特重油开发项目施工分包合同，合同总额 1.15 亿美元，合同签约时间为 2015 年 12 月 2 日，项目施工任务计划于 2016 年 5 月 1 日开始，2018 年 4 月 30 日机械完工，施工工期共计 24 个月。

四是科威特 AL - Zour 新炼厂项目（NRP AL - ZOUR 项目）。中石化炼化与西班牙联合技术公司（Tecnidas Reunidas, S. A）和韩国韩华工程公司（Hanwha）组成的联合体与科威特国家石油公司（Kuwait National Petroleum Company）于 2015 年 10 月 14 日签署了设计、采购、施工（EPC）总承包合同，合同总额约为 42.4 亿美元，中石化炼化占联合体总权益的 40%，即占该合同份额约为 16.96 亿美元（约为 107.52 亿元人民币）。NRP AL - ZOUR 项目位于科威特 AL - Zour 地区，距离科威特城南部约 90 千米，项目包括 1000 万吨/年常压蒸馏装置，500 万吨/年渣油加氢装置，300 万吨/年柴油加氢装置，100 万吨/年石脑油加氢装置，250 万吨/年煤油加氢装置及一套重油循环装置与饱和气体处理装置。

五是中国石化国际石油工程公司与科威特国家石油公司签署钻机合同。该合同2014年9月24日签订，合计提供17部钻修井机，合同额为10亿美元。该公司自2008年已在科威特国家石油公司钻井领域累计提供钻机达32部，合同总金额18.6亿美元，是科威特第一大钻井服务商。

六是科威特7环公路改造项目。项目由中国水电八局与科威特于2016年签订，工程项目总长21.8千米，包括设施改移 、路基、路面、互通立交、人行天桥、道路交通设施以及公用设施（供水、排水、电力、通信）等，合同总金额约14亿元人民币，总工期1440天。

七是科威特国民银行总部大楼。该项目由中建中东公司、中建钢构有限公司（以下简称中建钢构）联合承建，项目总建筑面积为12.6万平方米，高度为305.9米，地下3层，地上56层，项目总投资30亿元人民币，2014年11月开工，是目前为止中建钢构斩获的最大海外超高层项目。

6. 卡塔尔

卡塔尔国（以下简称“卡塔尔”）面积11521平方千米，人口237万。居民大多信奉伊斯兰教，多数属逊尼派中的瓦哈比教派，什叶派占全国人口的16%。卡塔尔是海湾地区经济增长最快的国家，主要资源有石油和天然气。已探明石油储量为20亿吨，居世界第13位，天然气储量25.78万亿立方米，居世界第3位，石油、天然气是经济支柱，长期以来占卡塔尔GDP 60%以上的比重。

卡塔尔建筑市场的中资企业较少，主要是当地建筑公司和美国、日本等国家的企业，如卡塔尔投资局出资的地亚尔公司、美国伯克德公司、日本千代田株式会社等，这些企业实力雄厚，几乎垄断了卡塔尔所有建筑市场。中国企业目前在卡塔尔的项目主要有：

一是卡塔尔多哈新港一期项目。该项目由中国港湾集团承建，合同金额达8.8亿美元。该港为内挖式港口，包括：综合集装箱码头、件杂货码头、海军码头等。项目采用干开挖方法施工，主要工作内容包括土石方开挖、后方回填及地基处理、码头及护岸防波堤等。码头结构型式为重力式方块码头，集装箱码头的方块层数为 11 层（最大单块重量约 100 吨），最大挖深为 -19.7 米，港池底标高为 -17 米。码头岸线长 7845 米，防波堤 2.76 千米，土石方开挖约 6500 万立方米。多哈新港项目合同设置 A~F6 个节点，包括码头结构建造、陆上挖入式大型港池开挖、防波堤及护岸施工及陆域回填等。2015 年 4 月卡塔尔多哈新港项目 E 节点工程顺利完工。

二是卡塔尔大型水库 2 号通道管线项目。2014 年 6 月 10 日，中国港湾中标卡塔尔大型水库 2 号通道管线项目（B 合同包），业主为卡塔尔水电总公司，中标合同额约 1.7 亿美元，合同工期 26 个月。该项目位于卡塔尔首都多哈南部，是卡塔尔战略水资源储备项目的重要组成部分，分为 5 个标段，中国港湾是唯一一家获标的国际承包商。项目主要内容包括：约 100 万立方米的沟槽开挖、直径不等的球墨铸铁管及管接头的铺设和安装、HDPE 光缆管外壳的铺设、配套的井室和附属设施施工、阀门的安装、水力试验以及微型隧道施工。

三是卡塔尔卢塞尔新城比佛利山庄项目和内政部边境检查站项目。两项目分别位于卡塔尔首都多哈卢塞尔新区和卡塔尔与沙特阿拉伯边境阿布萨穆拉海关大院内，合同总额为 8339.712 万美元和 1233.516 万美元。由中国中铁十八局集团承建，2015 年 2 月开工。

7. *以色列*

以色列人口有 800 万，国土面积 2 万平方千米。近 3 年来，中国对以色列的投资增长迅速，已经成为仅次于美国对以色列投资最多的国家。中国和以色列的贸易领域从食品、钻石、化工等传统产品贸易，不断朝高科技、新能源、生物技术、现代医药等方向发展转变。而中国对以色列的投资结构也呈现出多样化态势，除了传统的科技领域，正在向石化、保险、医疗服务、清洁技术、移动互联网等行业拓展。工程项目在中国对以色列的投资中并不占主要地位，中国公司更青睐以色列的科技公司。

一是阿什杜德南港口项目。2014年9月23日，中国港湾工程公司（CHEC）与以色列港口发展和资产公司（IPC）签约，合同金额近10亿美元，是中国企业在以色列承包的大型工程项目之一。港口建成后，预计吞吐量为100万TEU（20英尺标准集装箱），将成为以色列南部最为重要的港口。

二是光明集团收购以色列最大的乳制品公司Tnuva。收购金额20亿美元，持有77.7%的股份，2015年4月完成股权交割，对应Tnuva的市场价值达到86亿谢克尔。Tnuva是一家以乳制品为主的食品公司，目前占据着以色列70%的乳制品市场份额，并涉足中东和欧美。

8. *伊朗*

伊朗位于亚洲西南部，绝大部分领土在伊朗高原，是高原国家。伊朗地处中东，国土面积约165万平方千米，排在世界第18位，拥有约2440千米海岸线（包括内陆里海海岸线）。伊朗地理位置优越，北邻亚美尼亚、阿塞拜疆、土库曼斯坦，西与土耳其和伊拉克接壤，东面与巴基斯坦和阿富汗、巴基斯坦相连，另与哈萨克斯坦和俄罗斯隔海相望，南面濒临海湾和阿曼湾。伊朗气候四季分明，南北略有差异，主要以沙漠性和半沙漠性气候为主。独特的地理位置令伊朗拥有丰富的石油、天然气和煤炭资源。伊朗石油和天然气已探明储量约占世界的1/9和1/6，分列世界第3、第2位。石油和天然气产量均居世界第4位。石油开采业也成为推动伊朗经济发展的支柱产业。

伊朗长期受国际社会制裁，直至2016年1月16日伊朗核协议开始执行，对其所有国际和单边制裁基本解除。2016年1月23日，在国家主席习近平和伊朗总统鲁哈尼的共同见证下，商务部部长高虎城和伊朗经济事务与财政部部长塔布尼亚在德黑兰萨德阿巴德王宫共同签署《中华人民共和国商务部和伊朗伊斯兰共和国经济事务和财政部关于加强两国投资领域合作的谅解备忘录》与《中华人民共和国商务部和伊朗伊斯兰共和国经济事务和财政部关于人力资源开发合作的谅解备忘录》，双方确定将在投资、信息交流、工业园区、基础设施和工程项目、人力资源等领域加强合作。目前主要工程项目有：

一是伊朗格什姆岛以及阿巴斯港渔业养殖项目。2016 年 7 月 27 日伊朗渔业组织主席萨勒希（Hassan Salehi）称：中国农业部副部长访伊期间表示，近期将向伊朗渔业养殖业投资 30 亿美元，地点为伊朗南部的格什姆岛和阿巴斯港。伊朗是中东地区最大的渔业国家，年均产出 32.5 万吨渔产品，中国则是目前世界上最大的渔业出口国。

二是印度尼西亚炼油厂项目。伊朗梅尔通讯社 2016 年 8 月 9 日宣布：伊朗、印度尼西亚和中国将共同投资 84 亿美元在印度尼西亚西爪哇省和万丹省建设炼油厂。

三是德黑兰—北方高速公路项目。该项目为德黑兰—北方高速公路项目（第二、三部分），由中交集团所属中国路桥与德黑兰—北方高速公路公司签署，造价总金额预计 20 亿美元。该项目第二部分长约 23 千米，包括一条 6.5 千米的隧道和 16.5 千米的公路，造价约 5 亿美元；第三部分长约 45 千米，其中包括 38 千米长的隧道，造价约 15 亿美元。德黑兰—北方高速公路全长 121 千米，将从伊朗首都德黑兰向北穿越阿尔波斯山区，通往里海沿岸。公路被分成 4 段建设，受国际制裁影响第一部分工程至今刚刚复工，第四部分实际于 2014 年完成，均由中铁隧道集团公司承建。

四是伊朗开发电力项目。2015 年 9 月 22 日伊朗水电设备和服务出口公司（SUNIR）和中国山东电力集团公司签署了战略协议，由伊方企业独家供应中方企业在亚洲和非洲 15 国电力和能源项目所需的物资设备供应，双方将首先在伊朗、中国或第三国开发新的电力项目，合同投资 50 亿美元，20 亿美元销售。

五是伊朗阿拉克重水核反应堆改造项目。2015 年 10 月 19 日中、美、伊3国达成《关于联合全面行动计划（JCPOA）中阿拉克重水研究堆改造项目的联合意向声明》，在今后的几个月内，伊朗须在国际监督下，开始减少铀浓缩活动规模，拆除和封存纳坦兹和福尔多燃料厂的部分离心机和铀浓缩相关设施，重新设计和改建阿拉克重水反应堆，减少浓缩铀库存。

六是伊朗铝业项目改造。中色股份于2011年9月20日与伊朗胡泽斯坦铝业公司签署了总价为59.59亿元人民币的《EPC总承包合同》。该合同主要是向伊朗胡泽斯坦铝业公司提供工程设计、设备供货、土建施工、设备安装、试车、培训等的EPC工程总承包，建设一个年产17.5万吨的电解铝厂。合同总价59.59亿元人民币，将在生效之日起42个月内执行完毕，目前项目进展正常。2014年12月20日以来，中色股份已经公布了在伊朗揽入的3单巨额合同。第一单是中色股份2014年12月20日与伊朗ALPHACO公司签署的《EPC总承包合同》，合同金额超48亿元人民币。第二单是2015年3月2日中色股份公告称获得伊朗南方铝业公司电解铝项目二期EPC总承包合同，合同总价为71.79亿元。该项目主要包括建设一个年产27.6万吨的电解铝厂，以及一个年产15万吨的碳素阳极工厂，2016年这些项目均已进入试运行。中色股份在伊朗开展工程承包业务已经有近20年的历史，此前，曾经成功地建设法亚布铁合金厂、亚兹德锌厂、哈通阿巴德铜厂、阿拉克电解铝厂等项目，伊朗是中色股份海外工程业务的主要市场之一。

七是德黑兰—马什哈德铁路电气化改造项目。该项目为伊斯法罕到德黑兰的高铁，总长度约926千米，2016年2月开工建设，预计将在42个月后竣工，之后还有5年的维护期，由伊朗基础设施工程集团MAPNA和中国中机公司及苏电集团承建，其中21亿美元造价的85%由中国提供贷款融资。

八是北阿扎德甘油田和亚达瓦兰油田第二阶段的开发工作。这是伊朗最大的油田，2016年5月15日，伊朗石油部副部长扎马尼尼亚

(Amir Hossein Zamaninia)同中国国家能源局副局长张玉清签署了一份为期5年的谅解备忘录。扎马尼尼亚表示，该备忘录涵盖了一系列的合作，包括石油天然气的勘探开发、设备制造、提炼和石油化工等项目。此前中石油和中石化已经分别获得了北阿扎德甘油田和亚达瓦兰油田的第一阶段项目，目前日产量总计可达到16万桶。阿扎德干油田是伊朗近30年来发现的最大油田，也是世界最大的油田之一，原油储量约420亿桶。2009年1月，中石油已与伊朗签约开发北阿扎德干油田，同年8月，双方又签署有关南阿扎德干油田的合作备忘录，受伊朗核危机的影响，2014年4月，伊朗政府称，由于中石油未能履行其相关合同义务，伊朗将取消与中石油签订的25亿美元南阿扎德干油田开发协议。2015年国家制裁取消后，中国企业才得以恢复在伊朗的开发工作。

九是伊朗钢铁项目的融资项目。2015年9月30日伊朗矿业发展和革新组织（IMIDRO）总裁卡巴思安（Mahdi Karbasian）接受塔斯尼姆（Tasnim）通讯社的采访时称，中国同意为伊朗7个钢铁建设项目提供总计18亿美元的融资。

十是伊朗马苏大化肥项目。工程位于伊朗胡齐斯坦，2016年4月2日开工。该项目是中国化学工程第七建设有限公司进军伊朗承建的首个项目，合同签署于2015年底，施工工期为33个月，中标金额2亿元人民币。施工内容主要包括项目合成氨装置、尿素装置、液氨贮存及冷冻系统、污水气体等的建筑安装工程施工以及全场大型设备吊装工程施工。

十一是中国港湾与伊朗Tablis市政下属公司Kish Investment Tirajeh在德黑兰签署了伊朗Tirajeh城市综合体项目EPC + F合同（中伊两国融资协议项下融资），合同金额约1.18亿欧元。该项目位于伊朗Ardebil省，项目占地约9.9万平方米，主要包括商业地产、娱乐休闲、购物餐饮等设施。

9. *伊拉克*

石油产业是伊拉克赖以生存的支柱产业，GDP的约80%和财政收入的约95%都来自该产业。

中国与伊拉克一直存在紧密的经贸合作，尤其是在石油领域。2013年，中国进口伊拉克石油2351万吨，同比增长49%。2014年中国与伊拉克的贸易额达285亿美元。近年来，中国与伊拉克的经贸合作加快，中国企业积极参与伊拉克战后重建进程。商务部数据显示，2013年中国与伊拉克贸易总额、中国进口伊拉克石油量和中资公司新签承包工程合同额与2012年相比都实现了40%以上的增长，在中国与阿拉伯国家中的合作中居于前列。

一是西古尔纳二期油田钻井项目。伊拉克同意中曼石油天然气集团（ZPEC）在西古尔纳二期油田（West Qurna II Oilfield）的价值5.266亿美元的钻井项目。在为期28个月的合同期里，ZPEC将在俄罗斯卢克公司油田里（Lukoil - operated Field）钻66个采油井，合同计划于2016年上半年开工。中曼石油天然气集团股份有限公司（ZPEC）总部坐落于上海浦东陆家嘴金融贸易区，是一家以创建跨国能源公司为企业愿景的石油天然气企业。

二是伊拉克卡尔巴拉精炼厂项目。伊拉克卡尔巴拉精炼厂项目（Karbala Refinery Project, Iraq），位于卡尔巴拉城南25千米处，距离巴格达150千米。业主为伊拉克国家石油工程公司（SCOP），直接隶属于伊拉克石油部，在伊拉克石油化工建设领域起着决定性作用。卡尔巴拉项目是其目前最大的在建项目，总投资额达60.04亿美元，预计产能140000 b/d，项目总工期预计约32个月。本项目总承包商为韩国Hyundai、GS、SK所属（Hyundai E&C, Hyundai Eengineering, GS E&C, SK E&C）等4家公司组成的联合体，中国机械工业机械工程有限公司作为施工总承包将负责电站A包+主装置区C包的全部工程建设，A包主要工作内容：主变电站、132KV高压变电站、柴油加氢脱硫装置及煤油加氢脱硫装置；C包主要工作内容：催化裂化装置、烷基化装置、液化石油气装置及减压瓦斯油加氢处理装置。2015年7月24日中标，2015

年 11 月 22 日成立中机工程卡尔巴拉项目部，目前项目已经开始施工。

三是伊拉克卡拉乔水泥厂项目。2014 年 2 月，中国机械设备工程股份有限公司与卡尔工程总承包、咨询、电力承包有限公司，签署一份就伊拉克卡拉乔日产 6000 吨水泥厂项目合同。该项目范围包括承建一座日产 6000 吨的水泥熟料生产线。中国机械设备工程股份有限公司作为总承包商，将以交钥匙的方式，负责设计、供货、土建施工、安装、培训、调试和质保等工作。合同金额约为 2.36 亿美元。按照合同规定，项目在达到一定条件后开始建设，建设工期约为 24 个月。

四是中石油投建的伊拉克米桑原油外输管道项目。米桑原油外输管道 2013 年 7 月打火开焊，仅用 6 个月便实现了管线主体完工。2014 年 8 月 18 日首次输油成功，目前已输送原油 180 万桶。米桑省原油出口大通道起自米桑油田群终端厂，南至法奥港，全长 325 千米，被喻为米桑省的“原油外输生命线”，也是中石油主导的哈法亚项目与中海油主导的波兹干项目提升产能的“绿色通道”。其中从米桑油田群至中石油运营的哈法亚油田间的 53 千米 32 英寸原油管线由中海油自建；从哈法亚至法奥港的 272 千米 42 英寸管线 EPC 总承包商为中国石油管道局，由中石油与中海油合建。由伊拉克米桑至法奥港的米桑原油外输管道年设计输油能力 5000 万吨，是伊拉克战后首条全自动化战略外输通道，使伊拉克南部的石油出口能力实现跨越式提升，快速促进了米桑省及伊拉克经济的发展。

五是哈法亚项目。2009 年 12 月，中国石油、道达尔和马来西亚石油公司组成联合体中标伊拉克哈法亚油田项目，中国石油担任作业者，占 37.5% 的权益。哈法亚油田实际地质储量 160 亿桶，是伊拉克 7 个巨型油田之一，基本处于未开发状态。该项目是中国石油海外最大规模的作业项目。哈法亚项目分为 3 期：一期建设于 2012 年 6 月竣工投产，是伊拉克战后第二轮招标项目中首个投产的项目，目前原油日生产能力是 10 万桶。2013 年 4 月，哈法亚二期项目奠基。这个项目包括 272 千米米桑原油外输战略管道、500万吨油气处理中心、外输泵站、43口钻完井等核心工程，2014年二期项目投产，哈法亚油田原油日产量突破20万桶，年产能提升至1000万吨。目前，哈法亚三期产能前期工作正在有序展开。到2016年底，项目原油日产达40万桶。

六是鲁迈拉油田项目。鲁迈拉油田位于伊拉克南部城市巴士拉以西50千米，是巨型油田，位居世界第6。油田分南、北两部分，南鲁迈拉油田和北鲁迈拉油田共占地1800平方千米。南鲁迈拉油田探明储量为19.6亿吨，北鲁迈拉油田探明储量为11.2亿吨。总储量约有200亿桶。2009年6月30日，中石油与英国石油公司（BP）联合竞得了伊拉克鲁迈拉油田20年服务合同，2家石油公司共同投资500亿美元，中石油拥有37%的权益。2014年9月，中石油接替BP成为鲁迈拉油田最大的股东，其在伊拉克鲁迈拉油田的股权比例提高了近9%，达到46.4%，BP股权降为29%。

七是艾哈代布油田项目。艾哈代布油田被发现于1979年，位于伊拉克中南部，距首都巴格达约160千米，构造面积约200平方千米，石油储量约10亿桶。该项目是伊拉克战后第一个对外石油合作项目，中方投资额约30亿美元，占有100%股份，合同期限23年，为技术服务合同（TSC），并可依据实际情况延长。预计3年内原油日产量可达2.5万桶，6年内将形成日产11.5万桶的生产能力。1997年6月，中石油与伊政府签署了开采艾哈代布油田的协议。但随后由于伊政治环境变化，协议中断。2008年11月，中石油和中国北方工业公司的下属合资企业中国绿洲石油公司和伊拉克国有的北方石油公司在巴格达签署了艾哈代布油田开发与服务合同，绿洲公司初期将获得每桶6美元的服务费，随后服务费将逐渐降至每桶3美元。该项目于2009年3月11日正式开工。

八是西古尔奈-1油田项目。西古尔纳油田位于伊拉克巴士拉西北约50千米，紧邻中石油参与作业的鲁迈拉油田北部，是世界上10多个超级油田之一。目前分为西古尔奈-1和西古尔奈-2两大区块，其中，西古尔奈-1区块的原油储量在100亿~150亿桶，最高日产量估计可达100万桶。2013年11月28日，中国石油天然气股份有限公司宣布，通过下属全资公司收购美国埃克森美孚公司下属公司持有的伊拉克西古尔纳1期技术服务合同的25%权益；收购后埃克森美孚降至25%，荷兰皇家壳牌的股份保持在15%不变。

九是米桑油田项目。米桑油田群位于伊拉克东南部，油田储量预计为25亿桶，目前日产量约为10万桶。2010年5月17日，中国海洋石油国际有限公司联手土耳其国有石油公司TPAO就开发米桑油田与伊拉克政府签署最终协议，中国海油将担任该油田群的作业者，并拥有63.75%的工作权益，土国油拥有11.25%的权益，伊拉克当地公司伊拉克钻井公司拥有项目其余25%的权益。米桑油田群技术服务合同为期20年，中国海油承诺在6年内将该油田群的产量提高到45万桶/天。

十是Taqtaq油田项目。该项目位于伊拉克北部库尔德人居住区，储量24亿吨，日产量约10万桶，由Addax石油公司所有。2009年6月25日中石化宣布以每股52.80加拿大元的价格收购总部位于瑞士的Addax石油公司，总额接近72.4亿美元。Addax石油公司是一家总部位于瑞士、分别在加拿大和伦敦上市的国际油气开发商，成立于1994年，是西非最大的独立油气开采商。Addax石油公司的主要业务集中于尼日利亚和加蓬，同时也拥有包括Taqtaq油田在内的伊拉克库尔德地区的油田。中国石化也因此收购项目受到伊拉克政府的制裁。

10. 约旦

一是约旦国家铁路项目：2015年9月30日中土集团与约旦工贸大臣马哈·阿里女士签署约旦国家铁路项目合作谅解备忘录。约旦国家铁路项目线路总长约948千米，项目建成后将北连叙利亚，东连伊拉克，南连沙特阿拉伯并直通亚喀巴港口。该项目拟分期实施，以有利于项目资金的落实。

二是中国与约旦签署11个项目备忘录。2015年9月10日，在银川举行的中约经贸论坛暨企业对接洽谈会上，双方达成11个项目，总额198.2亿元人民币。其中，中约政府间项目1个，宁（宁夏）约政府间项目3个，企业项目7个。在7个企业项目中，包括4份备忘录、3个协议。4个备忘录包括：中国技术进出口总公司与约旦投资署签署交通基础设施、再生能源与水利设施项目谅解备忘录；中土集团与约旦交通部签署约旦国家铁路网项目谅解备忘录；华为公司与约旦通信部签署约旦通信部和华为战略合作谅解备忘录；深圳市投资商会有限公司与约旦亚喀巴发展有限公司、亚喀巴国际工业园签署在约旦亚喀巴经济特区建立“中深国际工业物流园”项目谅解备忘录。3个协议包括：汉能薄膜发电集团欧洲区域公司与约旦能源与矿产资源部签署汉能集团约旦1GW清洁能源项目框架协议书；中国工商银行、中国银行、中国进出口银行与约旦阿塔拉特油页岩公司签署约旦阿塔拉特油页岩电站项目金融服务协议；宁夏六盘山薯业公司与约旦奥马尔公司签署共建特色农产品高新技术示范园区协议。

三是约旦阿塔拉特燃油页岩电站总承包合同。2014年10月31日，中国能建所属广东火电与约旦在北京签约阿塔拉特554MW燃油页岩电站EPC项目总承包项目。该项目位于约旦首都安曼南部约110千米处的油页岩矿区，由爱沙尼亚、马来西亚与约旦合资的阿塔拉特电力公司投资建设，规划建设规模2×277MW（net）CFB发电机组，工程内容包括设计服务、制造、监造、测试、设备供应、全厂建筑、安装、调试等，工期为42个月。该项目将采用目前世界上最大的油页岩循环流化床锅炉，预计2017年开始向当地供电，设计容量约为500兆瓦，年消耗800万吨油页岩。每年将减少约旦3.5亿约旦第纳尔的能源支出，还将创造数千个就业岗位。

四是约旦石油页岩发电和开发项目。2016年5月12日，Attarat电力公司宣布（APCO）其股东爱沙尼亚能源公司、YTL能源国际有限公司（YTL）以及 Near East 投资公司（NEI）已经签署协议，同意增加粤电集团为该项目的新股东，以在约旦建设一个发电量在 554MW 的石油页岩气电厂和矿场。粤电已经同意收购该项目 45% 的股份，并在将来将持股比例增加至 60%，而爱沙尼亚能源公司将继续留在该项目中，其持股比例将下降至 10%。在股权转让结束后，APCO 的间接所有者将是持股比例分别为 10% 的爱沙尼亚能源公司、45% 的马来西亚 YTL 能源国际有限公司和 45% 的中国粤电集团。

五是约旦供水网改造工程二期项目。该项目为中国援助项目，2016 年 4 月 6 日由中地集团承建的援约旦供水网改造工程二期项目对外协议在约旦首都安曼正式签约，主要工程内容包括：铺设约 3.5 千米直径 500 毫米的输水管道，并提供输水管道上阀门及井等配套设施。该项目施工任务合同额为 1797.43 万元人民币，计划于 2016 年 6 月 1 日正式开工，合同工期 9 个月。项目建成后，将大大改善约旦鲁萨伊法市居民的饮水问题，具有重要的政治和社会意义。

六是约旦核装置项目。JSA 是约旦的第一个核装置，该项目于 2008 年 11 月 24 日，由中国原子能科学研究院、中国原子能工业有限公司和约旦原子能委员会、约旦科技大学四方签订，为次临界装置（JSA）项目，由中国原子能科学研究院堆工所承建，2013 年 7 月 29 日圆满完成预验收工作，主要用于大学、科研院所或培训中心等机构开展反应堆科研、教育和培训工作。

11. 也门

也门共和国位于阿拉伯半岛西南端。与沙特阿拉伯、阿曼相邻，濒红海、亚丁湾和阿拉伯海，海岸线长 1906 千米。境内山地和高原地区气候较温和，沙漠地区炎热干燥。也门人口约 2360 万。绝大多数是阿拉伯人，是世界上经济最落后的国家之一，至今粮食不能自给，约有 1/2 依赖进口。2014 年，中也两国的双边贸易额 51.38 亿美元，其中我出口 22.01 亿美元，进口 29.37 亿美元。

2014年6月25日，中也双方在也门首都萨那举行过双边投资研讨会，时任国家副主席习近平到会并致词。据大智慧阿思达克通讯社2014年12月18日报道，在中国加速推进对欧新出口走廊之际，中国有望将亚丁港发展成为中国远洋运输的中转港，进一步完善海上丝绸之路布局。据也门新闻社报道，包括中远国际货运有限公司在内的代表团欲获得亚丁港的设施，从而将该港作为中国远洋运输的中转点。

12. 埃及

埃及作为贯通东西、连接亚非的国家，是“一带一路”的重要节点。中国是埃及最大的贸易伙伴，贸易总额高达110亿美元，其中埃及对中国出口占双边贸易额的10%，中国对埃及的出口占双边贸易额的90%。2015年，在埃及投资的中国企业超过1100家，总投资额约4.7亿美元。

一是埃及新行政首都项目。该项目位于开罗以东45千米处的沙漠地带，占地700平方千米，能够承载500万~700万人口，建设总成本300亿美元。建成后，埃及议会、总统府、政府部门和外国使馆都将入驻。2016年1月21日，中国建筑工程总公司与ARAB CONTRACTORS、PETROJET 2家埃及企业签署了一项组建联合体建造新首都的谅解备忘录。中建还与埃及住建部签署了7项谅解备忘录，将在新首都建造一座内阁大楼、12座部长办公楼、一个大会议厅、多个展览场地和1.5万户中低收入家庭安居房，并为埃及上游地区排污工程提供融资安排，项目总合同金额约为27亿美元（约折合177.1亿元人民币）。

二是EETC 500千伏输电项目。该项目位于埃及尼罗河三角洲及以南地区，为埃及规模最大、电压等级最高的输电线路工程。项目工程范围为新建1210千米500千伏同塔双回交流线路，项目总工期18个月，由中国电建所属湖北工程公司承建，2016年5月10日正式开工。

三是埃及国家铁路网轨道更新项目。2015年4月12日，中国铁建下属中国土木工程集团有限公司与埃及国家铁路公司签署了埃及国家铁路网轨道更新项目合作框架协议，预计金额 6 亿美元，约折合 37.26 亿元人民币。

四是埃及斋月十日城铁路项目 EPC 合同。2016 年 1 月 21 日中国中铁发布公告称，公司与中国航空技术国际控股有限公司组成的联合体，与埃及国家隧道管理局签署了《埃及斋月十日城铁路项目 EPC 合同》，项目合同金额为 15 亿美元（约折合 98.82 亿元人民币）。

五是埃及汉拉维恩超临界燃煤电站项目 EPC 总承包合同。汉纳维燃煤电站项目先后于 2014 年 12 月以及 2015 年 3 月与埃方签署合作意向书以及框架协议，2016 年 1 月 21 日东方电气股份有限公司与埃及电力控股公司正式签署了埃及汉拉维恩超超临界燃煤电站项目 EPC 总承包合同协议书，项目总金额为 20 亿美元。项目总装机容量 4640 兆瓦，分为 2 期以 EPC 加融资模式开发，一期 4 × 660 兆瓦，二期 2 × 1000 兆瓦。

六是埃及电网建设项目。埃及目前处于电力短缺状态，主要原因是由于资金短缺致使埃及的国家电网一直未升级改造，现有的电厂和输变电设备不能满足日益增长的用电需求，在将来的 5 年内需要投入 120 亿美元才能解决埃及的电力危机。为满足社会发展需求，埃及的电站装机容量应以每年 2500 兆瓦左右的速度增长，5 年之后应新增装机容量 12500 兆瓦。此外，埃及还需要每年投入 7 亿美元用于电站的燃料供给，因此，埃及政府计划每年为电力部门吸引 25 亿美元的投资。2016 年 1 月，习近平主席访问埃及期间，与埃及总统签订了合作项目的框架协定。埃及国家电网升级项目 500 千伏线路工程由中国国家电网公司所属中国电力技术装备有限公司总承包，2016 年 3 月 22 日正式动工。

七是埃及本班（Benban）4 个 220/22/22kV 升压变电站成套交钥匙工程合同。2015 年 12 月 28 日，中国西电与埃及国家电力输电公司共同签署了埃及本班 4 个 220/22/22kV 升压变电站成套交钥匙工程合同，合同总金额4.8亿元人民币，建设工期8个月。该项目中的4个变电站均位于埃及南部的阿斯旺地区，是埃及首个太阳能发电项目——阿斯旺光伏电厂电力输出的枢纽升压变电站。项目建成后将实现阿斯旺光伏电厂的电力送出和并网，大幅度提高埃及南部地区的供电能力。

八是埃及乡村公共卫生工程。2015年5月25日，中国葛洲坝集团股份有限公司埃及分公司（葛洲坝集团埃及分公司）在埃及住房建设部会议厅和埃及住建部签署埃及乡村公共卫生工程项目框架合同协议，项目内容是在埃及尼罗河三角洲罗塞塔河流域和萨拉姆运河流域220个村庄的污水收集及污水处理，为埃及政府优先进行的民生工程项目，总造价为10亿美元。

九是浮法玻璃生产线项目。2016年4月28日，中国建材工程与埃及Cairo Glass公司签署的是建造日熔化量为250吨的浮法玻璃生产线及压延玻璃生产线冷修改造工程总承包项目。

13. 土耳其

土耳其地跨欧亚，扼守古丝绸之路西端，基础设施完善，连通欧、亚、非三大市场，经济持续快速增长，是OECD和G20成员，积极参与区域一体化和全球经济治理，是中国共建“一带一路”的重要合作伙伴。但随着土耳其国内政局的动荡，国际投资者正持续从土耳其撤资。

一是土耳其胡努特鲁2×660兆瓦燃煤电站项目。2015年7月9日，上海电力土耳其EMBA发电有限公司获得土耳其能源市场监督管理委员会颁发的胡努特鲁燃煤电厂工程发电许可证书，有效期为签发后的49年。该项目位于土耳其阿达纳省尤穆尔塔勒克市胡努特鲁村，紧邻地中海的伊斯肯德伦湾，项目规划建设两台660兆瓦超超临界参数燃煤机组，同步建设烟气脱硫和SCR脱硝装置，主机及主要辅机拟选用国产设备。由上海电力控股的土耳其EMBA公司投资建设，上海电力持股50.01%，中航国际持股2.99%，原EMBA土耳其股东持股47%。静态投资16亿美元，动态投资17亿美元，资本金为动态投资的20%，其余部分资金由商业贷款解决。经测算，项目全投资税后内部收益率为13.59%，项目资本金收益率为27.5%。

二是卡拉毕加电厂工程（KARABIGA）。土耳其卡拉毕加电厂工程位于土耳其西北部马尔马拉海沿岸的卡拉毕加镇，和伊斯坦布尔直线距离不到200千米。工程建设规模为2台660兆瓦超超临界燃煤机组，属“一带一路”沿线国重大能源基础设施建设项目，项目业主为土耳其CENAL公司，浙江火电主要承担工程2台机组全部设备以及外围系统设备的安装调试工作。2015年7月20日工程正式开工，1号机组计划2018年5月实现投产，2号机组同年9月投产发电。

三是奥塔燃煤电站项目。土耳其奥塔燃煤电站项目厂址位于土耳其首都安卡拉东北部100千米昌克勒省（Cankiri）奥塔地区（Orta），装机容量1×150兆瓦，采用循环流化床发电技术，燃用低热值煤。该项目由中国技术进出口总公司牵头组成中技公司—天津电建—浙江院联合体总承包，项目建设工期为36个月，建设资金的85%从中国融资。

四是土耳其速马电站项目。该工程位于土耳其爱琴海北部区域的SOMA地区，机组是利用当地的褐煤发电，业主方为HiDRO－GEN ENERJiiTHALAT iHRACAT DAiITIM VE TiCARET A. Ş. 公司。由湖南火电建设公司总承包，计划2017年3月完工。

14. 黎巴嫩

黎巴嫩共和国位于亚洲西南部地中海东岸，东部和北部与叙利亚接壤，南部与以色列（边界未划定）为邻，西濒地中海，战略地位重要。由于连年战乱，外国对黎巴嫩的投资较少，中国中港公司曾于2004年以2588万美元的标价中标的黎波里港扩建二期工程，但受战乱影响一度停工，2013年正式完工。

15. 蒙古国

蒙古国地处亚洲中部，是世界第2大内陆国，位于中国与俄罗斯两大邻国之间，北与俄罗斯，东、西、南三面与中国接壤，中蒙边境线长4710千米。蒙古国地域总面积156.65万平方千米，居世界第17位。人口294.6万，人口密度1.88人/平方千米，是世界上人口密度最小的国家之一。

中国是蒙古国最大的投资国。据蒙古国外国投资局统计，1990—2012年，在蒙古国共登记来自世界110个国家和地区的直接投资98.26亿美元，设立外资企业11642家。其中，中资企业5737家，直接投资额34.84亿美元。但蒙古国政策多变，受俄罗斯的干扰较大。

一是额根河水电站项目。2014年中国国家主席访问蒙古国期间，双方达成共识，中方向蒙方提供10亿美元的优先贷款，从2016年开始，蒙古国把资金用在额根河水电站的建设上。额根河水电站项目合同金额为9831.63万美元，包括进场道路和输变电，建设工期为13个月，2015年11月中国葛洲坝集团公司启动了工程项目，但俄罗斯与蒙古国2016年6月围绕蒙古国境内水电站开发问题举行的特别会晤期间，双方已经达成协议，中国与蒙古国合作建设的水电项目立即冻结，并在所有评估完成、经世界遗产中心做出决议之前，不再推进任何项目的实施。

二是乌兰巴托—呼席格宏迪新国际机场公路项目。2015年9月25日中国中铁四局中标乌兰巴托—呼席格宏迪新国际机场项目，该项目位于蒙古国中央省格楞县境内的呼席格宏迪，距首都乌兰巴托约50千米。该公路为蒙古国第一条高等级公路，线路起点为雅尔马格收费站，终点为呼席格宏迪国际机场相接处。设计为双向6车道高等级公路，速度为最低80千米/小时。工程施工内容主要包括路基土石方、沥青混凝土路面、桥涵、边坡防护、排水、标志标线、通信、护栏、绿化、收费站等分部分项工程。

三是陶松青格勒—乌力亚斯台方向114千米道路项目。该项目位于蒙古国扎布汗省境内，路线起点位于陶松青格勒，终点位于乌力亚斯台，该标段路线全长114千米，公路等级为三级公路，涵洞84道，路面宽度7米。合同金额0.2亿美元，由北新路桥公司总承包。

四是蒙古国的乌兰铅锌矿掘进、采供矿工程项目。蒙古国乌兰铅锌矿位于蒙古国东方省达西巴拉巴尔县境内，距首都乌兰巴托市790千米，距中国呼伦贝尔盟新巴尔虎右旗口岸190千米，矿区占地15万平方米，含有铅、锌、银等资源，设计采选生产能力3000吨/天。2016年6月1日，铜陵有色铜冠矿山建设公司成功中标

五是中联蒙古国蒙欣巴音嘎拉水泥生产线工程。一期工程已于2015年5月20日投产，由中国建材国际工程集团总承包、北京凯盛负责设计和设备成套，一期工程年产100万吨水泥，是中国建材集团投资的首条海外水泥生产线，也是目前蒙古国水泥产能最大的生产线。目前二期工程已任务过半。

六是南戈壁资源有限公司。南戈壁资源有限公司的2大股东为央企中国信达资产管理公司和中国投资有限责任公司，共持有公司48%的股权。该公司是蒙古国最大的企业之一，其所拥有及经营的敖包特陶勒盖露天煤矿为蒙古国三大煤矿之一，拥有超过6亿吨煤炭资源。公司在蒙古国敖包特陶勒盖露天煤矿开采焦煤和动力煤，同时推进坑口电厂项目和乌兰巴托市的市区重建房地产项目，远景将成为蒙古国综合资源、地产和金融企业。

（五）中东欧与俄罗斯板块

"一带一路"沿线中东欧地区及独联体共有20个国家。中东欧国家包括：阿尔巴尼亚、波斯尼亚和黑塞哥维那、保加利亚、克罗地亚、捷克、爱沙尼亚、匈牙利、拉脱维亚、立陶宛、马其顿、黑山、罗马尼亚、波兰、塞尔维亚、斯洛伐克、斯洛文尼亚。其中，波兰、斯洛文尼亚、克罗地亚、罗马尼亚、保加利亚、黑山、波黑、阿尔巴尼亚、爱沙

尼亚、立陶宛、拉脱维亚为临海国，捷克、斯洛伐克、匈牙利、塞尔维亚、马其顿为内陆国。除塞尔维亚、黑山、马其顿、波黑、阿尔巴尼亚外，其余 11 国为欧盟（EU）成员。斯洛文尼亚、斯洛伐克、爱沙尼亚、拉脱维亚已经加入欧元区。2014 年，中东欧 16 国国内生产总值（GDP）为 15492.9 亿美元，占全世界总量的 2.0%；人口 12003.4 万，占世界总人口的 1.7%；人均 GDP 为 12907 美元。独联体国家包括俄罗斯、白俄罗斯、乌克兰、摩尔多瓦。

中国与中东欧 16 国总理会晤机制成立于 2012 年，每年举办一次，第一次会议在波兰华沙举行。2013 年在罗马尼亚的布加勒斯特举行。2014 年 12 月，国务院总理李克强出席在塞尔维亚的贝尔格莱德举办的第三次领导人会晤。2014 年双方进出口总额首次突破 600 亿美元大关，中方从中东欧国家的进口快速增长，增幅达 38.9%。2003 年至今，中国对中东欧国家的投资从不足 1 亿美元增至 50 亿美元，中东欧国家对我国的投资由 4.2 亿美元增至 12 亿美元。金融合作方面，中方设立了 100 亿美元的专项贷款，涉及科技、教育、能源、基础设施建设和金融领域。

1. 爱沙尼亚

爱沙尼亚地处欧洲东北部，位于波罗的海东岸，东与俄罗斯接壤。2004 年加入欧盟，2011 年加入欧元区。1991 年，爱沙尼亚和中国建立外交关系，20 多年来两国经贸关系稳步发展。中国主要向爱沙尼亚出口机电、高技术产品、农产品及机械设备，从爱沙尼亚进口钢材、电子产品等。

（1）产业合作

能源合作可成为中爱合作的重点关注领域。爱沙尼亚和中国均是世界上页岩气储备最多的国家之一。爱沙尼亚知名国营企业 Estonian Energy 拥有世界上最先进的页岩气能源开采和开发技术。中国未来也将把开发页岩气等清洁能源列为国家重要发展目标，在这方面，双方合作空间巨大，可以开展有关合作的可行性研究。

（2）人文合作

爱沙尼亚有着丰富的文化遗产、独特的北欧风格、与大自然形成的和谐关系、相对优质的教育体系和教育资源，这些将会对中国学生、研究者、游客等产生巨大的吸引力。

2. 阿尔巴尼亚

阿尔巴尼亚是中国在中东欧地区的传统合作伙伴。自1983年两国恢复贸易关系以来，两国经贸合作持续发展。目前，我国在阿注册成立并开展经营活动的中资公司有30多家，其中大型企业主要有华为公司、中兴公司、中建材有限公司等。

阿尔巴尼亚基础设施发展比较落后，国家财政资金紧张，吸引外资发展铁路、海运、电力等基础设施建设的需求强烈。

（1）公路（主要的运输方式，建设较为落后）

阿尔巴尼亚以公路运输为主，根据世界经济论坛《2013—2014年全球竞争力报告》，阿尔巴尼亚地面交通基础设施在全球148个排名国家中列第99位。目前阿尔巴尼亚有98家客运公司，共614辆车，23332个座位，在275条线路上运行，其中76条线路进出首都地拉那。

（2）铁路（铁路设施落后）

截至2013年底，阿尔巴尼亚铁路线总长为447千米。实际运营铁路线总长为399千米。目前阿尔巴尼亚铁路运输只占运输市场的3%。阿尔巴尼亚国家统计局数据显示，2013年阿尔巴尼亚铁路货运量15.1万吨，客运量32.9万人次。近年来，阿尔巴尼亚政府一直希望吸引外资帮助其重建铁路交通系统，欧洲复兴开发银行已应阿政府请求，帮助其制定铁路发展规划。

（3）空运（航空业较为落后）

阿尔巴尼亚共有机场11个，其中铺设跑道的3个，未铺设跑道的8个。

3. 白俄罗斯

白俄罗斯地理位置优越，工农业基础较好，西近欧盟市场，东邻俄罗斯，交通便利，货物运输成本低。白俄罗斯是中国企业进入欧洲、独联体市场的重要平台。2013 年中国企业对白投资约 3.4 亿美元，承包工程营业额约 16.2 亿美元。2013 年，中国在明斯克机场附近兴建中白合作工业园区，这是白俄罗斯招商引资的最大项目，也是中国实施“一带一路”的重要节点项目。中国将白俄罗斯作为“一带一路”的重要支点国家，中方的“一带一路”获得了白俄罗斯政府和民间的广泛支持。

（1）产业合作

中白工业园项目占地总面积 91.5 平方千米，位于白俄罗斯首都明斯克以东 25 千米处，紧邻明斯克国际机场，由莫斯科通往柏林的洲际公路从园区穿过，从中国始发的“渝新欧”“汉新欧”及蓉欧快铁等多条铁路货运通道均从园区经过，可实现无缝对接。中白工业园是“一带一路”的重要节点，区位优势明显，中白工业园是务实合作的升级版，是丝绸之路经济带上的标志性项目。

目前，中白工业园已确立了机械制造、电子信息、生物医药、精细化工、新材料、仓储物流为主导产业，有利于与白俄罗斯当地优势产业结合。全面建成后将吸引超过 200 家高科技企业入驻，累计创造 10 万个以上就业岗位。目前，园区已经吸引招商局集团、中国一拖、华为、中兴、中联重科、成都新筑、白俄罗斯的纳米果胶等公司入驻，有 21 家企业签署了意向入园协议。中白工业园未来将打通立陶宛克莱佩达港出海口，为企业打造跨境免税通道，使产品可以迅速销往欧盟，市场潜力巨大。

（2）合作发展规划

中国商务部国际贸易谈判代表兼副部长钟山与白俄罗斯经济部长斯诺普科夫 2014 年 12 月 22 日在北京签署《中国商务部和白俄罗斯经济

部关于共建"丝绸之路经济带"合作议定书》。双方将在两国政府间合作委员会经贸分委会框架内，共同推进"丝绸之路经济带"建设，全面提升贸易、投资、经济技术、工业园区合作和基础设施互联互通水平。中白共建丝绸之路经济带的合作将为两国经贸关系注入新活力，双方将通过中国—白俄罗斯工业园平台启动一批机械制造、通信信息和基础设施大项目，开展物流和运输合作，力争把中白工业园打造成丝绸之路经济带上的典范项目。

4. 波兰

波兰是首个与中国贸易额突破100亿美元的中东欧国家，2005年以来始终是中国在中东欧最大的贸易伙伴，也是中国在中东欧地区最大的农产品贸易伙伴。近年来，中波双边经贸合作不断增强，两国企业开展投资合作积极踊跃。据商务部统计，截至2016年3月底，波兰在华投资项目303个，实际投资额2.1亿美元；中国在波累计直接投资3.54亿美元，涉及生物医药、新能源、机械电子制造、商贸服务、房地产等多个领域。

（1）产业合作

①能源方面。中国—中东欧投资基金在波兰已投资4个风电场项目，共为波兰减少约166万吨二氧化碳排放。仅就基金投资的Polenergia公司而言，该公司计划在2020年前完成120万千瓦海上风电场项目，将占2020年波兰新能源发电总量的约1.5%，有助于波兰达到欧盟要求的绿色能源发电比例。

②在线测试（ICT）行业。华为波兰公司与本地主流运营商合作，提供全球领先的ICT产品和解决方案；与政府部门共同举办多场技术交流活动；积极参与波兰国家宽带论坛，与行业交流经验；支持ICT教育，与华沙理工大学、国防技术大学等10所理工类高校合作，开展未来种子项目，为波兰ICT行业培养人才。

（2）基础设施

中水电承建的弗洛茨瓦夫防洪项目完工在即，不仅为当地提供了安全可靠的防洪设施，更有助于提高通航能力，保护水生动植物资源，发展旅游和休闲场所。

5. 保加利亚

中保农业合作具有很强的互补性，可以在许多项目上开展合作。保加利亚玫瑰产品、酸奶、葡萄酒和其他优质产品在中国市场日益受到消费者的青睐。保加利亚从中国进口的主要商品为机电产品、家具玩具等。统计分析显示，在保对华出口的农产品中，葡萄酒、玫瑰油、奶制品、蜂蜜、饲料、油料作物和肉类呈现稳步增长态势。保方希望以中国“一带一路”为契机，在以上农产品进入中国市场方面，与中国企业广泛合作，进一步扩大在中国市场的份额。与此同时，在小型多功能拖拉机和其他农业机械生产、玉米和苜蓿种植、肉类、水果和蔬菜加工、含油玫瑰、香料植物、药用植物的栽培和产品加工、化妆品生产等领域，中国可对保加利亚进行更多的投资。

6. 俄罗斯

中俄互为最大的邻国，资源和产业结构互补性强，开展经贸合作领域众多、前景广阔。我国是俄罗斯第 1 大贸易国，俄罗斯是我国第 9 大贸易国。2014 年，双边经贸额 952. 8 亿美元，同比增长 6. 8%。2014 年我国对俄非金融类直接投资 12 亿美元，俄对华实际直接投资 5000 万美元。中俄双边贸易额的中期目标是在 2015 年达到 1000 亿美元，2020 年达到 2000 亿美元。中国对俄的出口产品主要是机械、电子、鞋类、纺织服装、皮革、家具、汽车等产品，俄向中国出口的产品主要是原油、成品油、铁矿砂及其精矿、原木和煤炭、木材和化工产品等。随着“一带一路”构想的逐步实施，中国开始加大力度推进中国企业“走出去”。中国逐步参与到俄罗斯远东经济区的开发中，未来中俄两国将互为最重要的战略合作伙伴。

基础设施：中俄加快跨境基础设施建设合作。2014 年，以“渝新欧”为代表的途经俄罗斯联通中国与欧洲的货运集装箱班列已通车数百列。中国参与建设的莫斯科至喀山高铁项目逐步落实，并最终延长至北京，构建7000千米的欧亚高速运输走廊。贯通中国西部和西欧的"双西公路"跨越哈萨克斯坦和俄罗斯，将于2017年投入使用。在中国东北和俄罗斯远东地区，中俄积极推动桥梁、港口、索道等项目建设，并开展智能电网合作。

合作发展规划：中、蒙、俄签署《建设中蒙俄经济走廊规划纲要》，指出应推进交通基础设施互联互通、口岸建设、产能、投资、经贸、人文、生态环保等领域合作，协力实施重点项目，推动中蒙俄经济走廊建设尽快取得阶段性成果。三方要积极探讨开展三国跨境经济合作区建设，加强产业对接，推进三国毗邻地区次区域合作，带动三国毗邻地区共同发展。三方要扩大在上海合作组织框架内合作，共同落实《上海合作组织至2025年发展战略》关于"开放和伙伴关系政策"等合作事项，深化过境运输、粮食安全、防灾减灾、能源等重点领域的合作。

产业合作项目："中俄丝路创新园"是两国政府战略层面的合作项目之一。2014年10月13日，陕西省政府与俄罗斯直接投资基金、中俄投资基金、俄罗斯斯科尔科沃创新中心代表共同签署了《关于合作开发建设中俄丝绸之路高科技产业园的合作备忘录》，中俄丝绸之路创新园项目正式落户西咸新区沣东新城。

创新园分别位于中国陕西的西咸新区沣东新城科技统筹示范基地和俄罗斯的斯科尔斯沃创新中心，由两国联合组建的中俄合作投资委员会进行统一管理与协调。创新园主要引入高新技术产业，如中俄在航空领域、汽车领域及钻石加工领域的合作项目。目前中国的北斗集团有限公司和中兴通信股份有限公司已报名入驻。通过创新园这个平台，可将中俄两国的科研成果转化为产品，使两国的科研单位和企业在园区内进行科技创新和科技合作。据中俄相关方面专家预测，借助创新园的推动之力，到2020年中国陕西和俄罗斯的贸易额可望达到200亿美元。

能源合作。相关协议：俄罗斯天然气工业股份公司与中国石油天然气集团公司签署了备忘录，双方将建造一条通往中国的天然气管道，每年向中国出售300亿立方米的天然气。三峡集团和俄罗斯水电公司计划成立合资公司开发俄罗斯下布列亚水电项目。

主要内容：巩固中俄全面能源合作伙伴关系。进一步深化石油领域全面合作，按计划推进中俄东线天然气管道建设，确保按时建成投产。积极推进并争取尽快完成中俄西线天然气项目谈判，加强燃料—能源资源勘探开发等合作，务实推进煤炭、电力、可再生能源等领域合作项目，推动能源装备研发生产的技术交流与生产合作，加强在和平利用核能领域的战略合作。

航空航天。相关协议：俄罗斯直升机公司和中国航空工业集团公司签署了重型直升机项目合作框架协议。中、俄两国政府签署了《中国北斗和俄罗斯格洛纳斯系统兼容与互操作联合声明》。该联合声明是北斗系统与全球其他卫星导航系统签署的首个系统间兼容与互操作政府文件，是北斗系统国际化发展的重要标志。

主要内容：在落实《2013—2017年中俄航天合作大纲》方面密切合作，特别是火箭发动机、电子元器件、卫星导航、对地观测、月球研究和开发及深空探测等优先方向，推进远程宽体客机、重型直升机等民用航空制造领域重点项目合作。

7. 捷克

捷克位于欧洲中部，首都布拉格属于欧洲的心脏地带。2004年5月捷克加入欧盟，2005年被世界银行列入发达国家行列。捷克是中东欧地区吸引外资最成功的国家之一。捷克地理位置优越，教育水平高，科技大学较多，拥有训练有素的技术工人，加上良好的基础设施，使捷克在综合成本上具有竞争力。捷克的生活质量在中东欧地区名列前茅，加上利率较低，对外资很有吸引力。中国是捷克第4大贸易伙伴，中国主要出口机电产品、贱金属及制品，进口机电产品、运输设备、光学医疗设备。

合作协议：2016 年 3 月 29 日，中国商务部部长高虎城与捷克工业和贸易部部长姆拉代克在捷克首都布拉格共同签署《中华人民共和国商务部和捷克共和国工业和贸易部与关于工业园区合作的谅解备忘录》（以下简称《备忘录》）。根据《备忘录》，双方将就相关法律法规、政策措施和经验做法的信息进行交流，并鼓励两国有意愿的企业在捷克工业园区内开展经营。工业园区的合作重点包括汽车、机械、化工和制药等领域。《备忘录》的签署是为了推进“一带一路”倡议与捷克经济发展战略对接，提升两国在工业园区领域的合作水平。

金融合作：中国与捷克在金融领域已达成多项成果。其中，中国银监会与捷克央行签署《跨境危机管理合作协议》，中国银行业协会与捷克银行业协会签署谅解备忘录，中国银行和 PPF 集团签署合作协议。

8. *罗马尼亚*

2015 年，中国与罗马尼亚双边贸易额近 45 亿美元，超过俄罗斯成为罗马尼亚第 11 大贸易伙伴国和欧盟外第一大贸易伙伴。罗马尼亚通过其康斯坦察港，可以成为亚洲和中东地区货物进入中东欧市场的大门。

2015 年 11 月，中广核与罗马尼亚相关部门签下总投资约 72 亿欧元的核电项目框架协议，标志着中国核电技术服务成功进入欧盟。切尔纳沃德核电站于 20 世纪 80 年代一次规划 5 台机组，采用加拿大技术，其中 1、2 号机组已先后于 1996 年和 2007 年投产；已完成部分土建工程的 3、4 号机组以 2 号机组为参考电站，单台机组装机容量不低于 720MWe，单台机组预计建设工期 88 个月，项目总投资约 72 亿欧元。

2015 年 9 月，罗政府宣布建立罗维纳里火电站，该电站为纯粹的绿地投资项目，将由华电工程公司参股项目公司合资建设，华电工程公司需要以现金投入项目作为启动资金，至少要占到项目投资额所要求的项目公司注册资本的 30%，并要承担之后的融资义务；而奥尔特尼亚能源公司则将以实物（土地和建筑设施）出资。

9. 拉脱维亚

拉脱维亚属东北欧中小经济体，但地理位置独特，是连接俄罗斯与西欧、北欧的主要过境运输通道，在东欧运输体系中占有重要地位。特殊的地理区位优势、稳定的经济环境、较强的合作意愿，使拉脱维亚成为与我国合作共建“丝绸之路经济带”，实现与东欧地区基础设施和交通物流互联互通、扩大双向市场的有利合作伙伴。

2015 年 5 月，拉脱维亚交通部代表团曾访华洽谈丝绸之路经济带具体合作，拉方交通过境政策官员、德铁信可公司、拉铁物流公司、Stene 轮渡公司和里加通用码头公司等主要交通物流企业与我国多地企业进行会谈交流。拉脱维亚交通部正致力于实现货运的多样性，整合地区供应链，升级货物附加值，提高国有资产利用率，增强拉交通物流行业对外资的吸引力。拉基于优越的地理位置可以在新丝绸之路建设中发挥其独特的重要作用。

10. 立陶宛

立陶宛是连接中国与欧洲国家的重要通道，在东西方文化交流中发挥着重要作用，中、立两国在产业上有很强的互补性。中国与立陶宛的经贸合作以贸易为主，规模不大，“一带一路”建设中两国有较大的合作空间。中国对立投资的主要特点大致为，以个体经营的小规模项目为主，主要集中在餐饮业、地产开发以及批发零售产业三大领域。

11. 斯洛伐克

目前我国对斯洛伐克出口的商品 80% 为电子、机械类产品，还包括无线电话、录放机、广播接收设备、数据处理设备、镁及其制品等。主要进口的商品 90% 为汽车，主要车型为大众途锐、保时捷卡宴和奥迪 Q7 等 SUV 汽车，除此之外还有钢材、电动机和发电机、轮胎生产设备等。汽车工业在斯洛伐克的经济中占有极其重要的地位，汽车产量一直处于世界前列，大众汽车、起亚和标致雪铁龙都选择了在斯洛伐克投资。电子工业作为斯洛伐克经济产业的重要支柱，三星、索尼等公司都相继在斯洛伐克成立分公司，电子产品的产量和质量都得到了很大的提升。冶金和机械制造业在斯洛伐克的历史很悠久，美国最大的钢铁垄断公司美国钢铁公司也在斯洛伐克建厂，建筑、林业、轴承等众多工业产品在国际市场上享有盛誉。在应对经济危机时斯洛伐克努力改进出口商品的结构，大力发展高附加值产品、IT 相关技术和产品，加大基础设施投资，增修多条高速公路，刺激了经济的发展和就业。能源方面，斯洛伐克非金属矿产量丰富，同时斯洛伐克最大的电力供应商“斯洛伐克电力集团”于 2014 年开始出售其 66% 的股权，有较大的发展潜力。除此之外，由于在中东欧国家中，斯洛伐克是为数不多的加入欧元区的国家，所以金融市场也比较稳定，银行业发展前景良好。因此，除了汽车、电子和冶金机械这些传统支柱产业，高科技产业、基础建设、能源建设和银行业领域也都有较大的投资空间。

12. 塞尔维亚

塞尔维亚是巴尔干地区唯一和中国签署了战略合作伙伴协议的国家。塞尔维亚的能源、交通基础设施建设、信息技术、矿业、汽车工业和机床工业、农业等领域，无论是对于投资，还是寻找战略伙伴，都存在着巨大的投资空间。

基础设施：①泽蒙·博尔察跨多瑙河大桥（现塞方已正式更名为普平大桥）及附属连接线项目。该项目包括 1500 米主桥及 21 千米附属连接线，主桥为预应力钢筋混凝土连续梁公路桥，主跨 172 米，主跨长度在世界同类桥梁中排名第 3。该项目由中国路桥工程有限责任公司承建。2010 年 4 月 15 日，路桥公司与塞方签署项目商务合同，合同金额约 2.6 亿美元，塞方提供 15% 的预付款，其余部分利用中方优惠出口买方信贷，塞方提供主权担保，是塞方首个利用中方优买贷款建设的项目。

②科斯托拉茨电站项目。项目由中国机械设备工程股份有限公司

(CMEC) 承建，总合同于2010 年7 月22 日签署，分2 期执行，总金额约10.6 亿美元，塞业主自筹15%，其余85%拟向中国进出口银行申请优买信贷，塞政府提供主权担保。其中一期项目金额约3.44 亿美元，中方提供3 亿美元优买贷款；二期项目金额约7.16 亿美元。

③E763 号高速公路项目。该项目由山东高速集团所属对外经济技术合作集团有限公司承建，是中东欧政策实施以来第一个正式签约的高速公路项目。山东高速于2013 年5 月10 日与塞建设和城市规划部及走廊公司正式签署合同。项目由泛欧11 号走廊的Obrenovac 至Ub 段和Lajkovac 至Ljig 段组成，全长50.8 千米，工期34 个月，总金额3.3 亿美元，由塞政府提供主权担保，中国进出口银行提供优惠出口买方信贷。预付款到位后，部分项目已于2014 年6 月30 日正式开工，目前项目进展基本顺利。

13. 乌克兰

乌克兰地处欧亚大陆的咽喉，拥有丰富的自然资源、雄厚的工农业生产基础与高科技发展潜力。同时，中乌友好由来已久，合作基础扎实，中国已连续3 年成为乌克兰第2 大贸易伙伴。乌克兰政府是首先支持中国建设丝绸之路经济带的国家，乌克兰准备大范围加强与中国在丝绸之路经济带建设方面的合作，包括经贸、投资、人文、旅游、文化、科学、教育以及医疗。

14. 摩尔多瓦

摩尔多瓦独立后，经济形势一直不景气。以农业为主，葡萄酒业等食品加工业是其特色。尽管农业资源丰富，但工业技术落后，产业结构单一，基础设施不完善，国内就业压力大，急需投资以发展本国经济、扩大就业、改善民生。目前，中国与摩尔多瓦经济发展势头总体良好，但是经济合作质与量上都属于小规模。

2014 年12 月4 日，中国—摩尔多瓦政府间经贸合作委员会第7 次会议在北京举行。商务部国际贸易谈判代表兼副部长钟山与摩尔多瓦经济部副部长、委员会摩方主席卡尔梅克签署了《中华人民共和国政府和摩尔多瓦共和国政府经济技术合作协定》《关于在中摩政府间经贸合作委员会框架内加强共建“丝绸之路经济带”合作的备忘录》。摩尔多瓦成为欧亚地区首个与中国签署共建“丝绸之路经济带”合作文件的国家。2014 年 12 月，摩尔多瓦铁路总公司与中国航空技术国际控股有限公司（以下简称“中航国际”）签署了关于参与摩铁路基础设施建设等项目的合作文件，对首都跑道进行改建并完善排水、照明等附属设施。

15. 马其顿

马其顿是中东欧和中国“16 + 1”合作进程中第一个向中国提出具体合作方案的国家，双方在交通基建领域有深入合作。马其顿是第一个从中国专项贷款中受益的国家，作为首批使用中国优惠买方信贷的中东欧国家，由中国水电总公司承建的米拉蒂诺维奇—什蒂普和基切沃—奥赫里德 2 条高速公路项目已在马其顿顺利展开。马其顿将继续加强与中国在基础设施方面的合作，希望有更多的中国企业到马其顿投资。

（1）2013 年 11 月 12 日，中国水电与马其顿国家公路公司在马其顿总理府正式签署了欧洲八号走廊基塞沃—奥赫里德标段、东西走廊米拉蒂诺维奇—斯蒂普标段的总承包合同。此次，中国水电签约项目是中国—中东欧双边互利互惠合作框架下的第 1 个大型基建项目，也是迄今为止马其顿共和国对外授标的最大单项合同。其中，东西走廊米拉蒂诺维奇至斯蒂普高速公路（简称 MS 高速公路）是新建一条由首都斯科普里往东南方向延伸的高速公路，设计总长度 49 千米，工期 36 个月。

（2）2015 年 12 月，李克强总理在贝尔格莱德出席中国和中东欧领导人峰会期间和塞尔维亚、马其顿及匈牙利领导人签订了一项高铁协议。中国将提供融资和技术修建南起希腊比雷埃夫斯港、途经马其顿首都斯科普里和塞尔维亚首都贝尔格莱德、北至匈牙利首都布达佩斯的高速铁路。这条铁路将辐射 3200 万人口，建成后将大大促进中国和欧洲大陆的贸易往来。这是“一带一路”重要组成部分“中欧陆海快线”的标志性工程。

16. 匈牙利

我国是匈牙利第4大和欧洲以外第1大贸易伙伴，匈牙利是我国在中东欧地区第3大贸易伙伴和第2大进口来源地。中国在匈牙利主要投资领域为化工、再生能源、信息技术、电子、电信等行业。匈牙利有地理位置和投资硬件优势、欧洲地区较为优待的税收系统和高技能高素质的劳动力，为中国公司到匈牙利开展业务创造了有利条件。

2015年6月6日，中国外交部部长王毅在布达佩斯同匈牙利外交与对外经济部部长西亚尔托签署了《中华人民共和国政府和匈牙利政府关于共同推进丝绸之路经济带和21世纪海上丝绸之路建设的谅解备忘录》。这是中国同欧洲国家签署的第一个此类合作文件。匈牙利是第1个同中国签署此类合作文件的欧洲国家，在共建“一带一路”方面发挥了引领和先行作用。匈牙利国家战略对接是未来中匈合作的亮点。匈牙利有个著名的“塞切尼国家发展计划”，希望通过吸引投资和加大出口来带动经济发展，而中国目前与中东欧的务实合作正是以投资和经贸为手段，两者可以实现有机对接。

三、分类别推进的重大工程进展分析与专项规划

（一）推进基础设施重大工程互联互通项目

1. “一带一路”的基础设施建营一体化

为落实《国务院关于推进国际产能和装备制造合作的指导意见》，“一带一路”启动了引导企业开展售后运营维护管理，探索投资、建设和运营相结合的建营一体化合作方式，推进产融结合，使产能和装备制造合作向高附加值领域拓展。“基础设施建营一体化”包含两重含义：第一，中国企业参与国际基础设施合作不仅要承担施工总承包和EPC

总承包，而且要加大对基础设施项目早期介入、前期规划、设计咨询、系统集成、运营维护、技术服务、检测维修、租赁经营等业务的开拓，实现业务链的前伸后延和价值链地位的升级。这种以 EPC 总承包为基础的产业链延伸，套用“互联网 +”的概念可被统称为“EPC +”，包括 EPC + F（融资）、EPC + O（运营）、EPC + M（维护）、EPC + TS（技术服务）、EPC + O&M（运营和维护）等。第二，中国企业要在法律体系完善、政治和社会环境稳定、经济前景良好的国家，开展基础设施投资和长期融资，以 BOT、BOO、BOOT、PPP/PFI 等方式，全流程参与基础设施项目的开发、运营和管理，以投资拉动和技术引领实现“企业转型”（转变身份，从乙方向甲方转变）。“基础设施建营一体化”，重点是加大生产性服务的投入，将以工程建设为主体的对外工程承包业务链前伸后延，这无疑会提升中国企业在国际基础设施产业的竞争力。近年来，顺应国际建筑业产业重组的新趋势，中国企业积极开展基础设施领域的对外投资、并购和技术合作，延长产业链，提升价值链，加快了发展方式的转变。除了继续推动 BOT、技术服务和工程项目维修护养等高端业务外，还在轨道交通、电力等重大产业领域进行了经营模式创新的积极探索。随着国际市场环境的变化和中国产业发展水平的提升，在中国与世界经济体系的互动关系变化之中，推进“建营一体化”，实现基础设施建设价值链跃升不仅具有必要性，而且具有可行性。

2. “一带一路”基础设施建营一体化的需求

2008 年金融危机以来，由于西方国家债务危机、发展中国家经济下行和获得的国际援助减少，使得许多国家的财政赤字扩大。面对迅速增加的基础设施的需求、维护成本上涨、预算紧缩，各国政府不得不转向私营部门寻求新的资金来源，因此世界范围内由各国财政出资或国际金融机构出资的基础设施项目显著减少，同时越来越多的基础设施开支来自于私营投资者、投资银行和私募基金，超过 100 个国家运用了某种基础设施开发的私营参与模式。总结起来，国际基础设施建设市场建营一体化需求包括项目策划、评估、决策、设计、施工、竣工验收、投入生产或交付使用、运营、维护等整个流程。按开发建设和运营管理流程的主要阶段划分，包括以下几个方面：

第一，前期策划需求。即投资人/业主对基础设施建设的前期咨询需求，包括基础设施项目的市场定位策划、开发策略策划、开发计划策划、规划设计方案策划、营销方案策划等。具体业务主要包括编报项目建议书和可行性研究报告2项工作内容。在许多国家，受发展阶段和开发建设能力的限制，对于政府投资的工程项目而言，策划成为最基础性的需求。而对于私人投资者、投资银行或基金开发的项目而言，编报项目建议书的主要作用是推荐建设项目，以便他们能够在一个特定的区域和行业选择有需求、有利可图的投资建设项目。随着互联网技术的广泛使用，一些咨询公司开始以在线服务的方式与业主建立业务联系，或出具概念式的策划方案吸引投资人。

第二，勘察设计需求。即投资人/业主对基础设施建设项目的技术咨询和设计需求，包括勘察和设计两个部分。通常勘察业务包括初勘和详勘，勘察数据为工程设计提供科学真实的依据。工程设计包括初步设计和施工图设计。对于一些大型基础设施项目，投资人可能会根据行业特点和需要，要求增加技术设计。随着可持续发展的理念逐步深入人心，绿色设计（节能、环保、生态、可持续）成为设计市场需求的新方向。在一些发展中国家，城市发展的总体规划、区域开发（如工业园区、经济走廊等）的控制性详规编制，也属于勘察设计服务的一部分。近年来，对城市发展中具有方向性、战略性的重大问题进行专门研究，介于发展规划和建设规划之间的概念性规划业务悄然兴起，成为一个新的咨询服务门类。

第三，投资和融资需求。即业主在基础设施建设资金不足的情况下，需要外部融资或以某种方式共同投资。近年来比较盛行的方式主要有 BOT（建设—运营—转让）和 PPP（公私伙伴关系）。从严格意义上讲，广义的 PPP（即 Public Private Partnership 的缩写，是指政府与私人组织之间为了提供某种公共物品和服务，以特许权协议为基础，彼此之间形成的一种伙伴式的合作关系）包括 BOT 和 PFI（Private Finance Initiative，私人融资活动）2 种方式，而狭义的 PPP 则专指 PFI。目前业界通常以 PPP 代表 PFI。BOT 和 PFI 之间的区别在于项目建成后的收入来源。BOT 的收入来源是消费者的直接消费支出，如公路和桥梁的过路费或过桥费、电费、水费等；PFI 的收费一般由政府支付，如监狱、学校、医院等公用设施的运营管理费一般由财政支付。目前，支持 PFI 模式的法律体系和商务环境最成熟的国家为英国和澳大利亚，但对 PPP 有需求的国家却广为存在，包括中国近年来也在推广公共基础设施的 PPP 模式。

第四，技术和装备需求。即某些国家本国不具备拟议中的基础设施建设所需的技术和装备，需要国际供应商提供。近年来，技术和装备需求越来越多地和工程设计乃至前期规划结合在一起，这使得本来就控制了技术标准体系和国际市场渠道的西方企业，占据了非常明显的优势。

第五，建设能力需求。即中国公司最擅长的施工总承包或 EPC 总承包业务。尽管这些业务依然是基础设施建设市场最重要的业务，但近年来由于国际建筑市场资金和业主来源变化，建设模式创新，导致传统的 EPC 总承包和施工总承包业务受到影响，加之美国和日本等国内建筑市场对总承包商、分包商业务有明确的界限（不得跨界），发展中国家本土承包商快速成长，使得固守这块业务的传统承保企业不仅长期居于价值链的低端，而且面临着越来越激烈的国际竞争，行业平均利润下行。

第六，管理运营需求。即业主由于自身管理能力和经验不足，产生的对相关基础设施建成后的专业运营技能的需要。这种需求市场基本在发展中国家。但近年来，一些发展中国家业主更加希望本土企业能够尽快摆脱对外国企业的依赖，往往要求外国有经验的企业向本土企业提供技术服务的需求，培训和指导本土工程技术人员进行运营和管理。

第七，检测维护需求。无论什么样的基础设施在交付使用后都会面临不同程度的检测维护需要，并且随着使用年份的增多对这种服务需求的频次就会不断增加。而在众多的服务提供者中基础设施的建设施工企业由于更加熟悉项目的整体结构和性能，竞争优势会更加明显。尤其是实行办公自动化以后，由于施工单位保留的工程项目档案完整无缺，在检测维护服务的竞标中胜出的机会更多。此外，原来的设备供应商还有机会继续供应零部件。在实践中，基础设施的建营一体化，要求服务供应商不仅要具有突出的单项服务供应能力（如施工、维护或其他），而且应具有较强的国际商务能力、系统集成能力，尤其是掌控好前期策划咨询业务这个“龙头”。2014 年，受全球经济低迷、政治风险增加的影响，全球最大 250 家承包商的国际业务同比下降了 4.1%，但同期全球最大 200 家设计公司的国际业务却只下降了 1.1 %，达到 708.5 亿美元，其中，美国、加拿大、欧洲和澳大利亚企业分别占有 31.7%、10%、34.7%、9.4%的市场份额。当发达国家企业控制了全球建筑市场 90% 的上游业务之后，必然确立起其在技术标准、装备供应、投资融资、运营管理等业务流程中的主动权。

3. 推进“一带一路”基础设施建营一体化的方向路径

中国建筑业充分发挥优势，以劳务分包、施工总承包和 EPC 总承包等低价值链业务为切入点，赢得了建筑服务出口大国的国际地位。中国企业拥有以下几方面的优势：一是资金优势，包括外汇储备 3.5 万亿美元、国家开发银行和进出口银行的政策性金融支持、商业金融和民间资本的投资；二是成本优势，中国企业在基础设施建设中的综合造价低于美、欧、日、韩企业；三是产业优势，中国的电力、铁路、港口、造船、通信、冶金、建材、轻工、家电等 221 种工业品的产销量世界第 1，中国制造业产值占全球制造业产值的 22%；四是速度效率优势，中国人勤劳加班，各工种配合默契，完成工期快于其他企业；五是管理经验优势，中国的发展阶段比刚刚进入工业化和城镇化的发展中国家领先一步，基础设施建设开发、管理维护的经验丰富。当前和今后一个时期，政府、企业、金融机构、中介组织应充分认识到国际基础设施产业重组展现的战略机遇，在“一带一路”互联互通中充分发挥综合优势，深化务实合作，以投资带动和技术引领推进建营一体化，占领产业链高端、技术标准的高端、道义的高端，实现互利共赢、共同发展。

（二）推进产业合作重大工程项目

1. 重点行业推进“一带一路”国际产能合作的现状

第一，目前的情况是终端消费品国际产能合作活跃度大于生产资料，轻型产品大于重化工业品。从 2014 年中国典型工业产品出口量占总产量比率来看，通信、家电等轻型产品，出口占产量比率大都在 30% 以上，出口市场在消化产能方面发挥着重要作用。但就钢材、轿车、铝、水泥等生产资料产品而言，出口占总产量的比率仍相对较低。

第二，利用对外投资合作推动国际产能合作增速相对强势。一方面，中国对外承包工程推动的产能合作增长态势较好。2015 年中国对外承包工程业务完成营业额 1148.4 亿美元，同比增长 6.4%，与承包工程项目相关的装备制造业、施工机械行业、建材工业自身“走出去”的力度在不断加大，步伐不断加快，对外承包工程带动的出口增速较货物出口整体增速更为强劲。另一方面，制造业对外直接投资波动中增长，并通过不同方式对产能合作产生影响。境外设厂投资，能实现境内产能在境外的有效利用和境内关联设备制造业产能利用率的提升。如果投资过程中使用了本国国内原来的二手设备，则意味着本国国内原来的闲置产能在境外得以利用。近年来，中国制造业对外投资净额总体在波动中增长，2014 年已达到 95.8 亿美元。

第三，中国钢铁行业对外投资合作更侧重于上游环节，真正意义上的产能合作尚处于起步阶段。中国钢铁企业“走出去”主要集中在越南、印度尼西亚、俄罗斯等22个国家，多数企业集中在上游开采环节，截至2014年底，上游环节对外直接投资累计约78.2亿美元，一批龙头企业已在海外铁矿石资源丰富地区建立了资源基地，如攀钢集团、华菱钢铁集团、包钢公司、中钢公司等在澳大利亚投资铁矿项目，武钢集团在加拿大开展铁矿开采，酒泉钢铁集团在南非投资铁矿项目，首钢总公司在秘鲁开展铁矿开采等；中游冶炼环节投资相对较少，对外直接投资累计约13.8亿美元，已有云南鑫河钢铁公司在老挝设立了冶炼厂、河北钢铁集团在南非建设500万吨钢铁厂、昆钢集团在越南投资设厂等项目；在下游深加工环节，天津大无缝钢管在美国设立了无缝钢管项目，武钢收购德国蒂森克虏伯的汽车拼焊板集团，马钢收购法国高铁零部件供应商瓦顿公司。此外，宝钢、武钢等企业还在澳大利亚等国设立了研发中心。整体来看，由于钢铁行业境外投资门槛较高、资金需求较大，企业“走出去”进行国际产能合作的能力仍较弱。以海外销售收入比重、海外资产比重和海外子公司比重3个指标衡量，中国钢铁企业国际化水平远低于卢森堡安赛乐米塔尔、印度塔塔钢铁等跨国公司。

第四，水泥等行业则利用出口、承包工程和对外投资“多条腿走路”方式推进国际产能合作。截至2015年底，中国水泥企业在境外投资设立的企业数量约100家，主要分布在东南亚、中亚、非洲等34个国家（地区）。老挝、越南、缅甸、蒙古国等亚洲国家基础设施建设需求旺盛，非洲国家埃塞俄比亚、莫桑比克、尼日利亚、坦桑尼亚、赞比亚、布基纳法索、南非等水泥消费量大，自身产能难以满足需求，中国企业对这些国家的投资力度较大。上峰水泥在吉尔吉斯斯坦克明区年产120万吨的ZETH项目2016年4月投产，年产100万吨冀东水泥南非曼巴EPC总包项目在2015年12月具备点火条件。总体来看，通过对外承包工程，有力地带动了中国水泥设备出口和水泥、水泥设备产能的全球合作，并且使得中国水泥制造技术不断迈上新台阶；水泥企业则通过海外投资、培育新的增长点，全面增强企业的国际竞争力，并通过水泥的加工制造零售获利。

第五，已初步摸索出中国产品和技术标准等融合式国际产能合作的路径。近年来，对于中资企业在非洲、南美洲、亚洲等的一些产能合作项目，部分发展中国家已接受、采纳中国技术标准。例如，印度尼西亚雅加达至万隆高速铁路项目是中国从技术标准和装备制造到勘察设计、工程施工和运营管理等全方位整体“走出去”的第一单项目，具有标杆意义；已开工的中老铁路、匈塞铁路也有力地带动了中国铁路标准和设备“走出去”。再如，南方电网在230千伏老挝北部电网建设中也直接应用自主技术与管理标准，国家电网巴西美丽山水电站项目使得特高压直流输电技术标准在拉美发挥影响力。

2. 实现高水平国际产能合作的路径

第一，加强规划，突出重点，推进重大项目合作。一方面，推动与有关国家已签署的共同行动计划、自贸协定、重点领域合作谅解备忘录等双边共识的尽快落实。在此基础上，研究制定通信、电力、轨道交通等基础设施，汽车生产制造，农业深加工等重点领域和产业的合作规划，发挥规划的统领作用，有序推进重点产业合作。另一方面，要研究建立国际产能合作重大项目库，向相关企业提供境外项目信息。根据目前中国在所在重点国别投资合作的情况，筛选和确定条件成熟、经济和社会效益好、对方关注度高的重点项目进行重点推动，集中两国优势予以促成，发挥重大项目在产能合作中带动装备、技术、服务出口和实现产能合作的引领和示范效应。

第二，将国际市场调节作用和国内产业企业素质提升结合起来。实际上，中资企业在创新贸易投资途径和模式、国际经贸行动等方面，已取得了一定成绩。目前不同产业国际市场消化国内产能效果存在差异，是由产业种类属性、内外企业竞争力、全球产能市场过剩程度等方面因素综合决定的，那些全球市场占有率低的产品，并不意味着企业、政府和行业协会在开拓国际市场上的工作力度不够。应充分认识国际产能合作可能面临的种种压力和挑战，国内相关工作，包括落后产能淘汰、企业规模重组、技术改造升级等等，都应该尽快行动起来。和国内工作互相配套，政府再从信息、财政、金融等方面，建设和加强政策杠杆，调动企业的积极性和创造力，充分发挥国际市场调节国内产能的作用。

第三，面向不同工业部门需要采取不同的具体策略。对那些国内企业竞争力明显不如发达国家，低端产能过剩严重，由此导致进口额大幅超过出口额的产品，如多晶硅、轿车等，应该将工作重心放在提升国内产业和企业素质上，政府则应该通过恰当的国际经贸政策谈判和交涉，为这些产业国内竞争力培育提供适当的保护。对那些全球市场占有率相对较高的消费品，如家电、电信设备、纺织服装等，应引导企业同时充分发掘国内中西部、国外发展中经济体的建厂机会，继续提升本企业品牌产品的全球市场占有率。对全球产能过剩相对严重，但本国出口市场占有率已达到较高水平的生产资料产业，如造船、钢铁、铝锭等，应充分调动企业的积极性，由企业自主审慎决策是否、在哪里投资建厂。有关部门和协会则尽可能提供相关信息，避免在同一国家同类项目投资扎堆的现象。

第四，加强对外承包工程在促进生产资料中间产品出口中的积极作用。当前开拓境外市场的重点仍应放在对外承包工程的重点领域上，诸如电路机车、工程机械、发电设备等以及配套产品产业等。进一步规范对外承包工程和大型成套设备出口项目竞争秩序，加大对装备和产能“走出去”重大项目的协调，充分发挥行业组织、驻外经商机构、境外中资企业商会的自律和监管作用，防止无序竞争，规范经营秩序。推进对外投资合作安全权益保护体系建设，加强境外安全管理与突发事件应急处置，保障企业和人员安全。

第五，发挥和强化现有企业和政府主导的国际经贸平台的作用。当前，由国内有关方面主导建设的境内外商品批发贸易中心、经贸合作区、经贸合作联盟，乃至各种境内外经贸展会、推介会等，都在提升中国商品的全球市场占有率，对推进国际产能合作方面都将发挥重要作用。政府和企业应该密切关注和监控各类国际经贸平台的工作动态和经贸促进效应，并采取切实可行的措施，扩充各类中介平台的种类和规模，引导这些平台有序、健康地发展。

第六，加强对钢铁企业推进国际产能合作的引导。一方面，引导国内钢铁企业到铁矿资源丰富的地区建设海外资源基地，鼓励国内钢铁企业到中西非、巴西、澳大利亚、蒙古国、哈萨克斯坦、秘鲁等铁矿资源丰富的国家和地区建设海外资源基地，扩大上游环节对外投资，同时适度发展中游的冶炼和下游的加工环节。另一方面，鼓励国内钢铁企业到钢铁需求量比较大的地区建立钢铁生产基地。根据市场需求导向，鼓励国内钢铁企业到钢铁需求量比较大的国家，主要包括印度尼西亚、马来西亚等东南亚国家和哈萨克斯坦、吉尔吉斯斯坦等独联体国家及沙特阿拉伯、阿拉伯联合酋长国等中东国家和部分非洲国家，通过投资设厂或并购重组建立钢铁生产基地，重点发展中游的钢铁冶炼和下游的深加工环节，并以对外承包工程为依托向工程建设等钢铁应用领域拓展。

第七，加强对水泥产业利用国际市场的方向和方式引导。基于水泥的合理销售半径在200千米左右，水泥产业的对外投资主要以市场指向为主，重点将产能合作向消费潜力大、基建投资需求旺盛的海外市场布局。关于具体海外地域市场的选择：亚洲是中国水泥对外投资第1大市场，传统市场如沙特阿拉伯、伊拉克等需求稳定，印度尼西亚、缅甸基础设施建设需求旺盛，要鼓励企业对这些国家和地区加大投资力度；俄罗斯、白俄罗斯等独联体国家及巴西、委内瑞拉等南美国家市场开发具备一定基础，尼日利亚、埃及、南非、埃塞俄比亚等非洲国家水泥消费量大，自身产能难以满足需求，应鼓励企业加快与这些国家开展产能合作。另外，由于目前拉法基和豪瑞合并后为规避反垄断调查而退出部分市场，中国水泥和水泥工程商可抓住机遇，填补市场空白，同时还可探索通过并购方式进入被跨国集团相对垄断的东南亚等市场。

（三）推进人文交流重大工程项目

境外经贸合作区契合所在国经济和产业发展诉求，成为“一带一路”的重要抓手，也是中国实现产业结构调整和全球产业布局的重要承接平台，并让世界理解了中国共赢的投资理念。境外合作区对于促进中国企业特别是中小企业“走出去”的作用明显。“走出去”企业往往对国外政治制度、政策法律、语言文化不熟悉、不适应，也面临着工业基础设施薄弱、产业配套差、水电路等外部配套条件。

1. 中国境外经贸合作区的基本情况

境外经贸合作区是指我国企业在境外有条件的国家或地区建设或参与建设的基础设施较为完善，产业链较为完整，带动和辐射能力较强，影响力较大的工业、农业或服务业园区，以吸引中国或其他国家企业投资兴业。

（1）中国境外经贸合作区的整体情况

目前，中国企业正在建设75个境外经贸合作区，其中13个合作区通过了确认考核，分别是：巴基斯坦海尔—鲁巴经济区、泰国泰中罗勇工业园、柬埔寨西哈努克港经济特区、越南龙江工业园、赞比亚中国经贸合作区、埃及苏伊士经贸合作区、尼日利亚莱基自由区、埃塞俄比亚东方工业园、俄罗斯乌苏里斯克经贸合作区、中俄托木斯克木材工贸合作区、俄罗斯龙跃林业经贸合作区、中俄（滨海边疆区）现代农业产业合作区、匈牙利中欧商贸物流合作园区。中国境外经贸合作区选择发展的区位并不是随机的，都是企业自身优势与当地有利资源相权衡做出的决策。例如，巴基斯坦、柬埔寨、泰国这类国家，地理上与中国接壤或接近，它们有着较低的劳动力成本和亟待开发的市场；而赞比亚、埃塞俄比亚等一些非洲国家，拥有丰富的自然资源，并且与中国政府保持着友好合作关系与政治经济的往来。境外经贸合作区的区位选择主要有以下考量因素：地理距离，政府间政治关系，东道国的投资环境、劳动力、自然资源和市场。

（2）中国境外经贸合作区的产业选择特点

中国13个通过确认考核的境外经贸合作区的产业选择主要集中在相对于发展中国家来说具有比较优势的纺织、家电、机电、微电子等产业，另外也有资源开发和农业加工等产业。巴基斯坦海尔—鲁巴经济区由青岛海尔集团电器产业有限公司领投，以家电产业为主。柬埔寨西哈努克港经济特区由江苏太湖柬埔寨国际经济合作区投资有限公司与柬埔寨国际投资开发集团有限公司共同组建，地处东南亚交通枢纽位置，拥有较低的用工成本和宽松的贸易环境，使得江苏的产品快速在该区域流通，并走向国际化。中国有色矿业集团有限公司在非洲赞比亚投资的谦比希园区是基于矿产资源的工业园。俄罗斯乌苏里斯克经贸合作区由康吉国际投资有限公司投资20亿元建设，将成为中国鞋业打造国际品牌、辐射全球的一个重要根据地。总体而言，入驻境外经贸合作区企业的投资项目往往会结合入驻企业类型和所在国家或地区的国情和资源条件，因此不同地区的境外经贸合作区的产业分布兼具东道国和本国产业发展的特色。例如，分布在俄罗斯乌苏里斯克的经贸合作区，吸引了以温州民营企业为主的国内企业入驻，所涉及的投资项目以鞋类、服装、家具、皮革、木业、建材等为主；分布在非洲的经贸合作区以金属冶炼、陶瓷烧制以及制造业为主要发展产业，充分利用了非洲当地丰富的矿产资源、木材、橡胶等自然资源和低关税、少限制的优越贸易条件。在东南亚建设的经贸合作区以服装纺织、机械电子、建材等劳动密集型产业为主，充分利用当地劳动力价格低廉的优势。

表9－2 主要境外经贸合作区及产业特点

境外经贸合作区名称	产业特点
巴基斯坦海尔—鲁巴经济区	家电、纺织、建材、化工等
泰国泰中罗勇工业园	汽配、机械、建材、家电、电子等

续表

境外经贸合作区名称	产业特点：
柬埔寨西哈努克港经济特区	纺织服装、机械电子、高技术等
越南龙江工业园	轻工、纺织、建材、化工、食品等
赞比亚中国经贸合作区谦比希园区	以铜钴开采、冶炼、加工为主导产业
卢萨卡园区	以商贸服务、现代物流、房地产、加工制造、新技术为主导产业
埃及苏伊士经贸合作区	纺织服装、通用机械、汽车、高低压电器、配套服务等
尼日利亚莱基自由区	加工制造、商贸物流、石油仓储等
埃塞俄比亚东方工业园	轻工、纺织、冶金、建材、机电等
俄罗斯乌苏里斯克经贸合作区	轻工、机电、木业等
中俄托木斯克木材工贸合作区	木材加工、销售，建筑材料销售服务等
俄罗斯龙跃林业经贸合作区	森林采伐、木材初加工和精深加工等
中俄（滨海边疆区）现代农业产业合作区	农产品生产加工、仓储服务、农业生产配套等
匈牙利中欧商贸物流合作园区	商贸、物流等

资料来源：根据商务部境外经贸合作区专题网站资料收集整理。

2. 中国境外经贸合作区的功能

(1) 境外综合公共服务平台

首先，境外经贸合作区为入区企业提供高效和高水平的园区管理服务，搭建企业集群式国际化发展平台。合作区建立规范园区管理制度，增强园区团队建设，为入区企业投资运营提供政策法律咨询、优惠政策申请、投融资服务、商业注册、规划设计咨询、物流清关等“一站式”服务，解除了企业的后顾之忧。其次，完善基础设施条件，节约企业自身基建大量投资，集中精力从事主业经营。合作区主要负责园区“七通一平”等基础设施建设，同时进行配套服务用房以及工业厂房“孵化器”等建设，为中小企业入驻开展生产创造良好的环境，克服了外部配套条件的制约，降低了企业建设成本和难度，缩短了投资周期。再次，帮助企业“集体出海、抱团取暖”，有效增强了应对风险的能力，有利于争取所在国优惠政策。合作区改变了企业各自为战的局面，实现抱团出海，增强了企业对当地政府、社会的整体影响力，提升了话语权，形成了“避风港”，有效抵御了可能面临的政局动荡、社会安全和政策变动等风险。

（2）产能合作与社会责任

境外经贸合作区契合所在国的发展诉求，是中国实现产业结构调整和全球产业布局的重要承接平台，为国内经济结构调整创造了空间，有力地推动了装备“走出去”和国际产能合作。非洲、东南亚地区资源丰富，并处于快速城镇化过程中，对钢铁、水泥、电解铝等的需求旺盛，在产能合作方面有广阔的市场空间。一方面，通过合作区建设，中国建立了有效利用境外矿产、油气、森林、农业等各类资源的渠道，有利于保障海外资源的长期、稳定供应。另一方面，合作区立足于资源综合开发利用，有力地回击和驳斥了一些国际舆论认为中国开展境外资源合作是“掠夺资源”、搞“新殖民主义”的不实之词。合作区定位于加强资源综合开发利用，发展下游生产加工，增加资源产品附加值、推动东道国经济和产业发展，把更多的利益留在当地，留给当地人民，是一种互利共赢的合作。境外经贸合作区的发展有力地促进了当地经济的发展，履行了社会责任，树立了中国企业负责任的形象，巩固和深化中国与相关国家的友好关系。合作区为东道国带来了巨大的经济产值和税收收入，并创造了大量的就业岗位。合作区还通过积极参与社会公益活动，如赞助修建市政道路，援建校舍、图书馆和体育文化设施，捐助公益基金，组织语言和技能培训及文化交流等活动，在所在国政府和社区民众中树立了良好口碑，得到社会舆论的好评。

（3）“一带一路”建设的重要内容

“一带一路”倡议提出以来，得到沿线国家的积极响应，已成为兼顾各方利益、反映各方诉求的共同愿望。境外经贸合作区作为“创新商业运作模式”受到国家的高度重视，在对外投资合作中发挥着重要作用，将大力推动发展，引导国内企业“抱团出海”、集群式“走出去”。“一带一路”沿线国家和地区大多处在工业化进程初期，市场潜力巨大，吸引外资的意愿强烈，境外经贸合作区将成为“一带一路”建设的重要抓手，深化与沿线国家的产业合作，促进高效、顺畅的区域价值链连接，使中国与沿线国家的合作更加紧密，利益更加融合。通过产业通，带动道路通、政策通，从根本上促进贸易通、货币通，最终实现民心相通、和谐发展和合作共赢。

3. 中国境外经贸合作区的政策和企业运营建议

（1）统筹规划布局

从“一带一路”的宏观倡议到经贸合作区的微观运营，需要做好“中观”层面的规划设计。境外经贸合作区建设应在政府的引导下，进行战略性的布局规划，避免在同一国家或区域建设多个类型相似、产业相近园区而引起的在招商、运营、管理等方面的过度竞争，同时也能充分体现产业衔接、产能互补的推进理念。应坚持互利共赢原则，并密切结合国内产业结构调整，合作区在布局上应以产业衔接、产能互补、合作共赢为原则，以建设命运共同体和利益共同体为纽带，使合作区与东道国之间、各合作区之间能够既相互促进、又能保持稳定发展的驱动力，实现合理布局“一带一路”沿线合作区，建立科学的产业布局。统筹考虑“一带一路”沿线国家的发展诉求、合作意愿、资源禀赋、投资环境、产业基础条件等，按照因地制宜、分类施策、充分发挥所在国比较优势的基本思路，进一步明确境外经贸合作区建设的重点国别和主导产业，引导园区合理布局，有序发展。

（2）解决融资和提供政策机制支持

建议国家以合作区为试点，创新海外融资方式，拓宽融资渠道，解决企业海外融资难题。可以考虑以国家确认的合作区资产为抵押，企业以境外资产、股权、矿业开采权、土地等作抵押，开展“外保外贷”“外保内贷”试点，探索盘活海外资产的渠道。提高国内金融机构支持企业“走出去”的能力，开设海外分支机构，为企业提供本地化的金融服务，鼓励银行、基金等金融机构为入区企业投资提供资金支持。统筹利用好援外资金、亚投行资金、丝路基金等，适度向合作区建设必需的水、电、路等外部配套设施建设倾斜。探索在“一带一路”框架下，借鉴柬埔寨西哈努克港经济特区协调委员会等经验，建立针对合作区的政府磋商机构，形成政府协调长效机制和风险应对机制。重点推进政府保障机制建设，包括投资保护协定、避免双重征税协定、双边合作区协定等，为合作区的发展创造有利的政策环境。在政策和机制方面，建议国家进一步加强政府对合作区的引导、协调、监督和服务职能，逐步建立完善境外合作区国别和产业指引、合作区服务指南、境外投资指南、商业环境预警、招商推介等工作。加强引导合作区科学、合理制定园区总体规划、产业发展规划等，做好投资项目可行性研究工作，避免盲目投资。扩大政策性信用保险和海外投资保险覆盖面，加强优惠力度，有效规避合作区建设过程中的投资风险和信用风险。促进、加强和监督合作区的风险防范工作，着力于境外商务纠纷和突发事件应急处置机制，建立政府和企业联手，国内国外、事前事后全方位的监督机制。

（四）“一带一路”经贸合作区早期收获工程计划

“一带一路”经贸合作区取得了阶段性成果，初步在境外形成了一批基础设施完备、主导产业明确、公共服务功能健全、具有集聚和辐射效应的产业园区，成为推进“一带一路”倡议和国际产能与装备制造合作的有效平台。据统计，截至 2015 年 11 月底，中国企业正在建设境外经贸合作区 75 个，已通过确认考核的 13 个。在建的 75 个合作区中，53 个分布在“一带一路”沿线国家；已通过考核的 13 个合作区中，10 个位于“一带一路”沿线国家。在建 75 个合作区中，有一半以上是与国际产能合作相关的加工类项目；13 家通过考核的合作区，主导产业涉及有色、轻纺、服装、汽配、建材、家电等优势产业，年产铜精矿及制品 161 万吨、水泥 176 万吨、钢材 27 万吨、木地板 144 万平方米、成衣 1712 万件、鞋 2116.8 万双、家电 62 万台、汽配产品 1060.5 万件等。截至2015年11月底，在建75个合作区累计投资179.5亿美元，其中，建区企业累计投资69.6亿美元，入区企业1151家（其中中资企业控股企业723家），累计投资109.9亿美元；建区企业和入区企业总产值419.3亿美元。境外经贸合作区已成为促进中国和东道国经贸合作双赢的重要载体。一方面，合作区在推动中国企业“抱团出海”、形成海外产业集聚、维护企业合法权益等方面发挥了积极作用，同时促进了东道国增加就业、提高税收、扩大出口，深化了双边经贸合作关系。截至2015年11月底，在建75个合作区累计上缴东道国税费14.1亿美元，为当地创造就业岗位15.3万个。其中，柬埔寨西哈努克港经济特区吸引了中国超过50家纺织和轻工企业入驻，成为柬埔寨重要的纺织出口生产基地，为当地近万人提供了就业机会。另一方面，合作区是“中国经验”和中国文化“走出去”的重要载体。通过与东道国分享中国发展经验与成果，分享中国建设开发区、设立特区的理念与管理经验，推动中国品牌、中国人才和中国标准“走出去”。

（执笔人：郁鸿胜，中国国际经济交流中心上海分中心秘书长；李娜，中国国际经济交流中心上海分中心研究部副主任、上海社会科学院城市与人口发展研究所副研究员；张岩，中国国际经济交流中心上海分中心博士。课题完稿时间：2016年12月，修改稿完成时间：2018年10月）

B&R

第十章

推进“一带一路”建设的重大建议

未来一个时期，“一带一路”的建设重心要从达成共识转移到实施落地上来。“一带一路”沿线各国应在战略对接、建设规划、行动方案编制、共建沿线自由贸易网络体系、开展国际产能合作、共建互联互通网络、完善“一带一路”建设机制、加强沿线智库合作等方面通力合作、互利共赢，共同推进“一带一路”建设取得进一步进展，收获一批早期重大建设成果。

一、沿线各国共同启动“一带一路”建设规划和行动方案编制工作，尽早收获一批典型示范项目

为进一步凝聚合力，将“一带一路”建设分阶段、分步骤、有序稳步地推向前进，我们建议沿线各国共同启动建设规划和行动方案的编制工作，推动各国发展战略、发展规划、建设项目对接，尽快签署一批合作备忘录，推进重大项目储备库建设，形成重大项目滚动实施机制，尽早收获一批建设成果。

——推动“一带一路”沿线及相关国家发展战略和发展规划对接。“一带一路”沿线各国对经济合作发展有共同的诉求和期盼，除中国提出的“一带一路”倡议外，沿线一些国家及相关国家也提出了各自版本的区域经济合作计划，如欧盟“容克计划”、俄罗斯“欧亚联盟”、英国“北方动力”计划、印度“季风计划”、巴基斯坦“愿景2025”、蒙古国“草原之路”、哈萨克斯坦“光明大道”、土耳其“中间走廊”计划、波兰“琥珀之路”、印度尼西亚“全球海洋支点”、沙特阿拉伯“2030愿景”、澳大利亚“北部大开发”计划等等，这些计划与“一带

一路”异曲同工、相互支撑、相互补充。未来相关国家应共同努力推动这些计划与“一带一路”之间的充分对接，大家朝着一个统一的、共同商定的目标“齐步走”，形成相向而行的共同战略和政策选择，进一步凝聚合力，建设你中有我、我中有你的嵌套式发展格局，结成更为巩固的“命运共同体”。

——沿线各国应共同启动“一带一路”建设规划和行动方案编制工作。“一带一路”是一项庞大复杂的系统工程，为推动“一带一路”建设合理有序推进，必须规划先行，沿线各国应尽快启动“一带一路”建设总体规划的合作编制工作。规划编制要坚持求同存异，充分尊重沿线每个国家的意见和建议，通过沟通协调解决意见分歧；要坚持权责明确，明确各国任务分工，重大投资建设项目要明确建设任务、建设主体、建设工期、投资方式；要坚持有序推进，率先推进一批关键通道、关键节点、关键领域的重大项目，形成示范效应和全局带动力。根据“一带一路”建设总体规划，沿线各国应在交通、能源、金融、科技、文化等领域共同制定专项规划，丰富规划层级，细化规划内容。根据“一带一路”总体规划和专项规划，沿线各国应共同开展行动方案编制工作，明确落实规划的时间表和路线图。要建立对“一带一路”总体规划、专项规划、行动方案的动态评估机制，每隔2~3年，对上一阶段的规划执行情况、建设进展进行科学评估，及时总结经验、发现问题，并对规划和实施方案进行一定程度的修编和调整。

——沿线各国共建“一带一路”重大项目储备库。重大项目是“一带一路”建设的重要抓手，沿线各国应共建“一带一路”重大项目储备库，将涉及“一带一路”的重大交通、能源、通信、文化、民生、国际援助及国际产能合作等各领域的重大项目囊括其中，使其成为“一带一路”项目选择的主菜单。项目入库可采取提案制，沿线各国可单独提出或多国共同提出重大项目入库申请，经专业机构前期论证和科学评估后可进入项目库。库中项目应成为“一带一路”建设的优先扶持项目和重点推介项目，项目库可向亚洲基础设施投资银行、丝路基金及各国政策性金融机构开放，政策性资金优先向入库项目倾斜。重大项目储备库将采取滚动实施机制，项目开工一批、谋划一批、储备一批，逐年进行调整，并要定期对重大项目建设进展、经济效益、社会效益等情况进行评估，将多次未通过评估的项目从项目库中剔除。

——共商签署一批共建“一带一路”合作协议或备忘录。为进一步务实推进“一带一路”建设，沿线各国应进一步加强双多边合作，开展多层次、多渠道的沟通磋商，合作意愿较强的国家和国际组织之间，应积极签署合作协议或备忘录，围绕编制对接规划、共建重大项目、开展国际交流等方面形成文件并推动落地，对各方认可、条件成熟、前期工作扎实的重大项目和合作议题抓紧启动实施，尽快形成一批标杆性工程和典型合作示范项目，与沿线各国、各国际组织围绕“一带一路”积极磋商合作并签署“一带一路”合作相关协议或备忘录，愿率先投资建设若干“一带一路”重大示范工程，为各国开路搭桥、摸索经验，推动“一带一路”建设早日开花结果。

二、沿线各国共同推动建设“一带一路”自由贸易网络体系，进一步推进经济全球化和区域一体化进程

国际金融危机至今已近 10 年，世界经济尚未走出阴霾，传统增长模式难以为继，新的增长动能尚未形成，世界经济增长疲软乏力。与此同时，全球贸易保护主义抬头，贸易摩擦日益激烈，封闭保守、以邻为壑的经济政策时有推出，这为原本脆弱的全球经济增添了巨大的不确定性。“一带一路”沿线国家是全球经济合作的重要参与方，沿线各国顺应历史发展潮流，共同推动建设“一带一路”自由贸易体系，积极推进经济全球化和区域一体化进程，将为世界经济增长提供新动能。

——加快推进沿线国家双多边自贸区建设。目前“一带一路”沿线已启动了欧盟、东盟、中国—东盟、中国—瑞士、中国—新加坡、中

国—巴基斯坦等一批双多边自由贸易区，对于推动沿线各国经济合作发展发挥了重要作用。与此同时，区域全面伙伴关系（RCEP）、中国—东盟自贸区升级版、中欧BIT、中国—海合会自贸区、中国—巴基斯坦自贸区第二阶段、中国—斯里兰卡、中国—以色列等一批自贸区谈判也正在积极推进。当前沿线各国应积极推进各类双多边自贸区建设，已签署协定并启动的双多边自贸区可结合各国国情努力打造升级版，进一步提升开放程度；正在谈判的自贸区协定应积极加快谈判进程，必要时可考虑创新谈判规则，推动尽早达成关键共识和早期收获；共同开展一批新的双多边自贸区谈判，推动各国与主要经贸合作伙伴自贸区建设；沿线各国也应积极推进同域外国家的自贸区建设，如推进沿线各国与域外国家的双边自贸区建设、域内外国家共同推进亚太自贸区（FTAAP）等。

——欢迎沿线各国在国内选择部分地区建设自由贸易开发特区。目前中国已在上海、广东、福建、天津等地开展了一批自由贸易区建设试点，实际成效明显，在开放型经济管理方面取得了丰富的经验。欢迎沿线各国结合自身国情在国内选取一些园区、开发区或专门划定一片地区，开展自由贸易开发特区试点，先行先试实行高标准自由贸易规则和负面清单投资管理方式，搭建新的开放平台，各国自由贸易开发特区之间实行对等开放、制度对接，这对于各国逐步探索适合自己的开放模式、提升开放型经济管理水平具有重要意义。中国愿将自由贸易开发特区建设的试点经验向沿线国家分享，欢迎各国来到中国自由贸易区试点调研考察。

——沿线各国共同开展“一带一路”自贸区建设。沿线各国应在已建成和未来将逐步建成的双多边自贸区的基础上，进一步推动各机制整合，探索建立基于WTO框架，但标准更高、合作程度更紧密、沿线各国全部参与其中的“一带一路”自贸区。考虑到沿线各国发展阶段不同、对高标准经济规则的接受程度不同，该自贸区可从标准规则相对较低的1.0版开始做起，未来逐步提高标准，升级版本，力争早日建成全球最大的高标准自由贸易区。同时也欢迎有意愿的域外国家加入“一带一路”自贸区的谈判和建设中来，深入推进更大范围、更宽领域、更深层次的区域经济一体化进程。

三、沿线各国顺应新一轮全球产业转移浪潮，共同推进“一带一路”国际产能合作

工业革命后，世界经济先后经历了多轮产业转移浪潮，全球制造业从工业革命的发源地欧洲转移到北美，“二战”后又进一步转移至东亚特别是中国，中国成为世界第一制造业大国和“全球工厂”。随着中国发展水平提升、需求结构变化、产业结构升级，目前中国的一些产业也正在沿“一带一路”向东南亚、南亚、非洲等地区“走出去”，新一轮的全球产业转移大幕正在拉开。“一带一路”沿线国家应顺应这一经济规律和发展趋势，共同开展国际产能合作，基于各自的比较优势构建新型产业分工体系，重构“一带一路”沿线产业链、价值链、供应链、服务链。

——构建沿线国家资源整合、优势互补的新型产业体系。“一带一路”沿线国家要素禀赋各不相同、比较优势差异较大，当前这一差异主要以沿线国家之间的最终产品贸易形式体现，各国产业链的深度融合总体尚未实现。各国应进一步加强产业链各环节整合，积极承接来自沿线其他国家的产业转移，积极推动不适应本地比较优势的产业或生产流程向沿线其他国家转移，提高中间品贸易在贸易总额中的比重，基于各自比较优势构建新型产业分工体系，重构“一带一路”产业链、价值链、供应链、服务链，形成共建、共赢、共享的包容性经济发展模式。

——沿线国家共同建设跨境经贸合作区。目前中国已与“一带一路”沿线国家共建了56个跨境经贸合作区，合作领域涉及加工制造、资源能源、商贸物流、科技文化等各个领域，实践证明跨境经贸合作区

模式对于推动企业跨境投资具有重要作用。中国愿与“一带一路”沿线国家合作共建更多的跨境经贸合作区，通过专业化园区运营，整合各类生产要素，搭建产业合作平台，吸引全球企业入区投资，打造一批具有国际竞争力的产业集群，从而以点带面、聚点成片，进一步推动沿线国家和地区的互利合作。

——沿线国家合作共同开发第三方市场。沿线国家合作开发第三方市场，不仅有助于开发国优势互补、进一步拓展经贸市场，也有助于帮助第三方国家提升发展水平，是一件各得其所、互利共赢的好事。“一带一路”两端的东亚和欧洲地区经济较为发达，中间广大腹地地区经济发展相对滞后，中国愿与欧洲国家一道率先开展对中亚、南亚、中东、非洲腹地等地区的第三方市场开发，推动中国与欧洲的资金、技术、人才、装备等要素流向腹地地区，帮助“一带一路”腹地国家提升经济发展水平。

——沿线国家共同适应、参与、引领信息经济条件下的新经济革命。伴随着互联网、物联网、大数据、云计算、区块链等新技术的涌现与成熟，围绕信息这一经济要素出现了一些新的经济业态，信息要素融入传统产业彻底颠覆了一些传统经济模式，第四次工业革命正在孕育而生。“一带一路”沿线各国应共同开展对新技术、新经济、新业态的系统研究，共同探索建立新经济的监管模式和引导性政策，创造新的经济规则和标准，建设“网上丝绸之路”“信息丝绸之路”“数据丝绸之路”，共同适应、参与、引领信息经济条件下的新经济革命。

四、提升“一带一路”沿线地区互联互通水平，形成全方位、多层次、复合型的互联互通网络

“一带一路”建设的关键是实现沿线所有国家和地区的互联互通，沿线各国应共同努力提升“一带一路”交通、金融、能源、信息、文化等领域的互联互通水平，打造全方位、多层次、复合型的互联互通网

络，以互联互通代替逆全球化的“孤岛经济”，塑造全球互联互通的超级版图。

——共同打造通达互联的“一带一路”交通网络体系。交通基础设施是“一带一路”建设的优先领域，沿线国家应积极推动交通基础设施互联互通，以关键通道、关键节点、重点项目和工程为抓手，优先打通缺失路段，畅通瓶颈路段，提升道路通达水平，构建联通内外、安全通畅的综合交通运输网络。沿线国家应共同推动建设“陆上丝绸之路”，以内陆港建设为重点，拓展高铁和铁路国际运输通道，继续打造“中欧班列”品牌，推动建设泛亚高铁、中亚高铁、欧亚高铁；共同推动建设“海上丝绸之路”，开辟拓展联通沿线国家的重要海上航线，以重点港口群建设为重点，建设国际海洋运输大通道。沿线国家应共同推动建设“空中丝绸之路”，推动沿线国家“第五航权”开放，进一步密集中欧、中国—东南亚航线网络，加强中国与南亚地区城市间的空中联系。同时也能通过落实“中非区域航空合作计划”，形成覆盖亚、非、欧大陆的航空网络体系。沿线国家应共同推动交通标准的对接和统一，形成沿线国家统一的铁路和公路标准体系，促进国际运输便利化。

——共同打造自由互联的“一带一路”金融网络体系。金融是“一带一路”建设的重要支撑，沿线各国必须深入开展金融合作，盘活存量资金、优化支持结构、创新运用方式，为“一带一路”长期建设提供资金支持。要进一步发挥好亚洲基础设施投资银行、金砖国家开发银行、中国—东盟银行联合体、上合组织银行联合体、各国开发性银行、政策性银行及商业银行等投融资机构和丝路基金、中国—东盟海上合作基金、亚洲区域合作转向资金、中国—阿拉伯联合酋长国共同投资基金、中国—中东欧投资合作基金、中国—欧亚经济合作基金、中非基金等多双边基金的重要作用。要加大沿线国家与世界银行、国际货币基金组织、亚洲开发银行、欧洲复兴银行等国际金融机构的合作。要推动沿线国家债券市场开放和发展，支持沿线国家政府和信用等级较高的企业及金融机构在他国发行债券，支持沿线国家面向全球发行“丝路债券”，为“一带一路”项目建设提供资金支持。沿线国家要构建稳定的货币体系，扩大沿线国家双边本币互换、结算的范围和规模，中国愿在沿线建立更多人民币离岸中心，推出更多的人民币投资产品，与更多的沿线国家签署双边本币互换协议和结算协议。沿线国家应积极构建跨区域的信用体系，加强征信管理部门、征信机构和评级机构之间的跨境交流与合作，积极推动各国现有信用评级体系的改进与完善，研究建立符合地区特点的信用评级体系与标准，逐步建立客观、公正、合理、平衡的“一带一路”信用体系。

——共同打造稳定互联的“一带一路”能源网络体系。“一带一路”沿线地区能源储量极为丰富，同时也是世界能源消费的主要市场，全球最主要的能源供需国大部分集中在“一带一路”沿线，沿线国家应密切加强能源领域合作。沿线国家可成立“一带一路”能源俱乐部，共同建设“一带一路”大宗能源产品交易平台，建立稳定的供求关系，掌握全球能源产品定价权，避免能源价格大涨大落对供需双方造成损失。沿线国家应共同推进能源资源勘探开发，建设一批以油气为核心的能源资源勘探开发及加工转化合作带和示范区，形成能源资源合作上下游一体化产业链。沿线国家应加强能源互联网建设，可考虑共建一批火电、水电、核电、太阳能、风能基地，推进中国与中亚、西亚能源通道建设合作，加快中俄天然气管道建设，提升中俄油气管道的运输能力，推进中国与俄罗斯、东南亚、中亚跨境电力通道建设，加快联网步伐，将“一带一路”建设成为“油气丝绸之路”“电力丝绸之路”和“绿色能源丝绸之路”。

——共同打造安全互联的“一带一路”信息网络体系。信息是经济活动中重要的生产要素，“一带一路”建设要把信息互联放在突出的位置。沿线各国要顺应信息化的发展趋势，加快推动沿线各国信息基础设施建设，推进中国与中亚、东盟地区的跨境光缆建设和改造升级，规划建设中国—印度洋—欧洲跨境光缆并接入洲际海底光缆，完善沿线空中（卫星）信息通道，提高国际通信互联互通水平。要在沿线选取适宜地区建设若干大型国际数据中心、信息平台、信息港，形成强大的信息数据交换能力、路由能力、计算能力和存储能力，面向沿线国家提供高速、低价的国际通信和互联网服务。要共同构建和完善沿线国家信息安全管理体系，加强网络空间法制建设，建立多边、民主、透明、安全的信息治理体系。

——共同打造多彩互联的“一带一路”文化网络体系。“一带一路”沿线国家在历史上创造出了形态不同、风格各异的文明形态，并通过交流形成了多彩绚烂的丝路文化。当今世界是一个多元化、多极化的世界，不同国家基于不同的历史传统、文化基因、宗教信仰选择了不同的社会制度和发展道路，形成了多彩多样的现代文明，沿线各国要在传承古丝绸之路交往精神的基础上，进一步加强各国文化间的交流合作，创造新的文明。各国应共同精心打造一批“一带一路”文化交流品牌项目，深入开展沿线国家的文化艺术、科学教育、宗教历史、体育旅游、卫生健康等领域交流合作，共同举办形式多样、丰富多彩的文化论坛、展览、演出活动，共同举行文化年、艺术节、电影周和旅游推介活动，联合译介、出版相关书籍，拍摄、播放有关影视片，支持各国青年往来、学术往来、志愿者派遣、非政府组织交流，广泛开展教育医疗、扶贫开发、生态环保等各类公益慈善活动，通过文化交流推进民心相通，夯实“一带一路”建设的民意基础，增进沿线国家和地区的文化认同、感情认同、发展认同和道路认同，形成代表人类进步和正义的和平观、义利观、历史观、发展观和价值观。

五、进一步完善“一带一路”建设的机制性安排，为推进“一带一路”建设提供坚实保障

“一带一路”沿线国家共同推进“一带一路”建设，必须逐渐突破各国体制机制割裂的藩篱，逐步推进相互对接的制度性安排，并做出

重大制度创新，形成一些新体制、新规则、新办法，为“一带一路”建设提供坚实保障。

——建立域外国家参与“一带一路”建设的开放机制。世界各国、国际和地区组织，只要有意愿都可以参与进来，成为“一带一路”的支持者、建设者和受益者。“一带一路”沿线国家应共同致力于允许新成员国、新成员组织加入的开放机制建设。中国愿与世界上有志于推动“一带一路”建设的国家一道，共谋盛举，携手推动更大范围、更高水平、更深层次的大开放、大交流、大融合。

——建立推进“一带一路”建设的组织协调机构。为了更好地推动“一带一路”建设，沿线各国可共同成立专门的“一带一路”组织协调机构，该机构由沿线各国政府派出代表组成，主要负责“一带一路”规划和实施方案制定、建设进展评估、重大项目选择、相关信息统计发布及相关重大问题协商等，并制定“一带一路”年度建设工作安排，该机构可在北京设立机构秘书处，形成联合工作机制。

——建立“一带一路”沿线国家的安全对话与合作机制。“一带一路”沿线部分地区地缘政治军事冲突激烈、恐怖主义问题严峻、分离分裂主义势力猖獗，对安全稳定建设“一带一路”构成威胁。沿线各国应共同建立安全对话与合作机制，形成制度化的共同对话框架，围绕影响“一带一路”建设的关键安全问题沟通协商，在充分尊重各方利益的前提下，凝聚相关方最大共识，逐步拓展利益契合点。沿线各国应共同建立常态化的安全合作机制，通过定期或不定期的联合反恐演习、海上合作巡逻、重大灾害救援演习、地区维和演习、网络安全应急演习等，进一步深化各国安全互信，不断强化安全合作水平，建立保障“一带一路”建设的有效安全力量。

——建立“一带一路”沿线国家大通关机制。“一带一路”沿线国家应以一体化通关为重点，改革海关监管体制，优化作业流程，合作建立沿线国家大通关机制。沿线国家海关应加强信息互换、监管互认、执法互助合作及检验检疫、认证认可、标准计量、统计信息互认；应推进建立统一的全程运输协调机制，推动口岸操作、国际通关、换装、多式联运的有机衔接，形成统一的运输规则，达到“一次通关、一次查验、一次放行”的便捷通关目标；加强沿线国家出入境管理和边防检查领域合作，积极开展扩大双向免签范围谈判，方便沿线国家人民友好往来。

——建立沿线国家宏观经济政策协调机制。“一带一路”建设为加强参与国的宏观经济政策协调与沟通，形成趋同化、协同化和有利于世界经济发展的政策取向提供了新的平台和渠道。各国应借此推动全球宏观经济政策协调与沟通，统筹兼顾财政、货币、就业、产业和结构性改革政策，减少相关国家政策的不确定性、不连续性和不均衡性，将政策负面外溢效应降至最低，以支持全球经济可持续增长和应对潜在风险。

——建立“一带一路”高峰论坛的常态机制。以 2017 年北京“一带一路”国家高峰论坛成功召开为契机，建议将“一带一路”国际合作高峰论坛以每两年一次的形式持续办下去，沿线所有国家齐聚一堂共同围绕“一带一路”建设的有关问题进行深入交流，使其成为“一带一路”建设的最高级别官方论坛。2017 年北京“一带一路”国家高峰论坛为首届论坛，未来“一带一路”高峰论坛可考虑在“一带一路”的主要起点城市中国西安和厦门举办，时机成熟后可考虑在“一带一路”沿线的其他主要国家、重要城市举办。

六、深化“一带一路”沿线各国智库交流合作，为推进“一带一路”建设提供智力支持

推动“一带一路”建设，需要沿线各国政府、企业和民众的共同认可和支持。智库在政府决策、企业发展、引导社会舆论等方面具有重要作用，沿线各国智库应围绕“一带一路”进行密切合作，为“一带一路”建设提供真知灼见，用智慧、理性和深邃的思想力，构筑更具引领性的共识、议题和方案，进一步凝聚沿线各国的共信、共识和共

知，面向未来，创新、扬弃、联通、协同，让站在人类道德和道义制高点上的思想光芒普照大地。

——共建“一带一路”全球智库交流网络。智库是一国软实力和话语权的重要组成部分，对政府决策、企业发展、社会舆论与公共知识传播具有深刻影响，“一带一路”建设应特别注重智库的交流与合作。建议全球智库共同成立“一带一路”全球智库交流网络，智库和相关机构可通过这一网络开展围绕“一带一路”的双边或多边联合研究，共同举办有关研讨活动，相互交流“一带一路”研究成果，共同发布研究报告，促进各国智库在“一带一路”问题上的交流与合作，为推进“一带一路”建设建言献策。

——共建“一带一路”智库合作联盟。依托“一带一路”全球智库交流网络，沿线国家智库可合作建立“一带一路”智库合作联盟，组织开展“一带一路”顶层设计谋划和“一带一路”建设规划制定，组织设计策划“一带一路”全球智库论坛，组织围绕“一带一路”进行相关理论研究及应用研究，组织跟踪沿线国家社情民意，对苗头性动向性问题进行疏导，对公众关切的重点问题主动回应，对舆论曲解的热点问题有效引导，为“一带一路”建设提供智力支持、决策咨询、可行性论证、社会调查、风险评估等服务。

——共同发布沿线智库“一带一路”大数据报告。随着“一带一路”建设的深入推进，大数据对于“一带一路”的重要性日益突显。要充分发挥沿线各国智库的资源优势和专业能力，整合利用各国数据平台的信息资源，打造面向政府和社会的“一带一路”大数据库，让大数据和科学之光普照“一带一路”的现在和将来。“一带一路”大数据库可由国别库、区域库、理论库、实践库、项目库、资讯库等若干部分组成，囊括了沿线国家的基本概况、经济产业、政策法规、规划计划、项目工程、文化交流、社会舆情等多种信息，为沿线国家和地区提供多元化、常态化、可视化的大数据产品，全方位、多角度地呈现“一带一路”建设进展和未来建设需求。目前，中国国际经济交流中心、上海社科院、中国国家信息中心等中国智库已合力打造了“一带一路”大数据库的 1.0 版，中国智库愿与沿线各国智库一道，链接沿线各国政府、智库、研究机构和媒体等的数据信息，进一步丰富完善大数据库的内容和功能，使“一带一路”大数据库更好地发挥作用。

——共同发布沿线智库“一带一路”年度研究报告和年度贸易投资报告。“一带一路”沿线各国智库应围绕“一带一路”开展合作研究，共同组建联合研究团队，对“一带一路”沿线国家和地区的政治、经济、文化、社会、安全、舆论等问题进行跟踪研究。每年定期发布“一带一路”年度报告，对“一带一路”建设进展与问题进行年度总结，为各国政府把握“一带一路”建设的宏观情况、制定相关政策提供依据。每年定期发布“一带一路”贸易投资报告，通过对沿线国别、重点领域、重大项目的跟踪研究，形成对沿线国家投资营商环境变化的动态跟踪，为企业投资、项目落地提供指导。

（执笔人：梅冠群，中国国际经济交流中心副研究员、博士。本文完稿时间：2017 年 3 月）

后 记

国经中心是国内最早开展“一带一路”研究的智库之一，自2015年起在曾培炎理事长、王春正常务副理事长、魏建国副理事长等指导下，中心总经济师陈文玲担任课题组长，组织精干力量，作为年度国经中心重大基金课题，持续开展“一带一路”重大课题研究。先后开展了“‘一带一路’倡议构想研究”（2014年度）、“‘一带一路’倡议深化研究”（2015年度）、“‘一带一路’建设的重点和路径研究”（2016年度）、“‘一带一路’视角下的国际关系研究”等年度课题。2018年曾培炎理事长亲自担任课题负责人，国经中心课题组将“一带一路”研究重点放在构建“一带一路”理论框架上，结合“一带一路”生动实践和当前国际政治经济格局大变革大调整，系统归纳、总结、提炼“一带一路”相关理论。

在“一带一路”课题研究过程中，曾培炎理事长多次主持召开中心理事长会，专题讨论课题研究方向和成果报告，中心各位副理事长提出了很多建设性意见。中心常务副理事长、执行局主任张晓强同志对于课题研究成果和有关上报材料，逐一反复审改，多方面的努力保证了课题成果较高质量。陈文玲总经济师一直担任课题组长，几年来，按照中心理事长会和执行局的要求，精心确定研究重点，做好研究框架设计，科学配备研究力量，率队进行国内外调研，指导课题组反复修改，亲自撰写总报告和重要章节，负责审稿直至定稿，付出了大量心血。徐占忱、张茉楠、李锋、颜少君、梅冠群等作为课题组骨干成员，撰写了本书重要章节，参与并高质量完成“一带一路”国际合作高峰论坛有关重要文稿的起草任务。

几年来，国经中心“一带一路”课题组承担了20多项中央和国家有关部门委托的重大研究任务，包括外交部委托的“一带一路”构想研究，国家发改委委托的“孟中印缅经济走廊研究”“我国参与印度工业走廊建设研究”“中老经济走廊建设研究”“中缅经济走廊建设研究”“‘一带一路’培训工作研究”等。国经中心的“一带一路”研究成果为国家出台《推进共建丝绸之路经济带和21世纪海上丝绸之路的愿景与行动》提供了智力支撑，“‘一带一路’构想研究”被评为国家发改委优秀研究成果一等奖（2015年度），时任国家发改委副主任何立峰同志对课题研究成果作出重要批示，并亲自专门听取课题组研究成果汇报。外交部专致信函对国经中心“一带一路”研究工作予以表扬。

2017年5月14日国经中心受中宣部委托，承办首届“一带一路”国际合作高峰论坛智库交流平行主题会议，这是本次峰会6个平行主题会议中除“五通”之外的智库交流“专场”。国经中心与国内近30家智库共同形成智库宣言——“构建多彩丝绸之路的共识”在会议期间发布，中心课题组完成了《“一带一路”——文明交流互鉴的连心路共同美好生活的圆梦路》专题报告，作为大会指定交流材料发放。

几年来，国经中心积极推进国内外智库关于“一带一路”建设的合作研究和交流。国经中心与首批国家高端建设试点单位的上海社会科学院连续3年开展“一带一路”研究深度合作，双方共同确定年度研究计划，发挥各自专长分专题开展研究，及时沟通研究进展情况。双方还合作开展了“一带一路”数据库建设工作，“丝路信息网”在“一带一路”国际合作高峰论坛期间正式发布，现已上线发挥作用。中心与国开行研究院合作开展“一带一路”贸易投资指数研究工作，双方共同完成的《2017“一带一路”贸易投资指数报告》在“一带一路”国际合作高峰论坛上推出。目前中心与对外经贸大学、国开行和汤森路透合作，合力开展“2018 年‘一带一路’贸易投资指数”的研究和编制工作。

国经中心课题组坚持“走出去”开展研究，课题组先后走访俄罗斯、土耳其、印度、印度尼西亚、英国、瑞士、意大利、韩国、德国、缅甸、老挝等 10 余个国家，与各国政府部门、智库机构、跨国公司和当地媒体等进行深度接触，深入沟通情况，解答对方疑惑，回国后及时形成专题调研报告，供有关方面参考，有些报告得到了党中央国务院有关领导同志批示。

“一带一路”倡议提出 5 年来，已得到国际社会的普遍认同，共商、共建、共享理念日益深入人心，很多方面超过预期。中心课题组把 2014—2017 年 4 年研究成果进行了整理，同时出版了“一带一路”系列研究（上、中、下）——《“一带一路”：倡议与构想》《“一带一路”：愿景与行动》《“一带一路”：合作与互鉴》。

本次出版的成果基本忠实原貌，没有根据新情况进行大的修改和全面更新，今天看来早期的一些成果不够“新”，客观上是由于工作关系，有些成果当时不便于公开发表，当然也有课题组在研究中需要不断深化的问题。把中心几年来“一带一路”研究成果原汁原味呈现出来，重现研究过程和原貌，同样有其不可替代的研究价值，从中可以看出“一带一路”理论和实践的快速发展进程和总体脉络，也是国经中心前一阶段“一带一路”研究工作的一次系统小结。

“一带一路”是一项旨在推动新型全球化，推进沿线国家共商、共建、共享，共同建设人类命运共同体的伟大倡议，是一项长期艰巨的伟大工程，是通过各参与国携手努力使之成为全球公共产品的伟大事业，但绝非一日之功和毕其功于一役的事情，为服务于“一带一路”建设，相关研究工作还需要持续深入进行下去。国经中心 5 年来对“一带一路”研究工作只能说是个开头和研究的铺垫，未来我们将继续努力。同时，我们也持开放态度，愿意听取和汲取更多智者的智慧，和有志于此项事业的机构、个人合作开展研究，集思广益、博采众长，共同为“一带一路”建设的伟大事业贡献力量。我们相信，随着“一带一路”建设的推进，过去、现在和未来中国做出的努力，将成为历史长河辉煌的一页。

中国国际经济交流中心“一带一路”课题组

2018 年 8 月